五禮通考

〔清〕秦蕙田 撰
方向東 王鍔 點校

七

吉禮〔七〕

中華書局

目録

五禮通考卷八十七　吉禮八十七

五禮通考卷八十四

吉禮八十四

宗廟制度

明廟制

明史太祖本紀：至正二十六年十二月，以明年爲吴元年，建廟社宫室。二十七年九月甲戌，太廟成。

明史禮志：宗廟之制：明初作四親廟於宫城東南〔一〕，各爲一廟。皇高祖居中，皇

〔一〕「南」，原作「門」，據光緒本、明史禮志五改。

曾祖東第一，皇祖西第一，皇考東第二，皆南向。每廟中室奉神主。東西兩夾室，旁兩廡。三門，門設二十四戟。外爲都宫。正門之南齋次，其西饌次，俱五間，北向。門之東，神厨五間，西向。其南宰牲池一，南向。洪武元年，命中書省集儒臣議祀典，李善長等言：周制，天子七廟。而商書曰「七世之廟，可以觀德」，則知天子七廟，自古有之。太祖百世不遷。三昭三穆以世次比，至親盡而遷，此有天下之常禮。若周文王、武王雖親盡宜祧，以其有功當宗，故皆别立一廟，謂之文世室、武世室，亦百世不遷。漢每帝輒立一廟，不序昭穆，又有郡國廟及寢園廟。光武中興，於洛陽立高廟，祀高祖及文、武、宣、元五帝。又於長安故高廟中，祀成、哀、平三帝。别立四親廟於南陽春陵，祀父南頓君以上四世。至明帝，遺詔藏主於光烈皇后更衣别室。後帝相承，皆藏於世祖之廟。由是同堂異室之制，至於元莫之改。唐高祖尊高、曾、祖、考，立四廟於長安。太宗議立七廟，虚太祖之室。玄宗創制，立九室，祀八世。文宗時，禮官以景帝受封於唐，高祖、太宗創業受命，百代不遷。親盡之主，禮合祧遷，至禘祫則合食如常。其後以敬、文、武三宗爲一代，故終唐之世，常爲九世十一室。宋自太祖追尊僖、順、翼、宣四祖，每遇禘，則以昭穆相對，而虚東向之位。神宗奉僖祖爲太廟始祖，至徽宗時增太廟爲十室，而不祧者五宗。崇寧中，取王肅說謂二祧在七世之外，乃建九廟。高宗南渡，祀九世。至於寧宗，始别建四祖殿，而正太祖東向之位。元世祖建宗廟於燕京，以太祖居中，爲不遷之祖。至泰定中，爲七世十室。今請追尊高、曾、祖、考四代，各爲一廟。於是上皇高祖考謚曰元皇帝，廟號德祖；皇高祖妣曰元皇后。皇曾祖考謚曰恒皇帝，廟號懿祖；皇曾祖妣曰恒皇后。皇祖考謚曰裕皇帝，廟號熙祖；皇祖妣曰裕皇后。皇考謚曰淳皇帝，廟號仁祖；皇妣陳氏曰淳皇后。詔製太廟祭器。太祖曰：「禮順人情，可以義起。所貴斟酌得宜，隨時損益。近世泥古，好用籩豆之屬，以祭其先。生既不用，死而用之，甚無謂也。孔子曰：『事死如事生，事亡如事存。』其製宗廟器用服御，皆如事生之儀。」於是造銀器，以金塗之。酒壺盂觥皆八，朱漆盤盌二百四十，及樿椸枕簟篋笥幃幔浴室皆具。後又詔器皿以金塗銀者，俱易以金。

明集禮：洪武元年戊申春正月四日，太祖詣太廟，恭上四代考妣尊號。高祖考廟號德祖，即百六公，五世祖重八公季子。妣胡氏。曾祖考廟號懿祖，即四九公，高祖次子。妣侯氏。祖考廟號熙祖，即初一公，懿祖長子。妣王氏。皇考廟號仁祖，諱世GG，熙祖次子。妣陳氏。

蕙田案：高祖初定宗廟之制，李善長等詳考古今沿革，請立四親廟，與禮制合。若後世仍而不改，續建昭穆以符七廟之制，太祖正位以爲百世之祖，藏主夾室以合祧遷之禮，則幾與三代同矣。

明史太祖本紀：洪武三年十二月甲子，建奉先殿。

禮志：洪武三年冬，以太廟時享未足以展孝思，復建奉先殿於宮門内之東。以太廟象外朝，以奉先殿象内朝。正殿五間，南向，深二丈五尺。前軒五間，深半之。製四代帝后神位、衣冠，定儀物、祝文。成祖遷都北京，建如制。

春明夢餘録：奉先殿在神霄殿之東，每室一帝一后，如太廟寢殿。其祔祧送遷之禮，亦如之。凡祀方丘、朝日夕月、册封告祭及忌祭在焉，餘皆於太廟行之。三年十月，上以歲時致享，則享於太廟。至晨昏謁見，節序告奠，古必有其所，下部考論。尚書陶凱奏：「古者宗廟之制，前殿後寢。爾雅云：『室有東西廂曰廟，無廂有室曰寢。』廟是棲神之處，故在前。寢是藏衣冠之處，故在後。自漢以來，建廟宫城外已非一日，故宋建欽先、孝思殿於宫中崇政之東，以奉神御。今太廟祭祀已有定制，請於乾清宮左別建奉先殿，以奉祭神御。」

太祖本紀：洪武八年七月辛酉，改作太廟。

禮志：八年，改建太廟。前正殿，後寢殿。殿翼皆有兩廡。寢殿九間，間一室，奉藏神主，爲同堂異室之制。九年十月〔一〕，新太廟成。中室奉德祖，東一室奉懿祖，西一室奉熙祖，東二室奉仁祖，皆南向。

太祖本紀：洪武九年冬十月己未，太廟成。

洪武三十一年閏五月乙酉，帝崩於西宮。辛卯，葬孝陵。謚曰高皇帝，廟號太祖。

續文獻通考：洪武三十一年，奉安高廟神主。

禮志：建文即位，奉太祖主祔廟。正殿神座次熙祖，東向。寢殿神主居西二室，南向。

成祖本紀：永樂十八年十二月癸亥，北京郊廟宮殿成。十九年春正月甲子朔，

〔一〕「九年」，諸本脱，據明史禮志五補。

奉安五廟神主於太廟，御奉天殿受朝賀。

禮志：成祖遷都，建廟如南京制。

春明夢餘録：太廟在國之左。永樂十八年，建廟京師，如洪武九年改建之制。前正殿九間，翼以兩廡；後寢殿九間，間一室。主皆南向，几席諸品備如生儀。

仁宗本紀：洪熙元年二月丙寅，太宗神主祔太廟。

明會典：太宗文皇帝祔廟儀：「卒哭之明日，太常寺陳設醴饌於太廟，如常饗儀。樂設而不作。設儀衛繖扇於午門外，内侍官設皇帝拜位於几筵殿上，進御輦於殿前丹陛上。内導引官導皇帝衰服詣拜位，贊四拜，舉哀，興，哀止，立於拜位之東，西向。内侍詣靈座前跪奏請太宗文皇帝神主降座，陞輦，詣太廟祔享。奏訖，内侍捧神主安奉於御輦，繖扇、侍衛如儀。至思善門外，皇帝易祭服，陞輅，後隨至太廟南門之外，降輅。引導官引皇帝詣御輦前，贊跪，皇帝跪，太常卿跪於左，奏請太宗文皇帝神主降輦，詣太廟祔享。奏訖，贊俛伏，興。皇帝俛伏，興。導引官導皇帝捧神主由左門入，典儀唱樂，舞生就位，執事官各司其事。至丹陛，典儀唱太宗文皇帝謁廟，内贊奏請詣神位前。每至一廟前，内侍捧神主至褥位，朝北。皇帝於神主後行八拜禮，各廟俱八拜。禮畢，太常卿立壇東，西向，唱賜座。皇帝搢圭，内侍捧神主進於皇帝。皇帝捧神主安於座，導引官導皇帝詣拜位，行祭禮，如時享儀。文官五品以上、武官四品以上隨班行禮。禮畢，仍捧神主還几筵。」

明史禮志：宣德元年七月，禮部進太宗神主祔廟儀。先期一日，遣官詣太廟行祭告禮。午後，於几筵殿行大祥祭。翌日昧爽，設酒果於几筵殿，設御輦二、册寶亭四於殿前丹陛上。皇帝服淺淡服，行祭告禮畢，司禮監官跪請神主陞輦，詣太廟奉安。内使二員捧神主，内使四員捧册寶，由殿中門出，安奉於御輦、册寶亭。皇帝隨行至思善門，易祭服，升輅。至午門外，儀衛繖扇前導，至廟街門内，皇帝降輅。監官導詣御輦前奏，跪請神主奉安太廟，俛伏，興。内使捧神主册寶，皇帝從，由中門入，至寢廟東第三室，南向奉安。皇帝叩頭，畢，祭祀如時祭儀。文武官俱祭服行禮。其正殿神座，居仁祖之次，西向。

宣宗本紀：二年五月己亥，仁宗神主祔太廟。

禮志：二年五月，仁宗神主祔廟，如前儀。寢殿，西第三室，南向。正殿，居高祖之次，東向。其後大行祔廟，倣此。

英宗前紀：正統二年春正月甲午，宣宗神主祔太廟。

禮志：正統七年十二月，奉昭皇后神主祔廟，神主詣列祖神位前謁廟。禮畢，太常寺官唱賜座，内侍捧衣冠，與仁宗同神位。唱請宣宗皇帝朝見，内侍捧宣宗衣冠置褥位上，行四拜禮訖，安奉於座上。

憲宗本紀：成化二年春正月辛酉，英宗神主祔太廟。

明會典：奉祔英宗神主於寢殿西第四室，南向；正殿神座右第四位，東向。

明史孝宗本紀：弘治二年八月己酉，憲宗神主祔太廟。

明會典：成化二十三年，憲宗將升祔，而九室已備，始奉祧懿祖，熙祖而下皆以次奉遷。廼奉祔憲宗神主於寢殿西第四室，南向；正殿神座右第四位，東向。奉祧懿祖。先期遣官祭告太廟，上親告憲宗。几筵内侍官設酒饌如常儀。告畢，太常寺官同内執事官於太廟寢殿，奉遷懿祖神主衣冠安於德祖室内之左，原奉享儀幔牀儀物及正殿神座，俱暫貯於神庫。

禮志：孝宗即位，憲宗將升祔。時九廟已備，議者咸謂德、懿、熙、仁四廟，宜以次奉祧。禮臣謂：「國家自德祖以上，莫推世次，則德祖視周后稷，不可祧。憲宗升祔，當祧懿祖。宜於太廟寢殿後，別建祧廟，如古夾室之制。歲暮則奉祧主合享，如古祫祭之禮。」吏部侍郎楊守陳言：「禮，天子七廟，祖功而宗德。德祖可比商報乙、周亞圉，非契、稷比。議者習見宋儒嘗取王安石説，遂使七廟既有始祖，又有太祖。太祖既配天，又不得正位南向，非禮之正。今請并祧德、懿、熙三祖，自仁祖下爲七廟，異時祧盡，則太祖擬契、稷，而祧主藏於後寢，祫禮行於前殿。時享尊太祖，祫祭尊德祖，則功德並崇，恩義亦備。」帝從禮官議，建祧廟於寢殿後，遣官祭告宗廟。帝具素服告憲宗几筵，祭畢，奉遷懿祖神主衣冠於後殿，牀幔、御座、儀物則貯於神庫。其後奉祧倣此。

王圻續通考：少詹事楊守陳疏云：「往者欽蒙敕諭，以憲宗純皇帝將祔太廟，當定九廟祧遷之制，命文武大臣下逮臣等會議。臣愚無識，以爲當據古禮而定七廟，祧德祖、懿祖、熙祖三廟，乃以仁祖淳皇帝、太祖高皇帝、太宗文皇帝、仁宗昭皇帝、宣宗章皇帝、英宗睿皇帝、憲宗純皇帝爲七廟。別爲殿於太廟之後，以奉三廟神主，三歲一祫。以後則是仁祖及仁宗以下親盡而祧，皆祧于三祖之廟，而太祖、太宗皆百世不遷，庶無悖禮。臣議若此。衆議建別殿以藏祧主，而行祫禮，與臣議同。唯以明詔因言九廟而難違，德祖當爲始祖而不遷，故但請祧懿祖，與臣議異。臣退而思之，竊以爲詔書九廟，容或猶可。若德祖不祧，以爲百世之祖，則有不可。孔子曰「祖有功，宗有德」，此萬世不易之論也。天子七廟，太祖之廟百世不遷，餘皆祧毀，此四代帝王之成法也。請詳陳之：唐、虞之文祖，尚矣。夏之世，顓頊既帝，而鯀無功，故以禹爲始祖。殷之始祖曰契，周之始祖曰稷，皆有大功，故號太祖，而郊祀配天，其廟不遷。漢及魏、晉上祖無功，皆以創業之君爲太祖。李唐祀四世，謚其高祖曰宣簡公，曾祖曰懿王，祖曰元皇帝，而其考謚景皇帝，有功，實號太祖。趙宋亦祀四世，號其高、曾、祖、考爲僖、順、翼、宣四祖，而以藝祖開國，廟號太祖。凡號太祖者，必以配天，此皆據理以定名號，以示當祧與不遷之意矣。故魏、宋之廟，太祖以上親盡皆祧，而太祖歷世不遷，時無議者。唐至中宗，既祧宣、簡於夾室，玄宗仍復宣、簡，而謚爲獻祖，并謚懿王爲懿祖。至肅宗，并祧獻、懿、德宗，又祧元帝，於是太祖居東第一室矣。然至禘祫之時，則獻祖居尊，東向；而太祖在昭穆之列。當時人心猶慊，議者紛然，卒遷獻、懿之祖於興聖廟，不與祫祭，而太祖正東向之位，爲不遷之祖。終唐之世，無復議者。宋至神宗，已祧僖祖于夾室，及王安石用事，仍復僖祖，且定之爲始祖，而居累朝祫祭，所虚東向之位，遷順祖於夾室。當時名臣韓維、司馬光、孫固、王介、張師顔者，群議力爭，莫能回也。哲宗既祧翼祖，徽宗又祧宣祖，而僖祖猶居尊位，太祖猶列昭穆，人心亦慊。故高宗以來，如董棻、王晉之論，屢嘗論列。寧宗乃用趙汝愚、鄭僑、樓鑰、陳傅良諸臣之議，并祧僖、宣二祖，别建四廟殿以奉祧主。時唯一朱熹爭之，不勝。於是太祖始居第一室，而祫祭東向之位，終宋世不遷，無復議矣。此則凡號太祖而配之者必居尊位，而百世不遷，然後合乎典禮，協於人心，而無可議也。國初追帝高、曾、祖、考爲德、懿、熙、仁四祖，亦但以爲四親廟而已，初無祖功之意，故郊祀配天，則以仁祖亦唯取嚴父之義耳，固未嘗以德祖擬商、周之稷、契而輒以配天也。太宗嗣位，乃尊高皇帝爲太祖，而遂以配天，仁祖亦不得預則其意，亦以四祖親盡當祧，而太祖有功不遷，當如夏之以禹爲始祖，漢以下以創業之君爲太祖者也。在禮，太祖即始祖，高皇帝既號太祖，復號德祖，爲始祖，豈先王之禮祖宗之意哉？且古者一帝一廟，廟皆南向，後世同堂異室，亦皆南向。時享則諸帝皆南面，而各尊唯祫祭，則始祖獨尊，餘則左右分向皆卑也。我朝時享之禮，則惟德祖南面獨尊，餘皆東西向而卑，已如祫之儀矣。今祧懿祖，則以德祖爲始祖，而百世不遷，永居南面之位而常尊，太祖永居西向之位而常卑，後世臣子瞻之，孰無憾悵？必有博聞達禮之儒，昌言正議，而群臣和之，天子從之，卒祧德祖而尊太祖然後已耳。唐、宋之事，是明鑑也。若祧德祖，則異日以次祧盡，而太祖可居南面之尊，以稱其名實，此天下人心之同願，雖傳萬世必無易也。況別殿密邇太廟，而祫祭則德祖猶居南面之位，太祖諸帝皆列左右，不失其尊，非若唐遷獻祖于興聖廟，宋遷僖祖於四祖殿，而遠隔別享，伸孫之尊，廢祖之祭也，亦何嫌哉！今之議者，率謂德祖猶宋之僖祖，王安石嘗議尊僖祖爲始祖，其後朱熹廟議實取之，今尚敢有異議乎！臣以爲不然。安石謂僖祖有廟，與稷、契疑無以異；熹亦謂莫若以僖祖爲稷、契，而祭於太廟之初室。曰疑曰莫若，則其意豈真以僖祖爲稷、契，而合於禮之祖有功者哉？蓋其說以爲若祧僖祖不可祔於孫之夾室，又不可別立一廟，故爲是不得已之詞耳。然宋亦卒祧僖祖於別殿，以藝祖爲太祖而後已，蓋祖有功之禮終不可泯也。況時異制殊，尚有執其說之不可行于宋者，而必欲行之於今乎？今太廟既無夾室，若執其說，雖立別廟亦不可也。祧主將安置乎？今既立別殿以奉祧主，無所謂下祔於孫者，德祖之祧，何不可之有？而必强無功者以爲始祖，而始有功之太祖乃不得如夏之禹、漢以下創業之君，何哉？孔子明言

『祖有功宗有德』，安石但論本統而不論功德，已戾乎孔子，而朱子有取之者，其説雖若得其要，亦但如前之所云者耳。今議者不察定禮，不從孔子，而猶以朱子爲辭，廟祀不祖有功，而以無功者强擬，上不當祖宗之意，下不愜臣子之願，名與實乖，文與情乖，安可爲典而垂世哉？陛下若姑存近制，則存九廟祧德祖亦可矣。雖從今議，而每歲一祫，亦無不可。蓋古禮四時皆三歲一祫，今四時之外，實多歲暮一祭，故僉議改歲暮時享爲祫，乃禮之從宜而近理者，亦可從也。若務遵古典，則當全用臣議，并祧三祖但存七廟，三歲而一祫，乃協四代之典，足垂萬世之法也。」時不能用。

蕙田案：始祖之議，宋僖祖後，雖朱子大儒，亦未爲至當。文懿公此疏，考據詳明，敷陳曲鬯，微獨救荆公之謬説，百世而下不能易也。文懿祖名範，有學行，嘗誨以精思實踐之學，其本原深厚，故發之真切乃爾。忠信之人可以學禮，豈不信然！惜本傳不載此疏，并不記其事，爲疏略耳。今從通考本全録之，以爲考禮之準繩也。

明史孝宗本紀：弘治十七年三月癸未，定太廟各室一帝一后之制。

武宗本紀：正德二年六月甲戌，孝宗神主祔太廟。

明會典：弘治十八年，奉祧熙祖。仁祖而下，皆以次奉遷，廼祔孝宗神主於寢殿西第四室，南向；正殿神座右第四位，東向。奉祧熙祖居左第一室。

禮志：武宗即位，祧熙祖。奉先殿神位亦遷德祖之西，其衣冠、牀幔、儀物貯於神庫。

明史世宗本紀：嘉靖二年三月甲寅，武宗神主祔太廟。

明會典：正德十六年，奉祧仁祖。太祖而下，皆以次奉遷，廼奉祔武宗神主於寢殿西第四室，南向；正殿神座右第四位，東向。奉祧仁祖居右第一室。祭告儀並同。

明史世宗本紀：嘉靖十年正月甲午，更定廟祀，奉德祖於祧廟。

國朝典彙：嘉靖四年四月，光禄寺丞何淵請於太廟内立世室，以獻皇帝與祖宗同享太廟。禮部尚書席書等以爲不可。有旨集廷臣再議，於是吏部尚書廖紀、武定侯郭勛、給事中楊言、御史葉忠等咸謂：「皇上孝心無窮，禮制有限。臣等萬死不敢以非禮誤陛下。」上曰：「世室之建，自古有之。朕膺天命，入紹大統。皇考百世之室，胡爲不可。」遂命大學士費宏、石珤、太監張佐等即太廟左隙地立廟，其前殿後寢一如太廟制，定名世廟云。五年九月，世廟成。上自觀德殿奉獻皇帝神主於世廟。

禮志：十年正月，帝以廟祀更定，告於太廟、世廟并祧廟三主。遷德祖神主於祧廟，奉安太祖神主於寢殿正中，遂以序進遷七宗神位。

明會典：嘉靖十年，敕諭禮部，以太祖高皇帝重闢宇宙，肇運開基，四時享祭壓於德祖，不得正南面之位。命祧德祖，而奉太祖神主居寢殿中一室，爲不遷之祖，太宗而下皆以次奉遷。每歲孟春特享，夏秋冬合享，改擇季冬中旬大祫，而以歲除爲節祭，歸之奉先殿。特享則奉太祖居中，太宗而下以次居左右，各設一屋，南向；奉主於神座，設冠服及舃於座之左右，祭畢藏之。合享則奉太祖居中，南向；太宗而下以次東西向。大祫則奉德祖於太廟居中，南向；懿祖而下皆以次東西向。

蕙田案：世宗釐正祀典，此一事爲合古。楊守陳所謂「後世卒祧德祖而尊太祖然後已焉」者也。天理常存，人心不泯，詎不信哉？

明史禮志：嘉靖十年九月，諭大學士李時等，以「宗廟之制，父子兄弟同處一堂，於禮非宜。太宗以下宜皆立專廟，南向」。尚書夏言奏：「太廟兩傍，隙地無幾，宗廟重事，始謀宜慎。」未報。中允廖道南言：「太宗以下，宜各建特廟於兩廡之地。有都宫以統廟，不必各爲門垣。有夾室以藏主，不必更爲寢廟。第使列聖各得全其尊，皇上躬行禮於太祖之廟，餘遣親臣代獻，如古諸侯助祭之禮。」帝悦，命會議。言等言：「太廟地勢有限，恐不能容，若小其規模，又不合古禮。且使各廟既成，陛下徧歷群廟，非獨筋力不逮，而日力亦有不給。古者宗伯代后獻之文，謂在一廟中，而代后之亞獻，未聞以一人而代主一廟之祭者也。且古諸侯多同姓之臣，今陪禮執事者，可擬古諸侯之助祭者乎？先臣丘濬謂宜間日祭一廟，歷十四日而徧。此蓋無所據，而强爲之説耳。若以九廟一堂，嫌于混同。請以木爲黄屋，如廟廷之制，依廟數設之，又設帷幄于其中，庶得以展專奠之敬矣。」議上，不報。

世宗本紀：嘉靖十三年六月甲子，南京太廟災。

禮志：十三年，南京太廟災。禮部尚書湛若水請權將南京太廟香火并於南京奉先殿，重建太廟，補造列聖神主。帝召尚書夏言與群臣集議。言會大學士張孚敬等言：「國有二廟，自漢惠始。神有二主，自齊桓始。周之三都廟，乃遷國立廟，去國載主，非二廟二主也。子孫之身乃祖宗所依，聖子神孫既親奉祀事於此，則祖宗神靈自當陟降於此。今日正當專定廟議，一以此地爲根本。南京原有奉先殿，其朝夕香火，當合併供奉如常。太廟遺址當倣古壇壝遺意，高築牆垣，謹司啓閉，以致尊嚴之意。」從之。

時帝欲改建九廟。夏言因言：「京師宗廟，將復古制，而南京太廟遽災，殆皇天列祖佑啓默相，不可不靈承者。」帝悦，詔春和興工。諸臣議于太廟南，左爲三昭廟，與文祖世室而四，右爲三穆廟。群廟各深十六丈有奇，而世室殿寢稍崇，縱横深廣，與群廟等。列廟總門與太廟戟門相並，列廟後垣與太廟祧廟後牆相並。具圖進。帝以世室尚當隆異，令再議。言等請增拓世室前殿，視群廟崇四尺有奇，深廣半之；寢殿視群廟崇二尺有奇，深廣如之。報可。

十四年正月諭閣臣：「今擬建文祖廟爲世室〔一〕，則皇考世廟字當避。」張孚敬言：「世廟著明倫大典，頒詔四方，不可改。文世室宜稱太宗廟。其餘群廟不用宗字，用本廟號，他日遞遷，更牌額可也。」從之。

世宗本紀：嘉靖十四年二月己亥，作九廟。

〔一〕「擬」，原作「據」，據光緒本、明史禮志五改。

明會典：十四年，更建世室及昭穆群廟於太廟之左右，其制皆正殿五間，寢殿三間，各有門垣，以次而南，統於都宫。太廟專奉太祖居之，世室在左，三昭之上，奉太宗居之，題曰太宗廟。仁祖昭第一廟，曰仁廟；宣宗穆第一廟，曰宣廟；英宗昭第二廟，曰英廟；憲宗穆第二廟，曰憲廟；孝宗昭第三廟，曰孝廟；武宗穆第三廟，曰武廟。以立春日行特享禮於各廟，立夏立秋立冬日行時祫禮於太廟，奉太祖，南向；太宗居東西向，稍近上；仁宗而下，東西序列相向。季冬大祫，則德祖居中，懿祖、熙祖、仁祖、太祖以次居於左右，俱南向；太宗而下，如時祫之序。

通鑑紀事本末〔一〕：先是，夏言請定七廟額，謂陛下復古廟制，正太祖南向位，則太廟之名實符周典。太宗功德隆赫，特建百世不遷之廟，宜曰文祖。世室在三昭上，仁宗、宣宗各爲昭穆第一廟，英宗、憲宗爲昭穆第二廟，孝宗、武宗爲昭穆第三廟，則萬世不刊之制也。帝從之。

明會典：嘉靖五年，建世廟於太廟之東北，以祀皇考。十五年，改建世廟於太廟

〔一〕「明史紀事本末」，原作「通鑑紀事」，據光緒本改。

都宮之東南，題曰獻皇帝廟，遂改世廟正殿曰景神殿，寢殿曰永孝殿，奉藏祖宗帝后御容於其中。

明史世宗本紀：嘉靖十五年十二月辛卯，九廟成。閏月癸亥，以定廟制，加上兩宮皇太后徽號，詔赦天下。

禮志：嘉靖十五年十二月，新廟成，乃奉安德、懿、熙、仁四祖神主於祧廟，太祖神主於太廟，百官陪祭如儀。翌日，奉安太宗以下神主，列於群廟，命九卿正官及武爵重臣，俱詣太宗廟陪祭。文三品以上，武四品以上，分詣群廟行禮。又擇日親捧太祖神主，文武大臣捧七宗神主，奉安於景神殿。

王圻續通考：嘉靖十五年，九廟成。先是，上召大學士李時、翟鑾、尚書汪鋐及禮部尚書夏言諭曰：「天地百神祀典，俱已釐正。唯宗廟之制非古。」言對：「古人建廟，恐制度卑小。今太廟規模弘偉，若一旦改作，恐事體重大。各廟本是古禮，他日致祭，陛下欲一日徧歷群廟，恐勢不能，古禮亦難盡復。」上曰：「盡如古禮固難，但大體處不可不依。擬古人各立廟，只是各全其尊，此等處却當依。」又曰：「我皇考顧得享世廟之祀，文祖以下列聖，乃不得專廟，朕心未安。卿禮官宜即具奏。」

言等退，具奏間，中允廖道南上疏曰：「臣伏考我太祖高皇帝敕諭儒臣建郊廟，以崇祀事，輔臣李善長等上議：天子七廟，自古有之。太祖百世不遷，三昭三穆，以世相次，此萬世不易之禮。今擬四代各爲一廟，臣唯我聖祖之制，斟酌三代，垂憲萬世，聖子神孫，所當世守。我皇上復四郊以祀天地日月，正百禮以祭神祇帝王，獨宗廟之制有不能自安者。誠有以見聖人之大孝，天子之大禮，有聖人在天子之位，如之何其弗可行也？朱熹曰：『天下有二件極大事，一是天地合祭，一是太祖不立特廟，與諸祖同一廟。』太祖高皇帝有萬世不朽之功者，宜享萬世不遷之報，而今不獲特廟，以全南面之尊，端居宗祧，以統列廟之主，尊卑長幼並列於一堂，籩豆鼎俎分羅於一隅，信有如朱熹所云者。今之議以爲弗可行者，其説有四：一曰地勢窄隘，二曰禮節繁難，三曰成憲宜遵，四曰勞費當惜。臣請解其惑。夫以地勢窄隘爲言者，臣案周禮：『匠人營國，左祖右社，廟門容大扃七箇，闈門容小扃三箇。』鄭玄注云：『闈門，廟中之門。大扃，牛鼎，長三尺。小扃，𪔂鼎，長二尺。』以周尺較之，周之九廟之制，亦甚儉矣。臣愚前奏禘義篇云：請以今太祖爲我萬世不遷之廟，太宗以下各建特廟於今兩廡之地，制度不必其崇高而務質樸，儀文不必其繁縟而務簡素。有都宮以統廟，而不必各爲門垣；有夾室以藏主，而不必更爲寢殿。庶尊尊有主，而太祖之位恒安而不遷；親親有倫，而列聖之尊各全而不瀆矣。夫以禮節繁難爲言者，臣案周禮：『外宗掌宗廟之祭祀，王后不與，則贊宗伯。』鄭玄注云：『后有故不與祭，宗伯攝其事。』故王一獻，卿大夫以次代獻，古禮也。今若各建列廟，特享之時，皇上躬行禮於太祖之廟，其餘遣親臣代獻，如古諸侯助祭之禮，亦未爲不可，而何必拘泥丘濬十八日行禮之臆説哉？夫以成憲宜遵爲言者，臣案中庸曰：『夫孝者，善繼人之志，善述人之事者也。』陳櫟注云：『祖父有欲爲之志而未爲，子孫善繼其志而成就之。祖父有已爲之事而可法，子孫善因其法而遵述之。故武王、周公稱爲達孝。』而況我皇上善繼太祖之志，善述太祖之事，正所以遵我太祖之成憲也。夫以勞費當惜爲言者，臣案禮曰：『君子將營宮室，宗廟爲先，居室爲後。』孟子亦云『君子不以天下儉其親』，而況今日之尺地寸土，皆我祖宗創業垂統之所貽；百官萬民，皆我祖宗休養生息之所致。以祖宗之土地，而建祖宗之廟；以祖宗之臣民，而供祖宗之事，如之何其弗可行也？臣愚見嘉靖九年宸衷獨斷，親定圖式，孟春特享之祭，正太祖南面之位，各有帷幄，以權九廟之制。各居一帷，一時之權也；而各立一廟者，萬世之經也。伏望遠法商、周之彝典，光復聖祖之舊制，則億萬世太平之基端在是矣。」上覽疏，喜，有旨：「宗廟祀典儀制，朕嘗有諭。輔臣禮部便會議來。」夏言乃會同郭勛、嚴嵩等議，仍執同堂異室之説：「唯太祖高皇帝受天明命，以有天下。初爲四親各別立廟，其一時制度，儼合古禮，嗣後改建太廟，始一遵同堂異室之制。夫既遵古制以各立廟矣，一旦襲用漢、唐故事，是蓋神謨英斷必有所以然，議禮者終以爲非古之制也。皇上欲追復三代之禮，以成一王之制。嘗聞廟者，所以象生之有朝也；寢者，所以象生之有寢也。建之觀門内，不忍遠其親也。位之左，不敢死其親也。是其營搆之制，奠兆之所，各有定則，不可以意爲者。即今太廟南邊宫牆，東邇世廟，西阻前朝，地勢有限，輔臣禮官已奉有聖諭，太廟三殿俱不動，則是太廟周垣之外左右隙地不盈數十丈耳。若依古制，三昭三穆之廟在太廟之前，以次而南，則今太廟都宫之南至承天門，牆不甚遼遠，即使盡闢其地以建群廟，亦恐勢不能容。若欲小其規模，不必别爲門牆寢廡，則又不合古禮。況古人七廟九廟制度皆同，太廟營搆已極弘壯，而群廟隤然卑隘，恐非所以稱生前九重之居也。議者欲除太廟兩廡，則非特不中典禮，而裁損廟制，事體尤重。

且諸王功臣之祀，又將置之何所，非臣等所敢聞也。况臣等恭睹世廟之制，蓋損於太廟之數多矣。今欲建立群廟，其規制高廣，又豈可損於世廟乎？且太宗之比隆太祖，憲宗又我獻皇帝父也。二廟規制，視世廟尤不當有一毫降損而後可，不然，則聖心於此，又有所大不安也。今太廟之主，自我太宗而下凡七聖，兹欲爲立廟，將依古制爲三昭三穆而止立七廟乎？將依商、周之制以太宗爲百世不遷之宗而加立七廟乎？夫規制既不可降損，而欲擬諸世廟森然並建七廟於太廟之南，豈唯地小不足以容，恐宸居左偏官室太盛，以陰陽家説，未免有偏缺壓制之嫌。此就地勢規制而言，臣等所不敢輕議者也。竊謂即使各廟既成，陛下以一人之身，冠冕佩玉執圭服衮，循還豊途，而欲於一日之間偏歷群廟，爲之興俛拜起，陞降奠獻，雖有强立之容、肅敬之心，且將薾然疲倦，非獨筋力有所不逮，而日力亦有所不給矣。議者乃引周禮宗伯代后獻之文，謂群廟之中，可以遣官攝祭，是又未嘗深唯禮意者。蓋古者宗廟之祭，君后迭獻，是以后不與祭，則宗伯可以代獻，謂同在一廟之中，而代后之亞獻者言也，未聞人臣可以代天子行事，而遂主一廟之祭也。且古者諸侯助祭，多同姓之臣以之代攝，猶之爲可，何也？同一祖宗之子孫也。今之陪祀執事者，可以擬古之諸侯助祭者乎？孔子曰：『吾不與祭，如不祭。』是有故不得與祭，而其心猶以爲如不祭也。陛下之仁孝誠敬，可以終歲舉祭，止對越太祖之廟，而不一至群廟乎？且規制必備，而成廟門垣堂廡寢室是也；儀文必備，而成陪位樂舞之數是也。今欲立爲七廟或八廟之制，則每廟之中，致祭之時，皆當有樂舞之數、陪祀之位而後可。若曰降從簡易，而垣寢不備，樂舞不陳，主祭不親，則是本欲尊之而反卑，本欲親之而反疏，未見所以爲隆重矣。先年大學士丘濬謂宜間一日祭一廟，歷十四日而徧七廟，此蓋無所據而强爲之説，不自知其言之涉於迂闊。此就禮節儀文而言，臣等所未敢輕議者也。臣等竊聞先儒馬端臨曰：『後世之失禮者，豈獨廟制一事？而廟制之説，自漢以來，諸儒講究非不詳明，而卒不能復古制者，以昭穆之位太拘故也。必欲如古立廟，必繼世而有天下者，皆父子相繼而後可。若兄弟世及，則其序紊矣，反不如同堂異室共爲一廟之渾成。』往哲之論，足證今事。此就昭穆祧遷而言，臣等所未敢輕議者也。聖諭以爲皇考獻皇帝有世廟以享祀，而我太祖、太宗以下列聖，乃不得專有一廟以全其尊。斯言也，陛下純孝至誠，皇天列祖，實鑒臨之。臣則以爲列聖同享太廟已極尊崇，而皇考專居世廟，獨爲退遜。

若廟制大小不倫，行祀親攝或異，則尊卑薄厚之分，反不足以稱陛下孝敬之誠矣。今孟春陛下更定特享之儀，正太祖南面之位，以爲太廟之始祖，又爲列聖各設帷幄，祭俱南面，各自奠獻、讀祝。臣等仰服陛下酌古準今，因時制宜，儼乎各廟專祀之義，雖古人制禮精微之意，亦不過如是而已。今臣等復議，得太廟九間同爲一堂，雖有帷幄而無所間隔，嫌於混同，未稱專尊之敬。請以木爲黄屋，儼如朝廷之制。每廟設一於殿之中間，又設帷幄於其中。太祖居中盡北，太宗而下列聖依昭穆之序，以次稍南，位置如古建廟之制，則太祖列聖各得以專其尊，又足伸陛下親親尊尊之情，而於古禮亦庶幾矣。此可以作，則萬世而未可以爲遷就權宜云也。彼朱子謂太祖僻處一隅，與夫設祭一室，甚或無地以容鼎俎者，事體大有不侔矣。」十年十一月，具題。明年三月，有旨：「郊廟大禮，係國家重典。朕嘗稽我聖祖開國之初，已曾建立四親廟，實有鑒於漢制之非。朕爲子孫，所當遵行。見今太廟前堂後寢，俱有定制，不必移其昭穆世數廟次，便會同相度兩廡地方，議處規制停當。」於是，夏言會同恭詣太廟，徧歷兩廡地方，繚垣前後左右周旋諦視，奏曰：「恭唯陛下既奉太祖高皇帝爲太廟始祖，特正南面之位。唯我太宗文皇帝定鼎北都，建子孫萬世長業，治功與我高皇帝比隆重光。兹欲稽古建廟，宜極追崇，當别立一廟於太廟之東，百世不遷，擬之周文世室，不在三昭三穆之數。其昭穆六廟，臣等初議以爲，自古宗廟必有前堂後寢，周垣門廡，方稱禮制。隨該督令官匠丈量，得太廟門牆内進深八十一丈二尺，東西牆内原空東西各廣一十四丈四尺。先議因廟門内進深太淺，欲將廟門往南展移十丈五尺；因東西牆門内横過太狹，欲各展十丈一尺。今復議不必展動東西大牆，止以牆内一十四丈四尺除二丈九尺爲御路，以一十一丈五尺爲廟之廣，以二十二丈五尺爲廟之深，每廟止建正殿一座五間，以其後半爲藏主之所，不用寢殿。以太宗世室直就北與太廟後牆等齊，廟門牆止展南八丈八尺。蓋因廟門逼近廟街，欲更少縮近北，以存林木，用護周垣，蓋是委曲。議處遷就地勢以事營搆，期於仰承德意，光復古典，謹畫圖貼説隨本上進。」四月，會題有旨，且罷。十三年夏六月，南京太廟災，上敕廷臣曰：「南京太廟不必重修。」夏言會議：「守文祖遷都之慮，保高皇創業之謨，則不當復建廟於南京者，誠萬世不易之定論也。」奉旨南京原廟址高築圍垣以爲防護，時加巡守，以後勿得整修。在京廟制，即便辦物料，來歲擇日興工。」於是夏言會議造文祖世室、昭穆廟宇高廣丈尺圖式，并伐木、開門事宜。奉旨：「皇祖太宗世室還著增加。」言復會議：「文祖世室前殿寢廟，比昭穆前殿寢廟，俱各增加，第與別廟不同。」奉旨：「依擬行。」言等復議奏：「遞遷之序，先儒以昭常爲昭，穆常爲穆。假如新主世當祔昭，則上世第一昭廟當祧。世當祔穆，則上世第一穆廟當祧。各以其次遞遷。昭主當祔，則群昭移而穆不移。穆主當祔，則群穆移而昭不移。此昭穆遞遷之義也。若夫百世共宗之義，其在我朝有同於隆古者，今日特建太宗廟於左昭之上是也。其虛右穆之上者，將以待有功德之宗當祧而不可祧者，是宗無定數之義也。」奉旨：「是。」十五年冬，宗廟告成。十二月初十日、十一日、十二日祔主，廷臣稱賀，上兩宮徽號，詔赦天下。

蕙田案：世宗復建九廟，三代以後一大鉅典，廷議反復，相度規制，俱有關係，特詳載通考此條，以備考鑒。

明史世宗本紀：嘉靖十七年九月辛巳，上太宗廟號成祖，獻皇帝廟號睿宗。遂奉睿宗神主祔太廟，躋武宗上。

明史紀事本末：十七年秋七月，議祔皇考於太廟。初，帝因嚴嵩請，既敕禮部議，又諭嵩曰：「太宗靖難，功與開創同，當稱祖以别之。」嵩遂上議曰：「古者父子異昭穆，兄弟同世次。殷有四君一世而同廟，不係父子故也。晉則十一室而六世，唐則十一室而九世。宋真宗詔議太廟禮，學士宋湜議以太祖、太宗合祭同位，其後禘祫圖又以太祖、太宗同居昭位，皆古事之可據者。皇考，孝宗弟也。臣謂宜奉皇考於孝宗之廟，我太祖即位仁祖，雖自布衣，必饗天子之祀，皇考顧獨闕焉，聖心必有所不安。」又曰：「古禮宗無定數，祖非有功者不得稱。漢世稱祖者二，高祖、世祖。光武再造漢室，故無二祖之嫌。我文皇定鼎持危，功莫大焉，尊稱爲祖，聖見允宜。」嵩奏出，群臣翕然無異議。九月辛巳，奉太宗文皇帝爲成祖，皇考獻皇帝爲睿宗。癸未，祔皇考於太廟。

明史本紀贊：世宗迭議大禮，輿論沸騰，倖臣假託〔一〕，尋興大獄。夫天性至情，君親大義，追尊立廟，禮亦宜之；然升祔太廟，而躋於武宗之上，不已過乎？

蕙田案：此歷代以來宗廟一變禮也。世宗迭議大禮，蓋至是而其心始快。

〔一〕「臣」，諸本作「成」，據明史世宗本紀改。

未幾九廟災，得毋同於春秋逆祀之説乎？乃因是而九廟之制，卒不可復矣。

明史世宗本紀：嘉靖二十年夏四月辛酉，九廟災，燬成祖、仁宗主。

禮志：太廟災，奉安列聖主於景神殿。遣大臣詣長陵、獻陵告題帝后主，亦奉安景神殿。

春明夢餘録：八廟燬。初，震火起仁廟，風大發，主燬。俄而成祖廟火，又燬。延蓺太廟及群廟，惟睿廟存。

明史禮志：二十二年十月，以舊廟基隘，命相度規制。議三上，不報。久之，乃命復同堂異室之舊，廟制始定。

世宗本紀：嘉靖二十四年六月壬辰，太廟成。

禮志：二十四年六月，禮部尚書費寀等以太廟安神，請定位次。帝曰：「既無昭穆，亦無世次，只序倫理。太祖居中，左四序成、宣、憲、睿，右四序仁、英、孝、武，皆南向。」

七月，以建廟禮成，百官表賀，詔天下。廟仍在闕左。

春明夢餘録：新廟成，正殿九間，内貯諸帝后冕旒鳳冠袍帶，匱而藏之，祭則陳設，祭畢仍藏匱中。東西側間，設親王功臣牌位，前爲兩廡。東西二燎爐，東燎列聖親王祝帛，西燎列功臣帛。南爲戟門，設具服小次，門左爲神庫，右爲神厨。又南爲廟門，門外東南爲宰牲亭，南爲神宫監，西爲廟街門。正殿後爲寢殿，九間，奉安列聖神主，皆南面；又爲祧廟五間，藏祧主，皆南向。

明史世宗本紀：嘉靖二十九年十一月壬寅，祧仁宗，祔孝烈皇后於太廟。

禮志：二十七年，帝欲以祔孝烈皇后方氏於太廟，而祧仁宗。大學士嚴嵩、禮部尚書徐階等初皆持不可，既而不能堅其議。二十九年，祧仁宗，遂祔孝烈於西第四室。

明史世宗本紀：嘉靖四十五年十二月庚子，帝崩。隆慶元年正月，上尊謚，廟號世宗。

穆宗本紀：隆慶二年十二月庚寅，世宗神主祔太廟。

明會典：嘉靖四十五年，世宗升祔，更奉元配孝潔肅皇后同祔廟。先是，孝潔薨，未有本室，禮官議暫祔奉慈殿。至世宗崩，禮官高儀等奉詔曰：「孝潔皇后，肅皇帝元配也。禮太廟祔饗，惟一帝一后，后惟元配。今孝烈先祔，若奉孝潔同祔，則二后並配，非制。若以孝烈先祔，而孝潔遂不祔，舍元配而祔繼配，亦非制。請孝潔祔饗，移孝烈於弘孝殿。」上從之。

明史神宗本紀：神宗二年五月辛丑，穆宗神主祔太廟。

禮志：隆慶六年八月，穆宗將祔廟，敕禮臣議當祧廟室。禮科陸樹德言：「宣宗於穆宗僅五世，請仍祔睿宗於世廟，而宣宗勿祧。」疏下禮部，部議宣宗世次尚近，祧之未安。因言：「古者以一世爲一廟，非以一君爲一世，故晉之廟十一室而六世，唐之廟十一室而九世。宋自太祖上追四祖至徽宗，始定爲九世十一室之制，以太祖、太宗同爲一世故也。其後徽宗祔以與哲宗同一世，高宗祔以與欽宗同一世，皆無所祧。及光宗升祔，增爲九世十二室。今自宣宗至穆宗凡六世，上合二祖僅八世，準以宋制可以無祧，但於寢殿左右各增一室，則尊祖敬宗並行不悖矣。」帝命如舊敕行，遂祧宣宗。

太常紀：神宗九年，禮科給事中丁汝謙奏：「列聖嘗君臨天下，睿皇帝北面事之，一旦與之並列，非禮。躋武宗之右，又非禮。且世廟常尊，百世不遷，宜以睿宗專祭於世廟。」

明奏疏：神宗十三年，禮科都給事中萬象春請修舉陵廟曠儀，以垂典制。疏：「竊唯國家之事，莫大於祀典。祀典之起，實由於人心，故質之人心，而有不容已，皆祀之不可廢，而聖哲之所必舉者也。矧事關陵廟，情屬親親，在列聖容有欲爲之志，而陛下當有善繼之圖者乎？臣所議於今日者有二：一曰革除之陵廟宜復，二曰景帝之廟號宜尊。臣請得言之：洪惟太祖開基，成祖定鼎。自太祖以後成祖以前，其間君臨天下者，不有建文君乎？既緣靖難兵至，避位自焚，延迄於今，祭享無聞，陵園不治，行道之人欷歔歎息。臣嘗考往牒，當建文君没，成祖駐營龍江發哀，命有司治喪，葬以天子之禮，遣官致祭。當其時，固未嘗不陵不祭也。乃今令甲所載，止孝陵及懿文太子陵，而建文君不與焉。兹何以故，豈成祖許之於先，而所司顧廢之於後耶？亦異乎成祖至公至厚之人心矣。國家修明典禮，凡前代帝皇有功德於民者，除歲時廟祭外，間遣官祀於其陵，而矧稱帝皇建號，按臨臣民，至四五年，首爲一代嗣統之正者乎？又如革除死事諸臣，我皇上登極之初，首發明詔，令得祀於其鄉。邇又允言官之奏，凡諸臣墳墓苗裔，咸蒙修治恤録，而爲之君者，反不得一抔之土、一勺之水，宜天下人心惋然而深悲也。似宜敕下所司，即其原葬處所立爲陵廟，歲時一體祭祀，仍乞上尊謚以表追報之隆，復年號以正君臨之體。此非臣等今日私議也。當在成祖時，既葬以天子之禮，必宜享天子之祭。既享天子之祭，自當復其有天下之號，詎特天下之心，固亦成祖之心也，而何顧忌之有與？至於景皇帝之事，則又異矣。土木之變，國家岌岌乎幾不可保。景皇帝奉太后命，進登寶位，鎮安人心，倚任忠良，克戡禍亂，卒至鑾輿反正，宗社寧謐，聖子神孫所以晏安坐享全盛之業者，景皇帝之力，豈可誣哉？迨升遐之日，謚號葬祭，率從貶損，蓋一時軒輊之勢則然，而實非人心之公與國典之正也。憲宗純皇帝時，特允廷臣建議復其帝號，祭以帝禮。先靈顯赫，亦既足以述先志而昭往烈矣。然而廟號未加，陵制有儉，生有安天下之功，而崇報不稱；没宜享天下之號，而物故未彰，其於國制，終屬缺典。臣等待罪該科，每見太常寺歲祭題請祭祀，其遣官行禮諸陵皆同，固未有隆殺矣。即如前歲，駕幸山陵行春祀禮，臣象春忝扈從之列，見我皇上於景皇帝陵，躬爲致祭，誠重之矣。乃其祭與諸陵同，而其制與諸陵異。雖致祭於陵，而不得祔祭於廟，仰窺聖衷，當必有缺然于兹者矣。似宜遵照典制，備加尊謚，仍恭上廟號，昭示無疆。其陵制隘陋，尤須亟爲恢改。如以逼近恭讓皇后陵，勢難展拓，第就其見在殿廡門垣等項，稍加穹廣，仍量培寶城增建明樓，以稱帝者藏衣冠之地。至於恭讓太后陵，亦宜一體修治，俾得鬱然相望。如此，庶足以慰在天之靈，而彰没世之德。其於陛下繼述之孝、制作之隆，豈不有光哉？夫臣等於建文君止議尊謚，而不敢更及廟號。景皇帝業以帝號稱矣，而復以廟號請者，何也？良以進建文于成祖之上，則倫序匪宜；而位於成祖之下，則君臨失次。夫是以不敢妄議。若英廟之於景皇帝，兄弟也。其正位大寶殿，英廟先而景帝後也。昭穆所在，既無踰越之嫌，而功德比隆，尤無偏廢之禮。臣等切以爲廟號之不可不立者以此。如以爲進一廟則當祧一廟，關係重大，率難輕舉。合無上奉其主，藏於祧廟，唯於歲暮祫祭時，出其主於英廟之下，則親親尊尊兩不妨礙。矧景帝係宣廟子，宣廟既以奉祧，則景皇帝亦屬應祧之數。天意人事，有適會於今日者，仰惟聖明在上，盡倫盡制，百代一時，殷禮肇稱，於今有待。臣等敬循職掌，輒敢冒昧上言，伏乞敕下禮官，詳加酌議。上請舉行，以慰人心企望之殷，以垂一代經常之則。」帝不允。

蕙田案：象春持議極正，存之以補明代廟制之闕。

明史禮志：天啓元年七月，光宗將祔廟。太常卿洪文衡請無祧憲宗，而祧睿宗。

不聽。

熹宗本紀：天啓二年九月甲午朔，光宗神主祔太廟。

莊烈帝本紀：崇禎二年八月甲戌，熹宗神主祔太廟。

太常紀：太廟規制，中室太祖高皇帝、孝慈高皇后東第一室，成祖文皇帝、仁孝文皇后西第一室。睿宗獻皇帝、慈孝獻皇后東第二室，武宗毅皇帝、孝靖毅皇后西第二室。世宗肅皇帝、孝潔肅皇后東第三室，穆宗莊皇帝、孝懿莊皇后西第三室。神宗顯皇帝、孝端顯皇后東第四室，光宗貞皇帝、孝元貞皇后西第四室。熹宗哲皇帝其祧廟所藏，德祖元皇帝、后，懿祖恒皇帝、后，熙祖裕皇帝、后，仁祖淳皇帝、后，仁宗昭皇帝、誠孝昭皇后，宣宗章皇帝、孝恭章皇后，英宗睿皇帝、孝莊睿皇后，憲宗純皇帝、孝貞純皇后，孝宗敬皇帝、孝康敬皇后。東廡侑饗諸王十五人，西廡侑饗功臣十七人。

右明廟制

五禮通考卷八十五

吉禮八十五

宗廟時享

蕙田案：祭義云：「祭不欲數，數則煩；祭不欲疏，疏則怠。是故君子合諸天道，霜露既降，君子履之，必有悽愴之心。春，雨露既濡，君子履之，必有怵惕之心。」此時移節變，孝子感而思親，四時之祭，所由昉也。虞、夏及殷，散見於詩、書、傳、記者，其禮意略可概見。自姬公定制，所謂郁郁乎文者，蓋莫盛焉。惜禮經燔没，高堂生所傳儀禮特牲饋食、少牢饋食、有司徹三篇，僅大夫士之禮，而天子、諸侯宗廟之禮亡矣，故漢志即有「推士禮而致於天子」之譏。昔朱子嘗欲以二禮及注疏所言，折衷以爲天子祭禮，書未及成。門人黄勉齋、楊信齋自致齊而

祀之重禘、嘗之義。「禘者，陽之盛也」者，以禘祭在夏，夏爲炎暑，故爲陽盛。「嘗者，陰之盛也」者，以嘗祭在秋之時，陰功成就，故爲陰盛。冬雖嚴寒，以物於秋成，故不得以冬烝對夏禘。

郊特牲：饗、禘有樂，而食、嘗無樂，陰陽之義也。凡飲，養陽氣也。凡食，養陰氣也。故春禘而秋嘗，春饗孤子，秋食耆老，其義一也，而食、嘗無樂。飲，養陽氣也，故有樂。食，養陰氣也，故無聲。凡聲，陽也。

祭統：禘、嘗之義大矣，治國之本也，不可不知也。明其義者，君也；能其事者，臣也。不明其義，君人不全。不能其事，爲臣不全。夫義者，所以濟志也，諸德之發也。是故其德盛者其志厚，其志厚者其義章，其義章者其祭也敬。祭敬，則竟内之子孫莫敢不敬矣。疏：此一節明祭祀之重禘、嘗之義，人君若能明於其義，可以爲民父母。

王制：天子、諸侯宗廟之祭，春曰礿，夏曰禘，秋曰嘗，冬曰烝。注：此蓋夏、殷之祭名。周則改之，春曰祠，夏曰礿，以禘爲殷祭。詩小雅曰：「礿祠烝嘗，于公先王。」此周四時祭宗廟之名。疏：此一節論夏、殷天子諸侯大夫四時祭宗廟之事。「春曰礿」者，皇氏云：「礿，薄也。春物未成，其祭品鮮薄也。」孫炎曰：「礿者，新菜可礿。」「夏曰禘」者，皇氏云：「禘者，次第也。夏時物雖未成，宜依時次第而祭之。」「秋曰嘗」者，白虎通云：「嘗者，新穀熟而嘗之。」「冬曰烝」者，烝者，衆也。冬之時物成者衆。孫炎云：「烝，進也，進品物也。」注「蓋爲夏、殷祭名」者，以其祭名與周不同，故以爲夏、殷祭名。

其夏、殷之祭又無文，故稱「蓋」以疑之。此云春礿，而郊特牲云春禘者，鄭氏注云「禘當爲禴」，從此爲正。祭義曰「春禘」，鄭注直云「夏、殷禮」，不破禘字者，以郊特牲已改禘爲禴，故於祭義略之，從可知也。云「周則改之，春曰祠，夏曰礿」者，案宗伯云「以祠春享先王，以禴夏享先王」。又知周以禘爲殷祭者，案公羊傳曰「五年而再殷祭」，又春秋經僖八年「秋，七月，禘於太廟」，是禘爲殷祭〔一〕，殷猶大也，謂五年一大祭。引詩小雅者，是文王之詩，天保之篇，謂文王受命，已改殷之祭名，以夏祭之禘，改名曰礿。而詩先言礿後祠者，從便文，嘗在烝下，以韻句也。

蕙田案：以上五條，皆以禘爲春夏時祭，與周不同。注疏家皆以爲夏、殷祭名，然不可考矣。

周禮春官大宗伯：以祠春享先王，以禴夏享先王，以嘗秋享先王，以烝冬享先王。

鄭氏鍔曰：祠春、禴夏、嘗秋、烝冬之享，時祭之名也。禮不豐，不殺，所以稱時。有以少爲貴者，有以多爲貴者。春夏以蒐苗而奉祭祀，時物方生可獻者寡，故春以詞爲主，夏以樂爲主而已。尚詞者，爲物不足以言詞道意也。尚樂者，陽氣浸盛，樂由陽來也。此所謂以少爲貴也。秋冬以獮狩而奉祭祀，百物既登可獻者衆，故秋以薦新爲主，冬以備物爲主焉。嘗者，物初成始可嘗，于是而薦新也。烝

〔一〕「祭」，原作「制」，據光緒本、禮記正義卷一二改。

者，物畢皆可烝，于是而備物也。此以多爲貴者也。

司尊彝：春祠，夏禴，秋嘗，冬烝。

詩小雅天保：吉蠲爲饎，是用孝享。禴祠烝嘗，于公先王。傳：春曰祠，夏曰禴，秋曰嘗，冬曰烝。公，事也。疏：若以四時當云祠、禴、嘗、烝，詩以便文，故不依先後。此皆周禮文。自殷以上則禴、禘、嘗、烝，王制文也。至周公則去夏禘之名，以春禴當之，更名春曰祠，故禘祫志云：「王制記先王之法度，宗廟之祭，春曰禴，夏曰禘，秋曰嘗，冬曰烝。祫爲大祭，於夏、於秋、於冬。周公制禮，乃改夏爲禴，禘又爲大祭。祭義注云：『周以禘爲殷祭，更名春曰祠。』是祠、禴、嘗、烝之名，周公制禮之所改也。」若然，文王之詩所以已得有制禮所改之名者，然王者因革，與世而遷事，雖制禮大定，要亦所改有漸。易曰：「不如西鄰之禴祭。」鄭注爲夏祭之名，則文王時已改。言周公者，據制禮大定言之耳。「公，事」，釋詁文。

汪氏克寬曰：春祠，夏禴，秋嘗，冬烝，此周制時享之定名也。詩云「禴祠烝嘗」，蓋取咏歌之叶韵耳，其非有異也。

春秋桓公八年公羊傳：春曰祠，夏曰礿，秋曰嘗，冬曰烝。

爾雅：春祭曰祠，夏祭曰礿，秋祭曰嘗，冬祭曰烝。

春秋繁露四祭：古者歲四祭，四祭者，因四時之所生熟，而祭其先祖父母也。

故春曰祠，夏曰礿，秋曰嘗，冬曰烝。此言不失其時，以奉祀先祖也。過時不祭，則失爲天子之道也。祠者，以正月始食韭也。礿者，以四月食麥也。嘗者，以七月嘗黍稷也。烝者，以十月進初稻也。此天之經也、地之義也。

蕙田案：以上周四時之祭名。

春秋昭公十五年：二月癸酉，有事於武宫。

汪氏克寬曰：周官祠、禴、烝、嘗，爲四時之祭。左氏傳曰「禘於武宫」，是以禘爲四時之祭。蓋見經書禘于莊公，遂例以爲禘而誤耳。考之王制，春曰礿，夏曰禘，此蓋夏、殷之祭名，與周不同。蓋周更時祭之名，而後禘爲大祭也。然有事武宫，乃春祠之祭，曷不以祠祭之名書，而止曰有事，蓋祭之日，叔弓莅事，籥入，而卒去樂卒事，雖得時，而不成乎禮。春秋乃變文而書之，以著其失也。

蕙田案：此條係祠祭。

易萃：六二，引吉，无咎。孚乃利用禴。注：居萃之時，處于中正，而行以忠信，故可以省薄薦于鬼神也。

正義曰：「孚乃利用禴」者，禴，殷春祭之名也，四時之祭最薄者也。

既濟：九五，東鄰殺牛，不如西鄰之禴祭。注：牛，祭之盛者。禴，祭之薄者。居既濟之時，而處尊位，物皆濟矣，將何爲焉？其所務者，祭祀而已。祭祀之盛，莫盛修德，故沼沚之毛，蘋蘩之菜，可羞於鬼神，故「黍稷非馨，明德唯馨」，是以「東鄰殺牛，不如西鄰之禴祭，實受其福」也。

周禮夏官大司馬：中夏，教茇舍，遂以苗田，如蒐之灋，獻禽以享礿。注：茇舍，草止之也。夏田爲苗，擇取不孕任者。礿，宗廟之夏祭也。冬夏田主於祭宗廟者，陰陽始起，象神之在內。疏：以草釋茇，以止釋舍，軍有草止之法。「冬夏田主於祭宗廟，陰陽始起，象神之在內」者，仲冬一陽生，仲夏一陰生，是陰陽在內，故神象之而行祭也。此祭因田獵獻禽爲祭，若正祭自在孟月。

蕙田案：以上三條禴祭。

詩魯頌閟宮：秋而載嘗，夏而楅衡。箋：秋將嘗祭，於夏則養牲。

周禮春官肆師：嘗之日，涖卜來歲之芟。注：芟，芟草，除田也。古之始耕者，除田種穀。嘗者，嘗新穀，此芟之功也。卜者，問後歲宜芟否。

春秋桓公五年左氏傳：始殺而嘗。注：建酉之月，陰氣始殺〔一〕，嘉穀始熟，故薦嘗于宗廟。

十四年，秋，八月，壬申，御廩災。乙亥，嘗。注：御廩，藏公所親耕以奉粢盛之倉也。天火曰災。既戒日致齊，御廩雖災，苟不害嘉穀，則祭不應廢，故書以示法。

襄公二十八年左氏傳：十一月，乙亥，嘗於太公之廟，慶舍涖事。麻嬰爲尸，慶奊

〔一〕「氣」，諸本作「陽」，據春秋左傳正義卷六改。

爲上獻。

禮記祭義：仲尼嘗，奉薦而進，其親也慤，其行也趨趨以數。已祭，子貢問曰：「子之言祭，濟濟漆漆然，今子之祭，無濟濟漆漆，何也？」子曰：「濟濟者，容也，遠也。漆漆者，容也，自反也。容以遠，若容以自反也。夫何神明之及交？夫何濟濟漆漆之有乎？反饋樂成，薦其薦俎，序其禮樂，備其百官，君子致其濟濟漆漆，夫何慌惚之有乎？夫言豈一端而已，夫各有所當也。」注：嘗，秋祭也。親，謂身親執事時也。慤與趨趨，言少威儀也。容以遠，言非所以接親親也。容以自反，言非孝子所以事親也。此皆非與神明交之道也。天子諸侯之祭，或從血、腥始，至反饋，是進熟也。薦俎，豆與俎也。慌惚，思念益深之時也。豈一端，言不可以一概也。禮各有所當，行祭宗廟者，賓客濟濟漆漆，主人慤而趨趨。

蕙田案：以上五條嘗祭。

周禮夏官大司馬：仲冬，教大閱，遂以狩田，入獻禽以享烝。

書洛誥：戊辰，王在新邑，烝祭歲，文王騂牛一，武王騂牛一。疏：鄭玄以「烝祭」上屬。「歲文王騂牛一」者，歲是成王元年，正月朔日，特告文、武封周公也。案周頌烈文序云：「成王即政，諸侯助祭。」鄭箋云：「新王即政，必以廟享之禮祭於祖考，告嗣位也。」則鄭意以朝享之後，特以二牛告文、武，封周公之後，與孔義不同。

宗廟。

春秋桓公五年左氏傳：閉蟄而烝。注：建亥之月，昆蟲閉户，萬物皆成，可薦者衆，故烝祭

亟也。亟則瀆，瀆則不敬。君子之祭也，敬而不瀆。疏則怠，怠則忘。士不及兹四

八年，春，正月，己卯，烝。公羊傳：烝者何？冬祭也。常事不書，此何以書？譏

者，則冬不裘，夏不葛。注：四者，四時祭也。疏數之節，靡所折中，是故君子合諸天道，感四時物而

思親也。祭必于夏之孟月者，取其見新物之月也。裘葛者，御寒暑之美服。士有公事，不得及此四時祭

者，則不敢美其衣服，蓋思念親之至也。

穀梁傳：烝，冬事也。春興之，志不時也。

夏，五月，丁丑，烝。穀梁傳：春夏興之，黷祀也，志不敬也。注：春祭曰祠，薦尚韭

卵。夏祭曰禴，薦尚麥魚。秋祭曰嘗，薦尚黍肫。冬祭曰烝，薦尚稻雁。無牲而祭曰薦，薦而加牲曰祭，

禮各異也。失禮祭祀例日。得禮者時，定八年冬「從祀先公」是也。僖八年「秋，七月，禘于太廟」，月者，

謹用致夫人耳。禘無違禮。

汪氏克寬曰：周官祠、禴、嘗、烝爲四時之祭是已。考之春秋，常祭不書，書必有譏。如桓公八年

春夏兩以烝書者，譏其不時，而且黷。如桓公十四年八月嘗，本得其時，蓋因其壬申御廩災，越四日乙

亥嘗，譏以災餘之粟祭，爲不敬也。如昭公十五年春二月有事于武宫，蓋春祠也。如宣八年夏六月有事於太廟，即夏禴也。祭得其時，于祭無譏，故不書名，止云有事。所以書者，一則譏宣公以仲遂之喪，猶繹而萬入去籥，是忘大臣之哀；一則譏昭公以叔弓之喪籥入而去樂卒事，是殺宗廟之禮，其取義各有所重也。

襄公十五年，冬，十有一月，晉侯周卒。十六年，正月，葬晉悼公。平公即位。烝于曲沃。注：平公，悼公子彪。曲沃，晉祖廟。烝，冬祭也。諸侯五月而葬，既葬，卒哭作主，然後烝、嘗于廟。今晉踰月葬，作主而烝祭。傳言晉將有溴梁之會，故速葬。

蕙田案：以上七條烝祭。

中庸：春秋修其祖廟，陳其宗器，設其裳衣，薦其時食。宗廟之禮，所以序昭穆也。序爵，所以辨貴賤也。序事，所以辨賢也。旅酬下爲上，所以逮賤也。燕毛，所以序齒也。踐其位，行其禮，奏其樂，敬其所尊，愛其所親，事死如事生，事亡如事存，孝之至也。

丘氏濬曰：事死如事生，事亡如事存，此兩言者，仁人孝子不忍其親，而萬世奉親思孝之要道也。

右時享名義

時享犆祫

禮記王制：天子犆礿，祫禘、祫嘗、祫烝。

程子曰：歲四祭三祭，合食於祖廟。惟春則偏祭諸廟。

陳氏澔曰：祫，合也。其禮有二：時祭之，祫則群廟之主皆升而合食於太祖之廟，而毁廟之主不與；三年大祫，則毁廟之主亦與焉。天子之禮，春礿則特祭者各於其廟也。禘、嘗、烝皆合食。

諸侯礿則不禘，禘則不嘗，嘗則不烝，烝則不礿。

陳氏澔曰：南方諸侯春祭畢，則夏來朝，故闕禘祭。西方諸侯夏祭畢，而秋來朝，故闕嘗祭。四方皆然。

諸侯礿犆，禘一犆一祫，嘗祫，烝祫。

陳氏澔曰：犆礿、礿犆，非有異也，變文而已。祫嘗、祫烝與嘗祫、烝祫亦然。諸侯所以降於天子者，禘一犆一祫而已，言夏祭之禘，今歲犆則來歲祫，祫之明年又犆，不如天子每歲三時皆祫也。

陳氏禮書：君子以義處禮，則祭不至於數煩；以仁處禮，則祭不至於疏怠。悽愴發於霜露之既降，怵惕生於雨露之既濡，此所以有四時之享也。然四時之享，皆前期十日而齋戒，前祭一日而省眡。祭之日，禮交動乎上，樂交應乎下。自再祼以至九獻，其禮非一舉；自致神以至送尸，其樂非一次。以一日而歷七廟，則日固不足而强有力者亦莫善其事矣。若日享一廟，前祭視牲，後祭有繹，則彌月之間亦莫既其事矣。考之經傳，蓋天子之禮，春則犆祭，夏秋冬則合享。犆祭各於其廟，合享同於太廟。王制曰：「天子犆礿，祫禘、祫嘗、祫烝。諸侯礿犆，禘一犆一祫。」是天子春犆而三時皆祫，諸侯亦春犆而秋冬皆祫。其異於天子者，禘一犆一祫而已。禘一犆一祫，而嘗烝皆祫，是始年再祫，次年三祫也。天子言犆礿，諸侯言礿犆；天子言祫禘、祫嘗、祫烝，諸侯言嘗祫、烝祫，此特變文而已，非有異也。鄭氏曰：「天子先祫而後時祭，諸侯先時祭而後祫。凡祫之歲，春一礿而已。」孔穎達曰：「皇氏以爲虞、夏祫祭，每年爲之。又云三時祫者，夏秋冬或一祫焉。案禘祫志云，祫于秋于冬于夏，則夏、商三時俱殷祭，皇氏之説非也。其言皆無所據。」楚茨之詩，始言「以往烝嘗」，終言「神具醉止」。儀禮大夫三廟，筮止丁亥之一日，而言薦歲事於皇祖。禮記云：「嘗禘之禮，所以仁昭穆。」則會群神於烝嘗而具醉者，祫也。合三廟於一日而薦於皇祖者，亦祫也。嘗禘所以仁昭穆，亦祫也。祫有三年之祫，有時祭之祫。時祭，小祫也。士虞禮曰薦此祫事，則時祭謂之祫宜矣。三年之祫，大祫也。時祭有小禮，有大禮。小禮，春也。大禮，夏秋冬也。

公羊傳曰：「大事者何？大祫也。」則明時祭之祫爲小祫矣。禮記曰「大嘗」，周禮曰「大烝」，則春祠爲小禮矣。蓋小祫止於未毁廟之主，大祫已及於毁廟之主。禮記曰「周旅酬六尸」，又曰「祫於太廟，祝迎四廟之主」，夫天子旅酬止于六尸，諸侯迎主止於四廟，非小祫而何？

大學衍義補丘氏濬曰：古者天子七廟，天子以一人之身，而於一日之間徧行七廟之禮，雖有强力之容、肅敬之心，非獨心力有所不逮，亦恐日力有所不給矣。昔季氏以大夫行一祭事，日不足而繼之以燭，他日，子路與祭，略其煩文，然質明行事，猶至晏朝而退。夫以大夫行一祭猶且許時，况天子以燕安之體，具冕服，祼饋，乃於半日之短晷，行九獻之盛禮，而欲一日七舉行，雖强力之匹夫有所不勝也，况萬乘之尊哉！世儒泥古而不通變，因王制此章有礿禘祭名之誤，遂以此爲夏、殷之祭。夫禮合於義，適其時，斯可行矣，尚何殷、周之拘？况七廟之制，商已有之，周承殷後，已從其廟制之數，則其所行之禮，安知不相沿襲哉？本朝歲五祀，皆合享於太廟，雖不拘拘於古，而自與古意合云。

右時享犆祫

虞廟享

書益稷：戛擊鳴球，搏拊琴瑟以詠。祖考來格。虞賓在位，群后德讓。下管鼗鼓，合止柷敔，笙鏞以間，鳥獸蹌蹌。簫韶九成，鳳凰來儀。疏：此舜廟堂之樂。微子之命云「作賓於王家」，詩頌微子之來，謂之「有客」，是王者之後，爲時王所賓也。故知「虞賓」謂丹朱，爲王者後，故稱賓也。王者立二代之後，而獨言丹朱者，蓋高辛氏之後，無文而言，故唯指丹朱也。王者之後，尊於群后，故殊言「在位」。群后亦在位也。後言德讓，丹朱亦以德讓矣，故言「與諸侯助祭班爵同者，推先有德」也。二王之後並爲上公，亦有與丹朱爵同，故丹朱亦讓也。

禮記郊特牲：有虞氏之祭也，尚用氣。血、腥、爓祭，用氣也。注：尚，謂先薦之。爓，或爲膶。疏：「有虞氏之祭也，尚用氣」者，尚謂貴尚，其祭祀之時，先薦用氣物也。「血、腥、爓祭，用氣也」者，此解用氣之意。血，謂祭初以血詔神於室。腥，謂朝踐薦腥肉於堂。爓，謂沈肉於湯，次腥，亦薦於堂。祭義云「爓祭，祭腥而退」是也。今於堂以血、腥、爓三者而祭，是用氣也。以其並未孰，故云「用氣也」。正義曰：言先薦者，對合享饋孰爲先也。此虞氏尚氣，殷人尚聲，周人尚臭，皆謂四時常祭也。若其大祭祫，周人仍先用樂也，故大司樂云：「若樂九變，則人鬼可得而禮矣。」鄭云：「先奏是樂，以致其神，而後祼焉。」推此言之，虞氏大祭亦先作樂也。故鄭注大司樂引虞書云：「戛擊鳴球，搏拊琴瑟以詠，祖考來格，簫韶九成，鳳皇來儀。」此宗廟九奏之節。此虞氏大祭，與周同樂九奏。夏、殷大祭雖無文，或當與周同。熊氏以爲殷人先求諸陽，謂合樂在灌前，周人先求諸陰，謂合樂在灌後，與降神之樂别。熊氏又云：「凡大祭並有三始：祭天，以樂爲致神始，以煙爲歆神始，以血爲陳饌始。祭地，以樂爲致神始，以埋爲歆神始，以血爲陳饌始。祭宗廟，亦以樂爲致神始，以灌爲歆神始，以腥爲陳饌始。」義或然也。案禮，宗廟之祭先薦血，後薦腥。而云「宗廟腥爲陳饌始」，於義未安也。

明堂位：有虞氏祭首。注：氣主盛也。

陳氏禮書：祭以右手，凡祭必於脯醢之豆間，特公食大夫、有司徹祭於上豆之間，以豆數多故也。祭之尚肺，周禮而已。若有虞氏則祭首，夏后氏則祭心，殷則祭肝，以時異則禮異也。

方氏慤曰：有虞氏祭首，尚用氣故也。氣雖有陰陽之異，要之以陽爲主耳。首者，氣之陽也。

蕙田案：此虞氏時享挼祭之禮也。禮書謂儀禮少牢舉肺祭肺三，皆切之。舉肺一者，尸之所先食者也。祭肺三者，尸與主人、主婦之所祭者也。祭肺三皆在尸俎，而舉肺各於其俎。故儀禮尸俎胙俎，以至主婦、佐食、賓長、兄弟、宗人、衆賓及衆兄弟、内賓、宗婦、公有司之俎，皆離肺一則祭肺三者，施於尸、主人、主婦之挼祭也。皆離肺一者，自尸至公有司食之也。周官太祝隋釁，令鐘鼓；小祝大祭禮，贊隋；守祧既祭，藏其隋；儀禮士虞祝命佐食隋祭；特牲祝命尸挼祭之，尸取菹，擩于醢，祭于豆間，佐食授，主人挼祭，主婦則佐食挼祭；少牢尸受肺與黍同祭于豆間，主人佑受，佐食挼祭，坐祭之，主婦亦受，佐食挼祭祭之。鄭康成謂「下祭曰隋」，則隋與春秋傳所謂「隋成」之「隋」同，周官與士虞作隋，少牢與禮記作綏，特牲作挼，其實一也。隋祭，所以祭鬼神之物，猶生者之飲食必祭也。而尸與主人主婦皆有是禮，則尸既舉奠而綏祭，祭神食也；主人受酢而綏祭，祭尸食也。周人所祭莫先于肺，則有虞氏之所祭莫先于首，其義一而已矣。

泰，有虞氏之尊也。注：泰用瓦。疏：考工記云：「有虞氏尚陶。」故知泰用瓦。

方氏慤曰：泰，司尊彝謂太古之瓦尊，蓋彼名其質，此名其義也。

蕙田案：經文下云：「山罍，夏后氏之尊；著，殷尊；周，犧象。」禮器云：「廟堂之上，罍尊在阼，犧尊在西。君在阼，夫人在房。君西酌犧象，夫人東酌罍尊。」疏：「罍尊在阼，謂夫人所酌也。犧尊在西，謂君所酌也。熊氏云：『此謂諸侯時祭所用之禮。』」據此，觀於諸侯，而天子之禮可知。觀於周之犧象，而有虞氏之泰尊，其用於時祭之禮，蓋可推矣。蓋宗廟之獻尊也。

有虞氏之兩敦。注：黍稷器。

陳氏祥道曰：敦者，養人之厚也。

方氏慤曰：兩敦，若内則所謂敦，周官所謂玉敦是矣，釋者以爲宗廟之器焉。

陸氏佃曰：敦亦簋也，蓋設以對，故謂之敦。

蕙田案：此有虞氏宗廟時享盛黍稷之器，觀於下文四璉、六瑚、八簋可知。蓋三代相承，而漸增其數也。

俎，有虞氏以梡。注：梡，斷木爲四足而已。疏：有虞氏質，未有餘飾，故鄭知梡有四足而已。

方氏慤曰：梡者，斷木爲足，無餘飾也，苟完而已。

蕙田案：此有虞氏宗廟俎豆之制也。經言俎而不言豆，則豆當與夏同矣。夏楬豆、殷玉豆、周獻豆，方氏謂「獻若周官所謂『再獻』之『獻』」，此言獻豆，則主祭祀之豆耳。」據此，豆爲祭祀之豆，則俎爲祭祀之俎可知。觀于周，而有虞氏可知也。

有虞氏服韍。注：韍，冕服之韠也，舜始作之，以尊祭服。疏：虞氏直以韋爲韍，未有異飾，故服韍。易困卦九二：「朱紱方來，利用享祀。」故鄭知韍爲祭服。

蕙田案：此有虞氏時享之祭服也。論語曰：「禹惡衣服而致美乎韍冕。」蓋韍則承虞之制，而致美則加飾焉。經所謂夏后氏山，蓋以山畫於韍而成文也。朱子謂韍冕皆祭服，則虞氏可知矣。

路史：帝堯作七廟，以享先祖，祭以其氣，迎牲殺於庭，毛血詔于室以降神，然後樂作，所以交神明也。帝舜踐天子之位，春礿，夏禘，秋嘗，冬烝，所以報本反始也。

通典：有虞氏四時之祭名，春曰礿，夏曰禘，秋曰嘗，冬曰烝，其祭尚氣。郊特牲云：「血腥爓祭，用氣也。」法先迎牲，殺之取血，告於室以降其神，然後用樂而行祭事，其祭貴首。

蕙田案：以上虞書及禮記三條，有虞氏時享宗廟之禮樂也。祭法有虞氏祖顓頊而宗堯，蔡氏書傳引蘇氏説而定爲神宗堯廟，詳見「廟制」門。是有虞廟享之祖考也。虞賓群后，助祭之諸侯，書言「受終文祖」、「格于文祖」、「格于藝祖」，皆因事告祭，其禮簡。此言時享，其禮繁，故特著虞賓助祭之盛。朱長孺謂「祖考下繫虞賓，則考者堯也。若舜祭其祖考，而丹朱在位，是與商之孫子侯服駿奔何異？」其言最爲有識。書、周頌清廟專言多士、顯相、對越、駿奔，以明享祀之美，觀于虞賓二句，則其時於穆肅雍之氣象，恍然可思也。虞賓稱在位，群后曰德讓，等級隆殺，又秩然不淆，典謨之體要如此。「戛擊鳴球，搏拊琴瑟以詠」，乃堂上升歌之樂。大戴禮所謂「清廟之歌，一唱而三歎」，郊特牲云「歌者在上，貴人聲也」，周禮太師「大祭祀，率瞽登歌，令奏擊拊」，小師「登歌擊拊」，其升歌清廟之制，本於此矣。「下管鞀鼓，合止柷敔」，乃堂下之樂。郊特牲所謂「匏竹在下」，周禮太師「下管，播樂器，令奏鼓朄」，小師「下管，擊應鼓」，其下管興舞之制，本於此矣。「笙鏞以間」，乃笙入間歌之樂。儀禮鄉飲、燕禮所謂「笙入三成」，周禮笙師「共其鐘笙之樂」，眡瞭「凡樂事，播鼗，擊頌磬、笙磬」，其間歌之制，本於此矣。「簫韶九成」，此合作之樂。周禮大司樂「大合樂，以致鬼神祇」，又曰「若樂九變，則人鬼可得而禮」，是九變之樂，即本於九成之韶無疑也。始終條理，節序分明，廟享之樂，莫備於書之所言矣。郊特牲「血腥爓祭，用氣也」。案廟享之禮，莫先于薦神，有虞氏尚氣，先殺牲以血詔神，詩所謂「取其血膋」，記曰「血毛詔於室」，舉一血而釁燔燎羶薌之事該之矣。次薦腥，禮運所謂「腥其俎」，舉一腥而割牲羞俎豆之事該之矣。次薦爓，祭義所謂「爓祭祭腥」，舉一爓而朝踐薦獻之事該之矣。至於明堂言「祭首」，則尸與主人挼祭之禮也。泰則獻酒醴之尊，觀于尊而五齊三酒可知也。兩敦爲盛黍稷之器，則饋食之禮具矣。俎以梡，則陳饌之儀具矣。韍則祭服之制隆焉。此皆虞氏廟享經文之可據者。蓋夫子删書，斷自唐、虞，孔子稱殷因于夏禮，則夏因于虞禮可知。虞禮不可見，而見於書者「戛擊鳴球」一章，其禮樂聲名之盛，已令人莫可思議。兼之郊特牲、明堂位而器服尊俎又有可推者。如此，則止廟享一事，其信乎！足以啓三王而承五帝也夫！

觀承案：經文簡括，無所不包。虞書此篇及禮記三條，其義原是如此，直以讀者鹵莽則失之，得此推闡詳明，而融貫爲一。有虞氏一代之禮容樂節，直已了了可數，方不負聖賢作經之深意耳。

右虞廟享

夏廟享

論語：禹，吾無間然矣，菲飲食而致孝乎鬼神。注：致孝鬼神，祭祀豐潔。疏：飲食，鬼神所享，故云致孝。

蕙田案：致孝鬼神而言飲食，則其爲時享薦獻饋食可知矣。

禮記明堂位：夏后氏祭心。

陳氏禮書：夏非不祭肺也，以心爲主而已。

方氏慤曰：三代各祭其所勝，夏尚黑，爲勝赤，故祭心，心于色爲赤故也。必各祭其所勝者，明非有所勝則不能王天下，而無以致孝于鬼神矣。

蕙田案：此夏享祀隋祭之禮，蓋承乎虞而改革者也。方氏祭其所勝之説，存參。

夏后氏牲尚黑。

方氏慤曰：夏后氏尚黑，其亦用牡可知，故書言湯用玄牡，而釋者以爲未變夏祀也。

夏后氏尚明水。疏：夏后氏尚質，故用水。

方氏慤曰：明水，陰鑒取水於月，得之於天者也。

蕙田案：二條夏后氏享祀之牲醴。

山罍，夏后氏之尊也。注：罍猶雲雷也。

方氏慤曰：山罍，即山尊也。禮器亦謂之罍尊，非謂諸臣所酢之罍也。以山罍爲尊，因謂之罍尊，亦猶以壺爲尊，因謂之壺尊。

蕙田案：據上下文言，此當爲夏祭祀之獻尊，詳見前。

爵，夏后氏以琖。疏：爵，並以爵爲形。琖以玉飾之。

陳氏禮書：考之爾雅，鍾之小者謂之棧。晉元興中，剡縣民井中得鍾長三寸，口徑四寸，銘曰「棧」。則棧，卑而淺矣。夏爵命之以琖，蓋其制若棧然也。祭統尸酢，夫人執柄，夫人受尸執足。柄，其尾也。有足而尾，命之以爵，蓋其制若雀然也。琖象棧，爵象雀，言玉琖則飾可知矣。琖、斝，先王之器也，唯魯與二王之後得用焉，諸侯用之則僭矣，故記曰：「琖、斝及尸君，非禮也。」

方氏慤曰：夏、殷未承以爵，而亦通謂之爵者，自周始然耳。若所謂一升曰爵，夏則一升曰琖，殷則一升曰斝也。不然，則由周以前，止有爵之名，由周以後，又有爵之形也。

蕙田案：此夏享祀之爵，陸農師謂琖以齊言，知然者，盎齊亦或謂之棧酒。其説與禮書同，未知是否，然其爲祭祀所用無疑。

灌尊，夏后氏以雞夷。注：夷讀爲彝。周禮：「春祠夏禴，祼用雞彝鳥彝。秋嘗冬烝，祼用斝彝黄彝。」疏：彝，法也。與餘尊爲法，故稱彝。「鷄彝」者，或刻木爲鷄形，而畫鷄於彝。鷄彝盛明水，鳥彝盛鬱鬯。斝彝黄彝，義亦然。

陳氏禮書：尊之爲言尊也，彝之爲言常也。尊用以獻，上及於天地；彝用以灌，施於宗廟而已。故尊於祭器獨名尊，彝於常器均名彝。籍談曰有勳而不廢，撫之以彝器。臧武仲曰大伐小，取其所得以作彝器，則彝之爲常可知矣。鷄者，司辰之始，則陰盛而陽微，祼所以求之陰，故夏后氏以之。

方氏慤曰：灌尊，所以實灌鬯之尊也。夷以對險。夷者，道之常，故孟子引烝民之詩變彝爲夷者，以此。

蕙田案：祭之屬，莫重於灌，而夏、殷之制見於經者，唯此一條，可證宗廟之灌不始於周，而自夏已然。夏因虞禮，并不始於夏，蓋唐、虞之時已然也。

其勺，夏后氏以龍勺。注：龍，龍頭也。疏：此灌尊所用之勺。龍勺，勺爲龍頭。

陳氏禮書：龍勺。龍，陽中之陰也。淵潛而爲仁，以澤萬物，故夏以之。

方氏慤曰：勺，用以酌酒者。

陸氏佃曰：龍勺，以能施爲義。

蕙田案：此夏時享灌酒之勺。

夏后氏之四璉。

陳氏祥道曰：璉者，養人而不絶者也。

陸氏佃曰：四璉，黍、稷、稻、粱。

蕙田案：此夏后氏廟享盛黍稷之器。

俎，夏后氏以嶡。注：嶡之言蹷也，謂中足爲横距之象。疏：謂嶡足間有横，似有横蹷之象。

夏后氏以楬豆。

方氏慤曰：楬豆，未有他飾，以木爲柄，若蜡氏之楬而已。

蕙田案：二條夏享祀之俎豆。

夏后氏山。注：山，取其仁可仰也。疏：戴制。夏后氏畫之以山。

論語：禹惡衣服而致美乎黻冕。注：損其常服，以盛祭服。疏：正義曰：鄭玄注此云：「黻，是祭服之衣。冕，其冠也。」左傳「晉侯以黻冕命士會」，亦當然也。黻，蔽膝也。祭服謂之黻，其他謂之韠，俱以韋爲之，制同而色異。韠，各從裳色。黻，其色皆赤，尊卑以深淺爲異，天子純朱，諸侯黄赤，大夫赤而已。大夫以上，冕服悉皆有黻，故禹言黻冕。左傳亦言黻冕，但冕服自有尊卑耳。此禹之黻冕，則六冕皆是也。

蕙田案：二條夏享祀之黻冕。

又案：夏后氏祭禮于經最略，今據此各條推之，祭心以爲隋祭，而祭血、祭腥、爓祭之類統之矣。宗廟以祼爲重，而夏后氏行之祭，亦以牲醴爲敬，而尚黑、尚明水舉之矣。尊、罍、爵、琖，可徵九獻之文，四璉俎豆以證黍稷庶羞之用，黻冕以彰祭服之美，隱隱乎致孝鬼神之事，歷歷可想也。蓋上以承唐、虞之盛而道殷、周之先路矣。

右夏廟享

殷廟享

詩商頌那：猗與那與，置我鞉鼓。奏鼓簡簡，衎我烈祖。傳：烈祖，湯，有功烈之祖也。箋：奏鼓，奏堂下之樂也。烈祖，湯也，以金奏堂下諸縣，以樂我功烈之祖成湯。

朱子詩傳：記曰：「商人尚聲，臭味未成，滌蕩其聲。樂三闋，然後出迎牲。」即此是也。

劉氏瑾曰：凡聲屬陽，故曰樂由陽來。商人祭祀尚聲，所以先求諸陽者也。

朱氏公遷曰：臭未成，未用灌也。味未成，未用牲也。滌蕩者，動而發散之義。樂所以動其和，而散之于外也。

湯孫奏假，綏我思成。箋：湯孫，太甲。又奏升堂之樂，絃歌之。

何氏楷曰：奏即奏鼓之奏。假，至也，謂奏樂以通之於烈祖也。陳澔云：「鬼神在天地間，與陰陽合散同一理，而聲音之感，無間顯幽，故殷人之祭，必先作樂。」黄佐云：「商人未祭之先而作樂，如周人取蕭祭脂亦於未祭之前，以此求神於陽也。」陳際泰云：「商人尊鬼而尚聲，聲召風，風召氣，氣召神，然神懼其雜而集焉，則有湯孫之思矣。思者，氣之精者也。鬼神非其類也，不至心有精氣，而借聲以召之神無不格格者。又烈祖已焉，綏我思成，信哉其綏也歟？觀「思成」之説，可以見祭祀之理。

鞉鼓淵淵，嘒嘒管聲。既和且平，依我磬聲。於赫湯孫，穆穆厥聲。傳：嘒嘒然和也。平，正平也。依，倚也。磬，聲之清者也，以象萬物之成。周尚臭，殷尚聲。

王氏安石曰：依我磬聲者，言與堂上之樂諧也。

黄氏震曰：樂以悦神，故曰「於赫湯孫，穆穆厥聲」，以侈言其樂之美，如飲食云苾苾芬芬以侈言其飲食之美，凡以悦神，非自誇也。

庸鼓有斁，萬舞有奕。我有嘉客，亦不夷懌。傳：大鐘曰庸。

朱子詩傳：上文言鞉鼓管籥作於堂下，其聲依堂上之玉磬，無相奪倫者。至於此，則九獻之後，鐘鼓交作，萬舞陳於庭而祀事畢矣。

濮氏一之曰：執籥秉翟者，文舞也。朱干玉戚者，武舞也。萬舞，乃二舞之總名，今言萬舞有奕，正謂文武迭用而有序。

劉氏瑾曰：周制，宗廟九獻之次：尸未入前，王祼于奥以降神，一獻也；后亞獻，二獻也；尸入薦血腥後，王酌泛齊獻尸，所謂朝踐，三獻也；后酌醴齊亞獻，亦爲朝踐，四獻也；薦熟畢，王酌盎齊獻尸，五獻也；后酌緹齊亞獻，六獻也，皆所謂饋獻也；尸乃食訖，王更酌朝踐之泛齊以酳尸，所謂朝獻，七獻也；后更酌饋獻之緹齊以亞酳，所謂再獻，八獻也；又有諸臣爲賓者之一獻，凡九也。若商之九獻，則未有考。

朱氏公遷曰：祭將畢時，樂盛作，如楚茨言鐘鼓既戒，鼓鐘送尸，亦其一徵也。

何氏楷曰：嘉客，謂二王後及諸侯來助祭者。蔡汝楠云：於虞曰虞賓在位，於商曰我有嘉客，於周曰我客戾止，聖人御世，皆考賓國之化。

自古在昔，先民有作。温恭朝夕，執事有恪。

嚴氏粲曰：先民猶言前人。作承上文，謂作樂也。言聲樂之盛，非今日始作之，乃古昔之時前人所作也。

顧予烝嘗，湯孫之將。疏：王制、祭統言四時祭名，皆云春礿、夏禘、秋嘗、冬烝，注以爲夏、殷祭名，是烝、嘗爲時祭，故云「念我殷家有時祭之事而來也」。若然，郊特牲云：「饗禘有樂，而食嘗無樂，故春禘而秋嘗。」注：「禘當爲礿，字之誤也。」王制云：「春礿，夏禘。」鄭引王制夏、殷以正特牲之文，則特牲所云「食嘗無樂」，是夏、殷禮矣。此云「烝、嘗」，則是秋冬之祭。而上句盛陳聲樂者，此經所陳，總論四時之祭，非獨爲秋冬發，文直此烝、嘗之言爲韵耳。縱使嘗實無樂，而礿禘有之，故得言其聲樂也。且禮文殘缺，鄭以異於周法者，即便推爲夏、殷，未必食嘗無樂非夏禮也。箋以湯孫爲太甲，故言太甲之扶助。傳以湯爲人之子孫，則將當訓爲大，不得與鄭同也。王肅云：「言嘉客顧我烝嘗而來者，乃湯爲人子孫顯大之所致也。」

何氏楷曰：李本云：嘗，秋祭。烝，冬祭。祭以秋冬爲備，故言祭者必舉烝、嘗，以見其餘焉。愚按：烝、嘗者，謂烝繼嘗而舉，知此乃冬祭也。

序：那，祀成湯也。 疏：那之詩者，祀成湯之樂歌也。成湯創業垂統，制禮作樂。及其崩也，後世以時祀之。

歐陽氏修曰：商人作頌，以爲祀湯之樂歌，述其祀時樂舞之盛，以衎樂先祖，如周頌我將祀文王，但述祀時牛羊肥腯，執競祀武王，亦言祀時鐘鼓管磬之類是也。

烈祖：嗟嗟烈祖！有秩斯祜，申錫無疆，及爾斯所。 箋：功烈之祖成湯。

范氏處義曰：言烈祖而云嗟嗟，以簡樸故也。若周頌則言於穆於皇，近于文矣。

既載清酤，賚我思成。亦有和羹，既戒既平。

何氏楷曰：清者，潔清之義。酤，説文云：一宿酒也。徐鍇云：謂造之夜而熟，若今雞鳴酒也。

酒只用一宿而成者，亦見商人尚質處。

呂氏祖謙曰：儀禮載祭祀燕享者，每始言羹定，蓋以羹熟爲節，然後行禮，定即戒平之謂。此所謂既載清酤，亦有和羹，皆言祭之始也。

劉氏瑾曰：鄉飲酒禮、鄉射禮、燕禮、大射儀、公食大夫禮、少牢饋食皆曰羹定。鄭氏曰：定猶熟也。

歐陽氏修曰：既載清酤，賚我思成，謂以清酒祼獻，而神賚我使成祀事也。

范氏處義曰：清酤、和羹，皆祭祀之物，凡祭酒在先，羹在後，有次第也。

鬷假無言，時靡有爭。綏我眉壽，黃耇無疆。

何氏楷曰：鬷，說文云「釜屬」。假，通作假，說文云「至也」。此即雍人陳鼎之事。中庸誤引作「奏」，與「湯孫奏假」同文，朱子遂謂古聲奏、族相近，族聲轉平而爲鬷，此恐不然。彼言奏假，此言鬷假，明是異字，何得混鬷爲奏乎？凡祭，則雍人必先陳鼎，所以爲烹牲體之用也。今自鼎初至之時，而即皆能秉其肅敬，靡有諠譁，又各執其事，不相奪倫，絕無交侵職位以有紛爭者，此非主祭者之精專於假廟，何能使助祭者人人顧化若此？故中庸曰「不賞而民勸，不怒而民威於鈇鉞」也。

蕙田案：何氏據說文解鬷字，與毛、鄭、朱傳異。考上文言清酤，則祼獻之事該之矣。言和羹，則薦腥薦熟之事該之矣。此言鬷至，則移鼎入陳之事該之矣。

似何氏爲確實，「靡有爭」三字，亦有歸着。蓋雍人所陳之鼎非一，進退安設，易有諠譁侵位之事也。

約軝錯衡，八鸞鶬鶬。以假以享，我受命溥將。自天降康，豐年穰穰。來假來享，降福無疆。

嚴氏粲曰：諸侯來助祭者，其車以皮，纏約其軝，又有文錯之衡，其八鸞之聲鶬鶬然和。以此格神，以此享神，我時王受天命廣大，天降以康安之福，使豐年黍稷之多穰穰然也。

歐陽氏修曰：上言以享者，謂諸侯來助祭致享于神也。下云來享者，謂神來至而歆享也。

蕙田案：「約軝錯衡」四句，言廟中助祭之諸侯也。「自天降康」四句，言受嘏之事也。大雅既醉篇「公尸嘉告」，鄭箋曰：「公尸以善言告之，謂嘏辭也。」小雅天保篇「君曰卜爾，萬壽無疆」，鄭箋曰：「君曰卜爾者，尸嘏主人，傳神辭也。」楚茨篇「工祝致告，徂賚孝孫。苾芬孝祀，神嗜飲食。卜爾百福，如幾如式。既齊既稷，既匡既敕。永錫爾極，時萬時億。」鄭箋云：「祝致神意，告主人使受嘏，既而以嘏之物往予主人。」儀禮少牢嘏辭云：「皇尸命工祝承致多福無疆，與汝孝孫，來汝孝孫，使汝受禄於天，宜稼於田，眉壽萬年，勿替引之。」何氏楷曰：「卿大夫嘏辭，以宜稼于田爲詞，則天子嘏辭之旨可知矣。」今案：「自天降康，豐年穰穰」，即楚茨「時萬時億」，儀禮「宜稼于田」之意。「降福無疆」，即天保「萬壽無疆」之意。「來假來享」，即「神嗜飲食，苾芬孝祀」之意。其爲工祝致嘏之事無疑，若如諸家之説，則降康、降福兩句，似主人自頌自讚，未免落空無着。

顧予烝嘗，湯孫之將。

黄氏佐曰：上既曰賚我思成矣，曰綏我眉壽、黄耇無疆矣，此又曰顧我烝嘗，何也？蓋祖考雖享，而孝孫之心未敢必其享也，故又致其丁寧之意如此。

何氏楷曰：此二語雖與那篇結語相同，而意微有别。彼重在孫字，謂以一氣感通也。此重在烝嘗二字，謂我于烝嘗之禮，相繼舉行，其時時勤于祭祀如此，當爲列祖之所鑒念也。

序：烈祖，祀中宗也。

輔氏廣曰：那與烈祖，皆祀成湯之樂，然那詩則專言樂聲，至烈祖則及於酒饌焉。商人尚聲，豈始作樂之時則歌那，既祭而後歌烈祖歟？

蕙田案：此詩序以爲祀中宗，朱傳以爲祀成湯，何玄子又以爲高宗肜祭成湯之詩。細玩詩詞，以爲祀中宗，則烈祖爲大戊矣。但烈祖之稱，已見那詩，不應兩祖而同一號，以爲祀成湯是矣。但泛言之，則於義似混，故何玄子復有肜祭之說，然亦無據。今案輔氏之說，較爲自然。合兩詩觀之，似于祭享之次序，恰有合處。蓋那之專言樂聲，則商人尚聲，詔告天地之間，爲始祭求神之事也。嘉客夷懌，亦是在位之初，聞聲感動于時，在廟之人莫不思齊肅以承祭祀，故有「温恭朝夕，執事有恪」之語，尚未實指助祭駿奔之事，蓋朝踐以前氣象。烈祖篇接言烈祖申錫，而詳及酒醴腥熟、移鼎受嘏，皆饋食一節及以後事，而助祭者亦實著其執事靡爭之義焉。商人時享之禮，文獻無徵，今所存者，唯此二篇可以摹擬當時之情事。以此而推，輔氏之説，固未可以輕議也。

玄鳥：天命玄鳥，降而生商，宅殷土芒芒。古帝命武湯，正域彼四方。方命厥后，奄有九有。商之先后，受命不殆，在武丁孫子。武丁孫子，武王靡不勝。龍旂十乘，大糦是承。邦畿千里，維民所止，肇域彼四海。四海來假，來假祁祁。景員維河，殷受命咸宜，百禄是荷。

輔氏廣曰：武丁孫子，武王靡不勝，言其德之類乎祖也。龍旂十乘，大糦是承，言諸侯之來助祭者皆備車服、奉黍稷也。

序：玄鳥，祀高宗也。箋：祀當爲「祫」。疏：毛無破字之理，未必以此爲祫。或與殷武同爲時祀，但所述之事自有廣狹耳。

李氏樗曰：此詩歷言殷之先祖，其實爲高宗設也。高宗，中興之主也。大抵言奄有天下之由，而發揚高宗能紹祖宗之舊，服諸侯之心也。祀高宗而指武丁者，蓋以諱祀神者，周人之制也。自周以前，則未嘗諱之也。

蕙田案：鄭箋以此詩爲祫祭，改祀爲祫。疏以毛意與殷武同爲時祀，今兩存之，詳見「祫祭」門。

殷武：撻彼殷武，奮伐荆楚。罙入其阻，裒荆之旅，有截其所，湯孫之緒。

朱子詩傳：舊説以此爲祀高宗之廟。蓋自盤庚没而殷道衰，楚人叛之。高宗撻然用武以伐其國，入其險阻，以致其衆，盡平其地，使截然齊一，皆高宗之功也。易曰：「高宗伐鬼方，三年克之。」蓋謂此歟？

維女荆楚，居國南鄉。昔有成湯，自彼氐羌，莫敢不來享，莫敢不來王，曰商是常。

朱子集傳：享，獻也。世見曰王。

天命多辟，設都于禹之績。歲事來辟，勿予禍適，稼穡匪解。

朱子詩傳：言天命諸侯，各建都邑于禹所治之地，而皆以歲事來至于商。

黄氏佐曰：歲事乃周禮春朝、夏宗、冬遇之屬。

天命降監，下民有嚴。不僭不濫，不敢怠遑。命於下國，封建厥福。

朱子詩傳：此高宗所以受命而中興也。

商邑翼翼，四方之極。赫赫厥聲，濯濯厥靈。壽考且寧，以保我後生。

朱子詩傳：言高宗中興之盛如此。

陟彼景山，松柏丸丸。是斷是遷，方斲是虔。松桷有梴，旅楹有閑。寢成孔安。

朱子詩傳：此蓋特爲百世不遷之廟，不在三昭三穆之數，既成始祔而祭之之詩也。

劉氏瑾曰：商書曰：「七世之廟，可以觀德。」蓋天子七廟，三昭三穆，與太祖之廟而七。八世九世而後，隨其昭穆，親盡遞遷其主，而祧于太祖之廟。其有功德之君，則後世宗之，雖親盡而不祧，别立百世不遷之廟，而特祔其主焉。凡有功德者皆然，初不可預爲設數，而商則止有三宗，高宗其一也。

序：殷武，祀高宗也。疏：殷武詩者，祀高宗之樂歌也。高宗有德，中興殷道，既崩之後，子孫美之，而歌此詩。

蕙田案：朱子以此爲立廟祔祭之詩，序但以爲祀高宗，而以卒章之義爲高宗復成湯之道，故新路寢，則亦時享之歌也。今存之以俟參考。

又案：享祀之禮，虞、夏尚矣。至商有頌，乃實係當時宗廟之樂章，與傳記所載摭拾疏闊者不同。惜正考父得於周太師者僅十二篇，至孔子删詩，又亡其七，今所存者僅五篇，而長發爲大禘之詩，與時享不同。茲所録者，惟那一篇、烈祖一篇，爲烝嘗之禮無疑。玄鳥、殷武，則一以爲祫祭，一以爲立廟，而不得專屬之時享矣。然以其爲祭宗廟之詩，特並著於前，以爲殷禮之實據，而尚書、禮記之文有關于享祀者，並載後方。

商書盤庚：茲予大享於先王，爾祖其從與享之。傳：大享，烝嘗也。疏：周禮大宗伯祭祀之名，天神曰「祀」，地祇曰「祭」，人鬼曰「享」。此「大享于先王」，謂天子祭宗廟也。傳解天子祭廟，得有臣祖與享之意，言「古者天子録功臣配食於廟」，故臣之先祖得與享之也。「古者」，孔氏據已而道前世也，此殷時已然矣。「大享，烝嘗」者，烝、嘗是秋冬祭名，謂之大享者，以事各有對。若烝、嘗對禘、祫，則禘、祫爲大，烝、嘗爲小。若四時自相對，則烝、嘗爲大，礿、祠爲小。以秋冬物成，可薦者衆，故烝、嘗爲大；春夏物未成，可薦者少，故礿、祠爲小也。知烝、嘗有功臣與祭者，案周禮司勳云「凡有功者，銘書於王之大常，祭于大烝，司勳詔之」是也。嘗是烝之類，而傳以嘗配之，魯頌曰「秋而載嘗」是也。祭統云：「内祭則大嘗禘是也，外祭則郊社是也。」然彼以祫爲大嘗，知此不以烝嘗時爲禘祫，而直據時祭者，以殷祫於三時，非獨烝嘗也。秋冬之祭，尚及功臣，則禘祫可知。唯春夏不可耳，以物未成故也。惟禘祫乃祭功臣配食，時祭不及之也。近代以來，功臣配食各配所事之君，若所事之君其廟已毁，時祭不祭毁廟，其君尚不時祭，其臣固當止矣。禘祫則毁廟之主亦在焉，其時功臣亦當在也。王制云：「犆礿，祫禘，祫嘗，祫烝。諸侯礿犆，禘一犆一祫，嘗祫，烝祫。」此王制之文，夏、殷之制。天子春唯時祭，其夏秋冬既爲祫，又爲時祭。諸侯亦春爲時祭，夏唯作祫，不作時祭，秋冬先作時祭而後祫。周則春曰祠，夏曰礿，三年一祫在秋，五年一禘在夏，故公羊傳云：「五年再殷祭。」禮緯云：「三年一祫，五年一禘。」此是鄭氏之義，未知禮意如何。

何氏楷詩經世本古義長發解曰：天子夏秋冬三時之祭皆祫，其以功臣配享，惟當在祫祭耳。月令「十月有大飲烝」之文，指祫烝也。周禮夏官司勳職云：「王功曰勳，國功曰庸，事功曰勞，治功曰力，戰功曰多。凡有功者，銘書于王之大常，祭于大烝，司勳詔之。」烝，冬祭也，謂之大者，物成衆多之時，其祭比三時爲大也。方是時，百物皆報焉，祭有功宜矣。禮記祭統衛孔悝之鼎銘曰「勤大命，施于烝彝鼎」，亦謂配享于烝祭也。

周禮司勳：祭于大烝。鄭注：死則于烝先王祭之。孔疏：必祭功臣在冬之烝祭者，烝者，衆也，冬時物成者衆，故祭功臣。案彼書注以大享爲烝嘗者，此舉冬祭物成者衆而言，其嘗時亦祭之也。或可周時直于烝時祭功臣，殷時烝嘗俱祭，禮異故也。

蕙田案：「大享」，注疏以爲烝嘗，今以周禮祭於大烝及孔悝鼎銘施於烝彝鼎之言證之，則爲時享之祫烝無疑。施於烝彝鼎者，與享則各有鼎，功臣之鼎當以其功銘於鼎，一以別於正祭之鼎，一以著其辨，一以表其勳也。

高宗肜日：傳：祭之明日又祭。殷曰肜。周曰繹。疏：「肜」者，相尋不絶之意。春秋宣八年：「六月辛巳，有事于太廟，壬午，猶繹。」穀梁傳曰：「繹者，祭日之旦日之享賓也。」是「肜」者，祭之明日又祭也。儀禮有司徹上大夫曰「儐尸」，與正祭同日。

高宗肜日，越有雊雉。傳：于肜日有雉異。疏：高宗既祭成湯，肜祭之日，於是有雊鳴之雉，升於鼎耳，此乃怪異之事。

祖己曰：「惟先格王，正厥事。」乃訓于王，曰：「惟天監下民，典厥義。降年有永有不永，非天夭民，民中絶命。民有不若德，不聽罪。天既孚命正厥德。乃曰：『其如台。』嗚呼！王司敬民，罔非天胤，典祀無豐于昵。」注：祭祀有常〔一〕，不當特豐于近廟。

〔一〕「祭」，原作「典」，據光緒本、尚書正義卷一〇改。

疏：「祭祀有常」，謂犧牲粢盛尊彝俎豆之數禮有常法。「不當特豐于近廟」，謂犧牲禮物多也。祖己知高宗豐於近廟，欲王因此雊雉之異，服罪改修以從禮耳。

蕙田案：此殷禮繹祭之確證也。

爾雅：繹，又祭也。商曰肜。

禮記郊特牲：殷人尚聲，臭味未成，滌蕩其聲，樂三闋，然後出迎牲。聲音之號，所以詔告於天地之間也。注：滌蕩，猶摇動也。疏：「殷人尚聲」者，帝王革異，殷不尚氣而尚聲，謂先奏樂也。不言夏，或從虞也。「臭味未成」，謂未殺牲也。滌蕩，猶摇動也。殷尚聲，故未殺牲而先摇動樂聲以求神也。「樂三闋，然後出迎牲」者，闋，止也。奏樂三徧止，乃迎牲入殺之。「聲音之號，所以詔告于天地之間也」者，解所以先奏樂之義。言天地之間，虛豁亦陽也，言鬼神在天地之間。聲是陽，故用樂之音聲，呼號告於天地之間，庶神明聞之而來，是先求陽之義也。

何氏楷詩經世本古義那解曰：陳暘云：「凡聲，陽也。商人之祭，先求諸陽而已。日三成朏，月三成時，歲三成閏，然則樂不三闋，何以成樂哉？今夫禮減而進，以進爲文；樂盈而反，以反爲文。滌蕩其聲則盈矣，必繼以三闋者，以反爲文也。樂三闋則減矣，然後出迎牲者，以進爲文也。凡樂皆文之以五聲，播之以八音，禽獸知聲而不知音，衆庶知音而不知樂，通聲音之號而知樂者，其唯鬼神之靈乎？如之何不詔告以此。」陳澔云：「聲音之感，無間顯幽，故殷人之祭，必先作樂，三終然後出而迎牲于廟門之外，欲以此樂之聲音號呼而詔告于天地之間，庶幾其聞之而來格來享也。」

凡祭，慎諸此。魂氣歸於天，形魄歸於地，故祭求諸陰陽之義也。殷人先求諸陽。

馬氏晞孟曰：有虞氏之祭尚氣，殷人從而文之，故尚聲。樂由陽來，則凡聲皆陽也。蓋人之死也，魂氣歸于天，非求諸陽不足以報其魂也。殷人尚聲，所以迎其魂之來也。

方氏慤曰：先求諸陽，則尚聲故也。聲以氣動而生，故凡聲皆陽也。

蕙田案：殷人非不灌而求諸陰也，特所尚者聲，故曰先求諸陽。

明堂位：殷祭肝。

方氏慤曰：殷尚白，爲勝青，故祭肝，肝於色爲青故也。

蕙田案：此殷享祀隋祭之禮，承乎夏之祭心而更革者也。

殷白牡。

方氏慤曰：牡言其質也。郊特牲言孕牲弗食，祭帝弗用。周景王時雄鷄自斷其尾，憚其爲犧鷄且用牡，而況牛乎！

殷尚醴。疏：殷人稍文，故用醴。

方氏慤曰：醴則漸致其味，成之以人者也。然猶未厚，僅足以爲禮而已。

蕙田案：此殷祀享之牲醴，從所尚而漸文也。

著，殷尊也。注：著，著地無足。　疏：著，無足而底著地，故謂爲著。然殷尊無足，則泰、罍、犧並有足也。

方氏慤曰：著讀如附著之著，下無所承著地而已。殷質，故其尊從簡如此。

蕙田案：此殷祭祀之獻尊。

爵，殷以斝。注：斝，畫禾稼也。詩曰：「洗爵奠斝。」　疏：殷亦爵形而畫爲禾稼。斝，稼也。

方氏慤曰：斝，殷尊名也。而爵亦名之者，以爵有從尊之義，故因以名焉，殷質故也，若行葦所謂奠斝者爵也，司尊彝所謂斝彝者尊也。爵則爲爵之形以承之，周尚文故也。

蕙田案：此殷享祀之爵。

灌尊，殷以斝。疏：斝，畫爲禾稼。

方氏慤曰：灌尊，實祼鬯之尊。

蕙田案：此與前爵斝所用不同，而其飾則一，尚質故也。

其勺，殷以疏勺。疏：疏謂刻鏤，通刻勺頭。

方氏慤曰：勺，用以勺酒者。疏，與疏布之疏同，而與疏屏之疏異，蓋疏而通之，無他飾焉。

陸氏佃曰：疏勺以能不淫爲義。

蕙田案：此二條殷灌器。

大，固無甚異焉。此可考其文而知其意也。

右殷廟享

五禮通考卷八十六

吉禮八十六

宗廟時享

親耕共粢盛

周禮天官甸師：掌帥其屬而耕耨王籍，以時入之，以供齍盛。

禮記祭義：耕藉，所以教諸侯之養也。

樂記：耕藉，然後諸侯知所以敬。

春秋桓公十四年：秋八月壬申，御廩災。乙亥，嘗。穀梁傳：御廩之災不志。此其志，何也？以爲未易災之餘，而嘗可也。天子親耕，以供粢盛。以爲人所盡事其祖禰，不若以己所自親者也。公羊傳：御廩者何？粢盛委之所藏也。注：黍稷曰粢，在器曰盛。委，積也。御者，謂用於宗廟。廩者，釋治穀名。禮，天子親耕，東田千畝，以供粢盛，躬行孝道以先天下〔一〕。

白虎通：天子親耕，以共郊廟之祭。

右親耕共粢盛

親蠶共衣服

周禮天官内宰：中春，詔后帥外内命婦始蠶於北郊，以爲祭服。

禮記月令：季春之月，后妃齊戒，親東鄉躬桑，禁婦女毋觀，省婦使，以勸蠶事。蠶事既登，分繭稱絲效功，以共郊廟之服。

孟夏之月，蠶事畢，后妃獻繭，乃收繭稅，以桑爲均，貴賤長幼如一，以給郊廟

〔一〕「道」，原脱，據光緒本、春秋公羊傳注疏卷五補。

之服。

季夏之月，命婦官染采，黼黻文章，必以灋故，無或差貸。黑黄蒼赤，莫不質良，毋敢詐僞，以給郊廟祭祀之服。

祭義：古者天子、諸侯必有公桑、蠶室，近川而爲之，築宫仞有三尺，棘墻而外閉之。及大昕之朝，君皮弁素積，卜三宫夫人、世婦之吉者，使入蠶於蠶室，奉種浴於川，桑于公桑，風戾以食之。歲既單矣，世婦卒蠶，奉繭以示于君〔一〕，遂獻繭于夫人。夫人曰：「此所以爲君服歟？」遂副、褘而受之，因少牢以禮之。古之獻繭者，其率用此歟？及良日，夫人繅，三盆手，遂布于三宫夫人、世婦之吉者，使繅。遂朱緑之，玄黄之，以爲黼黻文章。服既成〔二〕，君服以祀先王先公，敬之至也。

春秋桓公十四年穀梁傳〔三〕：王后親蠶，以共祭服。

國語魯語：王后親織玄紞，社而賦事，烝而獻功。

〔一〕「于」，原脱，據光緒本、禮記正義卷四八補。
〔二〕「服既成」三字，諸本脱，據禮記正義卷四八補。
〔三〕「穀梁傳」，原作「公羊傳」，據光緒本、春秋穀梁傳注疏卷四改。

白虎通：后之親桑，以共祭服。

右親蠶共衣服

蕙田案：親耕親蠶，蓋廟享之敬以歲計者也。

庀牲

周禮地官牧人：掌牧六牲而阜蕃其物，以共祭祀之牲牷。

遂人：凡國祭祀，供野牲。注：共野牲，入於牧人以待事也。疏：謂牛羊豕在六遂者，故曰野牲。牧人云：「掌牧六牲，以待祭祀。」故知此野牲，亦入牧以待事也。

遂師：凡國祭祀，共其野牲。

牧人：凡祭祀，共其犧牲，以授充人繫之。注：授充人者，當殊養之。疏：牧人養牲，臨祭前三月，授與充人繫養之。

春官肆師：大祭祀，展犧牲，繫于牢，頒于職人。疏：將有宗廟大祭祀。牧人以牲與充人之時，肆師省閱其牲，看完否及色堪爲祭牲，及繫于牢，頒付于職人也。

地官充人：掌繫祭祀之牲牷。祀五帝，則繫于牢，芻之三月。享先王，亦如之。疏：上經天地外神已别于上，故今以先王亦如之，亦繫于牢，芻之三月也。

蕙田案：以上五條，言犧牲掌于牧人，供于遂人，授于充人，將授之時，肆師又展省其牲，以頒之充人，充人乃繫于牢芻之三月也。

牛人：凡祭祀，供其享牛、求牛，以授職人而芻之。注：享，獻也。獻神之牛，謂所以祭者也。求，終也。終事之牛，謂所以繹者也。宗廟有繹者，孝子求神非一處。

夏官羊人：若牧人無牲，則受布於司馬，使其賈買牲而共之。

地官槀人：掌豢祭祀之犬。疏：養犬曰豢，此經是也。知養豕亦曰豢者，樂記云「豢豕作酒」，是養豕曰豢也。

春官雞人：掌共雞牲，辨其物。注：陽祀用騂，陰祀用黝。疏：陽祀，祭天于南郊及宗廟。

應氏撝謙曰：周禮牧人「掌牧六牲」，先儒以爲馬牛羊犬豕雞也。然馬並未見之于吉祭，惟大司馬喪祭奉詔馬牲，牧人將事于四海山川，飾黄駒，則吉祭唯用五牲而已。而大戴禮載曾子之言，序五牲之先後貴賤，宗廟曰芻豢，山川曰犧牲，割列攘瘞，是有五牲。而曲禮牲號牛曰一元大武，羊曰柔毛，豕曰剛鬣，豚曰腯肥，犬曰羹獻，雞曰翰音，亦不言馬有何號也，此可見矣。

蕙田案：以上五條，言六牲各有所掌之職，豕人或當屬之冬官也。

禮記曲禮：天子以犧牛。注：犧，純毛也。

周禮地官牧人：凡陽祀，用騂牲毛之。注：陽祀，謂祭天于南郊及宗廟。

禮記檀弓：周人牲用騂。

蕙田案：以上三條，言犧牲毛色純全及所尚。

王制：宗廟之牛角握。注：握謂長不出膚。疏：公羊傳曰：「膚寸而合。」鄭注投壺禮云：「四指曰扶，扶則膚也。」

周禮考工記梓人：宗廟之事，脂者、膏者以爲牲。注：脂，牛羊屬。膏，犬豕屬。疏：凝者曰脂，釋者曰膏。

蕙田案：此二條言犧牲之體。

詩小雅無羊：三十維物，爾牲則具。箋：牛羊之色異者三十，則女之祭祀〔一〕，索則有之。

禮記月令：季夏之月，命四監大合百縣之秩芻，以養犧牲，令民無不咸出其力，以祠宗廟社稷之靈。

〔一〕「女」，原作「共」，據味經窩本、乾隆本、光緒本、毛詩正義卷一一改。

季冬之月，乃命同姓之邦，共寢廟之芻豢。疏：寢廟先王，與同姓國共之，故命同姓國共之。言芻乃是牛羊，而又云豢，則是犬豕也。宗廟備六牲，故云「芻豢」也。

凡在天下九州之民者，無不咸獻其力，以共寢廟之祀。

祭義：古者天子、諸侯必有養獸之官，及歲時，齋戒沐浴而躬朝之。犧、牷祭牲必於是取之，敬之至也。君召牛，納而視之，擇其毛而卜之，吉，然後養之。君皮弁素積，朔月、月半君巡牲，所以致力，孝之至也。注：歲時，齋戒沐浴而躬朝之，謂將祭祀，卜牲。君朔月、月半巡視之，君召牛，納而觀之，更本擇牲意。

國語楚語：子期祀平王，祭以牛，俎于王，王問於觀射父曰：「祀牲何及？」注：王惑俎肉而問牲用所及〔一〕。對曰：「祀加于舉。注：加，增也。舉，人君朔望之盛饌。天子舉以大牢，祀以會。」注：大牢，牛羊豕也。會，會三大牢。舉，四方之奠。王曰：「其小大何如？」對曰：「烝嘗不過把握。」王曰：「何其小也？」對曰：「夫神以精明臨民者也，故求備物，不求豐大。是以先王之祀也，以一純、二精、注：一純，心純一而潔。二精，玉帛也。三牲、四

〔一〕「惑」，原作「感」，據光緒本、國語楚語改。

時、五色、六律、七事、八種、注：七事，天、地、民、四時之務也。八種，八音也。九祭、十日、十二辰以致之，注：九祭，九州助祭也。十日，癸至甲也。十二辰，子至亥也。擇其吉日令辰，以致神。百姓、千品、萬官、億醜、兆民經入畡數以奉之，明德以昭之，龢聲以聽之，以告徧至，則無不受休。」王曰：「芻豢幾何？」對曰：「遠不過三月，近不過浹日。」注：遠，謂三牲。近，謂鷄鶩之屬。浹日，十日也。

右庀牲

蕙田案：三月庀牲，廟享之敬，以月計者也。

田禽

周禮大司馬：中夏，教茇舍，遂以苗田，獻禽以享礿。中冬，教大閱，遂以狩田，入獻禽以享烝。

林氏椅曰：周家因祭祀而用田，因田而教戰。

禮記王制：天子諸侯無事，則歲三田，一爲乾豆。注：三田者，夏不田，蓋夏時也。周禮：「春曰蒐，夏曰苗，秋曰獮，冬曰狩。」乾豆，謂腊之以爲祭祀豆實也。　疏：「一爲乾豆」者，謂乾之以爲豆實。豆實非脯，而云乾者，謂作醢及臡，先乾其肉，故云乾豆，是上殺者也。

春秋桓公四年穀梁傳：四時之田，皆爲宗廟之事也。春曰田，夏曰苗，秋曰蒐，冬曰狩。四時之田用三焉，唯其所先得，一爲乾豆。　注：上殺中心，死速，乾之以爲豆實，可以祭祀。

詩小雅車攻：大庖不盈。　傳：一曰乾豆，二曰賓客，三曰充君之庖，故自左膘而射之〔一〕，達于右腢，爲上殺。射右耳本，次之。射左髀，達于右䯚，爲下殺。面傷不獻，踐毛不獻，不成禽不獻。禽雖多，擇取三十焉。其餘以與大夫、士〔二〕。以習射于澤宮，田雖得禽，射不中不得取禽。田雖不得禽，射中則得取禽。古者以辭讓取，不以勇力取。　疏：傳又因經「大庖不盈」，廣言殺獸充庖之事。一曰乾豆，謂第一上殺者，乾豆以爲豆實，供宗廟也。

白虎通：王者諸侯所以田獵何也？爲田除害，上以供宗廟，下以簡集士衆也。

右田禽

〔一〕「自」，原作「曰」，據光緒本、毛詩正義卷一〇改。
〔二〕「大夫士」，原誤倒爲「士大夫」，據光緒本、毛詩正義卷一〇乙正。

蕙田案：田禽以祭廟享之敬，因乎時者也。

擇士

禮記射義：天子將祭，必先習射於澤。澤者，所以擇士也。已射於澤，而後射於射宫，射中者得與於祭，不中者不得與於祭。不得與於祭者，有讓削以地；得與於祭者，有慶益以地。

古者天子之制，諸侯歲獻，貢士於天子，天子試之於射宫。其容體比於禮，其節比於樂，而中多者，得與於祭。其容體不比於禮，其節不比於樂，而中少者，不得與於祭。數與於祭而君有慶，數不與於祭而君有讓。

右擇士

修除

周禮春官守祧：掌守先王先公之廟祧，若將祭祀，其廟，則有司修除之；其祧，則守祧黝堊之。注：廟，祭此廟也。祧，祭遷主。有司，宗伯也。修除、黝堊互言之，有司恒主修除，守祧恒主黝堊。鄭司農云：「黝讀爲幽。幽，黑也。堊，白也。爾雅曰：『地謂之黝，墻謂之堊。』」

夏官隸僕：掌五寢之埽除糞洒之事。祭祀，修寢。注：五寢，五廟之寢也。周天子七廟，唯祧無寢。詩云「寢廟繹繹」，相連貌也。前曰殿，後曰寢。氾埽曰埽，埽席前曰拚。洒，灑也。於廟祭寢，或有事焉。月令凡新物，先薦寢廟。疏：祭祀則在廟可知，復云修寢者，寢或有事，不可不修治之也。

右修除

卜日

周禮天官大宰：前期十日，帥執事而卜日。注：前期，前所諏之日也。十日，容散齊七日，致齊三日。疏：「前期」者，謂祭日前夕爲期。云「前期十日」者，即是祭前十一日。大宰帥宗伯、大卜之屬執事之人而卜日。云「前期，前所諏之日」者，此依少牢所諏之日，即祭日也。凡祭祀，謂于祭前之夕爲期，今言前期十日者，謂祭前十一日卜，卜之後日遂戒，使散齊、致齊，故云「十日，容散齊七日，致齊三日」。案禮記祭統云：「散齊七日以定之，致齊三日以齊之。」

春官肆師：凡祭祀之卜日，宿、爲期，詔相其禮。

大宗伯：凡享大鬼，帥執事而卜日。

太史：大祭祀，與執事卜日。

龜人：祭祀先卜，若有祭祀〔一〕，則奉龜以往。

太卜：大祭祀，則眡高命龜。注：士喪禮曰：「宗人即席西面坐，命龜。」疏：引士喪禮證天子命龜處所與士禮同。

禮記表記：内事用柔日。疏：乙、丁、己、辛、癸五偶爲柔也。

右卜日

蕙田案：卜日，廟享之有事於旬日者也。

誓戒

周禮天官太宰：祀五帝，則掌百官之誓戒，與其具修。前期十日，遂戒。享先王亦如之。

地官遂師：凡國祭祀，審其誓戒。

〔一〕「祀」，諸本作「事」，據周禮注疏卷二四改。

春官大史：戒及宿之日，與群執事讀禮書而協事。疏：戒，謂散齊七日。宿，謂致齊三日。當此二日之時，與群執事預祭之官〔一〕，讀禮書而協事，恐事有錯失、物有不供故也。

夏官司士：凡祭祀，掌士之戒令。

秋官條狼氏：凡誓，執鞭以趨於前，且命之。注：誓者，謂將祭祀時也。郊特牲說祭祀之誓曰：「卜之日，王立於澤，親聽誓命，受教諫之義也。」

陳氏禮書：天子諸侯誓以卜吉之日，戒宿以卜尸之日。大夫前有十日之戒，則與天子諸侯同；後有一日之宿，則與天子諸侯異，此所謂有曲而殺也。士有筮日而無諏日，有宿而無戒，與大夫異；宿以三日，而不以一日，則與天子諸侯同，此所謂有順而摭也。

右誓戒

齊

周禮天官膳夫：王齊，日三舉。

〔一〕「預」，諸本作「與」，據周禮注疏卷二六改。

玉府：王齊，則共食玉。

𩰪人：凡王之齊事，共其秬𩰪。

禮記玉藻：齊則綪結佩，而爵韠。注：綪，屈也。結又屈之，思神靈，不在事也。爵韠，齊服玄端。

君羔幦虎犆。注：此君齊車之飾。疏：皇氏曰：「君謂天子、諸侯。」

祭義：致齊於内，散齊於外。齊之日，思其居處，思其笑語，思其志意，思其所樂，思其所嗜。齊三日，乃見其所爲齊者。注：致齊思此五者也。疏：此一節明祭前齊日之事。

祭統：及時將祭，君子乃齊。齊之爲言齊也，齊不齊以致齊者也。是故君子非有大事也，非有恭敬也，則不齊。不齊則於物無防也，耆欲無止也。及其將齊也，防其邪物，訖其耆欲，耳不聽樂，故記曰「齊者不樂」，言不敢散其志也。心不苟慮，必依於道。手足不苟動，必依於禮。是故君子之齊也，專致其精明之德也，故散齊七日以定之，致齊三日以齊之。定之之謂齊，齊者，精明之至也，然後可以交於神明也。是故先期旬有一日，宫宰宿夫人，夫人亦散齊七日，致齊三日。君致齊於外，夫人致齊於内，然後會於太廟。疏：此一節明將祭齊戒之義，并明君與夫人皆致齊，會于太廟，夫婦交親行祭之義。外，謂君之路寢。内，謂夫人正寢。是致齊並皆於正寢，其實散齊亦然。

周禮春官世婦：掌女宫之宿戒。疏：此亦祭前十日，戒之使齊，祭前三日又宿之。

禮記曲禮：齊者不樂不弔。

禮器：三月繫，七日戒，三日宿，慎之至也。

郊特牲[一]：齊之玄也，以陰幽思也。故君子三日齊，必見其所祭者。

揚子：孝子有祭乎？有齊乎？夫能存亡形屬荒絶者，惟齊乎？故孝子之於齊，見父母之存也。

劉向説苑：聖主將祭，必潔齊精思，若親之在。方興未登，慖慖憧憧，專一想親之容貌彷彿，此孝子之誠也。四方之助祭，空而來者滿而反，虚而至者實而還，皆取法則焉。

陳氏禮書：君齊於路寢，夫人齊於正寢，士大夫亦各齊於適寢。散齊夜處適寢，亦豫外事，所謂「致齊於内，散齊於外」是也。致齊晝夜處適寢，不豫外事，所謂

[一]「郊特牲」，原作「昏義」，據光緒本、禮記正義卷二六改。

宿賓

應氏撝謙禮樂彙編王禮篇：賓用先代之後。賓如宗伯服，出門左，傳擯如諸公相朝之儀，西面再拜，宗伯東面再拜。擯曰：「王薦歲事，嘉賓將莅之，敢宿。」介傳命，賓曰：「某屏之臣某，敢不敬奉王事。」介傳命，宗伯再拜，賓答拜。宗伯退，賓拜送，宗伯答拜。二王之後，助祭見詩傳。

蕙田案：宿賓之禮，天子諸侯之祭無所考見，其儀特牲有之。書云「虞賓在位」，商頌「我有嘉客」，詩云：「殷士膚敏，祼將于京。」頌：「有客有客，亦白其馬。」書微子之命：「作賓於王家。」左傳宋先代之後，于周爲客。則天子諸侯之祭，蓋亦有賓，而賓獻爲九獻之一。應氏據以補「宿賓」一條，今存之。

右宿賓

戒具陳設

周禮天官小宰：以灋掌祭祀之戒具，令百官府共其財用，治其施舍，聽其治訟。

注：灋，謂其禮法也。戒具，戒官有事所當供。

宰夫：以式灋掌祭祀之戒具。疏：言「式法」者，謂祭祀大小皆有舊法，而戒敕使共具之。

凡禮事，贊小宰比官府之具。注：比，校次之。疏：使知善惡是否也。

夏官祭僕：掌受命于王以眡祭祀，而警戒祭祀有司，糾百官之戒具。

蕙田案：以上三條，掌戒具之官。

小宗伯：辨六彝之名物，以待祼將。

鬯人：掌共秬鬯而飾之。凡祭祀〔一〕，廟用脩，凡祼事用概。

鬱人：掌祼器。凡祭祀之祼事，和鬱鬯，以實彝而陳之。凡祼玉，濯之，陳之。

典瑞：祼圭有瓚以肆先王。大祭祀，共其玉器而奉之。

蕙田案：以上祼具。

小宗伯：辨六尊之名物，以待祭祀。注：待者，有事則給之。

司尊彝：掌六尊、六彝之位，詔其酌，辨其用與其實。春祠夏禴，其朝踐用兩獻尊，其再獻用兩象尊，皆有罍。秋嘗冬烝，其朝踐用兩著尊，其饋獻用兩壺尊，皆有

〔一〕「祀」，原作「事」，據光緒本、周禮注疏卷一九改。

罍。凡六尊六彝之酌，鬱齊獻酌，醴齊縮酌，盎齊涚酌，凡酒修酌。

天官酒正：凡祭祀，以灋共五齊三酒，以實八尊。大祭三貳，中祭再貳，小祭壹貳，皆有酌數。

酒人：掌爲五齊三酒，祭祀則供奉之，以役世婦。凡祭祀，供酒以往。注：世婦謂宮卿之官，掌女宮之宿戒及祭祀，比其具。酒人共酒，因留與其奚爲世婦役，亦官聯。

禮記禮運：玄酒在室，醴醆在户，粢醍在堂，澄酒在下。注：周禮：「五齊：一曰泛齊，二曰醴齊，三曰盎齊，四曰醍齊，五曰沈齊。」字雖異，醆與盎、澄與沈，蓋同物也。奠之不同處，重古略近也。疏：此明祭祀酒之所陳之處。「玄酒在室」者，玄酒，謂水也。以其色黑謂之玄，而大古無酒，此水當酒所用，故謂之玄酒。以今雖有五齊三酒，貴重古物，故陳設之時，在於室内而近北。「醴醆在户」，醴，謂醴齊。醆，謂盎齊。以其後世所爲，賤之，陳列雖在室内，稍南近户。「粢醍在堂」者，以卑之，故陳列又南近户而在堂。「澄酒在下」者，澄，謂沈齊也。酒，謂三酒：事酒、昔酒、清酒之等，稍卑之，故陳在堂下也。云「醆與盎，澄與沈，蓋同物」者，以酒正文醴緹之間有盎，此醴醍之間有醆，又周禮緹齊之下有沈齊，此醍齊之下有澄齊，故云「醆與盎，澄與沈，蓋同物也」。云「奠之不同處，重古略近」者，古酒奠於室，近酒奠於堂，或奠於下，是「重古略近」。其用酒之法，四時之祭，唯二齊三酒，則自祫禘以下至四時祭，皆通用也。二齊，醴、盎也。故鄭注司尊彝四時祭法，但云醴、盎而已。用二齊者，朝踐，王酌醴齊，后亦酌醴齊；饋食，王酌盎齊，后亦酌盎齊；朝獻，王還用醴齊；再獻，后還用盎齊，亦尊相因也。時祭之法，用一齊，故禮器云：「君親制祭，夫人薦盎。」鄭云：「謂朝事時也。」又云：「君親割牲，夫人薦酒。」鄭云：「謂進孰時也。」其行之法，朝踐君制祭，則夫人薦盎。爲獻進孰時，君親割牲，夫人薦酒。朝獻時，君酌盎齊以酳尸，再獻時，夫人還酌酒，以終祭也。賓獻皆酒，加爵，如禘祫之禮。天子諸侯酌奠，皆用齊酒，卿大夫之祭，酌奠用酒。案司尊彝：「秋嘗，冬烝，朝獻用兩著尊，饋獻用兩壺尊。」則泛齊、醴齊，各以著尊盛之；盎齊、醍齊各以壺尊盛之，凡五尊也。又五齊各有明水之尊，凡十尊也。三酒三尊，各加玄酒，凡六尊也。通罍彝盛明水，黄彝盛鬱鬯，凡有十八尊，故崔氏云：「大祫祭凡十八尊，其明水鬱鬯陳之〔一〕，各在五齊三酒之上。」

蕙田案：以上酒醴之具。

周禮秋官司烜氏：掌以夫遂取明火於日，以鑒取明水於月，以共祭祀之明齍、明燭，共明水。

蕙田案：此條供明水火。

天官冪人：掌共巾冪。祭祀，以疏布巾冪八尊，以畫布巾冪六彝。

蕙田案：此條具巾冪。

〔一〕「鬱鬯」，諸本作「玄酒」，據禮記正義卷二一改。

亨人：掌共鼎鑊。注：鑊所以煮肉及魚腊之器。

春秋桓公二年穀梁傳楊疏[一]：禮，祭，天子九鼎，諸侯七。

蕙田案：以上供鼎鑊。

春官小宗伯：毛六牲，頒于五官，使供奉之。注：毛，擇毛也。鄭司農云：「司徒主牛，宗伯主鷄，司馬主馬及羊，司寇主犬，司空主豕。」疏：「頒之于五官」者，六卿應言六官，而云五者，天官尊不使奉牲，故五官也。云「使共奉之」者，謂充人養之，至祭日之旦，在廟門之前，頒與五官，使共奉之，助王牽入廟，即祭義所云「卿大夫贊幣而從之」。

地官封人：凡祭祀，飾其牛牲，設其楅衡，置其絼，共其水藁。注：皆謂夕牲時也。疏：夕牲，謂祭前之夕，正祭在厥明，二時皆有此事，明據在前夕牲時言也。其牛將殺。水所以洗牲，藁所以薦牲。

牛人：凡祭祀，共其牛牲之互與其盆簝，以待事。疏：詩云「或肆或將」，肆，陳也，謂陳於互者也。

夏官羊人：掌羊牲。凡祭祀，飾羔。

[一]「楊疏」，原作「范注」，據光緒本、春秋穀梁傳注疏卷三改。

秋官犬人：凡祭祀，供犬牲，用牷物。

春官雞人：凡祭祀，共其雞牲。

蕙田案：以上共犧牲之具。

地官廩人：大祭祀，共其接盛。

蔡氏德晉曰：接盛謂藉田所入之米，惟用以交接鬼神而爲粢盛，不以給他用。

舍人：凡祭祀，共簠簋，實之，陳之。

春人：祭祀，共其齊盛之米。

饎人：掌凡祭祀共盛。

蕙田案：以上供粢盛、簠簋。

天官籩人：凡祭祀，共其籩薦修之實。

醢人：凡祭祀，共薦羞之豆實。

醯人：共祭祀之齊菹，凡醯醬之物。

腊人：凡祭祀，共豆脯，薦脯、膴、胖，凡腊物。注：脯非豆實，豆當爲羞，聲之誤也。膴，膺肉。胖讀爲判。膴、胖皆謂夾脊肉。又禮家以胖爲半體。

庖人：共祭祀之好羞。注：謂四時所爲膳食。疏：尋常所共者，並在内外饔。今言好羞，則是非常之物，謂美魚之屬也。

獸人：凡祭祀，共其死獸生獸。

地官囿人：祭祀，共其生獸死獸之物。

遂師：凡國祭祀，共其野牲。

夏官服不氏：凡祭祀，共猛獸。

蔡氏德晉曰：猛獸謂狼、熊之類中膳羞者。

掌畜：祭祀，共卵鳥。

地官川衡：祭祀，共川奠。

澤虞：祭祀，共澤物之奠。

天官𪚥人：凡祭祀，共其魚之鮮薨。

鼈人：凡祭祀，共𧕿、蠃、蚳，以授醢人。疏：醢人有𧕿醢、蠃醢〔一〕、蚳醢，故以此三者授

〔一〕「蠃醢」，諸本脱「醢」字，據周禮注疏卷四補。

醢人。

甸師：祭祀，供野果蓏之薦〔一〕。

地官場人：祭祀，共其果蓏。

天官鹽人：祭祀，共其苦鹽、散鹽。注：杜子春讀苦爲盬，謂出鹽直用不湅治。鄭司農云：「散鹽，湅治者。」玄謂散鹽，鬻水爲鹽。

蕙田案：以上供庶羞、籩豆之具。

春官司服：王之吉服，享先王則衮冕，享先公則鷩冕。

凡大祭祀，共其衣服而奉之。

蕙田案：此條具冕服。

典路：大祭祀則出路，贊駕説。注：出路，王當乘之。贊駕説，贊僕與趣馬也。

司常：凡祭祀，各建其旗。

蕙田案：二條具車旗。

〔一〕「薦」，原作「屬」，據光緒本、周禮注疏卷四改。

天官掌次：凡祭祀，張其旅幕，張尸次。注：旅，衆也。公卿已下即位所祭祀之門外以待事，爲之張大幕。尸則有幄。鄭司農云：「尸次，祭祀之尸所居更衣帳。」

幕人：祭祀，共其帷幕幄帟綬。

蕙田案：二條具幕次。

春官司几筵：掌五几、五席之名物，辨其用與其位。凡大朝覲、大饗射，凡封國、命諸侯，王位設黼依，依前南鄉設莞筵紛純，加繅席畫純，加次席黼純，左右玉几。祀先王、昨席亦如之。注：鄭司農云：「昨席，于主階設席，王所坐也。」玄謂「昨」讀曰「酢」，謂祭祀及王受酢之席。

蕙田案：以上具几席。

天官典絲：凡祭祀，共黼畫組就之物。

蕙田案：此條共黼畫組就之物。

夏官校人：凡大祭祀，毛馬而頒之。飾幣馬，執扑而從之。

蔡氏德晉曰：幣馬取以獻神。

蕙田案：此條具幣馬。

天官甸師：祭祀，供蕭茅。注：鄭大夫云：「束茅立之祭前，沃酒滲下去，若神飲之，故謂縮。縮，浚也。」玄謂茅以共祭之苴，亦以縮酒，苴以藉祭。縮酒，泲酒也。醴齊縮酌。

地官鄉師：大祭祀，共茅蒩。注：鄭大夫謂祭前藉也。玄謂苴，士虞禮所謂「苴刌茅，長五寸，束之」是也。祝設於几東席上，命佐食取黍稷，于苴三取膚，祭如初。此所以承祭，既祭，蓋束而去之。守祧云「既祭藏其隋」是與？

春官司巫：祭祀，則共匰主及道布及蒩館。注：杜子春云：「蒩讀爲鉏。匰，器名。主，謂木主也。道布，新布三尺也。鉏，藉也。館，神所館止也。書或爲蒩館，或爲蒩飽。或曰：布所以爲藉也。蒩飽，茅裹肉也。」玄謂道布者，爲神所設巾，中霤禮曰「以功布爲道布，屬于几」也。蒩之言藉也，祭食有當藉者。館所以承蒩，謂若今筐也。主先匰，蒩後館，互言之者，明共主以匰，共蒩以筐，大祝取其主、蒩，陳之器，則退也。士虞禮曰：「苴刌茅長五寸，實于筐，饌于西坫上。」又曰：「祝盥，升，取苴降，洗之，升，入設于几東席上，東縮。」

陳氏禮書：茅之爲物，柔順潔白，可以施于禮者也，故古者藉祭、縮酒之類皆用焉。茅有共于甸師者，甸師之茅有入之鄉師，有入之司巫。則鄉師之所共者，大祭祀也；司巫之所共者，凡祭祀也。士虞有苴，特牲、少牢吉祭無苴，而司巫祭祀共蒩館，則凡王祭祀有苴矣。賈公彦謂天子諸侯尊者禮備，於理或然。

蔡氏德晉曰：蕭，香蒿也。宗廟之祭，以蕭合黍稷膟膋燔之，詩所謂取蕭祭脂，記所謂蕭合黍稷，是也。茅用以泲酒，謂之縮酒，又以藉尸所祭黍稷。

蕙田案：以上具蕭茅、匰主、道布、葙館。

春官大司樂：凡樂事，大祭祀宿縣，遂以聲展之。

小胥：正樂縣之位，王宮縣，諸侯軒縣。

典庸器：掌藏樂器、庸器。注：庸器，伐國所獲之器，若崇鼎、貫鼎及以其兵物所鑄銘也。疏：庸，功也。言功器者，伐國所獲之器也。及祭祀，帥其屬而設筍虡，陳庸器。注：設筍虡，眡瞭當以樂器縣焉。陳功器，以華國也。

地官鼓人：以路鼓鼓鬼享。

春官大胥：凡祭祀之用樂者，以鼓徵學士。

夏官司兵：祭祀，授舞者兵。

司戈盾：祭祀，授旅賁殳、故士戈盾，授舞者兵。

蕙田案：以上具樂舞、庸器。

春官天府：掌祖廟之守藏。凡國之玉鎮、大寶器藏焉。若有大祭，則出而陳之。

蕙田案：此條陳寶器。

天官大府：邦都之賦以待祭祀。

外府：凡祭祀，共其財用之幣齎、賜予之財用。

蕙田案：二條具財用。

地官委人：以式法供祭祀之薪蒸木材〔一〕。

蔡氏德晉曰：粗曰薪，細曰蒸。薪蒸以給炊燎，木材以給張事。

夏官司爟：凡祭祀，則祭爟。

地官掌蜃：祭祀，共蜃器之蜃，共白盛之蜃。

天官凌人：祭祀，共冰鑑。

秋官伊耆氏：掌國之大祭祀，共其杖咸。

蕙田案：以上供雜具。

秋官銜枚氏：國之大祭祀，令禁無囂。

〔一〕「式法」，原誤倒，據光緒本、周禮注疏卷一六乙正。

司隸：邦有祭祀，則役其煩辱之事。

蕙田案：二條禁令供役。

應氏撝謙禮樂彙編王禮篇：前期三日，烹人共鼎鑊，内饔摡鼎匕俎于饔爨，饔爨在門外東塾，北上。寺人帥女官而致於有司，世婦率饎人饎人有奄、有女、有奚。摡甑甗匕與簠簋於廩爨，在門外西塾，北上。饔爨八十有四，牛七，羊七，豕七，麋七，鹿七，狼七，田犬七，雞七，魚七，豕七，麕七，兔七。廩爨四。黍、稷、稻、粱。内饔率其屬，陳鼎八十有四於鑊西北上，陳俎八十有四，各于其鼎西南，登鉶各八十有四，又各七，皆於饔爨南。大祫則饔爨一百有八，廩爨四，鼎、俎、登、鉶各一百有八，登鉶又各九。舍人陳簠簋於饎西，簠四十有二，簋五十有六。大祫則簠五十有四，簋七十有二。司几筵鋪筵設同几，見祭統。單席，見禮器。筵太祖於太室東嚮北嚮，群穆祖考從之，西上。筵武宗於北牖，南嚮，群昭祖考從之，西上。見朱子或問廟制辨。又筵太祖於堂，南向。昭穆各三筵，東嚮、西嚮。大祫東西各四筵。郊特牲曰「坐尸於堂」，禮器曰「羹定，詔於堂」，又曰「設祭于堂」，特牲注曰「筵于户西，東面」。設王昨席於室東北。王位設黼依，依前南嚮設莞筵紛純，加繅席畫純，加次席黼純，左右玉几。筵國賓於牖前，昨席莞筵紛純，加繅席畫純。

設后昨席於室東南，西房亦如之。掌次張尸次於庭西，有幄。張衆幕於門外，具旅幕。天府設盥，尸盥七，王盥一，匜水實於槃中，簞巾在門之右。洗設於阼階東南，東西當東榮。陳玉鎮大寶器。大司樂宿縣，遂以聲展之。小胥正樂縣之位。典庸器帥其屬而設筍簴，陳庸器，縣鼓在西階下，應鼓在東階下，宫縣一肆。司尊彝陳雞彝、鳥彝，皆有舟。此春祠夏禴之彝，若秋嘗冬烝則用斝彝、黄彝，間祀追享則用虎彝、蜼彝。兩獻尊，朝踐所用。兩象尊，饋獻所用。皆有罍。秋嘗冬烝則用著尊、壺尊，間祀追享則用太尊、山尊。冪人奄人以疏布巾冪尊，以畫布巾冪彝。典瑞共玉瓚，鬱人濯祼玉，司烜氏共明水，梓人濯溉蒲勺、玉爵、玉觚、玉觶、璧角、璧散。凡洗篚於東堂下，勺、爵、觚、觶實於篚。此職於周禮無考，據梓人爲飲器，凡勺、爵、觚、觶皆梓人爲之，今補。

右戒具陳設

内官戒具

天官寺人：祭祀之事，則帥女宫而致于有司，佐世婦治禮事。

春官小宗伯：辨六齍之名物與其用，使六宫之人共奉之。

天官世婦：掌祭祀之事，帥女宫而濯摡，爲粢盛。莅陳女宫之具，凡内羞之物。

疏：此嬪人所掌，祭祀謂祭宗廟，内羞之物謂糗餌粉餈。案少牢，皆從房中來，故名内羞。

春官世婦：祭祀，比其具，帥六宫之人共粢盛。注：比，次也。具，所濯摡及粢盛之爨。

内宗：掌宗廟之祭祀薦加豆籩。

天官内司服：凡祭祀，共后之衣服；及九嬪世婦凡命婦，共其衣服。

追師：掌王后之首服，爲九嬪及外内命婦之首服〔一〕，以待祭祀。

屨人：掌王及后之服屨。辨外内命夫命婦之命屨、功屨、散屨。凡四時之祭祀，以宜服之。

右内官戒具

視滌濯涖玉鬯省牲鑊

周禮天官大宰：及執事，視滌濯。注：執事，初爲祭事前祭日之夕。滌濯，謂溉祭器及甑甗

〔一〕「婦」，諸本作「服」，據周禮注疏卷八改。

之屬。

宰夫：從太宰而視滌濯。

春官大宗伯：宿，視滌濯，莅玉鬯，省牲鑊。疏：謂祭前一日，視所滌濯祭器潔淨與否。

小宗伯：省牲，視滌濯。

肆師：凡祭祀，詔相其禮，視滌濯亦如之。疏：謂祭前之夕，視滌濯祭器，亦詔相其禮。

應氏撝謙禮樂彙編王禮篇：大冢宰帥執事即位於門外，揖入，即位於堂下。宰夫升自西階，舉冪視尊彝，司尊彝告潔。反降，視玉瓚、勺、爵、觚、觶於東堂下，梓人告潔，東北面告濯具。視樂縣，小胥告樂具。宰夫告於太宰，太宰出，復外位。宰夫之東塾視甑、甗，廪人告潔；視簠簋，舍人告潔；之東塾，視鑊視鉶、鐙，烹人告潔；視匕俎，舉鼎冪，内饔告潔。宰夫告潔於太宰，命執事比各具修事畢，太宰退。大宗伯、小宗伯、肆師帥執事即位於門外，揖入，即位於堂下。肆師與二執事視勺、爵、觚、觶、角、散於篚，取勺洗之，兼執以升，乃令司尊啓二瓦甒之蓋，司烜氏告潔。肆師加二勺於甒，南枋，覆之，次加二勺於彝，鬱人、鬯人告潔。加四勺於四尊，加三勺於三罍，亦如之。肆師反降，東北面告濯具。大宗伯出，復外位。肆師之西塾，視粢盛，舍人告潔。視甑、甗，廩人告潔，反告於宗伯。之東塾，視鑊，視鐙、鉶，視匕俎，舉鼎冪，内饔告潔，反告於宗伯。省牲，牲人告充，腊人告備。事畢，告於宗伯，乃退。

右視滌濯涖玉鬯省牲鑊

蕙田案：儀禮特牲禮，祭前一日，有視濯視牲之儀。祭日，有陳設及位次之事。少牢禮祭日，視殺視牲；又羹定，實鼎饌器；又將祭，即位設几，加勺，載俎。蓋大夫、士之祭不祼，不薦血腥，惟室中尸主東面行饋食禮，天子、諸侯則有祼鬯薦腥朝踐之禮。大夫、士之儀簡，故陳設省視皆在祭日；天子諸侯禮繁，則陳設省視當在祭前之日。及祭之日，肆師告潔告備，小宗伯告時告備而已。至於殺牲薦熟之事，亦與大夫、士之禮不同也。

祭日外内叙事

周禮春官太史：祭之日，執書以次位常。疏：言「執書」者，謂執行祭祀之書，若今儀注。

「以次位常」者，各居所掌位次。常者，此禮一定，常行不改也。

大宗伯：凡享大鬼，治其大禮，詔相王之大禮。

小宗伯：凡祭祀，詔相祭祀之小禮。凡大禮，佐大宗伯。祭之日，告時於王，告備於王。

地官師氏：凡祭祀，王舉則從。注：舉猶行也。故書「舉」爲「與」，杜子春云：「當爲『與』，謂王與祭祀之事。」疏：祭祀則郊廟是也。王行之時，師氏則從，以王所在，皆須詔王以美道故也。

保氏：凡祭祀，王舉則從。

夏官太僕：祭祀，正王之服位，詔灋儀。

司士：凡祭祀，詔相其灋事。

春官肆師：祭之日，相治小禮，誅其怠慢者。祭之日，表粢盛〔一〕，告潔；展器陳告備。

禮記文王世子：庶子之正於公族者，其在宗廟之中，則如外朝之位。宗人授事，

〔一〕「盛」，原作「陳」，據光緒本、周禮注疏卷一九改。

以爵以官。注：宗人，掌禮及宗廟也。以爵，貴賤異位也。以官，官各有所掌也。疏：此論同姓公族在宗廟之禮，故云「其在宗廟之中，則如外朝之位」也。「宗人授事，以爵以官」者，宗人掌禮之官，及宗廟授百官之事以爵者，隨爵之尊卑，貴者在前，賤者在後。又以官之職掌，各供其事。

天官內小臣：若有祭祀，則擯，詔后之禮事，相九嬪之禮事，正內人之禮事。

世婦：及祭之日，莅陳女宮之具。

女御：凡祭祀，贊世婦。

右祭日外內敘事

嘑旦爲期

周禮春官雞人：大祭祀，夜嘑旦以叫百官。注：夜，夜漏未盡，雞鳴時也。呼旦，以警起百官，使夙興。

凡國事爲期，則告之時。注：告其有司主事者。少牢曰：「宗人朝服北面曰：『請祭期。』主人曰：『比于子。』宗人曰：『旦明行事。』」告時者，至此旦明而告之。

巾車：大祭祀，鳴鈴以應雞人。注：雞人主呼旦，鳴鈴以應之，聲且警衆。必使鳴鈴者，車有和鑾相應和之象。

右嚀旦爲期

王及后入廟

周禮春官典路：掌王及后之五路，辨其名物與其用説。若有大祭祀，則出路，贊駕説。

夏官節服氏：掌祭祀衮冕，六人維王之大常。

旅賁氏：掌執戈盾，夾王車而趨，左八人，右八人，車止則持輪。凡祭祀，則服而趨。

虎賁氏：掌先後王而趨以卒伍。注：王出，將虎賁士居前後，雖群行亦有局分。

秋官條狼氏：掌執鞭以趨辟。王出入則八人夾道。注：趨辟，趨而辟行人。

夏官太僕：王出入，則自左馭而前驅。

齊右：掌祭祀，前齊車，王乘則持馬，行則陪乘。

地官師氏：凡祭祀，使其屬帥四夷之隸，各以其兵服守王之門外，且蹕朝。

天官宫正：凡邦之事蹕宫中廟中，則執燭。疏：「凡邦之事」，謂祭祀之事，王當出入來往時，隸僕與王蹕止行人於宫中及廟中也。王出門向二處，當寢晨而行，爾時則宫正爲王執燭爲明也。

閽人：掌守王宫之中門之禁。大祭祀，設門燎，蹕宫門、廟門。注：燎，地燭也。蹕，止行者。廟在中門之外。疏：燭在地曰燎，謂若天子百，公五十，諸伯子男皆三十，所作之狀，蓋百根葦皆以布纏之，以蜜塗其上，若今蠟燭也。

内豎：若有祭祀之事，則爲内人蹕。

春官大司樂：王出入，則令奏王夏。

禮記祭統：君致齊于外，夫人致齊于内，然後會于太廟。君純冕立於阼，夫人副禕立於東房。注：太廟，始祖廟也。疏：「然後會于太廟」者，祭日，君與夫人俱至太廟之中。並立東房，以俟行事。尸既入之後，轉就西房，故禮器云「夫人在房」，雖不云東、西房，下云「夫人東酌罍尊」，則知夫人在房謂西房也。

禮器：君在阼，夫人在房。大明生於東，月生於西。此陰陽之分，夫婦之位也。注：人君尊東也。天子諸侯有左右房。疏：顧命云：「天子有左右房。」此云「夫人在房」，又云「東酌罍尊」，是西房也。

右王及后入廟

王盥

易觀卦：盥而不薦，有孚顒若。

程傳：盥謂祭祀之始，盥手，酌鬱鬯於地，求神之時也。盥者，事之始，人心方盡其精誠，嚴肅之至也。至既薦之後，禮數繁縟，則人心散而精一不若始盥之時矣。

朱子本義：盥，將祭而潔手也。薦，奉酒食以祭也。顒然，尊嚴之貌。言致其潔清而不輕自用。

語類：盥只是浣手，不是灌鬯。

周禮夏官小臣：大祭祀，沃王盥。疏：王將獻尸，先盥手洗爵乃酌獻，故小臣爲王沃水盥手也。

春官天府：祖廟之中沃盥，執燭。

右王盥

迎主

禮記曾子問：祫祭于祖，則祝迎四廟之主，主入廟出廟，必蹕。注：祝，接神者也。

蹕，止行者也。疏：祫，合祭。祖，太祖。三年一祫，謂當祫之年，則祝迎高、曾、祖、禰四廟主，于太祖廟祭之。天子祫祭，則迎六廟之主。今言迎四廟者，舉諸侯言也。

蕙田案：注疏皆以祫爲三年大祫，據陳氏禮書云：「考之經傳，蓋天子之禮，春則犆祭，夏秋冬則合享。犆祭各于其廟，合享同于太廟。祫有三年之祫，有時祭之祫。時祭，小祫也。三年之祫，大祫也。公羊傳曰：『大事者何？大祫也。』則明時祭之祫爲小祫矣。蓋小祫止於未毀廟之主，大祫已及於毀廟之主。禮記曰：『周旅酬六尸。』夫天子旅酬止於六尸。諸侯迎主，止於四廟，非小祫而何？」據此則四時之享有迎主之禮可知。

右迎主

祝酌奠饗神陰厭

周禮春官太祝：掌六祝之辭，以事鬼神示。

辨六號，二曰鬼號。注：鬼號，若云皇祖伯某。疏：謂若儀禮少牢、特牲祝辭稱皇祖伯某。

四曰牲號，五曰齍號。注：牲號，爲犧牲皆有名號。少牢饋食禮曰：「敢用柔毛剛鬣。」士虞禮曰：「敢用絜牲剛鬣香合。」　疏：大夫少牢祭，故號此二牲。士祭用一豕，故號一牲。言「香合」者，據曲禮「黍之號也」，故彼鄭注云：「黍也，大夫士於黍稷之號，合言普淖而已。此言香合，蓋記者誤也。」

凡大禋祀、肆享，則執明水火而祝號。注：肆享，祭宗廟也。　疏：號祝，執明水火，明主人圭潔之德。云「肆享，宗廟也」者，按宗伯，宗廟之祭，六等皆稱享。

儀禮特牲饋食禮：祝洗，酌奠，奠於鉶南，遂命佐食啓會。佐食啓會，卻於敦南，出立於户西〔一〕，南面。注：酌奠，奠其爵觶。少牢饋食禮啓會，乃奠之。　疏：引少牢者，彼大夫禮，與此士禮相變，是以異也。

敖氏繼公曰：酌奠，酌其所奠之酒也。不云酒而云奠，因事名之。

主人再拜稽首。祝在左，注：稽首，服之甚者。祝在左，當爲主人釋辭于神也。祝祝曰：「孝孫某，敢用剛鬣、嘉薦、普淖，用薦某事于皇祖某子，尚饗。」　疏：引少牢「祝祝」已下者，欲見迎尸之前，釋孝子之辭也。　**卒祝，主人再拜稽首。**

少牢饋食禮：祝酌奠，遂命佐食啓會。佐食啓會，蓋二以重，設於敦南。注：酌奠，酌酒爲神奠之。後酌者，酒尊，要成也。特牲饋食禮曰：「祝洗，酌奠，奠于鉶南。」　疏：「酌奠，酌酒爲神

〔一〕「户」，諸本脱，據儀禮注疏卷一五補。

奠之」者，以其迎尸之前，將爲陰厭，爲神不爲尸，故云「爲神奠之」也。云「後酌者，酒尊，要成也」者，上經先設餘饌，此經乃酌者，酒尊物設饌，要由尊者成，故後設之也。引特牲者，酌奠之處，當在鉶南，此經不言，故引爲證也。云「重累之」者，以黍稷各二，二者各重累于敦南，欲合之也。主人西面，祝在左。主人再拜稽首。祝祝曰：「孝孫某敢用柔毛、剛鬣、嘉薦、普淖，用薦歲事於皇祖伯某，以某妃配某氏。尚享！」主人又再拜稽首。注：羊曰柔毛，豕曰剛鬣。嘉薦，菹醢也。普淖，黍稷也。普，大也。淖，和也。德能大和，乃有黍稷。疏：號牲物者，異於人用也。

蕙田案：儀禮祝酌奠二條，注疏以爲迎尸之前，將爲陰厭，爲神不爲尸，故云爲神奠之。此大夫士陰厭之禮，即周禮太祝所掌肆享、執明水火而祝號者也。天子諸侯有陰厭之禮，故大祝有祝號之掌。祭統所謂「詔祝於室」，特牲所謂「詔祝於室，直祭祝于主」者也。周禮無陰厭酌奠之文，故據儀禮補之。下文既奠，然有焫蕭合羶薌，後有嗣舉奠，即此奠也。

禮記郊特牲：詔祝於室，坐尸於堂。注：詔祝坐尸，謂朝事時也。疏：下云「用牲于庭，升首于室」，故知詔祝于室，當殺牲之初朝事之時也。詔，告也。

直祭祝於主。注：直祭祝于主，謂薦孰時也。直，正也。祭以孰爲正，則血腥之屬盡心焉而已。

疏：薦孰正祭之時，祝官以祝辭告于主，若儀禮少牢「敢用柔毛剛鬣，用薦歲事于皇祖伯某」是也。

馬氏晞孟曰：詔祝於室，求之内之深者也。索祭祝於祊，求之於外之遠者也。求之深，求之遠，蓋不知神之所在，而求於此則疑於彼，求於近則疑於遠，而庶幾神之饗也。鄭氏釋「直祭祝於主」，謂薦孰之時，謂之正祭，蓋非是也。

陸氏佃曰：直祭祝於主，謂尸未入祝而已。是之謂直祭，若少牢祝酌奠，遂命佐食啓會，主人西面，祝祝曰：「孝孫某敢用柔毛、剛鬣，用薦歲事于皇祖伯某。尚饗！」當此節。

蕙田案：特牲此條上云「殷人先求之陰，周人先求諸陽」，下接：「詔祝於室，坐尸於堂，用牲於庭，升首於室，直祭祝於主，索祭祝於祊，不知神之所在，於彼乎？於此乎？」山陰陸氏曰：「詔祝於室，求諸内也。坐尸於堂，求諸外也。用牲於庭，求諸下也。升首於室，求之上也。直祭祝于主，求諸近也。索祭祝於祊，求諸遠也。」蓋皆始祭求神之事，無緣中間忽雜入饋食及繹祭事，鄭氏之説，實未可信。今考直祭祝於主，即是詔祝於室，是時方迎主入室，尚未迎尸，祝酌奠以饗神，曾子問所謂「陰厭」，周官所謂「執明水火而祝號」，鄭注云「酌酒爲神奠之」

是也。馬氏、陸氏説極是，乃疏既依注謂薦孰時矣。又引少牢「敢用柔毛、剛鬣」云云，可見孔氏亦以此祝爲即祝奠之祝，而是時尸方未迎，又從注以爲薦孰，是騎墻之見也。

祭統：鋪筵設同几，爲依神也。詔祝於室，而出於祊，此交神明之道也。注：祭者以其妃配，亦不特几也。詔祝，告事於尸也。疏：詔，告也。謂祝官以言詔告，祝請其尸於室求之〔一〕。

蕙田案：此條，禮所謂見事鬼神之道，「詔祝于室，而出於祊」與特牲「直祭祝於主，索祭祝於祊」，同謂尸未迎而求神，故祝酌奠於室也。注疏乃以「告事於尸」釋之，謂祼鬯饋熟酳尸之等，抑泛矣。經云「交神明」，正特牲所謂「于彼乎？于此乎」。蓋道求而未得之意，乃指求神之事耳，故緊接上爲依神句，何乃指爲饋食以後耶？案鄭氏注特牲、祭統兩處「詔祝于室」皆誤，一以爲詔毛血於室，一以爲告事於尸，特牲以「詔室」二字相同而誤，祭統以「詔祝」二字拘泥而誤，豈知詔室之事，不止毛血詔祝之禮，專指酌奠也。

〔一〕「祝」，諸本作「神」，據禮記正義卷四九改。

禮運：作其祝號，玄酒以祭，薦其血毛。疏：「作其祝號」者，祝史稱之，以告鬼神，故云「作其祝號」。「玄酒以祭」者，謂朝踐之時設此玄酒于五齊之上，以致祭鬼神，此重古設之，其實不用以祭也。

蕙田案：作其祝號，玄酒以祭，正周禮太祝「執明水火而祝號」也。祝號，特牲、少牢見於尸未入之前，則此及周禮其爲「祝酌奠」一節事明矣。觀經文敘于薦其血毛之上，則爲始祭依神可知。

祝以孝告。疏：孝子告神，以孝爲首。案少牢：「祝曰：孝孫某敢用柔毛、剛鬣、嘉薦、普淖，用薦歲事于皇祖伯某，以某妃配某氏，尚饗。」是祝以孝告。

詩小雅信南山：祭以清酒，從以騂牡，享于祖考。箋：清，謂玄酒也。酒，鬱鬯五齊三酒也。疏：此章言正祭之事。古者，成王爲祭之時，祭神以清與酒。清，謂玄酒也。酒，謂鬱鬯與五齊三酒也。先以鬱鬯灌而降神，乃隨從於後，以騂牡之牲迎而入於廟門，以獻于祖考之神。此言「祭以清酒」，廣言祭用酒事，則文當總攝諸酒，然鬱人注云：「鬱金，香草也。」則鬱非酒矣。案三酒之名，三曰清酒，何知清酒非三酒之清酒者，以言祭以清酒，則以清酒祭神也。三酒卑於五齊，非祼獻所用。

蕙田案：「祭以清酒」在「從以騂牡」之上，正與禮運「作其祝號，玄酒以祭」文在「薦其血毛」之上同。玄酒、清酒指酌奠之酒，而酒又必加明水，加明水則太祝執以祝號者也。祭以清酒，則祝酌奠于鉶南者也。合諸經求之，則爲始祭未迎尸之前，祝酌奠而爲陰厭，信矣。鄭以清酒爲裸事所用，疏亦以鬱鬯不得爲清酒，可見行文之不可牽强如此。

陳氏禮書曰：特牲禮主婦薦豆、設敦鉶，主人及佐食、宗人設鼎俎，祝洗酌奠于鉶南，主人再拜，然後祝出迎尸。少牢亦薦豆、設敦、設鼎俎，祝酌奠，主人再拜，然後祝出迎尸，則未迎尸之前，陰厭也。陰厭，西南奥，奥，室之闇，故曰陰。天子諸侯正祭，上大夫有陰厭，尸所以象神也，厭所以飫神也。殤之有厭，爲其無尸也。正祭有厭，爲其尸不存故也。陰厭，尊有玄酒。

蕙田案：注疏及通典、經傳通解皆不言天子諸侯祝酌奠爲陰厭之事，故凡遇詔祝之事，或以爲薦血毛，或以爲告事于尸，或以爲饋食，各歧其説而不相合。于玄酒以祭，祭以清酒，或以爲廣言祭用酒事，或以爲設玄酒于五齊三酒之上，于是天子諸侯陰厭一節竟無着落，而太祝酌奠之祝亦無安排，遂使周禮太祝之祝號虚懸而無歸宿，而既奠焫蕭之奠、登餕受爵之嗣舉奠，兩奠俱無根本，所以謂天子諸侯之祭禮亡，蓋亡於注釋有以也。然觀太祝之辨鬼號，執明水火而祝號，則其爲未迎尸之前酌奠之祝號，無疑也。是時尸未迎，而主先在室，故特牲曰：「詔祝于室，直祭祝於主。」祭統曰：「詔祝於室。」則其爲室中祝主之事，而在血毛之詔尸祼獻之前，無疑也。是時祝先酌奠，而加以明水，故禮運曰「玄酒以祭」，信南山曰「祭以清酒」，其爲陰厭有玄酒，有酌奠，饗神無疑也。有此一節，而後天子之祭陰厭之禮無闕，既奠、舉奠之事有本。陳氏禮書謂「王未迎尸，陰厭也，天子諸侯正祭有陰厭」，又曰「厭所以飫神，正祭有厭，謂其尸不存故也」，又曰「陰厭尊有玄酒」，誠可謂深於禮者矣。故今列入迎主之後、迎尸之前，俟學禮者質焉。

通禮：蔡氏德晉曰：特牲、少牢禮皆自饋食始，故初即設饌，祝酌奠于饌南。天子諸侯祭禮有祼以降神，則祝之酌奠饗神，自當在祼後，此時尚未設饌也。先妥之而後祼，故拜妥尸當在祼前，祼則神已降，故祝酌奠以依之，祝延尸出坐及朝踐畢，仍延尸入室，而舉此奠斝也。祝之酌奠，又預爲嗣子舉奠張本，固當次于王及后祼後也。天子及上公祭用五齊，九獻則祼用鬱，齊宜以泛齊，酌奠亦如之。朝踐宜醴齊，饋食宜盎齊，王及后俱同三酳尸，則王及后宜緹齊，賓長宜沈齊也。

蕙田案：蔡氏謂酌奠饗神及延尸入室舉此奠斝，又爲嗣子舉奠張本，其説密矣。更以其説而推之，燔燎焫蕭乃益爲可信。祭義云：「建設朝事，燔燎羶薌，見以蕭光。」郊特牲云：「蕭合黍稷，臭陽達于墻屋，故既奠然後焫蕭合羶薌。」一焫蕭也。鄭康成以祭義爲朝事之焫蕭，以郊特牲爲饋食之焫蕭，推其意，蓋以朝事之時安得有黍稷，未祭安得有奠，求其義而不得，故强分爲二禮。今案郊特牲云：「取膟膋燔燎，升首，報陽也。」升首在燔燎之後，則其爲朝事無疑，而郊特牲之焫蕭合羶薌，宜即同此燔燎羶薌，而「既奠」二字究無著落，故先儒多疑之而未定。何玄子曰：「一祭而前後有二燎，未知然否？」陳氏禮書曰：「蕭合膟膋黍稷而燔燎之，在朝事之節，而朝事之初，有迎牲奠盎之禮，則祭義、郊特牲之文雖殊，其事一也。蓋迎牲而封之，則血毛詔於室，以示其幽全膟膋焫於堂，以達其臭氣，而羹定之所詔，又在其後，不足謂之尚臭也。」據二家之言，皆以鄭氏分二節爲未確，而又不敢遽定，是皆脱去祝酌奠一節無説，以破鄭氏，故陳氏又疑「奠盎」之「奠」爲「既奠」之「奠」，蓋疑之也。今考郊特牲「周人尚臭」之下，即繼之以「鬱合鬯，臭陰達于淵泉」；「既灌迎牲致陰氣」，即繼之以「蕭合黍稷，臭陽達于墻屋」、「既奠然後焫蕭合羶薌」，與虞氏尚氣、殷人尚聲，皆是始求神之時、朝踐以前之事，則郊特牲之焫蕭必不在饋食之時。且饋事則以人道親之，不應復有求神之舉。今既指出酳奠祝饗一節，不惟爲嗣子舉奠張本而焫蕭之既奠，亦豁然貫通無礙矣。第蔡氏以此爲王及后祼之後，考尸行灌禮，天子及后各有一獻尸，皆奠之，不應再有酳奠饗神之事，且饗神乃陰厭，當在尸未入之前，于義不合，不可從。

觀承案：禮經雖亡，散見於三禮中者，未嘗不各有脉絡可通。康成於禮可謂勤矣，而説之不精，往往騎墻而矛盾，得後人融浹而貫串之，先王典禮乃始粲然心目。可知漢人説禮之不精，亦尚是讀禮之不熟耳。

右祝酳奠饗神陰厭

迎尸入妥尸

周禮春官小祝：大祭祀，送逆尸，沃尸盥。疏：逆尸者，爲始祭迎尸而入。祭義云「樂以迎來」是也。云「沃尸盥」者，尸尊不就洗。案特牲、少牢，尸入廟門，盥于盤，其時小祝沃水。

太祝：肆享，逆尸，令鐘鼓。

王氏昭禹曰：逆尸以鐘鼓爲節，太祝則令鐘鼓。

禮記曾子問：孔子曰：「尸弁冕而出，卿、大夫、士皆下之。尸必軾，必有前驅。」

少儀：酌尸之僕，如君之僕。其在車，則左執轡，右受爵，祭左右軌、范，乃飲。

疏：僕，爲尸御車之人。將欲祭軷，酌酒與尸之僕，令爲軷祭，如似酌酒與君之僕，以其爲尸，則尊之似君也。「其在車，則左執轡，右受爵」者，尸僕受酒法也。「其在車」，謂僕在車中時也。僕既所主尸車，故于車執轡而受爵也。尸位在左，僕立在右，故左執轡，右受爵祭酒也。君僕亦然。「祭左右軌、范」者，軌謂轂末，范謂式前。僕受爵將飲，則祭之酒于車左右軌及前范也。所以祭者，爲其神助己，不使傾危故也。「乃飲」者，祭徧乃自飲也。

祭統：君迎牲而不迎尸，别嫌也。尸在廟門外則疑于臣，在廟中則全于君。君在廟門外則疑于君，入廟門則全于臣、全于子。

周禮春官大司樂〔一〕：尸出入則奏肆夏。疏：謂尸初入廟時。

天官掌次：凡祭事，張尸次。注：鄭司農云：「祭祀之尸所居更衣帳。」

禮記禮器：周坐尸。

陳氏禮書：周官掌次祭祀張尸次，儀禮大夫、士之禮，皆祝迎尸于門外，祝入門左，則固張于廟門之西矣。及其入也，主人立于阼階東，西面。尸盥而進，升自西

〔一〕「春官」，原作「天官」，據光緒本、周禮注疏卷二二改。

階。主人升自阼階。祝從尸，主人從祝。尸入，即席，東面而坐。祝、主人西面而立，皆拜妥尸，尸答拜，遂坐而祭焉。禮記曰：「周坐尸，詔侑無方。」觀儀禮大夫、士之祭，則人君事尸之儀，略可見矣。

蔡氏德晉曰：少牢禮祝出迎尸於廟門之外，尸入門，沃尸盥。祝延尸，尸升入，祝、主人皆拜妥尸，尸答拜。陸農師曰：「少牢、特牲無朝踐，故妥尸在饋尸之初。若天子諸侯之妥尸，宜在初入即席灌尸之前。」孔仲達曰：「在奧東面，以南爲尊，主尊，故在南。尸來升席自北方，尸、主各席，坐於主北。」

詩小雅楚茨：以妥以侑。傳：妥，安坐也。疏：祝詔主人拜安尸。

右迎尸入妥尸

應氏撝謙禮樂彙編王禮篇：祭之日，雞人夜嘑旦以嘂百官，巾車展軨以應雞人。太史奏雞鳴於階下，鼓人鼓路鼓，應門擊柝。王夙興，鬱人薦鬯，王祼鬯鷩冕，膳夫進食，王一舉。王世子及公族朝於内朝，乃行駕玉輅。典路贊駕，太僕自左馭而前驅，太馭掌馭，行以肆夏，趨以采齊，以鸞和爲節。齊右持馬陪乘，王出在外朝，典路贊説，朝士序儀，太僕正位，公卿以下進見如外朝之位。王步至太廟，群臣序從，節服氏衮冕六人維王之太常，虎賁氏先後王而趨以卒五，旅賁氏執戈盾夾王車而趨，條狼氏八人執鞭以趨辟。宮正蹕，師氏使其屬帥四夷之隸，各以其兵服守王之門外。百官以物至與祭者，諸侯建旂，孤卿建旜，大夫、士建物，官府各象其事。大司寇及肆師率旅賁氏先入清宮。王后服副衣褘衣，赤舄，乘重翟，錫面，朱總，自闈門出。九嬪、世婦、女御、女史從内小臣前驅，内竪蹕，即位於西房。王即位於門外東方，西面。王世子及公卿以下序爵於西方，北面。賓即位于西方，東面。祭僕六人立於王後，傳王命，命太祝、小祝立於賓西北，東面，北上。小宗伯告備於王。王揖，先入。太僕、齊右、祭僕從入。虎賁氏列於兩階之東西序。王先入門右，大司樂令奏王夏。御僕一人奉槃，東面於庭南；小臣奉匜水，西面於槃東；御僕一人奉簞巾，西面于槃北，乃沃王盥於槃上。卒盥，坐奠簞，取巾興，振之三，以授王。王拭，乃入，立於阼階，與祭者從入，列於階下，如門外之位。太祝、小祝六人，先時迎群廟之主升於筵，及是，宗人擯舉手曰：「有司具，請升。」王登，太宰奉幣，從入太室。祝在左，王再拜稽首，祝祝曰：「孝王某，某年月吉日丁亥，敢以嘉幣，薦歲事於太祖某公，以某妃配某氏，世祖以下同。尚饗。」王又再拜稽首。祝出，迎尸於廟門之外。王出，降立於阼階東，西面。祝先入門右。每尸一祝，尸入門左，王及賓皆辟位。小祝沃盥，如王入之儀。大司樂令奏肆夏。尸升自西階，入室，祝從王升自阼階。大宗伯、小宰、師氏、保氏、御僕、祭僕從。祝先入，東面。尸升筵，坐於主北。王西向立於户内，拜妥尸。尸不言，答拜。祝拜，尸答拜，遂坐。大冢宰及六官升入，拜妥群尸，亦如之。大祫則更用二。王乃退立。

蕙田案：應氏所叙禮儀節次，多有謬誤。如「王夙興，鬱人薦鬯」，此見國語，係藉田之禮。其祭宗廟，不見有「夙興祼鬯」之文，恐未便添入。文王世子公族朝于内朝，鄭注謂以宗族事會，並不指祭時而言，且寧有將入廟行祭，而先受朝之理？又在外朝有序儀正位，群臣進見之儀，俱繁冗無據。既云「王步至太廟」，又云「節服氏維王之太常，旅賁氏夾王車而趨」，忽步忽車，不相照應。入廟而旅賁清宫，禮亦無文。至入室祝拜，不及酌奠，尤爲疏漏。

觀承案：應氏禮書亦號詳明，然細加考究，其不免疏漏者，有如此甚矣。禮學之難言，非有精心大力者，烏足語此！

五禮通考卷八十七

吉禮八十七

宗廟時享

裸王一獻后亞獻

尚書洛誥：王入太室裸。傳：太室，清廟。裸鬯告神。　疏：太室，室之大者，故爲清廟。廟有五室，中央曰太室。王肅云：「太室，清廟中央之室。」清廟，神之所在，故王入太室灌獻鬯酒以告神也。裸者，灌也。王以圭瓚酌鬱鬯之酒以獻尸，尸受祭而灌于地，因奠不飲，謂之裸。周人尚臭，祭禮以灌爲重，故曰王裸。

夏氏僎曰：郊特牲云：「既灌然後出迎牲」，則裸在前，殺牲在後。今此先言殺、後言裸者，蓋此所謂王賓殺禋咸格，非謂諸侯至殺牲時始至也。乃謂諸侯以王將舉，此殺禋盛禮皆成，助祭諸侯既至，然後王入清廟祼酒也。此與郊特牲之義何異？

禮記祭統：獻之屬莫重于祼。

方氏慤曰：祼，所以求陰而貴氣臭，周人則先求諸陰而尚臭也，故重祼。

陳氏禮書：獻之屬有九，而莫重於祼，是以降神者爲重。凡獻卿大夫及群有司，皆其輕者也。

郊特牲：灌用鬯臭，鬱合鬯，臭陰達于淵泉。灌以圭璋，用玉氣也。疏：「灌用鬯臭」者，臭，謂鬯氣也。未殺牲，先酌鬯酒灌地以求神。「鬱合鬯」者，鬱，鬱金草也〔一〕。鬯，謂鬯酒，煮鬱金草和之，其氣芬芳調鬯也〔二〕。庾氏讀句則云「臭鬱合鬯」。「臭陰達于淵泉」者，用鬱鬯灌地，是用臭氣求陰達于淵泉也。「灌以圭璋，用玉氣也」者，王肅云：「以圭璋爲瓚之柄也。瓚，所以斟鬯也。玉氣潔潤，灌用玉瓚，亦求神之宜也。」玉氣亦是尚臭也。

周禮天官小宰：凡祭祀，贊王祼將之事。注：又從太宰助王也。將，送也。祼送，送祼，謂贊王酌鬱鬯以獻尸謂之祼。祼之言灌也，明不爲飲，主以祭祀。唯人道宗廟有祼，天地大神至尊不祼，莫

〔一〕「草」，諸本脱，據禮記正義卷二六補。
〔二〕「調」，諸本作「條」，據禮記正義卷二六改。

稱焉。凡鬱鬯受祭之，啐之，奠之。疏：朝踐以後，尸乃飲，二祼爲奠不飲，故云「不爲飲，主以祭祀」。云「凡鬱鬯受祭之，啐之，奠之」者，謂王以圭瓚酌鬱鬯獻尸，后亦以璋瓚酌鬱鬯獻尸，尸皆受，灌地降神，明爲祭之〔一〕。向口啐之，啐之謂入口乃奠之于地也。

春官小宗伯：凡祭祀，以時將瓚祼。注：將，送也，猶奉也。祭祀以時奉而授王。疏：此小宗伯又奉而授之王者，此據授王。彼小宰據授尸，謂瓚既在王手，小宰乃贊王授尸，故二官俱言也。

鬱人：詔祼將之儀與其節。凡祼事，沃盥。注：節，謂王奉玉送祼蚤晏之時。疏：奉玉，謂王與后祼時，奉瓚而酌鬱鬯。云「送祼」者，謂送之以授尸，尸得祭之，嚌之，奠之，不飲，故上文司農云「停于祭前」也。王及后祼，皆鬱人沃以水盥手及洗瓚也。

鄭氏鍔曰：詔告以祼將之儀與夫多少之節，小宗伯贊祼將，肆師亦贊祼將，鬱人詔之以其儀節而已。

詩大雅文王：殷士膚敏，祼將于京。傳：祼，灌鬯也。周人尚臭。疏：殷臣壯敏，來助周祭，祼將是也。王肅亦云：「殷士自殷〔二〕，以其美德，來歸周助祭，行灌鬯之禮也。」然宗廟之祭，以灌爲

〔一〕「明」，諸本作「名」，據周禮注疏卷三改。
〔二〕「殷」，諸本作「故」，據毛詩正義卷一六改。

主。于禮，王正祼而后亞祼，則祼將主人之事矣。而云助行灌者，天官小宰「凡祭祀，贊灌將之事」。注云：「又從太宰助王祼，謂贊王酌鬱鬯以獻尸。」言太宰贊王，小宰贊太宰，是祼將之事，有臣助之矣。此周人尚臭，舉祼將以表祭事〔一〕，見殷士助祭耳，不必專助行灌也。

何氏楷曰：小宗伯職云：凡祭祀賓客，以時將瓚祼。此將祼，指小宗伯言，謂送瓚于王以行祼禮也。今此詩明言祼將，非言將祼，正如孔氏舉祼將以表祭事之説矣。

周禮春官司尊彝：春祠夏禴，祼用雞彝、鳥彝，皆有舟；秋嘗冬烝，祼用斝彝、黄彝，皆有舟。

禮記祭統：君純冕立于阼，夫人副禕立于東房。君執圭瓚祼尸。注：圭瓚、璋瓚，祼器也，以圭璋爲柄。酌鬱鬯曰祼。天子、諸侯之祭禮，先有祼尸之事，乃後迎牲。疏：云「天子、諸侯之祭禮，先有祼尸之事」者，以特牲、少牢無此禮。今此經祼後有迎牲之文〔二〕，是天子諸侯之事，故鄭明之也。

蕙田案：以上王祼。

〔一〕「祭」下，諸本衍「祀」字，據毛詩正義卷一六刪。
〔二〕「文」，原作「處」，據光緒本、禮記正義卷四九改。

周禮天官內宰：大祭祀，后祼則贊。注：謂祭宗廟，君既祼，后乃從後祼也。祭統曰：「君執圭瓚祼尸，大宗伯執璋瓚亞祼。」此謂夫人不與而攝耳。疏：大祭祀謂祭宗廟也。「后祼」者，謂室中二祼，后亞王祼尸〔一〕，祼時以璋瓚授后。

鄭氏鍔曰：后當行祼獻之禮，內宰贊其事，使不失節。

禮記祭統：大宗執璋瓚亞祼。注：大宗亞祼，容夫人有故，攝焉。疏：大宗，主宗廟禮者。以亞祼之禮，夫人親爲之。此不云夫人而云「大宗」者，記者廣言容夫人有故，故大宗伯代夫人行禮，執璋瓚亞祼之禮。璋瓚，祼器。

方氏慤曰：周官大宗伯凡大祭祀，王后不與，則攝而薦豆籩，徹則大宗固有攝夫人亞祼之禮矣。大宗，即宗伯也。

蕙田案：以上后祼。

禮記禮運孔疏：祭日之旦，王服衮冕而入，尸亦衮冕，祝在後侑之〔二〕，王不出迎尸，故祭統云：「君不迎尸，所以別嫌也。」尸入室，乃作樂降神，故大司樂云「凡樂，

〔一〕「王」，原作「之」，據光緒本、周禮注疏卷七改。
〔二〕「祝」，諸本作「入」，據禮記正義卷二一改。

圜鐘爲宫，九變而降神鬼」是也。乃灌，故書云：「王入太室裸。」當灌之時，衆尸皆在太廟中，依次而裸，所裸鬱鬯。小宰注云「尸祭之，啐之，奠之」，是爲一獻也。王乃出迎牲，后從灌，二獻也。

蕙田案：疏從注以樂在灌前，未是。

通典：祭之日，王服衮冕而入廟，工則奏以王夏〔一〕。王入，立于東序，后則副褘而入，立於西序。尸入之後，乃就於西房。尸服衮冕而入，工則奏肆夏。王及于室而不迎尸，於是王以珪瓚酌鷄彝之鬱鬯以獻尸。尸以裸地降神，尸祭之，啐之，奠之，此爲裸神之一獻也。后乃以璋瓚酌鳥彝之鬱鬯以獻尸，尸祭之，啐之，奠之，此爲二獻也。

楊氏復曰：司尊彝疏：「王以圭瓚酌雞彝鬱鬯始獻尸，尸以灌地降神。」注：「凡鬱鬯，尸受，祭之，啐之，奠之。」此爲裸神之一獻也。后以璋瓚酌鬱鬯亞裸，内宰「大祭祀，后裸獻則贊」，注：「王既出而迎牲，后乃從後裸也。」皆祭、啐、奠同上，

〔一〕「工」，諸本作「王」，據通典卷四九改。

此爲祼神之二獻。

陳氏禮書：殷人尊神而交神于明，故先樂而求諸陽。周人尊禮而辨神于幽，故先灌而求諸陰。書曰「王入太室祼」，祭統曰「君執圭瓚祼尸」，則尸入太室，以圭瓚酌鬱鬯祼之，后又以璋瓚酌鬱鬯亞祼，其祼尸也。鄭氏釋小宰謂：「王酌鬱鬯以獻尸，尸受，祭之，啐之，奠之。」然尸，神象也。神受而自灌，非禮意也。鄭氏又謂宗廟有祼，天地大神至尊不祼。考之於禮，典瑞「祼圭有瓚，以肆先王，以祼賓客」，玉人「祼圭尺有二寸，有瓚，以祀廟」，又鬯人「秬鬯之所用，則社廟山川四方而已」，是祼不施于天地也。然大宗伯「凡祀大神，享大鬼，祭大示，莅玉鬯」，表記曰「親耕粢盛秬鬯，以祀上帝」，蓋祀天有鬯者，陳之而已，非必祼也。行人曰：「公再祼，侯、伯、子、男一祼。」諸侯有祼而卿無祼，則以酒禮之而已。祭統所謂「獻之屬，莫重于祼」者，此也。

蕙田案：周宗廟之祭，以祼爲重。九獻之禮，以祼爲始。祭統云：「獻之屬，莫重于祼。」郊特牲云：「周人尚臭，灌用鬯臭，鬱合鬯，臭陰達于淵泉。灌以圭璋，用玉氣也。」其灌之制，有彝，有卣，有圭瓚，有璋瓚，有秬鬯，有鬱鬯。彝有六，周禮小宗伯「辨六彝之名物，以待果將」，鄭注：「六彝，雞彝、鳥彝、斝彝、黄彝、虎彝、蜼彝，其用之各有時。」司尊彝：「春祠夏禴，裸用雞彝、鳥彝，皆有舟；秋嘗冬烝，裸用斝彝、黄彝，皆有舟；追享朝享，裸用虎彝、蜼彝，皆有舟。」每裸用二彝者，賈氏云：「鬱鬯共齊，皆配以明水。雞彝盛明水，鳥彝盛鬱鬯。」鄭鍔則云：「王裸，后亞之，故用二彝。王酌其一，后酌其一。」案此較賈疏爲長。皆有舟者，鄭司農以爲若今時承槃，陸佃以爲如今世酒船之類是也。彝受三升，尊受五升。蓋彝以裸而已，其實少；尊則獻酢酳焉，其實多；尊所以大于彝也。明堂位「鬱尊用黄目」，鄭云即黄彝。案黄彝又謂之鬱尊者，以鬱鬯之所實名之。蓋分言則有彝有尊，合言則統名尊耳。卣以盛秬鬯。詩大雅江漢篇、周書文侯之命並稱「秬鬯一卣」，傳疏並以卣爲中尊。孫炎云：「尊彝爲上，罍爲下，卣爲中尊。」鬯孔疏云：「祭時實鬯酒于彝，此用卣者，未祭則盛于卣，及祭則實于彝。」是也。鬯人「廟用脩」，鄭注「脩讀曰卣」是也。案卣是盛秬鬯之器，故鬯人掌之。裸時和之以鬱，乃始實于彝而陳之，故鬱人掌之。鄭、孔乃以爲不用彝而用卣，爲喪畢始禘饋食之禮，其禮略，故用卣，非也。其王裸以圭瓚，祭統云：「君執圭瓚裸尸。」春官典瑞：「祼圭有瓚，以肆先王。」考工記：「祼圭尺有二寸，有瓚，以祀廟。」先鄭云：「于圭頭爲器，可以挹鬯祼祭，謂之瓚。」後鄭云：「瓚如盤，其柄用圭，有流，前注。漢禮瓚盤大五升，口徑八寸，下有盤，口徑一尺。」明堂位「灌用玉瓚大圭」，孔疏：「以玉飾瓚，故曰玉瓚，以大圭爲瓚柄。」詩旱麓篇「瑟彼玉瓚，黄流在中」，傳云：「玉瓚，圭瓚也。黄金所以飾流鬯。」箋云：「黄流，秬鬯也。圭瓚之狀，以圭爲柄，黄金爲勺，青金爲外，朱中央。」孔云：「毛以器是黄金，照酒亦黄，故謂之黄流。鄭易之者，以言黄流在中當謂在瓚之中，不謂流出之時。瓚中赤而不黄，故知非黄金。」説瓚之狀，以冬官玉人璋狀言之。案鄭説爲是，朱子亦從鄭義。后亞祼以璋瓚，天官内宰「大祭祀，后祼則贊」，賈疏：「后亞王祼尸。」内宰「以璋瓚授尸」。祭統「大宗執璋瓚亞祼」，孔疏：「夫人有故，大宗伯代夫人行禮。」其諸侯未賜圭瓚，亦用璋瓚。小宗伯鄭注云：「天子圭瓚，諸侯璋瓚。」王制孔疏並同。詩棫樸篇：「濟濟辟王，左右奉璋。」鄭箋：「祭祀之禮，王祼以圭瓚，諸臣助之。亞祼以璋瓚。」非也。亞祼乃后之事，后有故，則宗伯攝之。此云用璋，乃文王爲諸侯時之禮，非指后祼，亦非宗伯攝行之祼，泛引殊欠分曉。璋形半圭。璋瓚有三：考工記「大璋、中璋九寸，邊璋七寸，射四寸，厚七寸，黄金勺，青金外，朱中，鼻寸，衡四寸，有繅。」鄭注：「射，琰出者也。勺，謂酒尊中勺也。鼻，勺流也，凡流皆爲龍口。衡，謂勺徑也。三璋之勺，形如圭瓚。」賈疏：「圭瓚口徑八寸，下有盤，徑一尺。此徑四寸，徑既倍狹，所容亦小，但形狀相似耳。」鄭鍔云：「裸圭之盤謂之瓚，璋之盤謂之勺。」案祭統明有「璋瓚」之文，鍔説非是。鬯有秬鬯，以秬黍爲酒，未和鬱者，盛之于卣。春官鬯人：「掌共秬鬯而飾之，廟用卣。」詩、書、左傳並云「秬鬯一卣」是也。有鬱鬯，築鬱金香草煮之，和秬鬯實之于彝。春官鬱人：「凡祭祀之裸事，和鬱鬯以實彝而陳之。」郊特牲「鬱合鬯」是也。秬鬯，鄭云：「鬯釀秬爲酒，芬香條暢于上下，秬如黑黍，一稃二米。」鬱鬯，鄭云：「築鬱金煮之，以和鬯酒。」鄭司農云：「鬱，草名。十葉爲貫，一百二十貫爲築，以煮之鐎中，停於祭前。鬱爲草若蘭。」肆師「及果築鬻」，鬻讀爲煮。鄭司農云：「築煮，築香草煮以爲鬯。」雜記「暢臼以掬，杵以梧」，孔疏：「暢謂鬱鬯。掬，柏也。梧，桐也。謂以柏爲臼，桐爲杵，擣鬱鬯也。」據此則以秬黍爲酒盛之于卣者，鬯人所掌也。築鬱金香草擣之煮之者，肆師所掌也。以所築煮和鬯酒以實彝而陳之者，鬱人所掌也。其儀節，前一日，司尊彝陳六彝，鬯人共秬鬯，肆師爲鬱鬯，鬱人共裸器，典瑞設圭瓚璋瓚。祭之日，逆尸入室。大祝、小祝。君純冕立于阼，夫人副褘立于房中。祭統。鬱人濯圭瓚璋瓚，和鬱鬯以實彝而陳之，奉王沃盥。春官。王入太室裸。洛誥。執圭瓚裸尸。祭統。小宗伯授王圭瓚，小宰贊王授尸。小宗伯注疏。尸受之，灌地以祭之，向口啐之，奠之于地，小宰注疏。是爲始獻。后以璋瓚亞裸，内宰贊之，后若有故不與，大宗伯執璋瓚攝后裸。祭統注疏。執璋瓚者，其判在内。朱子詩傳。尸受，祭之，啐之，奠之，小宰注。是爲亞獻。既灌，然後迎牲坐尸于堂，並郊特牲。行朝踐之禮。其云「裸將」者，周禮鬱人「詔裸將之儀」，小宰「贊王裸將之事」，小宗伯「以時將瓚裸」，詩大雅云「殷士膚敏，裸將于京」，注疏並云：「將，送也，猶奉也。」小宗伯奉瓚裸而授王，賓客以瓚鬯而授小宗伯，謂之裸將。惟殷士裸將，孔氏以爲此周人尚臭，舉裸將以表祭事，見殷士助祭耳，不必專助行灌，是也。其諸侯未賜圭瓚者，不得爲鬯。白虎通云：「天子鬯，諸侯薰，大夫芑蘭，士蒹，庶人艾。」王制曰：「諸侯賜圭瓚，然後爲鬯。未賜圭瓚，則資鬯于天子。」説者以爲未賜圭瓚者，每祭請鬯于天子而用裸，非也。此言向未賜圭瓚而今始賜者，則天子必資之以鬯。如詩江漢篇云「釐爾圭瓚」，必兼以秬鬯一卣。程大昌云：「初賜圭瓚未及，自爲之鬯，即并鬯以賜，使歸告祖。」案此正所謂資鬯于天子也。書文侯之命：「用賚爾秬鬯一卣。」僖二十八年左氏傳「王賜晉侯秬鬯一卣」，孔疏云：「言秬鬯，必以圭瓚副可知。」是也。白虎通云：「圭瓚秬鬯，宗廟之盛禮，故孝道備，而後賜之秬鬯。孝道純備，故內和外榮，玉以象德，金以配情，芬香條鬯，以通神靈。君子有黄中通理之道、美素之德。金者，精和之至也。玉者，美德之至也。鬯者，芬香之至。合天下之極美，以通其志也，其唯玉瓚秬鬯乎？」

應氏撝謙禮樂彙編王禮篇：御僕進盥，鬱人沃盥如初，濯祼玉授王。小宰贊王就雞彝，司彝舉冪。王酌鬱鬯，司彝反冪。王執圭瓚祼尸，灌之于地，以瓚授祝，祝授小宰。王拜太祖，尸答拜，三退，出，卿大夫皆出。后盥于內洗，內宰濯璋瓚，授外宗，外宗以授王后。后就鳥彝酌鬱鬯，司尊啓冪，反冪如初。后執璋瓚亞獻，授外宗，后拜太祖，尸答拜。后興，入于西房。王后有事不與，則大宗伯攝之而亞祼。賓執璋瓚酌雞彝三祼，殷士祼將如儀。

蕙田案：經文所載祼事，參伍考之，蓋已詳明。唯王與后執圭璋灌尸，尸受，祭之，啐之，奠之，鄭氏謂尸受，灌地降神，名爲祭之，向口啐之，乃奠之于地。應氏謂啐之，是饗味奠之，則非達于淵泉。夫祭之，便是灌地降神，達于淵泉矣。乃略去祭之一層，但舉啐之奠之爲説，非是。又祼將，經文只有正祼、亞祼，而贊祼將者，特諸臣助祭事，詩「殷士祼將」，鄭氏謂「周人尚臭，舉祼將以表祭事，不必專助行祼」是也。應氏又添入賓祼一層，非是。

右祼　王一獻后亞獻

作樂降神

周禮春官大師：大祭祀，率瞽登歌，令奏擊拊。疏：大祭祀之時，下神合樂，皆升歌清廟，故將作樂時，大師率取瞽人登堂于西階之東，北面坐，而歌者與瑟以歌詩也。拊，所以導引歌者。

小師：大祭祀，登歌擊拊。

禮記祭統：大嘗禘，升歌清廟。

明堂位：升歌清廟。疏：升，升堂也。升樂工于廟堂而歌清廟詩也。

周禮春官大司樂：凡樂，黄鐘爲宫，大吕爲角，太簇爲徵，應鐘爲羽，路鼓路鼗，陰竹之管，龍門之琴瑟，九德之歌，九磬之舞，於宗廟之中奏之。若樂九變，則人鬼可得而禮矣。注：先奏是樂以致其神而祼焉，乃後合樂而祭之。疏：致神則下神也。周之禮，凡祭祀，皆先作樂下神，乃薦獻。薦獻訖，乃合樂而祼焉，據宗廟肆獻祼是也。

蕙田案：殷人先作樂而後迎牲，故曰先求諸陽。周人既祼而後迎牲，故曰先求諸陰。其實殷人亦未嘗不灌，灌在作樂之後；周人亦未嘗不作樂，作樂在既祼之後。先陽後陰，重在樂；先陰後陽，重在祼。非殷人有樂而無祼，周人有祼而無樂也。鄭氏先奏樂而後灌之説，與經文未協。今移入祼後，蓋即升歌清廟時也。

右作樂降神

迎牲詔牲

周禮春官太祝：逆牲，令鐘鼓。

禮記郊特牲：既灌，然後迎牲。注：灌，謂以圭瓚酌鬯始獻神也。已，乃迎牲于庭殺之，天子諸侯之禮也。疏：先求神，後迎牲也。云「天子諸侯之禮也」者，以儀禮少牢、特牲是大夫士之禮，無臭鬱灌鬯之事故也。

明堂位：君肉袒迎牲于門，卿大夫贊君。疏：「迎牲于門」者，謂祼鬯之後，牲入之時，迎之于門。卿大夫助君，謂初迎牲幣以告，及終祭以來之事也。

祭統：及迎牲，君執紖，卿、大夫從，士執芻。注：天子、諸侯之祭禮，先有祼尸之事，乃後迎牲。疏：紖，牛鼻繩，君自執之入繫于碑。「卿、大夫從」者，謂卿、大夫從之，及殺與幣告也，皆從于君。「士執芻」者，芻，謂稾也，以其殺牲用芻稾藉之。

君迎牲而不迎尸，別嫌也。

祭義：祭之日，君牽牲，穆答君，卿、大夫序從。既入廟門，麗于碑，卿、大夫袒，而毛牛尚耳。注：麗，猶繫也。毛牛尚耳〔一〕，以耳毛爲上也。疏：此一節明祭廟牽牲致敬。「穆答君」者，穆，謂子姓。答，對也。言祭廟，君牽牲之時，子姓對君共牽牲。「卿、大夫序從」者，卿、大夫佐幣，士奉芻，依次第而從君也。「既入廟門，麗于碑」者，君牽牲入廟門，繫著中庭碑也。王肅云：「以紖貫碑中，君從此待之也。」「卿、大夫袒，而毛牛尚耳」者，將殺牲，故袒取牛毛薦之，故云「毛牛」也。以耳毛爲上，故云「尚耳」。耳主聽，欲使神聽之。

〔一〕「尚」，原作「上」，據光緒本、禮記正義卷四七改。

周禮地官充人：碩牲，則贊。注：贊，助也。君牽牲入，將致之〔一〕，助持之也。春秋傳曰：「故奉牲以告曰：博碩肥腯。」疏：言「碩牲」者，謂君牽牲入廟，卿大夫贊幣而從，皆云「博碩肥腯」。此充人既是養牲之官，當助持牛紖而牽之。

王昭禹曰：碩，大也。所以告其體之充，若左傳奉牲以告曰「博碩肥腯」是已。蓋君牽牲，宗人告碩，而充人則贊之。饋食之禮，宗人視牲告充，則碩牲爲贊宗人明矣。

封人：歌舞牲。注：謂君牽牲入時，隨歌舞之，言其肥香以歆神也。鄭司農云：「封人主歌舞〔二〕，其牲云博碩肥腯〔三〕。」

春秋桓公六年左氏傳：故奉牲以告曰「博碩肥腯」，謂民力之普存也，謂其畜之碩大蕃滋也，謂其不疾瘯蠡也，謂其備腯咸有也。注：博，廣也。碩，大也。雖告神以博碩肥腯，其實皆當兼此四謂，民力適完，則六畜既大而滋也，皮毛無疥癬，兼備而無有所闕。

禮記禮器：太廟之内敬矣。君親牽牲，大夫贊幣而從。

祭義：君牽牲，夫人奠盎。注：奠盎，設盎齊之奠也。此時君牽牲，將薦毛血。

〔一〕「致」，原作「殺」，據光緒本、周禮注疏卷一三改。
〔二〕「主」，原作「之」，據光緒本、周禮注疏卷一二改。
〔三〕「云」，原作「之」，據光緒本、周禮注疏卷一二改。

陸氏佃曰：君牽牲，夫人奠盎，此當朝踐之節，鄭氏謂繹祭，誤也。

蕙田案：奠盎與牽牲相屬，明係朝踐薦血時，即禮器君親制祭，夫人所薦之盎也。將薦之，必先奠之，蓋君迎牲而夫人薦豆籩，君牽牲而夫人薦盎，朝事延尸于堂，燔燎制祭，既有豆籩，必有酒齊，正所謂設祭于堂也。

禮器：納牲詔于庭。注：納牲于庭時也，當用幣告神而殺牲。疏：此謂祼鬯既訖，君出廟門以迎牲，牽牲而入納于庭之時。于時須告神以殺牲，大夫則贊助執幣而從君，君乃用幣以告神。「納牲詔于庭」者，詔，告也。謂牲入在庭，以幣告神，故云「詔于庭」。

右迎牲詔牲

坐尸設祭於堂

禮記郊特牲：坐尸于堂。注：坐尸，謂朝事時也，朝事延尸於户西，南面，布主席，東面。時尸薦以籩豆，至薦熟，乃更延主于室之奥。尸來，升席自北方，坐于主北焉。疏：天子諸侯朝事之時〔一〕，

〔一〕「時」，原作「事」，據光緒本、禮記正義卷二六改。

坐尸于堂户西，南面；坐主在西方，東面；尸、主之前，則薦用籩豆也。「坐尸于堂」者，既灌鬯之後，尸出堂，坐户西而南面也。鄭注云「至薦孰乃更延主于室之奥」者，約少牢、特牲饋食在奥室也。云「尸來，升席自北方，坐于主北焉」者，以在奥東面以南爲尊，主尊，故居南。主既居南，故尸來升席自北方也。尸、主各席，故朝事延尸於户外，尸南面，主席于東面是也。

陳氏禮書：尸入，既祼于室，然後延之于户西，坐于主東，南面，行朝踐之禮焉。延之於户西，所謂「坐尸於堂」是也。坐於主東，所謂「南鄉北鄉，以西方爲上」是也。南面，所謂「子南面、父北面而事之」是也。

又曰：儀禮大夫、士無祼禮，故殺牲而後迎尸。天子、諸侯有祼禮，故迎尸而後迎牲。鄭氏曰：「迎牲之時，坐尸于堂西，南面；坐主于堂西，東面。至薦孰，乃更延主于室之奥，尸坐于主北。」然祭統曰「所使爲尸者，於祭者子行也，父北面而事之」，則尸之在堂，固南面矣。特牲、少牢皆坐尸於室西，東面，則尸之在室西，東面矣。鄭氏曰「延主於室之奥，尸坐於主北」，其説或然。其言堂上坐主于西，東面，是象神者，與神異嚮，無是理也。

蕙田案：堂以南面爲尊，所謂「負斧扆南面」是也。室以東面爲尊，所以當户而坐，室西南隅爲奥也。鄭氏蓋牽于室中東面，故并以釋堂上主席耳。陳氏辨之，極是。

禮器：設祭於堂。注：設祭之饌于堂，人君禮焉[一]。疏：「設祭于堂」者，謂薦腥爓時，設此所薦饌于堂。

春官司尊彝：鄭注：「朝踐，謂薦血腥，酌醴，始行祭事。后于是薦朝事之豆籩，既又酌獻。」賈疏：「王出迎牲之時，祝延尸向户外户牖之間，南面；后于是薦朝事八豆八籩。王迎牲入廟，卿大夫贊幣而從，牲麗于碑。王親殺[二]，太僕贊王牲事，取血以告殺，取毛以告純，解而腥之爲七體，薦于神坐，訖，王以玉爵酌醴齊以獻尸，后亦以玉爵酌醴齊以獻尸。此經朝踐用兩獻尊也。云『后于是薦朝事之豆籩，既又酌獻』者，先薦後獻，祭禮也。其實薦豆籩在王獻前，今在王獻後乃言后薦豆籩者，鄭欲説王事訖，乃説后事，故后言薦豆籩也。」

[一]「焉」，原作「然」，據光緒本、禮記正義卷二四改。
[二]「親」，諸本作「既」，據周禮注疏卷二〇改。

陳氏禮書：朝踐亦謂之朝事，又謂之朝獻，以象朝時之所養也。

蔡氏德晉曰：朝獻，謂朝時尸既祼獻，坐之於堂，殺牲以薦血腥爓之事。踐即籩豆有踐之踐，行列之貌。此時后先薦朝事之豆籩，設之有行列也。

蕙田案：郊特牲：「有虞氏之祭，尚用氣。血腥爓祭，用氣也。」孔疏：「血謂祭初以血詔神于室〔一〕。腥，謂薦腥肉于堂。爓，謂沈肉于湯，次腥，亦薦于堂。」今案：詔毛血後有燔燎制祭，蓋肺、肝、首、心，君親制祭，夫人奠盎等儀節，皆在祭腥祭爓之前，是皆血祭也。詩云「取其血膋」，則合黍稷膟膋而燔之，洗肝于鬱鬯而制之，明皆是血矣。入以告神于室，出以隳于主前，則亦在堂矣。孔氏但以祭腥、爓爲在堂，專以詔血毛于室爲血祭，恐遺却燔燎、制祭、奠盎等事。不知設祭于堂，是總言朝踐、血腥爓祭之祭，故欲設祭而先坐尸於堂，是此條乃是朝踐薦祭之總括，下夫人薦豆籩薦盎薦涚，正是設祭事也。

右坐尸設祭於堂

〔一〕「初」，諸本作「祀」，據禮記正義卷二六改。

薦朝事豆籩

周禮天官籩人：朝事之籩，其實䵄、蕡、白、黑、形鹽、膴、鮑魚、鱐。注：鄭司農云：「朝事謂清朝未食，先進寒具口實之籩。」玄謂以司尊彝之職參之〔一〕，朝事謂祭宗廟薦血腥之事。疏：此言朝事，謂祭宗廟，二灌之後，祝延尸於户外，后薦此八籩。先鄭不推上下文勢祭祀爲義，直以爲生人所食解之，故後鄭不從也。「玄謂以司尊彝之職參之，朝事謂祭宗廟薦血腥之事」者，案司尊彝職，除二灌有朝踐饋獻爲食前二節，彼又有朝獻再獻食後酳尸爲一節。又參少牢，主人酬尸，宰夫羞房中之羞，復爲一節，總四節。亦據祭宗廟，故鄭云然也。

醢人：朝事之豆，其實韭菹、醓醢，昌本、麋臡，菁菹、鹿臡，茆菹、麇臡。疏：言「朝事之豆」者，亦謂朝踐節。

春官外宗：佐王后薦玉豆，眡豆籩。注：眡，視其實。疏：云「佐王后薦玉豆」者，凡王之豆籩，皆玉飾之，餘文豆籩不云玉者，文略，皆有玉可知。若然，直云薦豆不云籩者，以豆云玉，略籩不言，義可知也。云「眡豆籩」者，謂在堂東未設之時，眡其實也。

鄭氏鍔曰：内宗言加，則外宗所佐者，乃朝踐饋食之尸，非唯佐王后薦之。又當眡其實，蓋豆人、

〔一〕「之」，原作「云」，據光緒本、周禮注疏卷五改。

醯人共之，外宗又臨視之。

禮記祭統：夫人薦豆執校。執醴授之，執鐙。注：校，豆中央直者也。執醴，授醴之人。授夫人以豆，則執鐙。鐙，豆下跗也。疏：「執醴，授醴之人」者，謂夫人獻尸以醴齊，此人酌醴以授夫人。至夫人薦豆，此人又執豆以授夫人。獻與薦，皆此人所掌故也。

明堂位：夫人薦豆籩，命婦贊夫人。注：命婦，于内則世婦也，于外則大夫之妻也〔一〕。祭祀，世婦以下佐夫人。疏：「夫人薦豆籩」者，謂朝踐及饋孰并酳尸之時也。命婦助夫人，謂薦豆籩及祭祀之屬。

方氏慤曰：逆牲于門，則薦豆籩于室可知。牲則于外，男子之事，故君迎之。豆籩則膳羞，婦人之事，故夫人薦焉。與五官奉六牲、六官奉六齍同義。經有言籩豆，何也？凡籩，則豆從之，用豆則籩不必從也，故禮器言天子諸侯之豆數，鄉飲酒言五十六十之豆數，未有特言籩者。若晉侯享季孫宿有加籩，而武子辭，則雖或特言籩，固亦有豆矣。周官籩人「掌四籩之實」，醢人「掌四豆之實」，其序則先籩人而後醢人焉，蓋以籩尊而豆卑故也。及其並陳，則籩居邊，而豆居裡。然則以尊卑言，故曰籩豆；以内外言，故曰豆籩，其實一也。君與夫人，祭主也，心耑其事焉；卿、大夫、命婦，臣妾也，則贊其事

〔一〕「大夫之妻」，原作「夫人與妻」，據光緒本、禮記正義卷三一改。

而已。

蕙田案：朝事之豆籩薦于堂，饋食之豆籩薦于室。方氏概言薦豆籩于室，非也。郊特牲「坐尸于堂」，鄭注：「時尸薦以籩豆，至薦熟，乃更延主于室之奥。尸來升席。」禮運孔疏：「太祖之尸，坐于户西，南面。主在其右。尸主之前，則薦用籩豆也。」

祭統：夫人薦豆，此之謂夫婦親之。

右薦朝事豆籩

射牲

周禮夏官司弓矢：凡祭祀，共射牲之弓矢。注：射牲，示親殺也。殺牲非尊者所親，唯射爲可。國語曰：「禘郊之事，天子必自射其牲。」疏：案禮記「君親制祭」，詩云「執其鸞刀，以啓其毛」，則射殺兼爲，而言唯射者，彼亦示行之，非正制之耳。

射人：祭祀，則贊射牲。注：烝嘗之禮有射豕者。國語曰：「禘郊之事，天子必自射其牲。」今立秋有貙劉云。疏：鄭知「烝嘗之禮有射豕」者，據逸烝嘗禮而知。云「國語曰『禘郊之事，天子必自射其牲」」者，據祭天之時，牲則犢也。若然，宗廟之祭，秋冬則射之，春夏否也。祭天則四時常射，天尊故也。是以司弓矢共王射牲之弓矢，此射人贊射牲也。諸侯以下則不射。楚語曰「劉羊擊豕」而已。云「今立秋有貙劉云」者，漢時苑中有貙劉，即爾雅「貙似貍」，「劉，殺也」。云「立秋貙殺物」，引之者，證烝嘗在秋〔一〕，有射牲順時氣之法。

易氏祓曰：祭祀之禮，以牲爲重。視牲、分牲、養牲、巡牲見于未祭之先。將祭之時，則夕牲、展牲、牽牲、射牲、割牲，無非禮者。射人所掌，則射牲之禮而已。國語曰：「禘郊之事，天子必自射其牲。」此雖天子自爲之方，其迎牲于門，則君執紼，卿、大夫從，士執芻。至于君親射牲，而孤卿、大夫咸與焉。此射人相孤卿、大夫之法儀，以其掌射法、治射儀故也。

右射牲

取膟膋

詩小雅信南山：享于祖考。執其鸞刀，以啓其毛，取其血膋。傳：鸞刀，刀有鸞者，言割中節也。箋：享于祖考，納亨時。毛以告純也。膋，脂膏也。血以告殺，膋以升臭，合之黍稷，實之

〔一〕「證」，原作「記」，據光緒本、周禮注疏卷三〇改。

于蕭，合馨香也。　疏：先以鬱鬯裸而降神，乃隨從于後，以騂牡之牲迎而入于廟門，以獻于祖考之神。既納以告神，乃令卿大夫執持其鸞鈴之刀，以此刀開其牲之皮毛，取牲血與脂膏之膟膋，而退毛以告純，血以告殺，膋以升臭，合馨香以薦神。各有其人，皆肅其事。曰「享于祖考謂納亨時」者，太宰云：「及納亨，贊王牲事。」注云：「納牲將告殺，謂向祭之晨。既殺，以授亨人。」然則納亨者，謂牽牲入廟，將殺，授亨人，故謂之納亨也。享于祖考知是納亨時者，祭義云：「君牽牲入廟門，麗于碑，卿、大夫袒，而毛牛尚耳，鸞刀以刲之。」此下文乃言「執其鸞刀」，故知是納亨時也。納亨而謂之獻于祖考者，地官充人云：「碩牲則贊。」注云：「贊，助也。」助君牽牲入告肥，是獻之也。鸞即鈴也，謂刀環有鈴，其聲中節，故郊特牲曰：「割刀之用，而鸞刀之貴，貴其義也，聲和而後斷。」是中節也。祭義曰：「卿大夫鸞刀以刲之，取膟膋。」則此亦卿大夫也。經言「以啓其毛，取其血膋」，據文言之，直開毛取血，不似取毛。箋言「毛以告純」者，以祭禮用毛，不言啓皮。而云啓毛，明是取毛用之。郊特牲曰：「毛血告幽全之物，貴純之道也。」楚語觀射父云：「毛以示物。」韋昭曰：「物，色。」是毛以告純。膋者，腸間脂也。脂釋者曰膏，故云「膋，脂膏也」。「血以告殺」，亦楚語文也。若不殺則無血，故以血告殺也。「膋以升臭」，謂燒其脂膏，升其臭氣，使神聞之；又申明升臭之事。以此脂膏，合之黍稷，置之蕭，乃以火燒之，合其馨香之氣，是升臭也。知者，郊特牲曰：「取膟膋燔燎，升首，報陽也。」又曰：「蕭合黍稷，臭陽達于墻屋，故既奠，然後焫蕭合馨香。」注云：「蕭，香蒿，染以脂，合黍稷燒之。」是合馨香之事也。

朱子詩傳：祭禮：先以鬱鬯灌地，求神於陰，然後迎牲。執者，主人親執也。

鸞刀，刀有鈴也。膋，脂膏也。啓其毛，以告純也。取其血，以告殺也。取其膋，以升臭也。合之黍稷，實之于蕭而燔之，以求神于陽也。記曰：「周人尚臭，灌用鬯臭，鬱合鬯，臭陰達于淵泉。灌以圭璋，用玉氣也。既灌，然後迎牲，致陰氣也。蕭合黍稷，臭陽達于墻屋，故既奠然後焫蕭合羶薌。凡祭慎諸此。魂氣歸于天，形魄歸于地，故祭，求諸陰陽之義也。」

何氏楷曰：孔疏謂開其毛，似難通。所取之毛，以耳毛爲上，所謂「毛牛尚耳」是也。取血以祭，即所謂膟也，孔云若不殺則無血，故以血告殺也。又郊特牲云：「血祭，盛氣也。」疏謂血是氣之所舍，故云盛氣也。愚案：二義兼之始備。又血，亦所用以燎也。取膋爲備燔燎之用，以告臭也。先儒皆謂當朝踐時，祝取膟膋燎于爐，入以告神于室，始升牲首于室，故郊特牲云：「取膟膋燔燎，升首，報陽也。」以升首在燔燎之後，故知當朝踐時也。朝踐之禮，行于灌後，亦謂之朝事，謂蚤朝祭事也。故祭義云：「建設朝事，燔燎羶薌，見以蕭光，以報氣也。」羶即血膋，薌即黍稷。先儒又謂此朝踐時之燎，及薦熟時又有燎，故郊特牲云：「蕭合黍稷，臭陽達于墻屋，故既奠，然後焫蕭合羶、薌。」奠，謂熟薦時也。據此則一祭而前後有二燎，未知然否。

禮記祭義：鸞刀以刲，取膟膋，乃退。疏：用鸞刀刲割牲體，又取血及腸間脂血以供薦，而膋以供炙肝及爇蕭也。乃退，謂殺牲竟，而取卿、大夫所刲血毛膟膋薦之，竟而退也。祭有三節，此一節竟，故退。説文云：「膟，血祭。」膋是牛腸間脂也。

右取膟膋

詔血毛

禮記禮器：血毛詔于室。疏：謂殺牲取血及毛，入以告神于室。

方氏慤曰：血毛告幽全之物，故詔于室，以室比庭爲幽故也。

禮運：薦其血毛。疏：「薦其血毛」者，朝踐時延尸在堂，祝以血毛告于室也。

國語楚語：觀射父曰：毛以示物，血以告殺，接誠拔取以獻具，爲齊敬也。注：物，色也。告殺，明不因故也。接誠于神也〔一〕。拔毛取血，獻其備物也。

禮記郊特牲：毛、血，告幽全之物也。告幽全之物者，貴純之道也。注：幽，謂血也。純，謂中外皆善。疏：「毛血」謂祝初薦毛、血于室時也。血，是告幽之物。毛，是告全之物。「告幽」者，言牲體肉裏美善；「告全」者，牲體外色完具。所以備此告幽全之物者，貴其性之純善之道也。

〔一〕「神」，原作「人」，據光緒本、國語楚語下改。

方氏慤曰：信南山言「以啓其毛，取其血膋」，蓋謂是矣。

右詔血毛

燔燎焫蕭制祭奠盎

禮記祭義：二端既立，報以二禮：建設朝事，燔燎羶薌，見以蕭光，以報氣也。此教衆反始也。薦黍稷，羞肺、肝、首、心，見間以俠甒，加以鬱鬯，以報魄也。教民相愛，上下用情，禮之至也。注：二端既立，謂氣也、魄也，更有尊名云鬼神也。二禮，謂朝事與薦黍稷也。朝事，謂薦血腥時也。薦黍稷，所謂饋食也。「見」當爲「覸」，字之誤也。「羶」當爲「馨」，聲之誤也。燔燎馨香，覸以蕭光，取牲祭脂也。光，猶氣也。有虞氏祭首，夏后氏祭心，殷祭肝，周祭肺。覸以俠甒，謂雜之兩甒醴酒也。相愛用情，謂此以人道祭之也。報氣以氣，報魄以實，各首其類。疏：報氣，謂朝踐之節也。報魄，謂饋孰之節也。「建設朝事[一]，燔燎羶薌，見以蕭光」，此明朝踐報氣之義也。朝事，謂早朝祭事。燔燎，謂取膟膋燎于爐炭。覸，謂雜也。燔膟膋兼爇蕭蒿，是雜以蕭氣。此等三祭，是報氣也。薦黍稷，謂饋熟時薦此黍稷也。「羞肺、肝、心、首」者，羞，進也。謂薦熟之時，進肝之與肺及首

[一]「設」，原作「謂」，據光緒本、禮記正義卷四七改。

之與心。餪，雜也。言祭黍稷之時，雜以兩甒醴酒。更加之以鬱鬯，饋熟。報魄之時始云加鬱鬯者，言非但薦熟是報魄，祭初所以加鬱鬯，亦是報魄也。以魄在地下，鬱鬯灌地，雖是祭初，亦是報魄，不當薦熟之時，故云「加」也。

慕容氏彦逢曰：前言氣魄爲鬼神之盛，所謂二端，於是禮稱事而立，緣情而行，本乎二者爲之，故曰「報以二禮」。特牲曰「祭求諸陰陽之義」，禮運曰「以嘉魂魄，是謂合莫」，蓋灌以求諸陰，燎以求諸陽，所謂二禮也。二者，朝事之所行，而鄭以薦黍稷爲饋食之時，失之矣。夫求神必於祭之始，而祭之始必合鬼神，以嘉魂魄，所謂臭陰達于淵泉是也。周人先求諸陰，既灌然後迎牲，至饋食而後報魄，不已後乎？況灌用鬱鬯貴氣，用肝肺首心與黍稷，同爲朝事之時所用，非必有於薦孰之時也。其所謂「建設朝事，以取膟膋而燔燎焉」，則膟膋爲羶，黍稷爲薌，故謂之羶薌也。鄭以羶爲馨，誤矣。餪以蕭光，餪以俠甒，則求諸陰陽，欲其氣之無不達，故又雜之以二者焉。蕭之氣，芳烈而遠聞，以魂氣無所不之也。兩甒，謂用酒醴以報魄，取其近人者焉，欲其同于生也。

方氏慤曰：甒蓋瓦器，有兩甒，故曰俠。以諸物見于夾甒之間，故曰餪。以俠甒又副之以鬱鬯之彝，故曰加以鬱鬯。宗廟之祭，祼而後獻。此於鬯言加者，以尊尊而彝卑也。瓦甒之所獻，鬱鬯之所灌，皆非饋食之事。

陸氏佃曰：王已迎牲，后已薦器，然後取蕭祭脂以合羶香，奏樂以合聲舞，此降神之序也，禮云「既奠然後焫蕭」是也。鬱合鬯，臭陰達于淵泉；蕭合黍稷，臭陽達于墻屋；奏樂求諸陰陽之間，朝踐之事于是行焉。延尸于户西，尸南面，主東向。王乃殺牲，啓其血毛。祝出受之，而以血告幽，以毛告全，皆于室。更取膟膋，燎于爐炭之上，見以蕭光，升首焉，以報陽；又羞肺、肝、首、心，雜以瓦甒，加以鬱尊，以報陰。羞肺、肝、首、心，周人朝事之羞備，四代之尚也。故郊特牲曰：「祭黍稷加肺，祭齊加明水，報陰也。取膟膋燔燎，升首，報陽也。」祭義：「建設朝事，燔燎羶薌，見以蕭光，以報氣也。薦黍稷，羞肺、肝、首、心，見間以俠甒，加以鬱鬯，以報魄也。」祭義之報氣，即特牲所謂報陽；祭義之報魄，即特牲所謂報陰。祼獻之時，有所謂求；朝獻之時，有所謂報，因其理也。

蔡氏德晉曰：薦黍稷，謂米亦生而薦之，以待燔燎，象上古之燔黍，加黍米于燒石上而燔之也，猶喪禮飯用生米，禮運謂之飯腥也。孔穎達謂嚌肝肺有二時，一是朝踐之時，取肝以膋貫之，入室燎于爐炭，出以隋于主前；二是饋熟之時，君以鸞刀割制，所羞嚌肺横切之使不絶，亦奠于俎上，又並嚌之是也。

蕙田案：二禮，鄭氏謂朝踐、饋食，慕容氏以求諸陰陽釋之是也。此文明言建設朝事，則報氣報魄，均爲朝事可知。鄭氏特泥于薦黍稷爲饋食時事，其注郊特牲「既奠」二字，云爲特牲饋食，云祝酌奠于鉶南，故以爲饋食之禮，不知祝酌奠于鉶南，乃士大夫饋食禮未迎尸以前事。天子諸侯之酌奠，亦當在未迎尸之前，天子諸侯有朝踐有饋食，特牲、少牢大夫士禮有饋食無朝踐，乃以天子諸侯之祝酌奠下同于大夫士，詎知所謂饋食者，乃祭禮之名，而非當饋食之節也。即據此一注，可知鄭氏亦以「既奠」爲祝酌奠之奠，乃因其見于士大夫饋食禮，而謂即當饋食之時，豈知天子諸侯之饋食在後，而酌奠在朝踐之先，不唯其説之未確而其誤解之，故鄭氏已明明自露矣。薦黍稷，羞肺、肝、首、心，即君親制祭事，蔡氏謂黍稷亦生而薦之，猶喪禮飯用生米，禮運謂之飯腥，極有據。蓋當是時，以神道事尸，故薦血毛，羞肺、肝、首、心，皆是生用，薦盎加鬱鬯，皆與饋食不同，則其爲黍稷之生米可知。蓋用以合蕭與脂而燔燎之，郊特牲所謂「蕭合黍稷，臭陽達于墻屋」，此文所云「羶薌」者也，豈饋食之黍稷乎？加以鬱鬯者，是時尸方祼，後鬱鬯，猶奠之于地，本非與黍稷肺肝同薦羞，故曰「加」。方氏謂祼而後獻，言加者，以尊尊而彝卑，瓦甒之所獻，鬱鬯之所灌，皆非饋食時事，真有識之言。即孔疏亦曰「不當薦熟之時」，故云「加」，亦可知其辭之歧矣。陸農師以羞肺、肝、首、心，謂周人朝事之羞備，四代之尚，創論亦確論。蓋明堂位所言尚首尚心尚肝尚肺，乃挼祭之事，在饋熟之時，故祭黍稷加肺，未嘗兼用肝與首、心。此兼言之，故郊特牲曰：「祭肺、肝、心，貴氣主也。」則其爲非挼祭之離肺、絶肺，而爲制祭之所薦，又明矣。報氣報魄，謂即郊特牲之報陽報陰，尤爲融洽。總之，鄭氏因誤認二禮爲朝踐、饋食，故焫蕭燔燎，以祭義、郊特牲分爲二事，謂兩度焫蕭于黍稷，則以爲饋食之粢盛，於肺、肝、首、心則以爲挼祭，而鬱鬯爲祼時所獻者，亦并入饋食之時，以致經文之意旨、祭祀之節次，觸處窒礙。諸儒雖見及此，而其説卒未歸于一，故臚列而詳説之，俾聖經之條理，各有歸宿，學禮者于此得其間而求之可也。

郊特牲：蕭合黍稷，臭陽達于墻屋，故既奠然後焫蕭合羶薌。注：既奠，謂薦孰時也。

特牲饋食所云「祝酌奠于鉶南」是也。蕭，薌蒿也，染以脂，合黍稷燒之。

取膟膋燔燎，報陽也。注：膟膋，腸間脂也，與蕭合燒之，亦有黍稷也。疏：朝踐時，祝取膟膋燎于爐炭，入以告神于室，出以綏于主前。又升首于室，至薦熟時，祝更取膟膋及蕭與黍稷合燒之，是臭陽達于墻屋也。膟膋黍稷，並是陽氣之物，故云「報陽」也。

方氏慤曰：黍稷，地産，皆陰類也。燔燎之火，則司烜氏所取于日者也。

陳氏禮書：鬱合鬯，臭陰達于淵泉，以形魄歸于地而求諸陰也。蕭合黍稷，臭陽達于墻屋，以魂氣歸于天而求諸陽也。祭祀，君與夫人所以自盡者也，故君灌以圭，夫人灌以璋；君迎牲，夫人奠盎。記言「灌以圭璋，用玉氣也。既灌然後迎牲，既奠然後焫蕭。」是迎牲奠盎，皆在既灌之後，而焫蕭又在既奠之後，則灌，求神之始也，而焫蕭次之。迎牲奠盎，事神之始也，而獻薦次之，求諸陰而事之，猶以爲未，又求諸陽而曲致焉，則神其不格乎？設燔燎羶薌，見以蕭光，則羶，膟膋之氣也；薌，黍稷之氣也。蕭合膟膋黍稷而燔燎之，在朝事之節，而朝事之初有迎牲奠盎之禮，則祭義、郊特牲之文雖殊，其事一也。蓋迎牲而封之，則血毛告于室以示其幽全，膟膋焫于堂以達其臭氣，而羹定之所詔又在其後，不然不足謂之尚臭也。

鄭康成以祭義所言爲朝事之焫蕭，以郊特牲所言爲饋食之焫蕭。

蕙田案：蕭合黍稷，便是祭義之燔燎羶香，止是一事。所謂既奠者，即儀禮祝酌奠于鉶南，在士大夫爲未迎尸之前，在天子亦在未迎尸未朝踐之先，故曰「既奠，然後焫蕭合羶薌」，其爲殺牲制祭之事明矣。康成釋「既奠」爲即特牲「祝酌奠于鉶南」之奠，可知天子諸侯自有陰厭酌奠之禮矣。乃泥于饋食之禮，遂并入于饋食之時，其謬固可不攻而自破。至燔燎焫蕭，皆是求神之事，與酌奠、祼獻、詔室、制祭、祊祭皆在朝踐之時，豈有合亨之後進黍稷之時，以人道事神，忽又加以燔燎之理，此考之于經，求之於義，可斷然信其朝踐之事，而非有再度之焫蕭審矣。陳氏雖疑之，而以奠盎爲説，其病正坐在忘却陰厭一節事耳。

詩大雅生民篇：取蕭祭脂。傳：取蕭合黍稷，臭達墻屋，先奠而後爇蕭合馨香也。箋：取蕭草與祭牲之脂，爇之于行神之位，馨香既聞。疏：言宗廟之祭，以香蒿合黍稷，欲使臭氣通達于墻屋，故記酌于尸，已奠之，而後燒此香蒿，以合其馨香之氣，使神歆饗之〔一〕，故此亦用蕭，取其馨香也。此

〔一〕「使」，諸本作「彼」，據毛詩正義卷一七改。

言「祭脂」，彼不言脂；彼言「黍稷」，此不言黍稷，皆文不具耳。

屋也。

朱子集傳：蕭，蒿也。脂，膟膋也。宗廟之祭，取蕭合膟膋爇之，使臭達墻

何氏楷曰：此指宗廟之祭，言取香蒿及祭牲之脂雜燒之，所以達其馨香之氣，使神歆享之也。其燒此二物，又必合黍稷，古人以神之道微，不可摶執，故求萬物之理，以爲同聲相應，同氣相求，水流濕，火就燥，故用百物之英華，庶幾麗而留之。此蕭之氣達于墻屋，則墻内乃爇蕭之地，故曰蕭墻之内。王應麟云：古所謂香者如此。韋彤五禮精義謂祭祀用香，今古之禮，並無其文。梁天監初，何佟之議鬱鬯蕭光所以達神，與其用香，其義一也。考之，殊無依據。開元、開寶禮不用。

禮記郊特牲：詔祝于室。注：謂朝事時也。朝事延尸于户西，南面，布主席東面，取牲膟膋，燎于爐炭，洗肝于鬱鬯而燔之，入以詔神于室，又出以隋于主人〔一〕。主人親制其肝，所謂制祭也。疏：天子諸侯朝事之時，坐尸于堂。祝乃取牲膟膋，燎于爐炭，入告神于室，又出墮于主。當此時，主乃親洗肝于鬱鬯而燔之，以制于主前。今云「詔祝于室」，是燎于爐炭，入告神于室也。云「入以詔神于室，又出以墮于主前」者，墮祭也，謂分減肝膋以祭主前也。云「主人親制其肝，所謂制祭也」者，制，割也，謂割其

〔一〕「人」，諸本脱，據禮記正義卷二六補。

肝而不相離，案禮器云：「君親制祭，夫人薦盎。」此云「詔祝于室」，下云「用牲于庭」，故知制祭當此節也。

禮器：君親制祭。注：親制祭，謂朝事進血膋時。所制者，制肝洗于鬱鬯，以祭于室及主也。疏：殺牲已畢，進血腥之時，君斷制牲肝，洗于鬱鬯，入以祭神于室。知親制祭是朝事進血膋時者，案郊特牲云：「取膟膋燔燎，升首，報陽也。」又祭義取膟膋之後，又爓祭祭腥，則膟膋所用在腥爓之前，故知血膋是朝事時也。

方氏慤曰：言制祭亦割之矣。以方殺而多少未定，故曰制。制祭薦盎，朝事之時也。朝事，以神事之，故制祭以腥而薦以齊，蓋腥與齊神道也。

祭統：君執鸞刀，羞嚌。注：嚌，嚌肺，祭肺之屬也。君以鸞刀割制之。疏：嚌肝肺也。嚌有二時，一是朝踐之時，取肝以膋貫之，入室燎于爐炭，出薦之主前；二謂饋熟之時，君以鸞刀割制所羞嚌肺，橫切之使不絕，亦奠于俎上。尸並嚌之，故云「羞嚌」。一云：羞，進也，謂君用鸞刀制此嚌肉以進之，案少牢、特牲薦熟之時，俎有祭肺及舉肺，切之，舉肺離而不提心。二肺皆祭之，故鄭云「嚌肺，祭肺之屬也」。

郊特牲：血祭，盛氣也。祭肺、肝、心，貴氣主也。注：周祭肺，殷祭肝，夏祭心。氣主，氣之所舍也。疏：血祭是堂上制祭後，又薦血腥時也。肺肝心三者，並爲氣之宅，故祭時先用之，是貴氣之主也。血是氣之所舍，故云「盛氣」。三者非即氣，故云氣之主也。

方氏慤曰：經：「血腥爓祭，用氣也。」然腥、爓之氣，不若血之幽，氣聚于幽，而散于明，聚則盛矣，故曰「血祭，盛氣也」。五行之氣，在人則爲五臟之氣，各有所主，而牲亦象之。肺，則金氣之所主也；肝、心，木、火氣之所主也。經獨言三者，則以三代之所用者言之故也。

蕙田案：疏亦以祭肺、肝、心爲制祭薦血腥，蓋文義之自然，雖欲强從注家之説，而不覺自岐其指矣。惟謂制祭後又薦血腥，未安。詳見後條。

周禮春官太祝：隋釁。注：隋釁，謂薦血也。凡血祭曰釁。疏：鄭云「隋釁，謂薦血也」者，賈氏云：「釁，釁宗廟。」馬氏云：「血以塗鐘鼓。」鄭不從而以爲薦血祭祀者，下文云「既祭令徹」，則此上下皆是祭祀之事，何得于中輒有釁廟？塗鼓直稱釁，何得兼言隋？故爲祭祀薦血解之。

蕙田案：隋釁，注疏謂宗廟薦血，極是。禮器「君親制祭」，注疏謂朝事進血膋時，制肝于鬱鬯，以祭于室及主。郊特牲「詔祝於室」，注疏謂取牲膟膋，燎于爐炭，洗肝于鬱鬯而燔之，入以詔神於室，又出以隋于主前，隋祭也，謂分減肝膋以祭主前。祭統「君執鸞刀，羞嚌」，疏：「鸞刀羞嚌，嚌肝肺也。嚌有二時，一是朝踐之時，取肝以膋貫之，入室燎于爐炭，出薦之主前。」祭義「羞肺、肝、首、心」，郊特牲「血祭也，祭肺肝心」，疏謂血祭是堂上制祭後，又薦血腥。肺、肝、心三者，並爲氣之宅，故祭時先用之。據此，則朝踐時燔燎制祭，羞肺、肝、首、心即是血祭。以君親制之，謂之制祭。取肺肝與膋薦之，謂之血祭也。經謂血腥爓祭，此正血祭無疑。周禮太祝所掌，蓋天子之事耳。先儒以祭肺、肝、心專謂饋食時者，誤。不知肺、肝、首、心有生有孰，朝踐薦生而兼血，饋食薦熟而在俎。疏義極明，不可混也。惟疏謂血祭是制祭後又薦血腥，分制祭、血祭爲二，似未安。詳考經文，制祭之外，更無血祭一節事也。

辨賈疏祭宗廟不薦血：

周禮春官司尊彝：注：朝踐，謂薦血腥。賈疏：禮器云「郊血，大饗腥」，則享祭宗廟無血。此云「薦血腥」者，謂肉，非謂如别薦血也。

蕙田案：賈氏此疏，與太祝「隋釁」條互異。禮器：郊血。孔疏：「凡郊與大饗三獻之屬，正祭之時，皆有血有腥，有爓有孰。此云『郊血』，是郊有血也。郊特牲云『血毛告幽全』，是宗廟有血也。宗伯云『以血祭祭社稷五祀』，是三獻有血也。楚語云『禘郊則有全烝』，是祭天有孰也。宗伯云『以肆祼獻享先王』，是大享有腥有孰也。此云『三獻有孰則有腥可知也。

燭』，宗伯云『以血祭社稷五祀』，既有血有燭，明有腥有孰可知也。皇氏曰：『郊天與大享三獻，並有血腥燭孰。』今所以各言者，此據設之先後，郊則先設血後設腥與燭、孰，雖以郊爲主，其祭天皆然也。大享之時，血與腥同時俱薦，當朝事迎尸于户外，薦血、腥也。雖以大享爲主，其宗廟之祭皆然也。」

蕙田案：信南山詩「取其血膋」，禮運「薦其血毛」，禮器「血毛詔于室」，郊特牲：「毛血，告幽全之物也。血祭，盛氣也。」皆宗廟薦血之據，賈氏祭宗廟無血，甚誤。

禮器：君親制祭，夫人薦盎。 疏：君斷制割牲，洗于鬱鬯，入以祭神于室。於此之時，夫人薦盎齊以獻之。

蕙田案：禮運云「醴醆以獻」，疏謂朝踐之時用醴，此盎齊即醴，奠盎即醴醆以獻也。祭義「君牽牲，夫人奠盎」，至此，乃薦之奠而後薦，正是一事，蓋制祭所以求神，求神則必有薦獻也。

祭統：宗婦執盎從，夫人薦涚水。 注：涚，盎齊也。盎齊，涚酌也。凡尊有明水，因兼

祀，則禮運云「腥其俎，孰其殽，體其犬豕牛羊」之類。

詩小雅楚茨：或剝或亨，或肆或將。傳：肆，陳。將，齊也。或陳于互，或齊其肉。　箋：祭祀之禮，各有其事。有解剝其皮者，有煮熟之者。　疏：行葦云「肆筵設席」，肆是設之言，故爲陳也。「將，齊」，釋言文。郭璞曰：「謂分齊也。」地官牛人云：「凡祭祀，共其牛牲之互。」注云：「互若今屠家縣肉架。」則肆謂既殺乃陳之于互上也，就互上而齊之也。或肆或將，其事俱在或亨之前。以二者事類相將，故進或亨于上，以配或剝耳。禮運曰「腥其俎，熟其殽」，注云：「腥，謂豚解而腥之。熟，謂體解而爓之。」豚解腥之，是解剝其肉也。

蕙田案：楚茨「或剝或亨，或肆或將」，毛、鄭異義。毛以肆爲陳于互，將爲齊其肉，此是殺牲當朝踐時事。鄭以肆爲肆其骨體于俎，將爲奉持而進之，此是饋食時事。朱子從鄭義。今案楚茨所言禮儀節次頗分明，「絜爾牛羊」下，止當言殺牲，至「執爨」以下，方是饋食時事。此方言「絜爾牛羊」，遽言饋食，則竟遺却「朝踐」一節矣。況云「肆其骨體于俎」，與下「爲俎孔碩」又相複，則鄭義不如毛義之長。

周禮地官大司徒：奉牛牲，羞其肆。注：進所肆解骨體。士喪禮曰：「肆解去蹄。」　疏：云「羞其肆」者，羞，進也。肆，解也。謂于俎上進所解牲體于神座前。「肆解體骨」者，爲七解體之，故引士喪禮曰「肆解去蹄」。案士喪禮曰「特豕四鬄，去蹄」，彼注云：「四解之，殊肩髀。」彼言殊肩髀，與此骨體一也。但彼云四鬄，此云肆解，其字不同者，鄭直以義讀之，非彼正文，此云解當彼鬄也。後鄭必不從先鄭爲肆陳骨體爲二十一體者，案禮運云「腥其俎，孰其殽」，彼注云：「腥其俎，謂豚解而腥之也。孰其殽，謂體解而爓之。」祭祀之法，先豚解，後體解。經云「奉牛牲」，謂初牽入時，即言羞其肆，明先豚解。又案國語，禘郊之事，則有全烝，明知不得先有體解。若然，則禘郊之事先全烝，始後解體也。若宗廟之祭，則無全烝，先豚解，次體解，禮運所云者是也。

夏官小子：掌祭祀，羞羊肆。注：玄謂肆讀爲鬄。羊鬄者，所謂豚解也。疏：後鄭讀肆從鬄，「羊鬄者，所謂豚解也」，士虞禮云：「主人不親豚解。」豚解之法，則士喪禮「特牲四鬄，去蹄」，謂四段解之，殊肩髀，如解豚，故名豚解。若然，大夫士祭自饋孰始，故云祭即體解爲二十一體，喪事略，則有豚解。其天子諸侯之祭，有腥，有爓，有孰，故初朝踐有豚解而腥之，饋獻則有體解而爓之，酳尸乃有孰，與大夫士不同也。

禮記郊特牲：君再拜稽首，肉袒親割，敬之至也。敬之至也，服也。拜，服也。稽首，服之甚也。肉袒，服之盡也。注：割解牲體。疏：再拜稽首肉袒，是恭敬之至極，乃是服順于親也。

方氏慤曰：袒則肉露，故謂之肉袒，所以致親割之勞。割謂割牲，以人君之尊而服勞如此，所以爲敬之至。服，屈服于神，故曰敬之至也。服也，詩言「勿剪勿拜」，而以拜爲屈，故曰拜服也。拜，下兩手而已。稽首，則首至地焉。故曰稽首，服之甚也。首雖至地，又未若肉袒之勞焉，故曰肉袒，服之盡也。

周禮夏官羊人：祭祀，割羊牲，登其首。注：登，升也。升首，報陽也。升首于室。

疏：知「升首于室」者，見郊特牲云：「用牲于庭，升首于室。」注云：「制祭之後，升牲首于北墉下。」云「報陽」者，首爲陽，對足爲陰。祭祀之時，三牲之首俱升，此特言羊者，以其羊人所升，不升餘牲，故言羊也。

禮記郊特牲：升首于室。注：升首于室，謂制祭之後，升牲首于北墉下，尊首尚氣也。

方氏慤曰：升首于室，即升首報陽，若羊人「祭祀割牲登其首」。

升首，報陽也。

方氏慤曰：首者，陽之體；升者，陽之事，皆陽類也。

首也者，直也。注：直者，訓所以升首祭也。直，或爲「犆」。　疏：直，正也。言首爲一體之正。

方氏慤曰：首謂升首也。首犆而直，支偶而曲，故曰「首也者，直也」。以其直，故得特達以升於室焉。

蕙田案：殺牲取血膋，而詔祝于室，隋于主前，夫人奠盎，則血祭已畢，至是將舉腥祭，乃割牲而豚解之，正所謂「或肆或將」者也。首，牲體之元，爲腥肉之尊者，故先升之。祭血自詔室而及堂，祭腥在堂而升首于室，于彼于此，皆所以求神也，故合割牲升首爲一條，以爲薦腥薦爓之漸。

辨陸佃割牲爲饋食時事：

郊特牲：肉袒親割。陸佃曰：凡祭，稽首不必肉袒，肉袒不必稽首兼之者，此與？蓋朝踐以前，以素爲貴，父子之事多；饋食以後，以文爲貴，君臣之事多。

蕙田案：肉袒割牲，亦朝踐之事，説者以爲饋食以後，非也。山陰陸氏於祭義「教民相愛」節訓「朝踐尊而饋食親」，于此處，又云朝踐以前父子之事，饋食以後君臣之事，義不相顧，緣强説割牲爲饋食事故也。

辨陸佃升首獨羊之説：

祭義：鸞刀以刲，取膟膋。陸佃曰：郊特牲曰：「取膟膋燔燎，升首，報陽也。」與此取膟膋不同，彼羊也，此牛也。知然者，以羊人云「祭祀割牲登其首」知之也。

蕙田案：升首于室，三牲並升，不獨羊也。周禮羊人「登其首」，賈疏謂祭祀時，三牲之首俱升，特言羊者，以其羊人所升，不升餘牲，故言羊是也。陸氏分郊特牲取膟膋爲羊，祭義取膟膋爲牛，甚誤。

右割牲升首

祭腥祭爓

禮記禮運：腥其俎。注：腥其俎，謂豚解而腥之。疏：「腥其俎」者，謂朝踐時，既殺牲，以俎盛肉，進于尸前也。案士喪禮小斂之奠，載牲體兩髀、兩肩、兩胉，并脊凡七體也。士虞禮：「主人不視豚解。」注云：「豚解，解前後脛脊脅而已。」是豚解七體也。案特牲、少牢以薦孰爲始之時，皆體解，無豚解，以無朝踐薦腥故也。其天子、諸侯既有朝踐薦腥，故知腥其俎爲豚解。

禮器：大饗腥。疏：大饗之時，血與腥同時俱薦，當朝事，迎尸于户外，薦血腥也。雖以大饗爲主，其宗廟之祭皆然也。

蕙田案：二條薦腥。

禮運：孰其殽。注：孰其殽，謂體解而爓之。疏：「孰其殽，爲體解而爓之」，體解，則特牲、少牢「所升于俎以進神者」是也。案特牲九體，肩一、臂二、臑三、肫四、胳五、正脊六、横脊七、長脅八、短脅九，少牢則十一體，加以脡脊、代脅爲十一體也。是分豚爲體解，此「孰其殽」，謂體解訖，以湯爓之，不全孰，次于腥而薦之堂，故祭義曰「爓祭祭腥而退」是也。

蕙田案：此條薦爓。

祭義：爓祭祭腥而退。注：爓祭祭腥，祭爓肉、腥肉也。湯肉曰爓。疏：薦脺膋之後，以俎載爓肉、腥肉而以祭。祭卒而退，是恭敬之至極也。此腥肉即禮運「腥其俎」也，爓肉即禮運「孰其殽」也。此先云「爓」，便文耳，非先後之次。云「湯肉爲爓」者，以鬼神異于生，雖曰孰殽，但湯肉而已。若其他小祀，則煮肉令孰，故郊特牲云「一獻孰」，是爓與孰又別也。

方性夫曰：爓則向乎孰矣，腥則全乎生而已。

郊特牲：腥、肆、爓、腍祭[一]，豈知神之所饗也？主人自盡其敬而已矣。疏：言祭或進腥體[二]，或薦解剔，或進湯沈，或薦煮熟。

陳氏禮書：血、腥、爓、熟。禮記曰：「有虞氏之祭也，尚用氣。血腥爓，用氣也。商人臭味未成，滌蕩其聲，周人尚臭。」則自氣至於臭，其禮浸文矣。又曰：「郊血，大饗腥，三獻爓，一獻熟。」則自血至於熟，其誠浸殺矣。蓋宗廟之祭，始則以神事焉，故以腥；終則以人養焉，故以熟。則坐尸於堂，血毛詔於室，乃腥其俎，熟其

[一]「祭」，諸本脱，據禮記正義卷二六補。
[二]「言」，諸本作「主」，據禮記正義卷二六改。

殽，進於尸主之前，以行朝踐焉。鄭康成謂：「腥者，豚解而腥之，以法於上古；熟者，體解而爓之，以法於中古。」是也。

沈氏括曰：一說謂腥爓以鬼道接之，饋食以人道接之，致疑也。一或謂鬼神嗜腥爓。此雖出于異説，聖人知鬼神之情狀也。或有此理，未可致詰。

方氏慤曰：由爓而上，則尚氣而已。至于孰，則又尚味焉。故郊特牲曰：「至敬不饗味，而貴氣臭也。」

辨賈疏爓祭爲饋食時：

春官小子賈疏：天子諸侯之祭，有腥，有爓，有孰，故初朝踐有豚解而腥之，饋食則有體解而爓之，酳尸乃有孰，與大夫士不同也。

郊特牲孔疏：血謂祭初以血詔神于室，腥謂朝踐薦腥肉于堂，爓謂沈肉于湯，次腥，亦薦于堂。祭義孔疏言薦膟膋之後，以俎載爓肉、腥肉而祭，並當朝踐之節。

蕙田案：朝踐在堂，以神道事尸，故薦血、薦腥、薦爓，皆尚氣之事。饋食在室，以人道事尸，故薦孰、薦黍稷，皆尚味之事。郊特牲以爓祭爲用氣，孔疏以爲次于腥而薦之堂，固在朝踐時，非饋食時也。

右祭腥祭爓

朝踐王三獻后四獻

周禮春官司尊彝：春祠夏禴，其朝踐用兩獻尊，皆有罍。秋嘗冬烝，其朝獻用兩著尊，皆有罍。注：朝踐，謂薦血腥酌醴，始行祭祀，既又酌獻。

禮記禮器：廟堂之上，罍尊在阼，犧尊在西。君在阼，夫人在房。君西酌犧象，夫人東酌罍尊。疏：罍尊在阼，故君于阼階西向酌犧尊，夫人于西房之前東嚮酌罍尊。

周禮天官大宰：享先王，贊玉爵。注：宗廟獻用玉爵。疏：享先王有玉爵，按明堂位「獻用玉琖」，謂王朝踐饋獻酳尸時。

内宰：后獻則贊。注：獻謂王薦腥薦孰，后亦從後獻也。疏：獻謂朝踐饋獻，后以玉爵亞王而獻尸，内宰贊后。

春官外宗：贊王后獻。注：獻酒于尸。疏：朝踐、饋獻及酳尸，以食後亦是獻，獻中可以兼之。

禮記禮運孔疏：迎牲而入至於庭，故禮器云：「納牲詔于庭。」王親執鸞刀，啓其毛，而祝以血毛告于室，故禮器「血毛詔于室」。凡牲，則廟各别牢，故公羊傳云：「周公白牡，魯公騂犅。」案逸禮云：「毁廟之主，昭共一牢，穆共一牢，於是行朝踐之事。」尸出于室。太祖之尸，坐于户西，南面，其主在右，昭在東，穆在西，相對坐，主各在其右。故鄭注祭統云：「天子、諸侯之祭，朝事，延尸於户外，是以有北面事尸之禮。」祝乃取牲膟膋，燎于爐炭，入以詔神于室，又出以薦于主前，郊特牲云「詔祝于室，坐尸於堂」是也。王乃洗肝于鬱鬯而燔之，以制于主前，所謂制祭。次乃升牲首于室中，置于北墉下。后薦朝事之豆籩，乃薦腥于尸主之前，謂之朝踐，即此禮運「薦其血毛，腥其俎」是也。王乃以玉爵酌著尊泛齊以獻尸，三獻也。后又以玉爵酌著尊醴齊以亞獻，四獻也。

通典：王乃袒而迎牲于門，牲入門則奏昭夏。王親牽牲，公卿大夫執幣以從，入而告于庭，云「博碩肥腯」。王乃麗牲於碑，親執鸞刀，啓其毛血以授于祝。祝入室，告幽全之義，遂乃殺牲，始行朝踐之事，凡牲廟用一牢。朝踐之時，尸出于室，坐于户西，南面；主在西，東面。時尸、主之前薦以籩豆、脯醢而已。乃取牲膟膋，燎于爐炭，入以詔神于室。于時，王親洗肝於鬱鬯而燔之，以隋于主。主人親制其肝，所謂制祭也。次乃升牲首于室中北墉下，尊首，尚氣之義也。時又薦腥于尸、主之前，謂之朝踐。於時王以玉爵酌獻尊中醴齊以獻尸，此三獻也。后于是薦朝事之籩，時堂上以夾鐘之調歌，堂下以無射之調作大武之樂。后于是亦以玉爵酌獻尊醴齊以獻尸，此四獻也。時堂下之樂亦作也。於時，王自阼階而西，酌獻；后從西階東，酌獻。

楊氏復曰：周禮内宰疏云：「堂上朝踐之節，王出迎牲，時祝延尸于户外之西，南面；后薦八豆籩。王牽牲以入，以血毛告訖，以此腥其俎，薦于神前。王以玉爵酌醴齊以獻尸，后亦以玉爵酌醴齊以獻尸。」二疏大略皆同，但后薦豆籩有先後之異。案籩人疏云：「祝延尸于户外，后薦此八籩。」則當以内宰及籩人疏爲正。

蕙田案：三條互有得失。尸主南面，孔疏是，通典誤。薦豆籩在制祭前，通典是，孔疏誤。

右朝踐王三獻后四獻

下管舞大武

周禮春官太師：乃奏無射，歌夾鐘，舞大武，以享先祖。

易氏祓曰：武，功也。言武王偃武而卒其伐功，故大武之樂起于無射之戌，應以夾鐘之卯，以享先祖。蓋主乎后稷，而先公與焉。謂王業之大實基于此，亦其類也。

劉氏彝曰：周之先祖惟后稷，詩之雝言禘太祖，生民言尊祖，而謂后稷生于姜嫄，則凡言祖者，皆后稷。鄭乃以先祖爲先王先公，蓋先公自公劉而下，先王自王季而下，非始祖矣。

下管播樂器，令奏鼓朄。疏：凡樂歌者在上，匏竹在下，故云下管播樂器。

禮記祭統：大嘗禘，下而管象，朱干玉戚以舞大武，八佾以舞大夏，此天子之樂也。

明堂位：下管象，朱干玉戚，冕而舞大武。皮弁素積，裼而舞大夏。

陸氏佃曰：宗廟之禮，升歌清廟，下管象舞，繼之夏籥序興是也。

周頌詩序：有瞽，始作樂而合乎祖也。注：合者，大合諸樂而奏之。疏：謂合諸樂器一時奏之，經所云「鞉磬柷圉」、「簫管」之屬是也，不合異代之樂。

禮記禮器：廟堂之下，縣鼓在西，應鼓在東。禮交動乎上，樂交應乎下，和之至也。注：言交乃和。疏：「禮交動乎上」者，謂君與夫人酌獻之禮，交相動于堂上也。「樂交應乎下」者，謂縣鼓應鼓相應在於堂下。「和之至也」者，謂堂上下禮樂交相應會，和諧之至極也。

蕙田案：祼之後，當作樂以下神，故升歌清廟，堂上之樂作。薦血、薦腥、薦爓，所以享神，故奏無射，歌夾鐘，舞大武，堂下之樂作。詩序「作樂而合乎祖」，禮器「樂交應乎下」是也〔一〕。書「下管鼗鼓，合止柷敔」，亦即此意也。是爲樂之第二節。

右下管舞大武

祭祊朝踐畢

詩小雅楚茨：祝祭于祊，祀事孔明。傳：祊，門内也。箋：孝子不知神之所在，故使祝博求之平生門内之旁待賓客之處。疏：釋宫云：「閍謂之門。」李巡曰：「閍，廟門名。」孫炎曰：「詩云『祝祭于祊』，祊謂廟門也。」彼直言門，知門内者，以正祭之禮，不宜出廟門也。」而郊特牲云：「直祭祝于主。」注云：「直，正也。」謂祭熟時「祭以熟爲正」。又曰「索祭祝于祊」，注云：「廟門外曰祊。」又注：「祊之禮，宜于廟門外之西室。」與此不同者，以彼祊對正祭，是明日之名。又彼記文稱祊之于東方爲火明，在西方與繹俱在門外，故禮器曰「爲祊于外」，祭統曰「而出于祊」，對「設祭于堂」爲正，是亦明日之繹故皆在門外，與此不同。以廟門謂之祊，知内外皆有祊稱也。祝祭于祊者，以孝子不知神之所在，故使祝博求之于廟門内之旁，待賓客之處也。每處求之，是祀禮于是甚明也。明此祊廟門之名，其内得有待賓客之處者，

〔一〕「應」，諸本作「動」，據禮記正義卷二四改。

聘禮公食大夫皆行事于廟，其待之迎于大門之内，則天子之禮焉。其迎諸侯之臣，或于廟門内也。繹祭之祊在廟門外之西，此正祭之祊或在廟門内之西，天子迎賓在門東，此祭當在門西，大率繫之門内，爲待賓客之處耳。

朱子集傳：祊，廟門内也。孝子不知神之所在，故使祝博求之于門内待賓客之處也。

何氏楷曰：祊祭在廟門之内，與他祭不同，其字從示從方，有索求諸四方之義。舊説謂祊有二種，一是正祭之時，既設祭于廟，又求神于祊，此詩所云是也。一是祭之明日，繹祭之時，行禮于祊，若禮器所云是也。又謂正祭之祊在廟門内之西，繹祭之祊在廟門外之西。今案爾雅祊作閍，云閍謂之門；説文祊一作鬃，云門内祭先祖所以傍徨，是則祊祭自在門内，原無二祊。禮器所謂「設祭于堂，爲祊乎外」，蓋對堂而言則門爲外，非謂祊在門外也。家語衛莊公改舊制，變宗廟，高子睪問于孔子曰：「周禮繹祭于祊，祊在廟門之西，今衛君更之，如之何？」孔子曰：「繹之于庫門内，祊之于東方，失之矣。」是可見繹祭當在祊，祊自當在廟門内之西，今衛君既改祊之所于東而行繹禮，又不于祊，乃于庫門之内，皆所謂失禮也。然繹之所以必于祊者，以繹爲明日之又祭，蓋正祭事畢，則神可以歸矣。孝孫孝子猶未忍其遽歸也，故于明日又設繹祭而于門以求之也。祝祭于祊，爲行禮之始，略如迎神之類，雖其禮不傳，然愚以祭統之文知之。祭統稱祭有十倫，首言「鋪筵設同几，爲依神也，詔祝于室，而出于祊，此交神明之道也」，是則祭祊爲行禮之始之明據也。輔廣云：「凡祀，祼鬯則求諸陰，焫蕭則求諸陽，索祭祝于祊，則求諸陰陽之間。」蓋魂無不之，神無不在，求之之備如此。蓋謂祭祊以前，尚有灌地、迎牲、告幽全、升臭等事，其祀禮甚明著也，不詳悉言之者，與信南山篇互見，故略之也。何以知諸禮在祭祊之前，嘗參繹郊特牲、禮器之言祊者而得之。郊特牲曰：「詔祝于室，坐尸于堂，用牲于庭，升首于室，直祭祝于主，索祭祝于祊，不知神之所在，于彼乎？于此乎？或諸遠人乎？祭于祊，尚曰求諸遠者與？」又云「祊之爲言倞也」，「首也者，直也」。而禮器則云：「納牲詔于庭，血毛詔于室，羹定詔于堂。」三詔皆不同位，蓋道求而未之得也。設祭于堂，爲祊乎外，故曰「于彼乎，于此乎」。二禮所記略同。今案信南山所言，祭以騂牡，即「納牲詔于庭」，及「用牲于庭」也。啓毛取血，即「毛血詔于室」也。膟膋燔燎，先儒皆以爲詔祝于室之事，在取血膋之後，即朝踐時也。

室以内有主在焉，因而升牲首于室。郊特牲所謂「直祭祝于主」，而自解之曰「首也者，直也」，是可見升首之爲直祭也。此時尸坐于堂，亦設有腥爓之祭焉，所謂設祭于堂也。猶恐神之或不在，求而未之得也，因于祊以求之。郊特牲于「直祭祝于主」之下，即繼之曰「索祭祝于祊」；禮器于「設祭于堂」之下，即繼之曰「爲祊乎外」，互相備也。皆曰「于彼乎，于此乎」，蓋汲汲乎求神也。

蕙田案：郊特牲鄭注：「朝事，延尸于户西，南面，布主席東面。至薦孰，乃更延主于室之奥，尸來，升席自北方，坐于主北焉。」據此，朝踐時，尸在堂，主亦在堂。饋食時，尸在室，主亦在室。今升首在朝踐時，不得云有主在室，何氏所云恐未的確。

禮記郊特牲：索祭祝于祊，不知神之所在，于彼乎？于此乎？或諸遠人乎？祭于祊，尚曰求諸遠者與？注：謂之祊者，以于繹祭名也。于彼于此，言室與堂與。尚，庶幾也。疏：「索祭祝于祊」者，廣博求神，非但在廟，又爲求祭于祊也。祊有二種，一是正祭之時，既設祭于廟，又求神于廟門内。詩楚茨云「祝祭于祊」，注云「門内平生待賓客之處」，與祭同日。二是明日繹祭之時，設饌于廟門外西室，亦謂之祊，即上文云「祊之于東方」是也。今此索祭，是正祭日之祊。禮器云：「爲祊乎外。」

以其稱外，故注云：「明日繹祭。」此經不云外，又下云「所之爲言敬也」，「相，饗之也」，「嘏，大也」，「毛血，告幽全之物」，皆據正祭之日，明此祊亦正祭日也。「不知神之所在，于彼乎？于此乎？」此解正祭在廟之時，或設饌于室，或設饌在堂，不知神所在之處，爲于彼室乎，爲于此堂乎，故兩處設饌也。「或諸遠人乎」，此解索祭爲祊之時，其靈或遠離于人不在廟乎？「祭于祊」者，庶幾求于遠者焉，言于遠處求神也。云「謂之祊，以于繹祭名也」者，以祊是廟門，明日繹祭稱祊，雖今日之正祭，假以明日繹祭祊名，同稱之曰祊也。

陸氏佃曰：索祭祝于祊，謂尸已出，祝于祊而已，是之謂索祭。

蕙田案：楚茨詩禮節皆有次叙，其言「祝祭于祊」在前，「鼓鐘送尸」在後，山陰以爲祝于祊謂尸已出，非也。

吕氏大臨曰：不知神之所在，故尚氣尚聲尚臭，以求諸天地陰陽之間。不知神之所在，故于庭于室于堂于祊以求之。不知神之所依，故有主有几有尸有幣以主之。不知神之所饗，故肆、爓、腥、孰、三牲、魚、腊、水草備物以祀之矣。

祊之爲言倞也。注：倞猶索也。

方氏慤曰：索祭祀于祊，于正祭之後而又索焉。非强有力者不能如此，故曰祊之爲言倞也。倞，强也。

蕙田案：此節歷言于室于堂于庭于主于祊，以明求諸遠近之義。此正祭當日之事，即楚茨「祝祭于祊」之祊，與「祊之于東方」指明日繹祭者有別。鄭引繹祭爲説，頗混。疏訓正祭，其説爲的。

禮器：爲祊于外，故曰：于彼乎，于此乎？

方氏慤曰：設祭于堂，言正祭之時也。爲祊乎外，言索祭之時也。言堂以見外之爲門，言外以見堂之爲内。祭言其事也，祊言其所也。謂之祊者，祝祭求神以此爲所在之方故也。且神無方也，祊特人爲之耳，故言爲祭必有所陳焉，故言設孝子不知神之所在，或于彼，或于此。而祭之非一日，求之非一處，故曰「于彼乎于此乎」。

祭統：詔祝於室，而出於祊，此交神明之道也。注：出于祊，謂索祭也。疏：云「出于祊，謂索祭也」者，案郊特牲「索祭祝于祊」，故云「索祭」也。

爾雅釋宫：閍謂之門。注：詩曰：「祝祭于祊。」陸氏音義：「閍，補耕反。」説文作鬃，云或作祊。門内祭先祖所徬徨也。疏：李巡曰：「閍，廟門也。」案祊本廟門之名，設祭于廟門，因名其祭，亦名祊。凡祊有二種，一是正祭之時，既設于廟，又求神于廟門之内，郊特牲云「索祭祝于祊」，及詩云「祝祭于祊」，注云「祊，平生門内之旁待賓客之處」，與祭同日也。二是明日繹祭之時，設饌于廟門外西室，亦謂之祊，即郊特牲注云「祊之禮，宜于廟門外之西室」，及禮器云「爲祊乎外」是也，然則廟門内外皆有祊稱。

蕙田案：正祭有祊，其文見于經傳者非一，而其禮不傳。今通考經文，約其節次，總當在朝踐之節。郊特牲云「索祭祝于祊」，祊稱索祭，乃是求神之祭，求神乃朝踐之事，孝子不知神之所在，故祼鬯以求諸陰，燔燎以求諸陽，祊祭以求諸陰陽之間。斯時事尸于堂，薦血薦腥薦爓，無有飲食之事，固是尚氣，且恐神之尚未憑依也，故曰「于彼乎于此乎」。至饋食，則事尸于室，以人道飲食之，曰「神嗜飲食」，曰「神具醉止」，則尸實神所憑依，而無怳惚求索之語矣。何玄子曰：「朝踐以前，意在求神。薦熟以後，意在饗尸。」據此，則索祭在朝踐時無疑矣。楚茨「絜爾牛羊」節，是朝踐事；「執爨」以下是饋食事。而「祝祭于祊」，在「殺牲」之下、「執爨」之前，此一證也。禮器「設祭于堂」〔二〕，正朝踐之事，而即繼之曰「爲祊于外」，又一證也。祭統「詔祝于室」，與郊特牲「詔祝于室」同文，而彼則繼之曰「坐尸于堂」，此則繼之曰「而出于祊」，明一時事，又一證也。但朝踐儀

〔二〕「禮器」，諸本作「祭器」，據禮記正義卷二四改。

節已繁，而又有祊祭一節，其事必簡，且經傳凡言祊處，皆連祝爲説，則此祭或但有祝告，未必陳牲。何氏以爲牲用求牛，恐未的。朱子經傳通解、馬氏文獻通考俱以祝祭于祊列于既徹之後，似正祭畢而後行祊祭者，恐非其序矣。今列之朝踐之末。

觀承案：祊祭有二，分析最清。其以正祭之祊屬朝踐之時，尤爲位置妥帖，一洗從來之蒙混。行禮者乃可案本子做去矣。

右祭祊朝踐畢

五禮通考卷八十八

吉禮八十八

宗廟時享

饋食合亨

周禮天官太宰：及納亨，贊王牲事。注：納亨，納牲，將告殺。謂向祭之晨，既殺以授亨人。疏：禮器云「納牲詔于庭」，殺訖，毛以告純，血以告殺，腥其俎，豚解以腥之。以此訖，乃納于亨人，爓祭。此言「納亨」者，以牽牲也。

蕙田案：納亨有二：一是朝踐薦血薦腥後，豚解而亨之以爲爓也；一是饋食將體解之納亨，以實鼎俎也。注專以向祭之晨殺以授亨人，言之未備。

亨人：掌共鼎鑊，給水火之齊。注：鑊，所以煮肉及魚腊之器。既孰，乃脀于鼎。齊，多少之量。疏：云「鑊，所以煮肉及魚腊之器」者，案少牢爨在廟門外之東，大夫五鼎，羊、豕、腸胃、魚、腊各異鑊。鑊別有一鼎，鑊中肉孰，各升一鼎，故鄭云「既孰，乃脀于鼎」。云「齊，多少之量」者，此釋經「給水火之齊」，謂實水于鑊，乃爨之以火，皆有多少之齊。

夏官諸子：大祭祀，正六牲之體。注：正謂庀載之。疏：案特牲、少牢，移鼎入陳，即有一人鼎中庀出牲體，一人在鼎西，北面載之于俎〔一〕。既言正六牲之體，明是此二事也。

禮記禮運：然後退而合亨，體其犬豕牛羊，實其簠簋籩豆鉶羹。注：體其犬豕牛羊，謂分別骨肉之貴賤，以爲衆俎也。疏：此論祭饋之節。「然後退而合亨」者，前明薦爓既未孰，今至饋食，乃退取鼎爓肉，更合亨之令孰〔二〕，擬更薦尸。又尸俎唯載右體，其餘不載者及左體等，亦于鑊中亨煮之，故云「合亨」。亨之既孰，乃體別骨之貴賤，以爲衆俎，供尸及待賓客兄弟等。知非尸前正俎者，以此經所陳，多是祭末之事，故爲祭末享燕之衆俎也。「實其簠簋籩豆鉶羹」者，此舉事尸之時所供設也。

方氏慤曰：合亨則合衆物而亨之，犬豕牛羊骨有貴賤，各異體焉，故曰體。以稻粱而實簠，以黍

〔一〕「面」，諸本作「而」，據周禮注疏卷三一改。
〔二〕「令」，原作「會」，據光緒本禮記正義卷二一改。

稷而實簠，以水土之品而實籩豆，以五味之和而實鉶鼎，故曰實。

詩小雅楚茨：執爨踖踖，爲俎孔碩。傳：爨，饔爨、廩爨也。踖踖，言爨竈有容也。疏：以祭祀之禮，饔爨以煮肉，廩爨以炊米。此言臣各有司，故兼二爨也。少牢云：「雍人概鼎匕俎於饔爨，饔爨在門東南，北上。廩人概甑甗匕與敦于廩爨，廩爨在饔爨之北。」故知有二焉。踖踖爨竈有容者，謂執爨之有容儀也。

何氏楷曰：薦孰之禮，以尸人也。必薦孰而後尸，可享也。則執爨以下事也。朝踐以前，皆交於神明之道，其意在於求神；薦孰以後，始兼用人道，其事在於享尸。信南山紀朝踐以前事，楚茨紀薦孰以後事，二詩相爲首尾。祭以饋孰爲正，故此章專就薦孰時言之。爨，賈公彦云：「今之竈也。周人制禮之時謂之爨，至孔子時則謂之竈。」案少牢禮有雍爨，有廩爨。雍爨以煮肉，雍人掌之。廩爨以炊米，廩人掌之。特牲禮有牲爨，有魚腊爨，即雍爨也。然無廩爨而有饎爨，主婦視之。舊説炊黍稷曰饎，饎廩所爨同物，而廩比饎爲大，則行禮之人異耳。此詩所執者，乃雍爨也。踖踖，爾雅云：「敏也。」案特牲記俎之類不一，有肵俎，有折俎，有尸俎，有阼俎，有主婦俎，有祝俎，有佐食俎，有賓俎。肵俎載牢心舌于上，設於尸饌之北，尸每食牲體，反著於肵俎，是主人敬尸之俎。郊特牲所謂「肵之爲言敬也」。折俎謂節解者，旅酬時所設也。尸俎，事尸之俎。牲體有九：曰肩，曰臂，曰臑，曰肫，曰胳，曰正脊二骨，曰横脅二骨，曰長脅二骨，曰短脅，凡九體，皆尚右，周道也，所以尊尸也。體貴奇者何？陽數也。骨者何？以致敬也。又有膚三焉，以致愛也。愛敬交致，孝之至也。又有離肺一、刌肺五焉。所以貴肺者何？氣主也。又魚十有五，魚，陰物也，取諸月十有五日而盈之義也。腊如牲骨，則猶是貴奇之意也。胙俎者，主人之俎，自胙俎而下，亦總名爲執事之俎，而其物薄矣。據此詩以孔碩言俎，蓋耑指尸俎。

右饋食合亨

薦饋食豆籩

周禮天官籩人：饋食之籩，其實棗、桌、桃、乾穮、榛實。注：饋食，薦孰也。今吉禮存者，特牲、少牢諸侯之大夫士祭禮也。不祼，不薦血腥，而自薦孰始，是以皆云饋食之禮。疏：此謂朝踐薦腥後，堂上更體犬豕牛羊亨孰之時，后薦謂之饋食之籩也。云「饋食，薦孰也」者，謂於堂上饋孰之時后薦之。云「今吉禮存」者，吉禮謂祭祀，以其天子諸侯祭祀之禮亡，故云存者。云「特牲、少牢諸侯之大夫士祭禮也」者，以天子大夫太牢祭，今用特牲、少牢，故知諸侯大夫士祭禮也。云「不祼，不薦血腥」者，若天子諸侯，則有室中二祼，堂上朝踐薦血腥之禮，大夫則無此二者也。

醢人：饋食之豆，其實葵菹、蠃醢，脾析、蠯醢，蜃、蚳醢，豚拍、魚醢。疏：言「饋食之豆」者，亦與饋食之籩同時而薦。

蕙田案：周禮外宗、禮記祭統、明堂位載王后夫人薦豆籩，詳見「朝踐」條下。

右薦饋食豆籩

詔羹定

禮記禮器：羹定詔於堂。疏：羹，肉湆也。定，孰肉也。謂煮肉既孰，將迎尸，主入室，乃先以俎盛之，告神于堂，是薦孰未食之前也。

方氏慤曰：羹定則事以人道，神明之也，故詔于堂。以堂比室，爲明故也。

右詔羹定

逆齍盛

周禮春官小宗伯：逆齍。注：受饎人之盛以入。　疏：案少牢，饎爨在廟門之外，明天子、諸侯饎爨亦在廟門外。今逆齍迎入，向廟堂中，實之於簠簋也。

小祝：迎齍盛。　疏：祭宗廟饋獻後，尸將入室食，小祝于廟門外，迎饎人之齍盛于廟堂東〔一〕。實之，薦于神座前。

肆師：祭之日，表齍盛，告絜。

春秋桓公六年左氏傳：奉盛以告曰「絜粢豐盛」，謂其三時不害而民和年豐也。

注：三時，春、夏、秋。

右逆齍盛

大合樂

周禮春官大司樂：以六律、六同、五聲、八音、六舞大合樂，以致鬼神示。注：大合

〔一〕「東」，原作「也」，據光緒本、周禮注疏卷二五改。

樂者，謂徧作六代之樂。　疏：云「大合樂者」，據薦腥之後，合樂之時用之也。此所合樂，即下云「若樂六變」、「若樂八變」、「若樂九變」之等，彼據祭天下神，此據正祭合樂。若然，合樂在下神後而文退下神在樂後者，以下神用一代樂，此用六代，六代事重，故進之在上。　此經六樂即上六舞，故知徧作六代之樂，言徧作樂，而一時俱爲，待一代訖乃更爲，故云徧作也。

以樂舞教國子：舞雲門、大卷、大咸、大磬、大夏、大濩、大武。大祭祀，率國子而舞。注：當用舞者率以往。

禮記祭統：夫大嘗禘，升歌清廟，下而管象，朱干玉戚，以舞大武，八佾以舞大夏，此天子之樂也。疏：祫祭在秋，大嘗禘在夏，用天子禮，則升歌清廟及舞大武、大夏之樂，所以爲大嘗禘也。

明堂位：升歌清廟，下管象，朱干玉戚，冕而舞大武，皮弁素積，裼而舞大夏。

蕙田案：注疏詳見「制度樂舞」條。

祭統：及入舞，君執干戚就舞位。君爲東上，冕而總干，率其群臣，以樂皇尸。

陳氏禮書：周之興也，功莫大于武功，樂莫重于武舞，故舞大武以祭服之冕，舞大夏則朝服之皮弁而已。

蕙田案：大合樂則聲容相應，詠蹈相宣。注「偏作六代之樂」，夫偏作，非奏其全樂也。備其器服，用其威儀節奏而已。君執干戚就舞位，是舞初入時，冕而總干以爲之倡，亦非君始終自舞也。是時君方入室獻尸矣。

右大合樂

延尸入室

儀禮特牲饋食禮：祝延尸，尸升，入。尸即席坐，主人拜妥尸。注：延，進，在後詔侑曰延，禮器所謂「詔侑武方」者也。妥，安也。

禮記郊特牲：舉斝、角，詔妥尸。注：妥，安坐也。尸始入，舉奠斝若奠角。將祭之，祝則詔主人拜，安尸，使之坐。尸即至尊之坐。或時不自安，則以拜安之也。天子奠斝，諸侯奠角。疏：斝、角，爵名也。饋食薦孰之時，尸未入，祝先奠爵于鉶南，尸入，即席而舉之，如特牲禮「陰厭後，尸入舉奠焉」也。詔，告也。尸始即席，舉奠斝、角之時，未敢自安，祝當告主人拜尸，使尸安坐，是「詔妥尸」也。

蔡氏德晉曰：設饌于堂，尸將入室飲食，故徙堂上之饋于室。祝酌奠於饌南，尸入而舉之也。

曾子問：接祭。鄭注〔一〕：「不迎尸。」孔疏：「接祭者，接，捷也，捷，速也，速而祭之。然案郊特牲云『既灌，然後迎牲』，則迎尸於奥，在未殺牲前〔二〕。凡迎尸之禮，其節有二：一是祭祖迎尸於奥而行灌禮，灌畢而後出迎牲，于時迎尸于户外，親割薦血毛，行朝踐之禮，設腥爓之俎于尸前，是一也；然後退而合亨，更迎尸入坐于奥，行饋孰之禮，是二也。注云『不迎尸』者，直於堂上行朝踐禮畢則止，不更迎尸而入。此謂宗廟之祭，郊社之祭無文，不迎尸亦在此時。」

蕙田案：饋食時，延尸入室，亦曰迎尸。迎尸有二：一是始祭時，太祝逆尸、相尸禮，小祝逆尸、沃尸盥是也。一是薦孰時，迎尸入室，曾子問「接祭」條，鄭云「接祭不迎尸」，孔云：「退而合亨，更迎尸入坐於奥，行饋孰之禮。不迎尸者，直於堂上行朝踐禮畢則止，不更迎尸而入。」案此是當祭而日食、大廟火，則不迎尸入室，若常禮則有兩迎尸。胡邦衡以爲即始祭時之迎尸，非也。郊特牲「舉斝、

〔一〕「鄭注」，原脱，據光緒本、禮記正義卷一九補。
〔二〕「未」，原脱，據光緒本、禮記正義卷一九補。

角，詔妥尸」，鄭、孔並云：「在薦孰時，尸入室後。」今案儀禮特牲、少牢並有妥尸之文，與尸入相連，鄭、孔之説是也。

辨應撝謙朝踐在室、饋食在堂：

應撝謙禮樂彙編：問：「先儒謂朝踐于堂、饋食于室。今反之。何也？」曰：「此非無據而敢然也。據禮運：『玄酒在室，醴醆在户，粢醍在堂，澄酒在下。』是以酒之貴者在室，而賤者在堂也。周禮五齊，一曰泛齊，二曰醴齊，三曰盎齊，四曰醍齊，五曰沈齊。先儒周禮注以爲朝踐之獻尊實醴醍，饋食之象尊實盎沈，朝踐之醴齊在户、醍齊在堂，而其禮行之于堂，饋食之盎齊在户、沈齊在堂下，而其禮反行之于室。先儒謂設而不酌者，今以禮器、祭統徵之，盎齊並非饋食所薦，是知醴醆在户内，爲朝踐之所薦，而粢醍在堂，爲饋食之所薦，無疑也。朝踐血腥爓祭，禮之精微者也，今反在堂；饋食，禮之近人情非其至者也，今反在室，不惟與所設之酒不合，于理亦已悖矣。先儒徒見特牲饋食、少牢饋食皆行之于室，而不知大夫士惟無朝踐之禮，故饋食在室，天子諸侯以朝踐爲尊，故饋食行之于堂也。郊特牲曰：『詔祝于室，坐尸于堂，用牲于庭，升首于室。』是迎牲奠幣之時，祝詔尸出堂，殺牲而升首，是尸已反于室而行朝踐也。禮器曰：『納牲詔于庭，血毛詔于室，羹定詔于堂。』繼之曰：『設祭于堂，爲祊于外。』是知羹定詔于堂，而即設正祭焉，此即饋食之禮也。祭義曰：『建設朝事，燔燎羶薌，見以蕭光，以報氣也。薦黍稷，羞肝、肺、首、心，見以俠甒，加以鬱鬯，以報魄也。』是升首固朝事也。郊特牲既曰『升首于室』矣，又曰『取膟膋，燔燎，升首，報陽也』，朝踐禮在室無疑。今不信經而信諸儒之説，固不可也。」

蕙田案：朝踐在堂，饋食在室，先儒並無歧説，應氏乃反易之以爲朝踐在室，饋食在堂，然就其説案之，仍有難通者。郊特牲曰：「詔祝于室，坐尸于堂，用牲于庭，升首于室。」注疏以爲朝踐時，應氏亦以爲朝踐時，則明知朝踐在室之不符矣。而乃云迎牲奠幣，尸在堂，升首時尸入室，是朝踐一節，而忽堂忽室，則朝踐在室一語，仍不能周全而無缺矣。曾子問「既儐而祭」一條云：「尸入，三飯，不侑酳，不酢。」「齊衰之祭」一條云：「尸入，三飯不侑，酳不酢。」可見饋食正祭，尸入而飯而侑而酳而酢，節次相連，若以飯侑酳酢俱行於堂，則所謂尸入者，果從何入耶？則饋食在堂之説，亦難通矣。至所引禮運「玄酒在室」云云，亦安設之禮宜爾。朝踐血腥爓祭，以神道事之于堂，饋食黍稷鉶羹，以人道事之于室，先神後人，先堂後室，莫非禮之精微者，而何以爲悖于理耶？應氏違反舊義，正程子所訶解經而欲新奇，未可信也。

右延尸入室

饋食王獻

周禮春官司尊彝：其饋獻用兩壺尊，皆有罍。注：變再獻爲饋獻者，亦尊相因。饋獻，謂薦孰時。疏：「變再獻爲饋獻者，亦尊相因」，其實先饋獻後再獻也。以其饋獻在朝踐後，亦當在尸未入室，再獻是王酳尸後節也，是以云饋獻謂薦孰時也。此即禮運云「孰其殽」，鄭注云「體解而爓之」是也。

蕙田案：薦熟在饋食時，非爓也。薦爓乃朝踐事。注以熟其殽爲薦熟，恐非。

禮記明堂位：尊用象。疏：象，象尊也，以象骨飾之。此尊象，周禮春夏之祭，堂上薦朝事竟，尸入室饋食時，用以盛盎齊，君及夫人所酌以獻尸也。

郊特牲：祭齊加明水，報陰也。注：明水，司烜所取于月之水也。齊，五齊也。五齊加明水，則三酒加玄酒也。疏：正祭之時，陳列五齊之尊，上又加明水之尊，故云「祭齊加明水」也。水屬北方，皆陰類，故云「報陰」。

明水涗齊，貴新也。凡涗，新之也。其謂之明水者，由主人之絜著此水也。注：涗，猶清也。五齊濁，泲之使清，謂之涗齊。及取明水，皆貴新也。周禮幭氏以涗水漚絲。涗齊，或作「汎齊」。新之者，敬也。著，猶成也。言主人齊絜，此水乃成，可得也。

周氏諝曰：周官司尊彝之職謂鬱齊獻酌，醴齊縮酌，及盎齊涗酌，以五齊清濁次之，則泛齊醴齊同用縮酌，而湜齊沈齊與盎齊同用涚酌，此言明水涚齊，蓋自盎而下三齊也。涚者，以水和之解之也。和解之則新矣，貴新故不嫌于味之薄也。

春秋桓公六年左氏傳：奉酒醴以告曰「嘉栗旨酒」，謂其上下皆有嘉德而無違心也。

蕙田案：郊特牲祭齊加水，疏以正祭釋之，且與祭黍稷文相屬，其爲饋食正祭之酒無疑。左傳奉酒醴以告，亦在奉盛以告之後，其次序與郊特牲相合。

右饋食王獻

饋食后獻

周禮天官太宰：享先王，贊玉爵。

内宰：后獻，則贊。

春官外宗：贊王后獻。

蕙田案：以上三條注見前「朝踐」條。

右饋食后獻

羞齍

禮記禮運孔疏：乃退而合亨，至薦孰之時，尸入室，故禮器云：「設饌于堂。」乃後延主入室〔一〕，太祖東面，昭在南面，穆在北面，徙堂上之饌於室内，坐前，祝以斝爵酌奠，詔主人拜。郊特牲注云：「天子奠斝，諸侯奠角。」即此之謂也。自此以前謂之接祭，乃迎尸入室，舉此奠斝，主人拜以妥尸，故郊特牲云「舉斝角，拜妥尸」是也。后薦饋獻之豆籩，王乃以玉爵酌壺尊盎齊以獻尸，爲五獻也。后又以玉爵酌壺尊醴齊以獻尸，是六獻也。

通典：至薦孰之時，謂之饋食。先薦孰於堂，視陳此設饌之禮，非謂即食。設饌之時，王及尸皆有倚住之處，設机於傍，故云變机也。設席之後，更設尸、主之席於室，在户内西方，東面，尸在其北。布尸、主席訖，乃遷所設於堂上之饌，置尸、主坐前。時祝又以斝酌奠，奠於饌南，所謂天子奠斝。乃迎尸、主入室即席，舉奠斝，將祭之時，祝則詔王拜妥尸，拜訖，尸遂祭酒，以菁茅謂之縮酒，尸遂啐之，奠之，尸乃

〔一〕「主」，諸本作「尸」，據禮記正義卷二一改。

坐。於是王以玉爵酌象尊盎齊以獻尸，五獻也。時后薦饋食之豆籩，又以玉爵酌象尊醴齊以獻尸，此六獻也。

楊氏復曰：儀禮特牲饋食，士禮也。少牢饋食，大夫禮也。大夫、士之祭，不祼，不薦血腥，唯室中設尸主，東面，行饋食禮。天子諸侯饋食以前，堂上設南面位，行祼鬯薦腥之禮，而後延尸入室，東面位行饋食禮。郊特牲注云：「奠謂薦孰時。」當此之時大合樂。自此以後，謂之接祭。乃迎尸入室，舉此奠斝，主人拜以妥尸，后薦饋獻之豆籩，王以玉爵酌盎齊以獻尸，此五獻也。后又以玉爵酌醴齊以獻尸，此六獻也。

周禮春官外宗：王后以樂羞齍，則贊。疏：羞，進也。齍，黍稷也。后進黍稷之時，依樂以進之。則贊后者，亦佐后進之。豆籩與齍，此官已贊，九嬪又贊者，以籩豆及黍稷器多，故諸官共贊。

天官九嬪：凡祭祀，贊玉齍。注：玉齍，玉敦受黍稷器。疏：言「凡祭祀」者，惟宗廟禘祫與四時月祭等。「贊玉齍」者，祭祀之時，男子進俎，婦人進豆籩簠簋，贊助后也。

詩小雅信南山：是烝是享，苾苾芬芬。

何氏楷曰：烝，冬祭名。牲既殺矣，臭既升矣，于是行烝祭，中享獻之禮，謂薦孰也。薦孰之禮，周禮謂之饋獻，亦謂之饋食。此時始薦黍稷，故以苾苾芬芬言。苾芬解見楚茨篇。饋食之薦不止於黍稷，而獨言苾芬者，祭以黍稷爲主也。

楚茨：苾芬孝祀。

何氏楷曰：苾，説文云：「馨香也。」芬，説文云：「草初生，其香分布。」荀子注云：「花草，氣香也。」愚案：此當指黍稷言。書曰：「黍稷非馨，明德維馨。」明黍稷有馨，頌所謂「有飶其香，有椒其馨」者也。祭以酒食爲主，而此詩又爲農事既成而作，故云然。

右羞齍

隋祭

周禮春官小祝：大祭祀，贊隋。注：隋，尸之祭。疏：「贊隋」者，特牲、少牢，尸始入室，拜妥尸，尸隋祭，以韭菹擩于醢，以祭于豆間。小祝其時贊尸授之。

禮記明堂位：周祭肺。注：氣主盛也。

陳氏禮書：祭以右手，凡祭必於脯醢之豆間，特公食大夫、有司徹祭於上豆之間，以豆數多故也。祭之尚肺，周禮而已。若有虞氏則祭首，夏后氏則祭心，殷則祭肝，以時異則禮異也。周之尚肺，特宗廟賓客飲食之間而已。若五祀，則户先脾，中霤先心，門先肝，以事異則禮異也。士冠有嚌肺，而鄉飲酒、鄉射、燕禮之類，皆有離肺而無祭肺，昏禮有離肺又有祭肺，鬼神陰陽之意也。特牲饋食先祭肺後祭肝，祝亦祭肺後祭肝，則祭肺非不祭肝也，以肺爲主耳。由是推之，夏、殷非不祭肺也，以心與肝爲主而已。

郊特牲：祭黍稷加肺，報陰也。注：祭黍稷加肺，謂綏祭也。疏：尸既坐綏祭之時，祭黍稷加之以肺，兼肺而祭，故云「加肺」也。

陸氏佃曰：祭黍稷加肺，少牢所謂上佐食取黍稷，下佐食取肺，尸受，同祭於豆是也。

周禮春官守祧：既祭，則藏其隋。注：隋，尸所祭肺脊、黍稷之屬。藏之以依神。疏：案特牲、少牢及曾子問，皆有隋祭之事。特牲禮「祝命綏祭，尸取菹，擩于醢，祭于豆間。佐食取黍稷肺祭授尸，尸祭之。」注云肺祭，則肺是其隋者，彼不言脊，似誤。

王氏昭禹曰：其隋則埋以藏之。

王氏安石曰：隋肉謂之隋，隋蓋尸祭之餘。

易氏祓曰：藏其隋，則埋于西階之東。

禮記曾子問：攝主不綏祭。注：不綏祭，謂今主人也。綏，周禮作墮。疏：主人欲食之時，先減黍稷牢肉而祭之于豆間，故曰綏祭。尸與主人俱有綏祭，凡將受福，先爲綏祭。今辟正主，不敢受福，故不綏也。綏是減毁之名，故從周禮墮爲正。守祧云「既祭，則藏其隋」是也。

陳氏禮書：儀禮士虞祝命佐食隋祭，佐食取黍稷肺祭，授尸。特牲祝命尸挼祭之，尸取菹，擩於醢，祭於豆間，佐食授，主人挼祭，主婦則佐食挼祭，主婦撫之。少牢尸受肺與黍，同祭于豆間，主人佑受，佐食綏祭，坐祭之，主婦亦受，佐食綏祭，祭之。鄭康成謂下祭曰「隋」，則隋與春秋傳所謂「隋成」之隋同。周官與士虞作隋，少牢與禮記作綏，特牲作挼，其實一也。隋祭，所以祭鬼神之物，猶生者之飲食必祭也。其物黍稷與肺，其樂鐘鼓，贊之以祝，祭之以佐食，藏之以守祧，而尸與主人、主婦皆有是禮。則尸既舉奠而綏祭，祭神食也。主人受酢而綏祭，祭尸食也。少牢主婦受祭于佐食而祭之，特牲主婦祭以佐食而撫之，以士卑而禮簡故也。攝主不綏，士虞無尸不綏，以攝與無尸非備文故也。周人所祭，莫先於肺，天子、諸侯或隋於堂上，或隋於室中，固不可考，要之皆先祭肺而已。

右隋祭

進孰授祭

周禮大司徒：奉牛牲，羞其肆，享先王亦如之。注：鄭司農云：「羞，進也。肆，陳骨體也。」

蕙田案：康成與司農解不同，經文當兼豚解、體解兩事，今並存之。

夏官司士：帥其屬而割牲，羞俎豆。疏：體其犬豕牛羊。鄭云：「分别骨肉之貴賤，以爲衆俎也。」更破使多，熟而薦之。

小子：掌祭祀，羞羊殺、肉豆。疏：大夫、士祭自饋熟始，故正祭即體解，爲二十一體。天子諸侯之祭，有腥，有爓，至酳尸乃有孰，與大夫士不同也。

大司馬：大祭祀，饗食，羞牲魚，授其祭。注：牲魚，魚牲也。祭，謂尸賓所以祭也。鄭司農云：「大司馬主進魚牲。」疏：此大祭祀，據宗廟而言，授尸祭，祭者，魚之大臠，即少牢下篇云：「尸俎五魚，侑、主人皆一魚，加膴，祭于其上。」膴，謂魚之反覆者。公食大夫亦云「授賓祭」，故云祭謂尸賓所祭。

天官亨人：共大羹、鉶羹。注：大羹，肉湆。鄭司農云：「大羹，不致五味也。鉶羹加鹽菜矣。」疏：大羹，肉湆，盛于登，謂太古之羹，不調以鹽菜及五味也。鑊中煮肉汁，一名湆，故鄭云「大羹，肉湆」。云「鉶羹」者，皆是陪鼎膷、臐、膮，牛用藿，羊用苦，豕用薇，調以五味，盛之于鉶器，即謂之鉶羹。

若盛之庶羞，即公食大夫十六豆膷、臐、膮等也。

詩小雅楚茨：「或肆或將。」鄭箋云：「有肆其骨體于俎者，或奉持而進之者。」孔疏：「外饔：『掌外祭祀之割亨，供其脯、脩、刑、膴，陳其鼎俎，實之牲體。』則肆其骨體于俎，是外饔也。大司徒云：『祀五帝，奉牛牲，羞其肆。享先王亦如之。』注云：『肆進所解骨體。』又小子職云：『掌祭祀，羞羊肆羊殽肉豆。』則奉持進之，是司徒、小子之類也。然群臣助祭，各有所掌，奉持進之，非獨此二職也。」

蕙田案：鄭箋與毛傳異，因其在「絜爾牛羊」之下，「執爨」之前，故從傳編入「朝踐」節條下。然據其所引周禮，則饋食時，當有薦孰一事，不可缺也。

又案：儀禮少牢尸受祭之後，未食之前，有主人羞肵俎，上佐食羞兩鉶，尸扱以柶祭羊鉶，遂以祭豕鉶，嘗羊鉶一節事。詩楚茨疏引周禮各條，謂是群臣助祭奉持進之，正是天子、諸侯饋食時進孰授祭之禮也。

右進孰授祭

尸食侑饋食畢王五獻后六獻

周禮春官大祝：辨九𢷎，以享右祭祀。注：享，獻也，謂朝獻、饋獻也。右讀爲侑。侑，勸尸食而拜。疏：云「侑，勸尸食而拜」者，案特牲「尸食，祝侑，主人拜」，少牢「主人不言拜侑」，故知侑尸時有拜。

儀禮少牢：尸告飽。祝侑曰：「皇尸未實，侑。」鄭注：「侑，勸也。實，猶飽也。」賈疏：「此與特牲皆有尸飯法，天子、諸侯當亦有之。故大祝九拜之下，云『以享侑祭祀』，注云：『侑，勸尸食而拜。』若然，士三飯即告飽而侑，大夫七飯告飽而侑，諸侯九飯告飽而侑，天子十一飯而侑也。」

有司徹：尸告飽，主人拜侑，不言。尸又三飯。鄭注：「凡十一飯，士九飯，大夫十一飯，其餘有十三飯，十五飯。」賈疏：「上篇士禮九飯，少牢上下大夫同十一飯，士、大夫既不分命數爲尊卑，則五等諸侯同十三飯，天子十五飯可知。」

禮記曾子問：尸入，三飯。孔疏〔一〕：「天子、諸侯祭禮既亡，今儀禮唯有大夫、

〔一〕「孔」，原作「賈」，據光緒本改。

士祭禮。案特牲饋食禮祝延尸於奧，迎尸而入，即延坐，三飯，告飽，祝侑尸，尸又飯，至於九飯畢。若大夫，依少牢饋食尸食十一飯而畢。鄭注少牢云：『士九飯，大夫十一飯也。』案此説則諸侯十三飯，天子十五飯也。」

逆尸，令鐘鼓，右亦如之。注：右讀亦當爲侑。疏：亦上九拜之下，享右之字皆爲侑。

鄭氏鍔曰：侑食之時，亦令擊鐘鼓，故曰亦如之。右當爲侑，謂勸侑尸食。

詩小雅楚茨：以享以祀，以妥以侑。傳：侑，勸也。箋：享，獻也。以黍稷爲酒食，獻之以祀先祖。既又迎尸，使處神坐而食之。爲其嫌不飽，祝以主人之辭勸之。疏：妥侑當饋食之節，故云「又迎尸，使處神坐而食」。於時拜以安之，是妥也。「爲其嫌不飽，祝以主人之辭勸之」，是侑也。言「嫌」者，以天子使公卿爲尸，尸爲天子所尊，已有爲臣之嫌，故言「嫌不飽，祝以主人之辭勸之」。知祝者，以今少牢、特牲之禮主人及尸之言，皆祝之所傳故也。

禮記禮器：詔侑武方。注：武，當爲「無」，聲之誤也。方猶常也。告尸行節，勸尸飲食無常，若孝子就養無方。此亦周所因于殷也。疏：詔，告也。侑，勸也。子事父母，就養無方，故在宗廟之中，禮主于孝，凡預助祭，皆得告尸威儀，勸尸飲食，無常人也。案特牲延尸及詔侑相尸之禮，皆是祝官，則是有常，而云無常者，謂但是祝官皆得爲之，不常用一祝也。

蔡氏德晉禮傳：天子尸十五飯，十一飯告飽而侑。諸侯十三飯，九飯告飽而侑。大夫十一飯，七飯告飽而侑。士九飯，三飯告飽而侑。

陳氏禮書：特牲禮尸三飯，告飽，祝侑之，如初。鄭云不復飯者三，三者，士之禮大成也。少牢禮尸三飯，又食胾，又食舉腊肩，又食舉牢骼，又食告飽，又曰「皇尸未實，侑」，尸又食舉牢肩，尸不飯，主人拜侑尸。禮有以多爲貴，故特牲士祭尸九飯，少牢大夫祭尸十一飯。有以少爲貴，故禮器天子一食，諸侯再，大夫三，蓋一食即一飯也。士九飯，大夫十一飯，則飯以九與十一而又加者也。正飯致其隆，故貴多；加飯嫌於瀆，故貴少。此飯禮所以不同也。鄭氏曰：士九飯，大夫十一飯，其餘有十三飯，十五飯。而賈公彦謂十三飯諸侯禮，十五飯天子禮，理或然也。飯必告飽，而告飽必侑，侑禮有拜以致其敬，有辭以道其勤，有樂以樂其心。特牲尸告飽，祝侑，主人拜。少牢尸告飽，主人拜侑。此拜以致其敬也。少牢祝侑曰：「皇尸未實，侑。」此辭以道其勤也。大祝逆尸，令鐘鼓侑，亦如之。此樂以樂其心也。然特牲三飯告飽而侑，少牢七飯告飽而侑，則九飯三侑，飯寡而侑多，十一飯再侑，飯多而侑寡者，蓋禮殺者儀蹙，故告飽速而侑多；禮隆者儀紓，故告飽遲而侑少。此侑禮所以不同也。賈公彦謂諸侯九飯而侑，天子十一飯而侑，理或然也。然以論語考之，每飯異樂，每樂異工，則侑固多矣。而特牲、少牢尸飯止於三侑、再侑，大司樂王大食三侑者，蓋有每飯之侑、有終食之侑。每飯之侑，一工而已；終食之侑，侑禮之大者也。故荀卿言三嗅之不食，大戴、史記亦言三侑之不食，此皆指其大者論之也。古者之於賓客，如祭祀禮而裸獻之數未嘗不同，則天子而下其飯數，宜與尸食無異矣。大司樂王大食三侑，皆令奏鐘鼓，則凡非大食無鐘鼓歟？

右尸食侑饋食畢王五獻后六獻

朝獻王酳尸

周禮春官司尊彝：其朝獻用兩著尊。注：朝獻，謂尸卒食，王酳之。其變朝踐爲朝獻者，尊相因也。明堂位曰「爵用玉琖」，又鬱人職曰「受舉斝之卒爵而飲之」，則王酳尸以玉爵也。疏：朝獻是王酳尸，因朝踐之尊、醴齊，引鬱人職欲證王酳尸與前同用玉爵之意也。

通考：馬氏曰：「朝獻即食後酳尸之禮，謂之朝獻者，蓋以酳尸因朝踐之尊而得名與？」

禮記明堂位：爵用玉琖仍雕。注：爵，君所進于尸也。仍，因也，因爵之形爲之飾也。

疏：爵，君酌酒獻尸杯也。琖，夏后氏之爵名也，以玉飾之，故曰「玉琖」。仍，因也，因用爵形而爲之飾，故曰「仍雕」。

陳氏禮書：夫卒食必有酳，曾子問言侑酳，是侑食然後有酳也。樂記言執醬而饋，執爵而酳，是饋食然後有酳也。特牲、少牢之祭皆曰饋食而獻，皆曰酳尸，則大夫士無朝獻、饋獻之禮，特酳尸於饋食之後而已。

右朝獻王酳尸

從獻

周禮夏官量人：凡祭祀，制其從獻脯燔之數量。注：從獻者，肉殽從酒也。玄謂燔，從于獻酒之肉炙也。數，多少也。量，長短也。疏：祭禮獻以燔從。案特牲、少牢云：「主人獻尸以肝從，主婦獻尸以燔從。」故後鄭據此以爲從獻以燔。案儀禮「脯十脡，各長尺二寸」，是多少長短。燔之數量未聞。

王氏詳説曰：正獻之脯，見于籩人，所謂加籩之實，蔆、芡、栗、脯。正獻之燔，見于生民，所謂載燔載烈。

王氏昭禹曰：從獻者，以所獻牲牢爲正，而以脯燔爲從也。物之所共則有數，器之所容則有量。

詩小雅楚茨：或燔或炙。傳：燔，取膟膋。炙，炙肉也。箋：燔，燔肉也。炙，肝炙也。皆從獻之俎也。其爲之于爨，必取肉也、肝也肥碩之大者。疏：傳以炙爲炙肉，則是薦俎非從獻也。從獻之炙用肝。

朱子集傳：燔，燒肉也。炙，炙肝也。皆所以從獻也。特牲主人獻尸，賓長以肝從；主婦獻尸，兄弟以燔從是也。

何氏楷曰：燔是近火燒之，如今之燒肉，火焰所及也。炕，舉也，以物貫之而舉於火上以炙之也。呂祖謙云：「『爲俎孔碩』，謂薦熟也。『或燔或炙』，謂從獻也。鄭氏以爲一事，誤矣。燔肉與肝炙，豈得謂之孔碩乎？」

蕙田案：或燔或炙，毛、鄭異義。毛以爲燔取膟膋，鄭以爲從獻之俎。據取膟膋在殺牲時，則當言之「或肆或將」之下，而不應言之「執爨䠞䠞」之下，此「執爨䠞䠞」已是薦熟時，非朝踐時矣，故朱子從鄭而不從毛也。

禮記禮運：薦其燔炙。疏：謂燔肉炙肝。案特牲禮：主人獻尸，賓長以肝從；主婦獻尸，兄弟長以燔從。則此君薦用炙，夫人薦用燔是也。

陳氏禮書：楚茨先言「執爨」，而繼之以「或燔或炙」。鳧鷖先言「爾殽」，而終之以「燔炙芬芬」。禮運亦先言「孰其殽」，然後繼之以「薦其燔炙」。周禮量人制從獻脯燔之數量。特牲主人獻尸，賓長以肝從；主婦獻尸，賓長以燔從。是燔以肉，炙以肝，燔炙在血腥爓孰之後，非祭之所先也。謂之從獻，非獻之正味也，故制之不在司士而在量人，獻之不在主人而在賓。特祭義言建設朝事，燔燎羶薌，繼之以薦黍稷，羞肺肝，加以鬱鬯，而鄭氏謂朝事君親制祭，則親制其肝，洗鬱鬯而燔之，以詔神於室，又出以墮於主前。然則主人用肝之禮，又與從獻者異矣。

蕙田案：肺、肝，血氣之盛也，故制祭用之，從獻又用之。制祭之肝生用，尚血也。從獻之肝已炙，進熟也。制祭之祭肺，貴氣主，生用也。祭黍稷加肺，熟用也。一在朝踐時，一在饋食時，截然不同，先儒多混。

又案特牲禮：主人洗角，升，酌，酳尸。注：酳猶衍也，是獻尸也。云酳者，尸既卒食，又欲頤衍養樂之。尸拜受，賓長以肝從，尸卒爵，主人拜。少牢禮主人降，洗爵，升，北面酌酒，乃酳尸，尸拜受，賓長羞牢肝用俎，卒爵，主人拜。是酳尸以肝從爲一時事，此七獻也。

右從獻

尸酢王

周禮春官司几筵：設莞筵紛純，加繅席畫純，加次席黼純，左右玉几。祀先王，昨席亦如之。注：鄭司農云：「昨席，于主階設席，王所坐也。」玄謂昨讀曰酢，謂祭祀及王受酢之席。尸卒食，王酳之，卒爵，祝受之，又酌授尸，尸酢王，于是席王于户内，后、諸臣致爵，乃設席。疏：「祀先王」，謂宗廟六享皆用上三種席。酢席，謂王酳尸，尸酢王，王受酢之席。亦如上三種席，故云「亦如之」。司農云「酢席，于主階設席，王所坐也」者，此約鄉飲酒禮，主人在阼階，賓在户牖，主人受酢。王行飲酒禮亦然。此酢文承「祀先王」下，即是祭禮受尸酢，不得爲凡常飲酒禮，故後鄭不從也。後鄭知王有受尸酢法者，謂若鬱人注引特牲、少牢，此注亦取彼義，故云「尸卒食，王酳之，卒爵，祝受之，又酌授尸，尸酢王，于是席王于户内」也。案特牲、少牢，主人受酢之時未設席，夫婦致爵乃設席。今王于受酢即設席者，優至尊，與大夫士禮異。知席王在户内者，約特牲主人受酢時在户内之東，西面也。云「后、諸臣致爵乃設席」者，此亦約特牲夫婦致爵之時有席。若然，王于酢有席與彼異，至于后即與彼同者，禮有損之而益，故后不得與王同，宜同士禮。案特牲無致爵于賓長之法，而此言諸臣致爵者，此王于諸臣亦無致爵禮，此致爵，謂酳尸訖，主人獻賓長于西階之上，謂之致爵也。特牲主人致爵于主婦，席于東房中，此后亦然。其諸臣，案特牲，獻賓長于西階上，無席。獻訖，以薦俎降，降設于西階下，亦無席。此諸臣有席者，亦是王之臣尊，宜設席，乃以薦俎降，設于席東也。

之。

天官膳夫：凡王祭祀，則徹王之胙俎。注：膳夫親徹胙俎，胙俎最尊也。其餘則其屬徹之。疏：祭宗廟有胙俎者，謂若特牲、少牢「主人受尸酢，户東〔一〕，西面，設主人俎于席前」。王受尸酢，禮亦當然。

鄭氏鍔曰：王當祭祀，以祭之胙肉置之于俎，則名曰胙俎。與賓客禮食則主人飲食之俎亦曰胙俎。是俎最尊，不可褻，膳夫親徹之，不敢使其屬也。

右尸酢王

嘏

禮記禮運：修其祝、嘏。注：嘏，祝爲尸致福于主人之辭也。疏：此下云「嘏以慈告」，詩小雅云：「錫爾純嘏，子孫其湛。」是致福于主人之辭也。

嘏以慈告。疏：少牢又云：「主人獻尸，祝嘏主人云：皇尸命工祝，承致多福無疆，于女孝孫，來女孝孫，使女受禄于天，宜稼于田，眉壽萬年，勿替引之。」是嘏以慈告。

周氏諝曰：嘏亦祝也，而謂之嘏者，以其傳尸之言而所告者皆福也。

〔一〕「户」，原作「尸」，據光緒本、周禮注疏卷四改。

郊特牲：富也者，福也。嘏，長也，大也。注：福者，人君嘏辭有富，此訓之也。或曰：福也者，備也。疏：尸嘏主人，欲使長久廣大也。

詩小雅天保：君曰卜爾，萬壽無疆。傳：君，先君也。尸所以象神。卜，予也。箋：「君曰卜爾」者，尸嘏主人，傳神辭也。疏：經陳祭事，故君爲先君也。言曰「卜爾」，是語詞，故知尸也。而稱君者，尸所以象神，由象先君之神，傳先君之意以致福，故箋申之云：「君曰卜爾者，傳神辭也。」

朱子詩傳：君通謂先公、先王也。卜猶期也。此尸傳神意以嘏主人之辭。

楚茨：工祝致告：徂賚孝孫，苾芬孝祀，神嗜飲食。卜爾百福，如幾如式。既齊既稷，既匡既敕。永錫爾極，時萬時億。箋：祝以神意告主人使受嘏，既而以嘏之物往予主人。嘏之禮，祝徧取黍稷牢肉魚擩于醢以授尸，孝孫前就尸受之。天子使宰夫受之以筐，祝則釋嘏辭以敕之。又曰：長賜女以中和之福，是萬是億。言多無數。疏：特牲、少牢薦獻禮終，尸皆命祝以嘏于主人，故知「工祝致告」是致神意告主人使受嘏也。告之下即云「徂賚孝孫」，故知以嘏之物往與主人。其嘏之物，即下箋云「黍稷牢肉」是也。此及下章再言「工祝致告」，箋以此章祝以神意告主人使受嘏，下章祝以主人之意告尸以利成。知者，此致告之下即云「徂賚孝孫」，以物予主人，明是告之使受嘏也。下章乃云「工祝致告」訖即云「皇尸載起」，明致孝子之意以告尸也。又特牲、少牢皆受嘏在前，告利成在後，以此知之，二者皆祝傳其辭，故並稱「工祝致告」。少牢禮曰：「二佐食各取黍于一敦。上佐食兼授，摶之以授尸。尸執以命祝，卒命祝。祝受以東北面于戶西，以嘏于主人。」曰既稱嘏辭，「主人坐奠爵，興，受黍，坐振祭，嚌之，詩懷之，實于左袂，挂于季指。執爵以興，出。宰夫以籩受嗇黍。主人嘗之，納之內」。是大夫受嘏之禮也。特牲禮曰：「佐食摶黍授祝，祝授尸，尸受，以菹豆執以親嘏主人。主人左執角，再拜稽首，受，復位。詩懷之，實于左袂，挂于季指，卒角拜。尸答拜。主人出，寫嗇于房，祝以籩受。」是士受嘏之禮也。二禮皆取黍而已。特牲注云：「獨用黍者，食之主也。」又云：「變黍直言嗇者，因事託戒，欲其重稼嗇。」此言偏取黍稷牢肉魚以齊者，是減取諸物，故知偏減取也。知祝取之者，嘏禮祝所主，又特牲言「佐食摶黍授祝，祝授尸」，準此故爲祝也。知擩于醢者，以醢亦宜在偏取之中，而少牢禮云「尸取韭菹辯擩于三豆」，有擩醢之事，此既偏取以嘏天子，天子當嘗之，故知擩于醢以授尸也。既以授尸，故孝子前就尸受之。特牲「尸親嘏」，少牢「命祝嘏」，此言既，即是孝子自就取，則亦尸親嘏，不嫌與士同也。言「天子使宰夫受之以筐」者，以少牢宰夫受之，故知此亦宰夫。特牲、少牢皆受以籩，此經云「既筐」，故知受之以筐也。少牢「主人受之出，以授宰夫」，此初即宰夫受之，不至于出，故言「天子使宰夫」，以爲別異之文也。定本注「天子宰又受之」，無「使夫」兩字。「祝則釋嘏辭以敕之」，少牢嘏辭云：「皇尸命工祝：承致多福無疆，于汝孝孫，來汝孝孫，使汝受祿于天，宜稼于田，眉壽萬年，勿替引之。」是亦大夫之嘏辭也。天子嘏辭，無以言之。此「永錫爾極，時萬時億」，是其辭之略。以少牢嘏辭準之，知天子嘏辭必多于是。彼先設嘏辭，乃嘏以黍；此先以嘏予之，乃釋辭者，亦天子之禮大節文之數，與大夫異也。易傳者，以「徂賚孝孫」是嘏之事也，「永錫爾極」是嘏之辭也，則此章唯說受嘏之禮耳，不得有執事于其間。若不指執事，則極疾固慎文無所主，故易之以爲受嘏之禮。

何氏楷曰：工祝，周禮大祝之官也。致告者，致尸意以告主人使受嘏也。案主人受祭福，其名曰嘏。徂，往。賚，賜也。祝承尸命以嘏之物往予主人，即下文言「既齊既稷」是也。案少牢禮略云，佐食取黍，摶之以授尸，尸執以命祝，祝受以嘏于主人。特牲禮略云，佐食摶黍，授祝，祝授尸，尸受以菹豆，執以親嘏主人。夫特牲乃士禮，而尸親嘏；少牢爲卿大夫禮，而尸命祝嘏，當是以尸之尊卑不同。若天子之尸，其尊更甚，則其命工祝徂賚焉宜也。「苾芬孝祀」以下，皆祝所傳嘏辭也。爾之孝德盛，則福亦自然盛，故先知爾之膺受百福，其繁駢之數如許，必皆如其法式也。「爾極」當與思文之詩「立我烝民，莫匪爾極」同解。王者重民之事，使民皆有以遂其生，復其性，善莫至焉。「時萬時億」，仍以稼穡所獲言。「時萬」猶言萬斯箱也，「時億」猶言我庾維億也。言爾孝孫，自今而後，長俾爾務農重本，有極至之盛德，而歲歲所獲，或以萬計，或以億計，無少歉焉。周王業起於農，詩詠饗祀豐潔，又皆本於農，故其言如此。天子嘏辭無所見，唯天保之詩云「君曰卜爾，萬壽無疆」，及此詩，皆天子嘏辭也。若少牢嘏辭云「皇尸命工祝：承致多福無疆，于汝孝孫，來汝孝孫，使汝受禄于天，宜稼于田，眉壽萬年，勿替引之」，則卿大夫嘏辭也。田乃粢盛之所自出，故卿大夫嘏辭亦以「宜稼于田」爲言，則此章嘏辭之旨可言矣。

蕙田案：箋以「永錫」二句爲嘏辭，何氏以「苾芬」以下皆爲嘏辭，似何氏爲長。「卜爾百福」，正與天保「君曰卜爾」文義相同，是神命主人之辭也。「時萬時億」，箋指福之多言，何氏謂指稼穡，亦何氏近之，與少牢嘏辭「宜稼于田」之義相類，蓋人君之福，莫有大于屢豐年者，若泛云福多，恐欠着實。

大雅既醉：公尸嘉告。傳：公尸，天子以卿，言諸侯也。箋：公尸以善言告之，謂嘏辭也。

諸侯有功德者，入爲天子卿大夫，故云「公尸」。公，君也。疏：尸告主人，唯嘏辭耳，故知「公尸嘉告」謂嘏辭也。

朱子集傳：公尸，君尸也。周稱王，而尸但曰公尸，蓋因其舊。如秦已稱皇帝，而其男女猶稱公子、公主也。嘉告，以善言告之，謂嘏辭也。

何氏楷曰：呂祖謙云：「周之追王，止于太王，則宗廟之祭尸之尊者，乃公尸也。」陳祥道云：「父爲士，子爲大夫，葬以士禮，而祭之尸，則服士服。父爲大夫，子爲士，葬以大夫禮，而祭之尸，則服大夫服。故周官司服享先公則鷩冕以祭，則各以其服授尸，尸服鷩冕，而王服衮以臨之，則非所以致敬，故不敢也。」愚案：如前説，則此公尸當是于諸祖中舉其最尊者，乃后稷之尸也。周旅酬六尸，先儒謂后稷之尸發爵不受旅是也。朱子援引秦已稱皇帝，而其男女猶稱公子、公主，謂周稱王而尸但曰公尸，蓋因其舊，殊屬臆説。又何休謂天子以卿爲尸，諸侯以大夫爲尸，卿大夫以下以孫爲尸，毛傳同其説，謂天子之卿蓋諸侯也，未詳何據。鄭玄則謂諸侯有功德者，入爲天子卿大夫，故云公尸。公，君也。孔穎達引曾子曰：「王者宗廟以卿爲尸，射以公爲耦，不以公爲尸，避嫌也。此言公者，卿六命出封則爲侯伯，故得以公言之。」又引石渠論云：「周人祭天，用太公爲尸。」白虎通云：「周公祭太山，用召公爲尸。」謂天地山川得用公，皆牽强附會，絶非事實。嘉告，鄭云以善言告之，謂嘏辭也。通篇皆宗祝傳公尸之意，所謂工祝致告者。又曰「既醉以酒，既飽以德」，此饋食之時也。楊氏曰：「案儀禮特牲饋食，士禮也。少牢饋食，大夫禮也。大夫、士之祭，不祼，不薦血牲，唯行饋食禮。天子諸侯饋食以前，堂上設南面位，行祼鬯薦腥之禮，而後延尸入室，東面位行饋食禮。」愚案：此時尸始飲食，及告飽，主人酳尸，尸遂嘏主人。此詩通篇皆尸嘏王之語，故但據饋食時爲言。所飽者，黍稷也，而曰飽以德者，即周書「黍稷非馨，明德惟馨」之意。

陳氏禮書：嘏以慈告，其辭説則少牢饋食祝曰「皇尸命工祝：承致多福無疆，于女孝孫，來汝孝孫，「來」與「賚」同，鄭氏作「釐」。使女受福于天，宜稼于田，眉壽萬年，勿替引之」之類也。其儀則士禮：佐食摶黍授祝，祝授尸，尸受，以菹豆執以親嘏主人。主人左執角，再拜稽首，受，復位，詩懷之，實于左袂，挂于季指，卒角，拜，尸答拜。主人出，寫嗇于房。祝以籩受。大夫禮：二佐食各取黍於一敦，上佐食兼受，摶之以授尸。尸執以命祝，祝受以東北面于户西，以嘏于主人。主人坐奠爵，興，再拜稽首，興，受黍，坐，振祭，嚌之，詩懷之，實於左袂，挂於季指，執爵以興，坐，卒爵，拜。尸答拜，執爵以興，出。宰夫以籩受嗇黍，主人嘗之，納内。蓋士賤而禮簡，故佐食摶黍授祝，祝授尸，尸執而親嘏之。大夫貴而禮煩，故佐食兼受二敦黍，摶之以授尸，尸執以命祝嘏之，士執角受之，詩懷而不嘗。大夫奠爵，受之，坐祭，嚌之，乃詩懷之，而又嘗。其實于左袂，所以便執爵也。以袂挂于季指，所以便卒爵也。其受皆於主人酳尸之後，而主婦亞獻、賓三獻不與焉，特受尸酢爵而已。曾子問「攝主不嘏」，以明福在主人，非攝者所可受也。梁明山賓議請郊廟受福，惟皇帝再拜，明上靈降祚，臣不敢同也。其言頗合禮意。唐開元、開寶禮，天子親祠而亞獻，飲福，有司攝事，而太尉飲福，然受尸酢爵，謂之飲酢可也，謂之飲福非也。以爲飲福非古，遂廢受酢之禮，此又全失獻酢往來之道也。古者受福，雖在皇尸飯酳之後，然主人受酢受福皆同時，其後繼之以亞獻、終獻、加爵，無嫌乎受福太蚤也。今親祠儀注，亞獻、終獻行禮已訖，然後禮官前導皇帝飲福受胙，而亞獻、終獻無復與於酢爵，恐非禮意。

蕙田案：儀禮少牢尸酢主婦不嘏，則嘏辭惟朝獻有之也。

周禮春官鬱人：大祭祀，與量人受舉斝之卒爵而飲之。注：斝，受福之嘏，聲之誤也。王酳尸，尸嘏王，此其卒爵也。少牢饋食禮：「主人受嘏，詩懷之，卒爵，執爵以興，出。宰夫以籩受嗇黍，主人嘗之，乃還獻祝。」此鬱人受王之卒爵，亦王出房時也。必與量人者，鬱人贊祼尸，量人制從獻之脯燔，事相成。疏：此大祭祀云受嘏，謂祭宗廟者也。鄭知斝是受福之嘏，非天子奠斝殷爵名者，案郊特牲云：「舉斝角，詔妥尸。」其時無鬱人、量人受爵飲之法，惟有受嘏時受王卒爵飲之禮，故知斝爲受福之嘏也。「此鬱人受王之卒爵，亦王出房時也」者，大夫士有獻祝及佐食，無獻鬱人、量人法，天子有獻鬱人、量人之禮，無獻祝及佐食之事。但其節同，故引爲證也。云「必與量人者，鬱人贊祼尸」，量人制其從獻脯燔之數量，前祼後獻，祭事乃成，故云「事相成」也。

王介甫曰：斝者，先王之爵，惟王禮用焉。卒爵，若儀禮所謂皇尸卒爵是也。

夏官量人：凡宰祭，與鬱人受斝，歷而皆飲之。注：言宰祭者，冢宰佐王祭，亦容攝祭。玄謂斝讀如嘏尸之嘏。宰，冢宰。疏：鄭云「冢宰佐王祭，亦容攝祭」者，義當兩含。案大宗伯云：「若王不與祭祀，則攝位。」此據宗伯亦有故，則冢宰攝之。後鄭云「斝讀如嘏尸之嘏」，讀從少牢「尸嘏主人」，此有「歷」字者，謂鬱人與量人歷皆飲之也。

楊氏復曰：疏云有獻鬱人、量人之法，何也？當受王爵之時，王皆飲之以酒，此疏所謂獻也。

王氏詳説曰：案少牢饋食之禮，主人受嘏，執爵以興，出，宰夫以籩受嗇黍，主人嘗之，乃還獻祝。此鬱人、量人受斝，其亦出房之時歟？以嗇黍授祝，以爵授鬱人、量人，況助祭乎？記曰：「夫祭有畀煇、胞、翟、閽者，惠下之道也。」

辨陸佃卒爵在朝踐時：

陸氏佃曰：宗廟之祭，始裸之時，尸入于室，王與后既裸獻矣。及殺牲，迎尸于堂，王即以肝洗鬱齊而燔之，制祭于主前。于此之時，尸既即席，祝乃詔之使安坐。王以玉角酌玄酒以獻尸，后以玉斝酌清酒以亞獻，是之謂從獻。郊特牲曰「舉斝角，詔妥尸」，當此節也。鬱人贊裸，量人制從獻之燔脯，時相及，事相成，故受舉斝之卒爵，酌而飲之。

鄭氏鍔曰：以康成之説考之，舉斝角、詔妥尸之時，無鬱人、量人受酌爵飲之法，惟有妥嘏時，受王卒爵飲之禮，故康成改斝爲嘏，然有改字之嫌。陸佃之説，雖不改字，以理考之，方其祭之始獻，而妥尸薦腥薦孰之禮尚未及行，而鬱人、量人先已得飲卒爵，豈合人情也耶？

右嘏

而舍奠于其廟。此爵賞之施也。注：一獻，一酳尸也。舍當爲釋。非時而祭曰奠。疏：爵表德，禄賞功，卿大夫等既受策書，歸而奠于家廟，告以受君之命也。君尊尚爵賞于廟，不自專，故民知施必由尊也。鄭知一獻非初祼及朝踐、饋食之一獻，必爲一酳尸者，以一酳尸之前，皆爲祭事，承奉鬼神，未暇策命，尸食已畢，可行爵賞也。此一獻則上尸飲五，君獻卿之時也。若天子命群臣，則不因常祭，特假于廟，故大宗伯云「王命諸侯則儐」是也。

應氏鏞曰：一獻始命者，以祭爲先也。不俟獻終而命者，以賞爲重也。

蕙田案：饋食六獻既畢，又有酳尸三獻，以備九獻。酳尸王一獻，周禮謂之朝獻，則第七獻也。后亞獻，諸臣三獻，周禮通謂之再獻，則第八第九獻也。此一獻賜爵禄，注疏以爲酳尸之一獻，非初祼朝踐饋食之一獻，極是。蓋此七獻，亦稱一獻，故八獻九獻並稱再獻，祭統與司尊彝之文相發也。

楊氏復曰：愚案儀禮注云諸侯尸十三飯，天子尸十五飯。尸食後，王以玉爵酳朝踐之尊醴齊以酳尸，爲七獻也。尸卒爵，祝受之，以酌授尸，尸以酢王，於是設酢席于户内，司几筵之「祀先王，昨席亦如之」是也。祝取少祭饌并黍稷以嘏福王，王乃出，量人與鬱人受舉斝之卒爵，是也。尸飲五，王乃以玉爵獻卿，此天子禮也。

諸侯酳尸，尸酢主，君亦設酢席於户之東面，此諸侯禮也。

又曰：案祭統「尸飲五，君洗玉爵獻卿」以下，所謂君者，指國君言之。先鄭注及疏家皆言王可以獻卿者，蓋王獻諸臣無文，此又約祭統以明王禮。

右賜爵禄朝獻畢王七獻

再獻后酳尸

周禮春官司尊彝：其再獻用兩象尊。注：再獻者，王酳尸之後，后酌亞獻，諸臣爲賓，又次后酌盎齊，備卒食三獻也。于后亞獻，内宗薦加豆籩。其變再獻爲饋獻者，亦尊相因。此凡九獻，王及后各四，諸臣一，祭之正也。以今祭禮特牲、少牢言之，二裸爲奠，而尸飲七矣，王可以獻諸臣。祭統曰：「尸飲五，君洗玉爵獻卿。」是其差也。王酳尸用玉爵，而再獻者用璧角、璧散可知也。象尊以象鳳凰，或曰以象骨飾尊。疏：云「再獻用兩象尊」，尸食後陰厭，王酳尸，后與賓長爲再獻。此亦在饋獻後，先言再獻者，后與賓酳尸，因饋獻盎齊之尊，故變饋獻云再獻〔二〕。云「内宗薦加豆籩」者，案醢人及籩人有朝事之豆籩，有饋食之豆籩，有加豆籩之實，故鄭于此取朝事當朝踐節，饋食當饋獻節，食後重加，故加豆加

〔二〕「故」，原作「獻」，據光緒本、周禮注疏卷二〇改。

籩當酳尸節。案内宰職云「贊后薦加豆籩」，故知内宗薦之。云「此凡九酌，王及后各四，諸臣一」者，九謂王及后祼各一，朝踐各一，饋食各一，酳尸各一，是各四也。諸臣酳尸一，并前八爲九。云「祭之正也」者，此九獻是正獻。案特牲、少牢，仍有衆賓長、兄弟之長、嗣子舉奠，上利洗散爲加獻，彼並非正，故此云「祭之正也」。云「以今祭禮特牲、少牢言之」者，天子諸侯祭禮亡，雖檢禮記及周禮而言，其文不具，故取特牲、少牢見在禮而言。以其特牲、少牢惟有酳尸後三獻，天子諸侯酳尸後亦三獻，與彼同，故取以爲説也。云「二祼爲奠，而尸飲七矣，王可以獻諸臣」者〔一〕，王獻諸臣無文，此又約祭統而言，故即引祭統曰「尸飲五，君洗玉爵獻卿，是其差也」者。彼據侯伯禮，宗廟七獻，二祼爲奠不飲，朝踐已後，有尸飲五，獻卿；即知天子與上公同九獻，二祼爲奠不飲，是尸飲七可以獻諸臣。若然，子男五獻者，二祼爲奠不飲，是尸飲三可以獻卿，故鄭云「是其差」。皆當降殺以兩，大夫士三獻，無二祼，直有酳尸三獻，獻祝是也。

通考：馬氏曰：「后酳尸謂之再獻者，蓋以朝獻王一獻，后未獻，今后再酳尸，而乃謂之再獻歟？」

天官内宰：贊瑶爵。注：爵以瑶爲飾。疏：内宰以瑶爵授后，后親酌盎齊以酳尸。又曰「瑶爵，謂尸卒食，王既酳尸，后亞獻之」者，尸食後，王以玉爵酌朝踐醴齊以酳尸，謂之朝獻。后亦于後以瑶

〔一〕「者」，原作「矣」，據光緒本、周禮注疏卷二〇改。

爵酌饋獻時盎齊以酳尸，謂之再獻。知后以瑶爵亞酳尸者，約明堂位云「爵用玉醆，仍彫，加以璧散、璧角」。食後稱加，彼魯用王禮，即知王酳尸亦用玉醆，后酳尸用璧角，賓長酳尸用璧散。彼云璧，此云瑶，不同者，瑶，玉名，瑶玉爲璧形，飾角口則曰璧角，角受四升，爵爲總號，故鄭云其爵以瑶爲飾也。

禮記明堂位：加以璧散、璧角。注：加，加爵也。以璧飾其口。疏：朝獻竟，而夫人酌盎齊亞獻，名爲「再獻」，又名爲「加」，于時薦加豆籩也。此再獻之時，夫人用璧角，内宰所謂瑶爵也。瑶是玉名，爵是總號，璧是玉之形制，角是爵之所受，名異而實一也。

右再獻后酳尸

薦加豆籩

周禮春官内宗：掌宗廟之祭祀薦加豆籩。注：加爵之豆籩。疏：以其食後稱加，特牲、少牢食後三獻爲正獻，其後皆有加爵。今天子禮，以尸既食，后亞獻尸爲加，此時薦之，故云加爵之豆籩，即醢人、籩人加豆加籩之實是也。

天官籩人：加籩之實，蔆、芡、㮚、脯。注：加籩，謂尸既食，后亞獻尸所加之籩。疏：此加籩，當尸食後。王酳尸，后亞王酳尸，于時薦之。春官内宗云：「掌宗廟之祭祀，薦加豆籩。」以其内宗所薦，明主于后。又見特牲主婦獻尸云：「宗婦執兩籩于户外，主婦受，設于敦南。」主人獻尸之時，不見有設籩之事，故知惟主于后也。少牢主婦不設籩者，以其當日賓尸故也。其下大夫不賓尸者，亦與士同也。

醢人：加豆之實，芹菹、兔醢，深蒲、醓醢，箈菹、雁醢，筍菹、魚醢。疏：此加豆之實，亦與加籩之實同時設之。

辨薛士龍、鄭鍔加豆籩在九獻後：

薛氏士龍曰：周禮言加豆籩，則加爵之豆籩。特牲禮主人主婦既酳尸，然後長兄弟、衆賓長爲加爵，不施于亞獻之節，鄭氏謂尸既食，后亞獻尸所加之籩，誤矣。明堂位曰「爵用玉琖仍雕，加以璧散、璧角」，特牲禮獻用爵，加用觚，則加在獻數之外明矣。鄭氏鍔曰：謂之加者，加于九獻之外。九獻爲正獻，其他謂之加爵，故所薦之豆籩謂之加，以象生時饋之有加。

蕙田案：九獻之祭，薦豆籩凡四，故籩人曰「四籩之實」，醢人曰「四豆之實」。祼時二獻無豆籩，朝踐二獻有豆籩，則周禮所謂「朝事之籩」、「朝事之豆」是也。饋食二獻有豆籩，則周禮所謂「饋食之籩」、「饋食之豆」是也。酳尸三獻有豆籩，則籩人「加籩之實」、醢人「加豆之實」及内宗「薦加豆籩」是也。九獻之後，加爵有豆籩，則籩人「羞籩之實」、醢人「羞豆之實」是也。加豆籩，注疏以爲尸既食，后亞獻爲加，則是在八獻時。薛季宣、鄭剛中並以爲加於九獻之後，則加與羞無分别，且不同時而設，未見其爲的確也。

右薦加豆籩

尸酢夫人

禮記祭統：尸酢夫人執柄，夫人受尸執足。疏：「尸酢夫人執柄」者，爵爲雀形，以尾爲柄，夫人獻尸，尸酢夫人，尸則執爵尾授夫人也。「夫人受尸執足」者，夫人受酢于尸，則執爵足也。

講義：先儒謂爵如雀形，以尾爲柄，恐非是。爵之柄下有三戈，足則戈也。以豆觀之，校爲柄乃中央直者，則爵之柄亦指中央矣。

周禮天官内小臣：祭祀，徹后之俎。注：謂后受尸之爵，飲于房中之俎。疏：天子諸侯祭禮亡，案特牲，薦俎，乃受尸之酢，次主婦醑尸，尸酢主婦于東房中，受尸之酢亦有薦俎。后之俎，小臣所徹，亦約與士禮主婦之俎同也。

右尸酢夫人

諸臣獻尸

禮記明堂位：加以璧散。注：加，加爵。璧散，以璧飾其口也。疏：「璧散」者，夫人再獻

尸酌酢主人，主人受嘏，王可以獻諸侯〔一〕。于是后以瑶爵因酌饋食壺尊醍齊以酳尸，爲八獻也。鄭注司尊彝云：「變再獻爲饋獻者〔二〕，亦尊相因也。」再獻，爲后酳尸。饋獻，謂饋食時后之獻也，于時王可以瑶爵獻卿也。諸侯爲賓者，以瑶爵酌壺尊醍齊以獻尸，爲九獻。

通典：尸食訖，王以玉爵酌朝踐之獻罇醴齊以酳尸，謂之朝獻，亦罇相因，此七獻也。后薦加事之豆籩。尸飲七，王可以獻公。尸飲訖，授祝，祝酌清酒以授尸，尸以酢王。王乃設酢席于户内，尸少祭饌黍稷，并假福王，王乃以出，量人與鬱人受之。后以玉爵酌饋食象罇之盎齊以獻尸，曰再獻，亦罇之相因。尸酢后，如王之法，后飲酢酒，此八獻也。尸飲八，王可以獻卿。諸侯爲賓者，以玉爵酌盎齊，備卒食三獻，合九獻。凡王及后各四，諸侯爲賓者一也。尸飲九，王可以獻大夫士，尸飲訖，又酢諸臣，如后之法。自九獻之後，遂降冕而總干，舞大武之樂以樂尸。

〔一〕「可」，諸本作「所」，據禮記正義卷二一改。
〔二〕「再」、「饋」二字，諸本誤倒，據禮記正義卷二一乙正。

楊氏復曰：愚案禮運疏云：「于是后以瑶爵酌饋食盎齊以酳尸，爲八獻也。」尸酢后，如王所謂小臣徹后之俎是也。祭統云「尸酢夫人執柄」，此諸侯大夫禮也。諸臣爲賓者，以瑶爵酌盎齊以獻尸，爲九獻，諸臣獻者酌罍以自酢。司尊彝云「皆有罍，諸臣之所昨」是也。於時尸飲七，王可以瑶爵獻大夫。

辨王安石朝獻即朝踐、饋獻即再獻：

王氏安石曰：朝踐者，籩人、醢人所謂朝事。踐，踐籩豆，詩所謂「籩豆有踐」。再獻者，籩人、醢人所謂饋食以朝事爲初獻，則饋食爲再獻，朝獻即朝踐。以籩豆言之則曰踐，以爵言之則曰獻，相備也。饋獻即再獻也，以序言之則曰再，以物言之則曰饋，亦相備而已。

春官司尊彝鄭注：朝踐，謂薦血腥、酌醴，始行祭祀。后於是薦朝事之豆籩，既又酌獻。饋獻，謂薦熟時，后於是薦饋食之豆籩。朝獻，謂尸卒食，王酳之。再獻者，王酳尸之後，后酌亞獻，諸臣爲賓，又次后酌盎齊，備卒食三獻也。於后亞獻，内宗薦加豆籩。此凡九酌，王及后各四，諸臣一，祭之正也。

蕙田案：朝獻，即食後酳尸之一獻。再獻，即后酳尸之亞獻及諸臣酳尸之三獻。鄭注甚諦。秦溪楊氏云：「謂之朝獻者，蓋以酳尸，因朝踐之尊而得名。謂之再獻者，蓋以朝獻王一獻，后未獻，今后再酳尸，而乃謂之再獻與？」其說是也。王氏不從鄭注，自創新義，舛矣。

右君獻大夫再獻畢后八獻諸臣九獻

陳氏藴之曰：九獻，注疏已有成説，但雜見於籩人、司尊彝與其他官職。今取注疏及禮圖之説，類聚爲四。蓋别而言之，謂之九獻，合而言之，則有四節。其一節曰祼，凡經中所謂祼者是也。王以圭瓚酌鬱鬯以獻尸，此一獻也。后以璋瓚酌鬱鬯以獻尸，此二獻也。其二節曰薦腥，籩人所謂朝事，司尊彝所謂朝踐是也。后既祼之後，王出迎牲於門，祝延尸向户外户牖之間，南面，后於是薦朝事之籩豆，王迎牲入廟，麗于碑，親殺，取血以告殺，取毛以告純，解而腥之，爲七體，薦于神坐，王以玉爵酌醴齊以獻尸，此三獻也。后以玉爵酌醴齊以獻尸，此四獻也。其三節曰薦熟，籩人所謂饋食，司尊彝所謂饋獻是也。朝踐之後，乃體解其犬豕牛羊，烹而熟之，后於是薦饋食之籩豆，王以玉爵酌盎齊以獻尸，此五獻也。后以玉爵酌盎齊以獻尸，此六獻也。其四節曰酳，自饋食之後，尸始有飲食之禮，尸食訖，后又薦加籩豆，王以玉爵酌朝踐之醴齊以酳尸，此七獻也。后以瑶爵酌饋食之盎齊以酳尸，此八獻也。后酳尸後，諸臣又以瑶爵酌盎齊獻尸，司尊彝所謂皆有罍，諸臣之所酢者以備卒食之三獻，此九獻也。以上九獻，謂之正獻。九獻之後，遂行玉爵爲旅酬矣。

楊氏復曰：司尊彝所述，與先鄭所注裸二獻，朝踐二獻，饋食二獻，朝獻一獻再獻三獻，則九獻之目也。籩人、醢人有朝事饋食之籩之豆，則九獻薦籩豆之時也，禮運則論九獻之義也。又案四時之祭名既不同，禮必有異，今其可見者，惟尊彝之殊用耳。於經無其文者，皆不可知也。

辨鄭、孔獻數係于服章：

禮器：一獻質，三獻文，五獻察，七獻神。鄭注：一獻，祭群小祀也。三獻，祭社稷五祀也。五獻，祭四望山川也。察，明也。七獻，祭先公也。孔疏：群小祀最卑，其禮質略。社稷五祀，稍尊，比群小祀禮儀爲文飾。四望山川，其神既尊，神靈明察。先公之廟，禮又轉尊，神靈尊重也。案周禮司服職玄冕一章，祭群小祀；希冕三章，祭社稷五祀；毳冕五章，祀四望山川；鷩冕七章，享先公，故鄭知獻數亦然也。案此社稷三獻，卑于四望山川，而大宗伯職云：「以血祭祭社稷、五岳。」又大司樂祭社稷，奏太簇，祀四望，奏姑洗。又禮緯云：「社稷牛角握，五岳四瀆角尺。」以此言之，則社稷尊于四望山川，而獻與衣服卑者，蓋獻與衣服從神之尊卑，其餘處尊者，以其有功，與地同類，故進之在上也。

陳氏禮書：周禮大祀、次祀、小祀，見於肆師；大祭、中祭、小祭，見於酒正。則大宗伯所辨天地五帝先王之類，大祀也；社稷五祀五岳之類，中祀也；四方百物之類，小祀也。大祀獻多，小祀獻寡，則社稷所獻，宜加于山川也。先王祭服，各有象數，則希冕三章以祭社稷者，非卑之於山川也，以社稷之所主，止于利人，故服粉米以稱之，則獻數不係於服章矣。且賓客之禮，士一獻，卿大夫三獻，子男五獻，侯伯七獻，上公九獻。而王饗諸侯，自子男五獻以至諸侯長十有再獻，皆服鷩冕七章而已，孰謂獻數必係於服章哉？鄭氏以三獻爲祭社稷五祀，五獻爲祭四望山川，誤矣。群小祀，則四方百物之類也，其牲色尨，其牲體疈辜，其祼器用散，其舞兵舞帗舞或不興舞。山川四望，則其兆位各因其郊與其方，其牲各因其方之色，祼則用蜃，玉則兩圭有邸與璋邸，射舞則兵舞與羽舞，奏姑洗，歌南呂，舞大磬；奏蕤賓，歌函鐘，舞大夏。社稷則其牲黝，其祭血，祼以大罍，鼓以靈鼓，舞以帗舞，奏大簇，歌應鐘，舞咸池。其禮樂辨異如此，則獻數不同宜矣。蓋禮略故質，禮加故文，察則其事地也察矣，神則其事祖也神矣。一獻孰則於人情爲近，故曰質。三獻爓則於人情爲遠，故曰文。三獻爓則五獻其血乎？禮所謂血祭社稷是也。

蕙田案：七獻祭先公者，據諸侯而言，天子祭先王則九獻也。

辨陸佃九獻次序不同：

陸氏佃曰：宗廟九獻之禮，以祼爲始。祭之日，王服衮冕而入，奏以王夏，立于阼。后副褘而入，奏以齊夏，立于房。尸服衮冕而入，奏以肆夏，席于室。于是臨祭，王與后共獻各一。王以圭瓚酌鬱齊以祼尸，后以璋瓚酌鬱齊以亞祼，是之謂祼。既祼獻矣，王即以肝洗于鬱齊，王燔之，制祭于主前，諸侯曰制祭，天子曰宰祭，量人凡宰祭是也。于此之時，尸既即席矣，祝乃詔之使安坐。王與后其獻亦各一，王以玉角酌玄酒以獻尸，后以玉斝酌清酒以亞獻，是之謂從獻。郊特牲曰「舉斝角，詔妥尸」，當此節也。何以知其然？禮運曰：「玄酒以祭，薦其血毛。」詩曰：「祭以清酒，從以騂牡，以啓其毛，取其血膋。」玄酒以祭，在于薦血毛之後；祭以清酒，在取血膋之上，則知從獻在朝事之前、祼事之後也。祭之末，有加獻；祭之始，有從獻，不聯九獻之數。先王之制，祭祀于始有從獻，于末有加獻，示祭祀始終有隆而無殺也。此時制祭，君未迎牲，禮器先言君親牽牲，然後君親制祭者，謂諸侯爾。蓋天子宗廟之祭，與天地同，皆有兩牲，有享牛，有求牛。求牛殺于未祼之先，洛誥「王賓殺禋咸格，王入大室祼」是也。享牛迎于既祼之終，特牲既祼然後迎牲是也。諸侯之宗廟，其祭貶于天子，有享牛無求牛，故制祭在迎牲之後、割牲之前。事不得不爾，理不得不然矣。從獻之後，王乃袒而迎牲，卿大夫贊幣而從，后于是時薦六尊六彝之器以奠焉，某彝當某所，某尊當某處，各置于常次。禮云「君親牽牲，夫人薦盎」，又曰「及迎牲，君執紖，卿大夫序從，士執芻，宗婦執盎」，蓋夫人薦涚水是也。王已迎牲，后已奠器，然後取蕭祭脂以合羶香，奏樂以合聲舞，此降神之序也。禮云「既奠然後焫蕭」是也。薦者，升之也。奠者，置之也。升之于下，奠之于上，事相因，故祭統言薦，禮器言奠，其實一也。鬱合鬯，臭陰達于淵泉；蕭合黍稷，臭陽達于墻屋。奏樂求諸陰陽之間，所謂聲音之號，詔告于天地之間，則人鬼可得而禮矣。朝踐之事，于是行焉。延尸于户西，尸南向，主東向。王乃殺牲，啓其血毛。祝出受之，而以血告幽，以毛告全，皆于室，更取膟膋，燎于爐炭之上，見以蕭光，升首焉以報陽，又羞肺、肝、首、心，祭黍稷，加肺祭，齊加明水，雜以瓦甒，加以鬱尊，以報陰。有虞氏尚首，夏后氏尚心，殷人尚肝，周人尚肺。今羞肺、肝、首、心，則周人朝事之羞，備四代之尚也。于祭黍稷，又特以所尚加焉，故郊特牲曰：「祭黍稷加肺，祭齊加明水，報陰也。取膟膋，燔燎，升首，報陽也。」祭義曰：「建設朝事，燔燎羶薌，見以蕭光，以報氣也。薦黍稷，羞肺、肝、首、心，見間以俠甒，加以鬱鬯，以報魄也。」祭義之報氣，即特牲所謂報陽；祭義之報魄，即特牲所謂報陰。祼獻之時有所謂求，朝獻之時有所謂報，固其理也。當是時，王與后其獻又各一，王以玉爵酌盎齊以獻尸，后薦籩人之八籩曰麷蕡之類，醢人之八豆曰韭菹之類，以奠焉。禮云：「君執鸞刀修嚌，夫人薦豆。」又曰：「君獻尸，夫人薦豆。」是也。后于是以瑶爵酌盎齊以亞獻，是謂朝獻。蓋王親迎牲，則后薦尊彝；王親羞嚌，則后奠豆籩，夫婦相成，固有次第哉！祼獻，王酌以圭瓚，后酌以璋瓚。從獻，王酌以玉斝，后酌以玉角。朝獻，王酌以玉爵，后酌以瑤爵。尊卑之異也。朝獻既畢，于是行饋食之事，當事者設饌于堂，乃退而合亨，尸適于小幄，王適于小次以待焉，堂上之饌又備矣。王出小次，復位，乃更延主于室之奥，祝出迎尸，尸來升席自北方，坐于主北。蓋宗廟之祭有二節，朝事與祭之始爲一節，饋食與祭之終爲一節，其中間不以相續者，所以容王與尸少息也。惟有故則接祭，見曾子問注。君親制祭，謂朝事時；君親割牲，謂饋食時，此一誤也。割牲與制祭同一節，皆朝獻之時爾，羊人祭祀割牲登其首是也。穎達乃謂薦盎薦酒不得同時，不知薦盎是從獻，薦酒是正獻，正與從兩獻不害爲同時。鄭又以祭義「燔燎羶薌」至「報氣也」爲朝事時，以「薦黍稷，羞肺肝首心」至「加以鬱鬯以報魄也」爲饋食時，亦誤也。蓋報魄即與報氣同一節，皆朝事之時也。于此時，王以玉爵酌盎齊以獻尸，后又薦以籩人之八籩曰栗脯之類，醢人之八豆曰葵菹之類。自祼至此五獻矣。尸飲于五獻，則王于是時可以獻卿矣。祭統尸飲五，君洗玉爵以獻卿，是也。鄭謂尸飲五爲酳尸五獻，非也。凡祭祀，自血腥始曰朝踐，自孰食始曰饋食。朝踐、祼獻，尸皆不飲，祭之，啐之，奠之，以示敬而已，非以食也。至饋食，則食道也，然後尸飲。特牲曰「直祭祝于主」，鄭謂薦孰食，祭以孰爲正，血腥之屬，盡敬心耳。則所謂尸飲五者，飲于五獻之時而已，非其飲之以五也。于是后以瑤爵酌盎齊以亞獻，是爲六獻。饋食禮畢，酳尸之禮于是行焉。王以玉爵酌凡酒以獻尸，内宗代后薦籩人之加籩、醢人之加豆，是爲七獻，王可以獻大夫矣。祭統尸飲七，君以瑤爵獻大夫，是也。后于是時又以瑤爵酌凡酒以亞獻，是爲八獻。王酳尸，尸酢王，后酳尸，尸酢后，酳尸禮畢，諸侯與執事者又共一獻于尸，而薦籩人之羞籩、醢人之羞豆，以備卒食之三獻，合王后之八獻，是爲九獻。備卒食之三食，而尸爵止，欲神惠之均于在室也。凡九獻之内謂之正，其次主人獻賓，又其次主人獻長兄弟如賓儀，獻衆兄弟如衆賓儀，獻兄弟如衆兄弟之儀，又其次長兄弟洗觚爲加爵，又其次衆賓長洗觚爲加爵，三加而尸爵止，欲神惠之均于在庭也。九獻之外謂之加。明堂位曰「加以璧散、璧角」是也。蓋卒食之後，其豆謂之加豆，以其加于卒食之後也。卒獻之後，其爵謂之加爵，以其加于卒獻之後也。凡獻尸，惟裸無樂，朝踐而下皆有焉。惟裸無籩豆之修，從獻而下皆有焉。先儒以周官朝事之籩豆當朝獻之節，饋食籩豆當饋獻之節，又以加籩加豆當酳尸之節，獨無所謂從獻加獻與諸臣之所酢三獻之籩豆，蓋誤矣。蓋籩人所謂羞籩，醢人所謂羞豆，此薦于王與后酳尸之末，諸臣所酢也。又籩人共薦羞之籩實，醢人共薦羞之豆實，蓋薦籩、薦豆者，從獻之籩、豆；羞籩、羞豆者，加獻之籩、豆也。于此時遂行旅酬無算之爵，而繼之以餕祭，于是終焉。故祭統曰：「餕者，祭之末。」凡此九獻之禮，王、鄭之徒言禮以來多所未嘗知也。

蕙田案：九獻之説，詳於禮運孔疏。杜氏通典以經傳核之，雖略有參差，而節次多合。山陰陸氏以意更易，案之經傳，實多違戾。一則裸獻之後，朝踐之前，有從獻二也。案從獻者，周禮量人制從獻脯燔之數量，特牲饋食「主人獻尸，賓長以肝從；主婦獻尸，兄弟以燔從」，據此，從獻當在饋食五獻六獻時。陳氏禮書云：「楚茨先言『執爨』，而繼之以『或燔或炙』；鳧鷖先言『爾殽』，而終之以『燔炙芬芬』；禮運亦先言『孰其殺』，然後繼之以『薦其燔炙』。燔以肉，炙以肝，燔炙在血腥爓孰之後，非祭之所先也。謂之從獻，非獻之正味也，故制之不在司士而在量人，獻之不在主人而在賓長。」其説是也。況朝踐之前，尚未殺牲，安得有燔脯從獻？從獻之稱，以從正獻爲義，何得以主人一獻，主婦亞獻，乃稱從獻？其誤一也。一則制祭在祼獻時也。案制祭在朝踐時，禮器「君親制祭」，鄭注謂：「朝事進血膋時，制肝洗于鬱鬯而燔之，入以詔神于室，又出以墮于主前。」據制祭在進血膋時，則在殺牲之後，不在祼獻未殺牲之前。且制祭與從獻又各一事，不得牽合爲一也，其誤二也。一則求牛殺於未祼之先也。案周禮牛人「共其享牛、求牛」，鄭氏以爲享牛正享之牛，求牛繹祭之牛，而劉氏小傳求讀如逑，以爲配祭者之牛。如劉氏説，則郊社之祭，即郊特牲所謂帝牛、稷牛；宗廟之祭，即公羊所謂周公白牡、魯公騂剛，逸禮所謂毁廟之主，昭共一牢，穆共一牢者。雖未詳孰是，要皆無所謂殺於未灌之先者。至所證洛誥「王賓殺禋咸格」，則傳者以爲助祭諸侯，以王殺牲禋祭祖廟，故咸至，非謂既殺牲而後王入室祼也，其誤三也。一則謂祭黍稷加肺爲朝踐時也。案饋食之禮亦曰饋孰，儀禮賈疏：「饋孰以進牲體而言，饋食以進黍稷而言，皆用生人食道饋之。」周禮小祝「迎齍盛」，賈疏：「祭宗廟饋獻後，尸將入室食，小祝於廟門外迎饎人之齍盛於廟堂東，實之，薦於神座前。」據此，則朝踐時，並無薦黍稷之事。況此郊特牲「祭黍稷加肺」之文，乃是尸食時綏祭之事。孔疏：「尸既坐，綏祭之時，祭黍稷加之以肺。」案綏祭者，特牲禮祝命綏祭，尸取菹，換於醢，祭於豆間，佐食取黍稷肺祭授尸，尸祭之；周禮又謂之隋祭，春官守祧「既祭藏其隋」，鄭注謂尸所祭肺脊、黍稷之屬是也。山陰誤以綏祭爲正祭，而又誤以饋食時事爲朝踐時事，其誤四也。一則饋食初獻時即獻卿也。案獻卿當在饋食後酳尸時。祭統「尸飲五，君洗玉爵獻卿」，鄭注：「尸飲五，謂酳尸五獻。」孔疏：「凡祭二獻，祼用獻鬱鬯，尸祭奠而不飲。朝踐二獻，饋食二獻，及食畢，主人酳尸。此等皆尸飲之，九獻之禮，至主人獻尸，故曰尸飲五。于此之時，以玉爵獻卿。」是也。今山陰乃以爲尸飲于五獻，文既支離，又以朝踐二獻，尸亦不飲，義亦未確。且當饋食初獻時，酳尸之禮未行，酬酢之事未起，而遽以玉爵獻卿，不倒行而逆施耶？其誤五也。一則以加璧散爲九獻之後加爵也。案明堂位「加以璧散」，孔疏：「璧散者，夫人再獻訖，諸侯爲賓用之以獻尸，雖非正加，是夫人加爵之後，故總稱加。」據此，則璧散正當第九獻，諸臣獻尸以璧散，尸酢諸臣以罍，司尊彝「皆有罍，諸臣之所昨」是也。而祭統所云「尸飲七，以瑶爵獻大夫」者，即在此時。其九獻之後有加爵者，則祭統所謂「尸飲九，以散爵獻士及群有司」，孔疏：「九獻禮畢，自此以後，賓長兄弟更爲加爵，尸又飲二，并前尸飲九。」是也。山陰以飲七時之璧散，合之於九飲時之加爵，其誤六也。凡此者，案諸注疏，固不相符，稽諸經傳，亦不甚合。

辨禮書二祼不在獻數：

陳氏禮書：行人上公再祼，而祼不預于九獻；侯伯子男一祼，而祼亦不預于七獻、五獻，則先儒以二祼在九獻之内，非也。

蕙田案：九獻之禮，據注疏，祼二獻，通朝踐二獻、饋食二獻、酳尸三獻，爲九獻，先儒皆無異論。禮書據大行人「再獻而酢，享禮九獻」之文，以爲二祼不在九獻之内，然案大行人疏「饗禮九獻」：「謂後日王速賓，賓來就廟中行享。」是再祼與九獻並非一日所行之禮，未可援以爲據。

辨禮書朝踐三獻、饋食三獻、酳尸三獻：

陳氏禮書：司尊彝朝踐用兩尊，皆有罍；饋食用兩尊，皆有罍〔一〕。籩人、醢人有朝踐之籩豆，有饋食之籩豆，有加籩加豆，則朝踐王獻，后亞之，諸臣之所昨，三獻；饋食王獻，后亞之，諸臣之所昨，六獻也。酳尸三，九獻加爵不與焉。此宗廟九獻之禮也。書曰「太保秉璋以酢」，孔安國謂「報祭曰酢」。蓋獻，始事也；酢，成事也。諸臣之于禮成之而已，故獻皆曰酢。

楊氏復曰：先鄭謂：「二祼，王與后各一。朝踐，王與后各一。饋獻，王與后各一。酳尸，王與后各一。又諸臣一，爲九獻。」求之禮經，尚有明證，故先儒多從之，今固不得遽以爲非。陳氏謂朝踐三獻，饋食三獻，酳尸三獻，似亦可通。但以諸臣之所酢爲報祭，而引「太保秉璋以酢」爲證，則恐不然。夫尊重而罍輕，如先鄭謂諸臣酌罍以自酢，不敢與神靈共尊，則可謂諸臣以罍報祭於神靈而不以尊，則於理爲不通矣。又曰：「所謂九獻者，謂王及后祼各一，朝踐各一，饋食各一，朝獻王酳尸一，再獻后酳尸一，此爲八獻，諸臣爲賓酳尸一，并前八爲九。」是禮也，春祠夏禴、秋嘗冬烝、追享朝享，莫不皆然。今經獨於春祠夏禴言朝踐再獻，秋嘗冬烝言

〔一〕「饋食用兩尊皆有罍」八字，原脱，據光緒本、禮書卷八五補。

朝獻饋獻，何也？蓋互文以見義也。

蕙田案：陳氏、薛氏司尊彝三言「皆有罍，諸臣之所昨」，遂以爲朝踐饋食酳尸各有三獻，每三獻中各有諸臣一獻。然據司尊彝三言皆有罍之文，一指春祠夏禴言，一指秋嘗冬烝言，一指追享朝享言，各有攸當，並非謂一祭九獻之中諸臣有三酢也。合從注疏，不必立爲異說。

辨孔疏侯伯子男饋食無獻：

禮器：君親制祭。孔疏：此謂侯伯子男祭廟之禮。「君親制祭，夫人薦盎」者，謂殺牲已畢，進血腥之時，斷制牲肝，洗于鬱鬯，入以祭神于室。于此之時，夫人薦盎齊以獻之。侯伯子男之禮，朝踐，君不獻，故夫人薦盎。「君親割牲，夫人薦酒」者，謂薦孰時，君親割牲體，于時君亦不獻，故夫人薦酒。

禮運疏崔氏云：天子九獻，魯及王者之後亦九獻。侯伯七獻，朝踐及饋孰君皆不獻，于九獻之中減二，故爲七獻。子男五獻，亦以朝踐饋孰君皆不獻，但酳尸一獻而已。

楊氏復曰：特牲、少牢饋食之禮，主人、主婦及賓備行三獻，况祭禮以饋孰爲正，上而天子，下而大夫、士，祭禮皆有獻，今云侯伯子男饋孰時皆無獻，於理不通。聖人制禮，文理密察，自有隆殺之宜，必不如疏家所説之疏也。

蕙田案：崔氏、孔氏侯伯子男饋食時無獻，理不可通，信齋駁之是矣。而禮器薦盎薦酒之解，諸家聚訟，終難分曉。蓋制祭割牲，不應分爲兩候；薦盎薦酒，不得同在一時。孔氏既譏熊氏爲非，陸氏又稱孔氏爲誤。添出從獻，固陸氏悠謬之說。主婦獨獻，又崔氏違理之談。然則何以解之？愚謂此當以祭義之文爲準。祭義云：「君牽牲，夫人薦盎。君獻尸，夫人薦豆。」薦盎薦豆，儀節秩如。訛豆爲酒，萬難解說。從祭義作「夫人薦豆」，則葛藤盡斬矣。

五禮通考卷八十九

吉禮八十九

宗廟時享

九獻後加爵

詩小雅賓之初筵：賓載手仇，室人入又。箋：仇讀曰𣪠。室人，有室中之事者，謂佐食也。又，復也。賓手挹酒，室人復酌爲加爵。疏：子孫既獻，于是賓則手自𣪠挹其酒，室中佐食之人又入而酌爲加爵以獻尸也。以祭無取于匹，故曰仇，讀曰𣪠，謂𣪠挹取酒也。「室人有室中之事，謂佐食」者，特牲注云：「佐食，賓佐尸食者也。」謂于賓客之中取人，令佐主人爲尸設饌食之人，其名之曰佐食。特牲佐食一人，少牢佐食二人，未知天子諸侯當幾人也。特牲三獻之後，「長兄弟洗觚爲加爵」。又曰：「衆賓長爲加爵。」注云：「大夫三獻而禮成，多之者爲加。」是賓手挹酒，室人復酌爲加爵也。特牲止有賓長爲加爵，不及佐食。此言賓與室人俱爲加爵者，天子之禮大，故佐食亦爲加也。案特牲加爵在嗣子舉奠前，此賓與室人文在「各奏爾能」之下者，此因子孫其耽，先言子孫之事，令與上連，故賓與室人在其後耳，不以酌獻先後爲次也。

黄氏一正曰：賓載手仇，賓長加爵以獻尸也。室人入又，亦加爵以獻尸也。仇挹于罍也，酌注于爵也。

楊氏復曰：九獻之後謂之加爵。特牲禮長兄弟、衆賓長及佐食有三加爵，則天子、諸侯亦有加爵。明堂位云「加以璧散」是也。又特牲禮云，加爵之後，有嗣子舉奠。文王世子謂之上嗣舉奠，天子之禮亦當然也。

蔡氏德晉曰：長兄弟、衆賓長爲加爵。兄弟，同姓之臣。賓長，異姓之臣。長以齒，以爵相及也。加者，九獻爲正，其餘乃加也。特牲禮惟有三酳尸，則以三獻爲正，而以長兄弟、衆賓長上利三者爲加爵。若禘祫十二獻，當以三者入於正獻，而其外另爲加爵三。陸農師曰：「卒食之後，其豆謂之加豆。卒獻之後，其爵謂之加爵。」

右九獻後加爵

獻士及群有司

禮記祭統：尸飲九，以散爵獻士及群有司，皆以齒。明尊卑之等也。疏：九獻禮畢，自此以後，長賓、長兄弟更爲加爵，尸又飲二，是并前尸飲九，主人乃散爵獻士及群有司也。

右獻士及群有司

嗣舉奠

文王世子：其登餕、獻、受爵，則以上嗣。注：上嗣，君之適長子，以特牲饋食禮言之，受爵謂上嗣舉奠也，獻謂舉奠洗爵酌入也，餕謂宗人遣舉奠盥，祝命之餕也。大夫之嗣無此禮，辟君也。疏：案特牲禮尸食之後，主人主婦賓長等獻尸，三獻禮畢，主人獻賓。及獻衆賓畢，主人酬賓，賓奠不舉。主人獻長兄弟及獻衆兄弟、内兄弟等訖，長兄弟洗觚酌尸爲加爵，衆賓長又爲加爵，畢，嗣子乃舉奠。奠者，初尸未入之前，祝酌奠于鉶南，尸入，祭奠，不飲，至此乃嗣子舉之。必嗣子舉奠者，鄭注特牲云「將傳重累之者」，又云「大夫之嗣子不舉奠」，則舉奠唯天子諸侯及士之子。禮特牲云：嗣舉奠，盥，入，北面再拜稽首，尸執奠，嗣子進受，復位，再拜稽首，尸答拜，嗣子卒觶拜尸，尸答拜，則此經所謂受爵也。又云：嗣舉奠，洗酌入，尸拜受，嗣子答拜，則此經所謂獻也。又云：無算爵之後，禮畢，尸謖而出，宗人遣嗣子及長兄弟相對而餕，所謂餕也。以特牲言之，則先受爵而後獻，獻而後餕。今此經先言餕者，以餕爲重，舉重者從後以嚮先，逆言之，故云「其登餕、獻、受爵」也。登謂登堂，無事之時，嗣子在堂下，餕時登堂，獻時亦登堂，受爵之時亦登堂。此一登之文，包此三事。餕時雖有長兄弟，以上嗣爲主。

陸氏佃曰：獻受爵，謂上嗣嘗受爵于尸矣。已而復酌，獻尸也。據特牲嗣子舉奠，盥，入，尸執奠，進受，復位，舉奠，洗，酌，入，尸拜受。

詩小雅賓之初筵：錫爾純嘏，子孫其湛。其湛曰樂，各奏爾能。箋：子孫各奏爾能者，謂既湛之後，各酌獻尸，尸酢而卒爵也。士之祭禮，上嗣舉奠，因而酌尸。天子則有子孫獻尸之禮。文王世子曰：「其登餕、獻、受爵，則以上嗣。」是也。疏：子孫所以其耽者，曰由喜樂于神之福。是子孫亦當敬事神明，于嘏之後，乃各奏見爾子孫奉進之能，酌酒而獻尸，以事神也。以此論祭祀而云「子孫各奏爾能」，故知謂既耽之後，各酌獻尸也。尸，尊神之象，子孫敢獻之，是其能也。禮，獻必有酢，故知尸酢而卒爵也。以天子祭禮亡，約士之祭禮有嗣子舉奠，因酌尸，天子則有子孫獻尸之禮。特牲禮云：「上嗣舉奠入，北面再拜稽首。」注云：「上嗣，主人將爲後者。舉猶飲也。使嗣子飲奠者，將傳重累之也。」又曰：「尸執奠，進受，復位，祭酒啐酒。尸舉肝，進受肝，復位，坐食肝，卒觶。」是士之祭禮，嗣子舉奠也。又曰：「舉奠洗爵入，尸拜受，舉奠拜尸祭酒啐酒，奠之，舉奠出，復位。」是因酌尸也。言奠者，謂迎尸之前，親酌奠乎鉶南。嗣子于此，乃舉而飲之，故言舉奠。自是以後，因號嗣子爲舉奠也。不引少牢者，少牢無嗣子舉奠之事，特牲注云：「大夫之嗣子無舉奠者，避諸侯。」然則士卑故不嫌也。特牲酌尸不卒爵，又無酢，直啐而奠之，與此不同。引之者，以有「洗爵入」事，其節相當，故引之。又引文王世子者，與此相當，故云「其登餕、獻、受爵，則以上嗣」，彼據世子之禮正當此事，故言「是也」。不直引文王世子而先引士之禮者，以文王世子記文無行事之次，約士禮準之而後明，故并引之。彼注云：「上嗣，君之適長子。以特牲、少牢饋食禮言之，受爵謂嗣子舉奠也，獻謂舉奠洗爵入也，餕謂宗人遣舉奠盥，祝命之餕也。」言登以三者，皆登堂行之。文逆者，便文，且令受爵文承上嗣，明受之者，嗣子也。鄭以特牲禮文有次，故順而解之，與經反也。天子有奠斝，諸侯有奠角，在于饋獻之前。至祭末，世子乃舉奠也。郊特牲云：「舉斝角，詔妥尸。」彼謂陰厭之時，設饌于奧，奠斝鉶南，迎尸主而入，即席東面。尸舉所奠之斝祭之。至九獻之後，嗣子舉所奠之斝飲而卒爵，所謂受爵也。既稱爲獻，固當有酢而卒爵，所以爲異，故此云「天子則有子孫獻尸之禮」，以明士禮無也。

朱子集傳：各奏爾能，謂子孫各酌獻尸，尸酢而卒爵也。

劉氏瑾曰：特牲三獻之後，長兄弟洗觶獻尸，尸飲畢，酢之，長兄弟受而卒爵。少牢下篇三獻之後，亦有二人洗觶酌獻之禮。各奏爾能之義，其謂此類歟？

蔡氏德晉曰：上嗣，世子也。奠，即所酌于鉶南之奠也。至是使世子舉而飲之，重嫡嗣也。凡舉奠，先自飲復酌以飲尸，尸啐而奠之，乃旅酬焉。

右嗣舉奠

旅酬賜爵

禮記禮器：周旅酬六尸。曾子曰：「周禮其猶醵與？」注：周旅酬，使之相酌也。后稷之尸，發爵不受旅。合錢飲酒爲醵，旅酬相酌似之也。王居明堂禮：「仲秋，乃命國醵。」疏：旅酬六尸，謂祫祭時聚群廟之主于太祖后稷廟中，后稷在室西壁東嚮，爲發爵之主[一]，尊，不與子孫爲酬酢，餘自文、武二尸就親廟中[二]，凡六，在后稷之東，南北對爲昭穆，更相次序以酬也。殷但坐尸，未有旅酬之禮，而周益之也。然大祫多主，唯云「六尸」者，毁廟無尸，但有主也。曾子引世事證周禮旅酬之儀象也。

陸氏佃曰：案周九廟而旅酬，六尸則旅酬，蓋言成、康之世而文、武親未盡，猶在七廟之數，蓋以時祭，何必大祫？

蕙田案：注疏以六尸爲祫祭，陸農師以爲時祭，陸氏之説是也。后稷之尸發爵不受旅，於義當然。此尸旅酬，當是天子之禮，與特牲、少牢大夫士之禮不同，蓋尸酬于上，而衆賓長兄弟乃酬于下，是旅酬之始也。

詩小雅楚茨：爲賓爲客，獻醻交錯。禮儀卒度，笑語卒獲。傳：東西爲交，邪行爲

［一］「發」，原作「祭」，據光緒本、禮記正義卷二四改。
［二］「中」，原作「尸」，據光緒本、禮記正義卷二四改。

錯。　箋：始主人酌賓爲獻。賓既酌主人，主人又自酌賓曰醻。至旅而爵交錯以徧。卒，盡也。古者于旅也語。　疏：既有此豆以薦賓客，故令賓客于祭日飲酒行獻酬之禮，旅而交錯以徧也。「始主人酌賓爲獻」者，此特牲、少牢咸有其事。獻酬據其初，故依彼節而言也。交錯言其末，故云「至于旅而爵交錯以徧」也。「古者于旅也語」，鄉射記文，引之者，證笑語得時。

朱子集傳：賓客，筮而戒之使助祭者，既獻尸而遂與之相獻酬也。主人酌賓曰獻，賓飲主人曰酢，主人又自飲而復飲賓曰酬。賓受之，奠於席前而不舉，至旅而後少長相勸，而交錯以徧也。

何氏楷曰：賓客謂四方來助祭者。散文則賓客通，今既對舉，則當有異。周禮大行人：「掌大賓之禮及大客之儀，以親諸侯。」注謂：「大賓，要服以内諸侯。大客，謂其孤卿。」推此以觀，客小於賓，意即所謂衆賓耳。此下言旅酬之禮，旅酬有長兄弟、衆兄弟，而此不及者，舉賓客以例見之也。案特牲禮主人酳尸，主婦亞獻，賓三獻畢，主人遂酌以獻賓，賓飲獻爵，主人自飲酢爵，遂獻衆賓，立飲，復洗觶酌于西方之尊以酬賓。主人又自飲以導賓飲，賓卒觶，復洗觶酌賓，賓奠觶於尊南，不敢飲，以俟主人獻長兄弟如賓儀。又獻衆兄弟如衆賓儀，又獻内兄弟如衆兄弟

祭統曰：「凡賜爵，昭爲一，穆爲一，昭與昭齒，穆與穆齒。凡群有司皆以齒，此之謂長幼有序。」疏：云「及賜爵」者，謂祭末旅酬無算爵之時，皆有酒爵賜及之，皆以昭穆爲序也。鄭知「賜爵，神惠及下」者，祭統云祭有十倫之義：「凡賜爵，昭爲一，穆爲一。」是神惠及下也。云「此所賜王之子姓兄弟」者，以其呼昭穆而進之。云昭穆，明非異姓，是同姓可知。姓，生也，子之所生，則孫及兄弟皆有昭穆。引祭統是諸侯法，明天子亦然。凡言昭穆，在助祭之中者，皆在東階之前，南陳。假令祖行爲昭，子行爲穆，孫行還爲昭，曾孫行還爲穆。就昭穆之中，皆年長者在上，年幼者在下，故云「齒」也。

鄭氏鍔曰：王之族爲士而助祭，故序以昭穆，于祖行爲昭者立于昭位，于父行爲穆者立于穆位。祭末旅酬之時，呼以昭穆，而進賜以爵。

禮記祭統：凡賜爵，昭爲一，穆爲一。昭與昭齒，穆與穆齒。凡群有司皆以齒，此之謂長幼有序。注：昭、穆，猶特牲、少牢饋食之禮衆兄弟也。群有司，猶衆賓下及執事者。君賜之爵，謂若酬之。疏：祭祀旅酬時，賜助祭者酒爵。君衆兄弟、子孫昭爲一列，穆爲一列，各自相旅。尊者在前，卑者在後，同班列則長者在前，少者在後，是「昭與昭齒，穆與穆齒」。鄭知賜爵爲酬者，以獻時不以昭、穆爲次，此列昭穆，故知爲酬也。

陳氏禮書：宗廟之中，受事則以爵，而賜爵則以齒。蓋受事主義，而行于旅酬之前；賜爵主恩，而隆于旅酬之後。賜以主恩，故昭與昭齒，穆與穆齒。凡群有司皆以齒，長幼之序也。

蕙田案：賜爵與旅酬爲一節事，然似與旅酬少有不同。蓋旅酬則賓長在西，兄弟在東，交錯以行事；賜爵則昭與昭齒，穆與穆齒，各自爲齒，而不交錯，當是天子之禮有異。案特牲、少牢旅酬之後有無算爵，豈天子之禮嚴重，無無算爵而有賜爵乎？

右旅酬賜爵

告利成

詩小雅楚茨：孝孫徂位，工祝致告。傳：致告，告利成也。箋：祭禮畢，孝孫往位堂下西面位也，祝于是致孝孫之意，告尸以利成。疏：祭畢，孝孫于此之時，則往于堂下西面之位。工善之祝，則從西堂下，致孝孫之意，告尸言利養之成也。祭禮畢，即禮儀既備是也。孝孫往位堂下西面位，知者，以言往而自此適彼之辭，而特牲告利成之位云「主人出立于户外西面」，少牢告利成之位云「主人出立于阼階上西面」，是尊者出稍遠也。此云「徂位」，明遠于大夫，故知至堂下也。特牲、少牢皆西面，故知天子之位亦西面也。既言「徂位」，即云「致告」，故云「于是致孝子之意，告尸以利成」也。少牢「主人立于阼階，祝立于西階上，告利成」，此孝孫在堂下西面，則祝當以西階下告利成也。若然，特牲告利成即云「尸謖祝前，主人降」，少牢祝告利成即云「祝入尸謖，主人降」，此二者皆祝告主人以利成，是致尸意也。

此言致孝子之意告尸者，以孝子之事尸，有尊親及賓客之義，命當由尊者出，讓當從賓客來。禮畢，義由于尸，非主人所當先發，故知彼二禮皆言祀告主人以利成也，則天子彌尊，備儀盡飾，蓋有節文〔一〕。準彼二禮祝告主人，則此以祝先致尸意告主人，乃更致主人之意以告尸，故云「告尸以利成」也。此云「皇尸載起」，即彼「尸謖」也，但此舉主人之報告，則得尸告而可知矣。必知然者，以彼大夫與士尊卑而俱告主人，明亦有告主人矣。其告主人則同，主人報告則有差。彼士禮告主人利成，尸即謖，大夫則祝入乃尸謖，明天子則祝入又報以利成，然後尸乃起。準彼爲差，故知然也。言利成者，少牢注云〔二〕：「利，猶養也。成，畢也。孝子之養禮畢。」

朱子集傳：徂位，祭事既畢，主人往阼階下西向之位也。致告，祝傳尸意，告利成于主人，言孝子之利養成畢也。

何氏楷曰：少牢、特牲二禮之告利成，皆在祝與主人同出之後，祝以利成告主人，非告尸也。

右告利成

〔一〕「蓋」，諸本作「益」，據毛詩正義卷一三改。
〔二〕「注」，原脱，據光緒本、毛詩正義卷一三補。

送尸

周禮春官小祝：大祭祀，送尸。疏：送尸者，謂祭末送尸而出。

禮記祭統：尸謖。

方氏慤曰：爾雅曰：謖，興起也。由君而下皆言起，獨于尸言謖者，蓋不疾而速者神也。尸，神象也，故特以謖言之。特牲、少牢、士虞、有司篇皆言尸謖者，以此。

周禮春官大司樂：尸出入則令奏肆夏。疏：尸祭祀訖，出廟門。

詩小雅楚茨：神具醉止，皇尸載起。鼓鐘送尸，神保聿歸。傳：皇，大也。箋：具，皆也。皇，君也。載之言則也。尸，節神者也。神醉而尸謖，送尸而神歸。尸出入奏肆夏。尸稱君，尊之也。神安歸者，歸于天也。疏：言利養之成，于時神皆醉飽矣，故皇尸則起而出也。尸以節神，尸畢而神醉，故神醉而尸起也。乃鳴鐘鼓以送尸，謂奏肆夏也。神安而遂歸于天也。言皆醉者，所祭群廟非止一神故也。又解神尸相將之意，故云「尸，節神者也」。郊特牲云：「尸，神象也。」此詩所陳〔一〕，言神醉而尸謖，送尸而神歸，是尸與神爲節度也。神無形，故尸象焉。特牲、少牢注皆依釋言，云：「謖，起也。」又解以鼓鐘送尸，由尸出入奏肆夏故也。尸出入奏肆夏，春官大司樂職文也。祭義云：「樂以迎來，哀以送

〔一〕「詩」，諸本作「尸」，據毛詩正義卷一三改。

往。」此鼓鐘送尸者，以哀其享否不可知，自孝子之心耳。其送尸猶自作樂也。神者，魂魄之氣。郊特牲云：「魂氣歸于天。」故言神安歸于天也。

朱子集傳：于是神醉而尸起，送尸而神歸矣。曰皇尸者，尊稱之也。鼓鐘者，尸出入奏肆夏也。鬼神無形，言其醉而歸者，誠敬之至，如見之也。

何氏楷曰：鼓鐘之鼓從攴，與鐘鼓之鼓從攴不同。彼二器並作，此則以擊鐘爲主，所謂金奏也。周禮鐘師掌金奏，以鐘鼓奏九夏。肆夏其一也。九夏掌于鐘師，先擊鐘，次擊鼓，以金爲奏樂之節，故但言鼓鐘耳。李如圭云：「尸在廟門外，則疑于臣，故送迎尸皆以廟門爲斷。」

右送尸

徹

周禮春官大祝：既祭，令徹。疏：祭訖，尸謖之後，大祝命徹祭器。即詩云「諸宰君婦，廢徹不遲」是也。

王氏昭禹曰：九嬪贊后薦徹豆籩，樂師帥學士而歌徹，内宗及以樂徹，則佐傳豆籩。然則大祝令徹者，令九嬪之屬，大宗伯曰：「凡大祭祀，王后不與，則攝而薦豆籩徹。」蓋后雖不與九嬪之屬，亦與徹事焉。

小祝：大祭祀，贊徹。疏：「贊徹」者，大祝云：「既祭，命徹。」諸宰君婦徹時，小祝贊之。

夏官小子：祭祀，受徹。疏：「受徹」者，謂祭畢，諸宰君婦廢徹之時，則此官受之。

天官九嬪：凡祭祀，贊后薦徹豆籩。疏：豆籩之薦與徹，皆助后也。

春官内宗：及以樂徹，則佐傳豆籩。注：佐傳，佐外宗。

王氏昭禹曰：卒食之禮，以樂徹于造方，其以樂徹豆籩，則后傳之内宗，内宗傳之外宗，外宗傳之有司，迭相佐也。

鄭氏鍔曰：凡祭之始終，皆用樂以致神，示之歡心。周頌禘太祖歌雍以徹，既祭而徹，王后之職。后徹而傳之内宗，佐之也。

外宗：掌宗廟之祭祀，佐王后薦玉豆，眡豆籩，及以樂徹，亦如之。

鄭氏鍔曰：内宗言佐，則外宗所佐者，乃朝踐饋食之節，非惟佐王后薦之，又當眡其實，及以樂徹，則亦佐后。

大宗伯：凡大祭祀，則攝而薦豆籩徹。注：薦徹豆籩，王后之事。

王氏昭禹曰：豆籩有薦，謂正祭祀時。豆籩有徹，謂祭祀方畢。

易氏祓曰：宗廟大享，王與后同祼獻。后親薦八籩八豆，九嬪贊其薦，又贊其徹。王后不與，則大宗伯攝而薦之，又從而徹之，是大宗伯所攝之禮，于王則見于祭祀之常者，于后則見于祭祀之大者，凡以節文乎是禮者也。

詩小雅楚茨：諸宰君婦，廢徹不遲。箋：廢，去也。尸出而可徹，諸宰徹去諸饌，君婦籩豆而已。不遲，以疾爲敬也。疏：尸已出矣，而諸宰君婦肅敬其事，其徹去俎豆皆不遲矣。知「諸宰徹去諸饌，君婦籩豆而已」者，以周禮九嬪云「凡祭祀，贊后薦徹豆籩」，知君婦籩豆而已，餘饌諸宰徹之也。周禮宰夫無徹饌之文。膳夫：「凡王祭祀，賓客則徹王之胙俎。」胙俎最尊也，其餘則其屬徹之，然則徹饌者，膳夫也。言諸宰者，以膳夫是宰之屬官，宰、膳皆食官之名，故繫之宰。言「諸」者，序官「膳夫上士二人，中士四人，下士八人」，故言諸也。祭末嫌其惰慢，故言以疾爲敬。

何氏楷曰：諸宰謂宰夫之屬。案特牲禮云：「宗婦徹祝豆籩入于房，徹主婦薦俎。」則君婦所徹，亦可例推。廢，鄭云去也。徹本訓通，以除去其礙，乃得開通；又訓爲去。遲，緩徐也。不遲有二義。朱子云以疾爲敬，亦不留神惠之意也。嚴云不以禮終而惰也，亦通。

周禮春官樂師：及徹，帥學士而歌徹。注：學士，國士也。鄭司農云：「將徹之時自有樂，帥學士而歌徹。」玄謂徹者歌雍。疏：學士主舞，瞽人主歌，今云帥學士而歌徹者，歌徹之時，歌舞俱有，謂帥學士使之舞，歌者自是瞽人歌雍詩也。

王氏昭禹曰：以其父兄有爵列于國，故謂之國子。以其衆言，謂之諸子。以其教于學，謂之學士。歌雍，學士也，樂師則帥之而已。

小師：大祭祀，徹，歌。注：于有司徹而歌雍。

李氏嘉會曰：徹歌無大師之命而自歌者，乃其職也。

論語：三家者以雍徹。何注：「馬曰：雍，周頌臣工篇名，天子祭於宗廟，歌之以徹祭。」

朱子詩集傳：周禮樂師「及徹，帥學士而歌徹」，説者以爲即此詩。論語亦曰「以雍徹」，然則此蓋徹祭所歌，而亦名爲徹也。

禮記祭義：已徹而退，敬齊之色不絶于面。注：齊，謂齊莊。疏：已徹，謂祭畢已徹饌食。

輔氏廣曰：已徹而退，有敬齊之色，誠敬屬屬乎始終之際也，色非可以僞爲也。

右徹

餕

祭統：夫祭有餕，餕者祭之末也，不可不知也。是故古之人有言曰「善終者如始」，餕其是已。是故古之君子曰「尸亦餕鬼神之餘」也，惠術也，可以觀政矣。是故尸謖，君與卿四人餕。君起，大夫六人餕，臣餕君之餘也。大夫起，士八人餕，賤餕貴之餘也。士起，各執其具以出，陳于堂下，百官進，徹之，下餕上之餘也。注：進，當爲餕，聲之誤也。百官，爲有事于君祭者也，既餕，乃徹之而去，所謂自卑至賤。進、徹，或俱爲餕。疏：明祭末餕餘之禮。「尸亦餕鬼神餘」者，若王侯初薦毛血燔燎，是薦于鬼神。至薦孰時，尸乃食之，是餕鬼神之餘。若大夫、士陰厭，亦是先薦鬼神而後尸乃食。君于廟中，事尸如君，則君爲臣禮。君食尸餘，是臣食君餘，與大夫食君餘相似，故云「臣餕君之餘也」。諸侯之國有五大夫，此云六者，兼有采地助祭也。以下漸徧及下，示溥恩惠也。士廟中餕訖而起，所司各執其饌具以出廟户，陳于堂下。百官餕訖，各徹其器而乃去之。

方氏慤曰：百官，謂中下之士以及于百執事也。祭法以官師爲中下之士，則此以百官稱之，亦宜矣。

陸氏佃曰：君起，變謖言起，是起也，非謖也。坐而起爲謖，君初非坐者也。而百官進徹之，進而後餕，餕而徹焉，百官益卑矣。

凡餕之道，每變以衆，所以别貴賤之等，而興施惠之象也。是故以四簋黍見其修于廟中也。廟中者，竟内之象也。祭者，澤之大者也。是故上有大澤，則惠必及下，顧上先下後耳，非上有積重而下有凍餒之民也。是故上有大澤，則民夫人待于下流，知惠之必將至也，由餕見之矣。故曰：「可以觀政矣。」注：鬼神之惠徧廟中，如國君之惠徧境内也。鬼神有祭，不獨饗之，使人餕之，恩澤之大者也。國君有蓄積，不獨食之，亦以施惠於竟内也。　疏：興，起也。初餕貴而少，後餕賤而多，皆先上而後下。施惠之道亦當然，故云「施惠之象」。餕之時，君與三卿以四簋之黍〔一〕，欲見其恩惠修整徧于廟中。諸侯之祭有六簋，今云四簋，以二簋留爲陰厭之祭。簋有黍、稷，特云「黍」者〔二〕，見其美，舉黍，則稷可知也。以四簋而徧廟中，如君之恩惠徧于竟内也。上先下後，謂君上先餕，臣下後餕，非上有財物積重不以施惠，使下有凍餒之民也。由餕見之，言民所以知上有財物恩惠及于下者，祇由祭祀之餕，見其恩逮于下之理。

夫祭有畀煇、胞、翟、閽者，惠下之道也。惟有德之君爲能行此，明足以見之，仁足以與之。畀之爲言與也，能以其餘畀其下者也。煇者，甲吏之賤者也。胞者，肉吏之賤者也。翟者，樂吏之賤者也。閽者，守門之賤者也。古者不使刑人守門。此四守者，吏之至賤者也。尸又至尊，以至尊既祭之末而不忘至賤，而以其餘畀之。是故明君在上，則竟内之民無凍餒者矣。此之謂上下之際。注：明足以見之，見此卑者也。仁足

〔一〕「三卿」，原作「二卿」，據光緒本、禮記正義卷四九改。
〔二〕「特」，原作「詩」，據光緒本、禮記正義卷四九改。

以與之，與此卑者也。煇，周禮作「韗」，謂韗磔皮革之官也。翟，謂教羽舞者也。古者不使刑人守門，謂夏、殷時。疏：煇、胞、翟、閽四者皆是賤官，祭末與以恩賜，是施惠之道也。韗人掌作鼓木，張皮兩頭鞔之以爲鼓，是韗磔皮革之官。

曲禮：餕餘不祭。父不祭子，夫不祭妻。疏：祭謂祭先也。

吕氏大臨曰：餕者，食餘之名。尸謖，君與卿四人餕。君起，大夫六人餕，食祭之餘也。祭之則不敬，故不祭。

朱子曰：古注説不是。今思之，只是不敢以餕餘又將去祭神，雖以父之尊，不可以祭其子之卑，夫之尊亦不可以祭其妻之卑，蓋不敢以鬼神之餘復以祭也。祭非飲食必祭之祭。又曰：先儒自爲一説，横渠又自爲一説，看來定是祭祀之祭，謂父不以是祭其子，夫不以是祭其妻。

右餕

告事畢

周禮春官肆師：凡祭祀禮成，則告事畢。

王氏安石曰：事畢于禮成，故禮成則告事畢。

右告事畢

王出廟

大司樂：王出入，則令奏王夏。疏：大祭祀，王祭訖，出廟門。

右王出廟

歸賓俎

禮記曲禮：凡祭於公者，必自徹其俎。注：臣不敢煩君使也。大夫以下，或使人歸之。祭于公，助祭于君也。疏：此謂士助君祭也。若大夫以上，則君使人歸之于俎。而禮本並云「大夫以下，或使人歸之」，是鄭因君以明臣，言大夫以下自祭其廟，則使人歸賓俎。故曾子問云「攝主不歸俎」，明正主則歸也。

馬氏晞孟曰：特牲饋食禮賓出之後，佐食徹胙俎，堂下俎畢出。鄭康成謂兄弟及衆賓自徹而出俎，唯賓俎有司徹歸之。夫衆賓已祭于士，猶自徹其俎，則大夫士出祭于公，其自徹可知矣。大夫士祭于公自徹，則大夫祭于大夫不必自徹也。孔子之于魯，膰肉不至，蓋于是時自徹之禮廢矣。

吕氏大臨曰：君祭，而臣與執事毋敢視賓客，故自徹其俎出。

陸氏佃曰：言凡，則豈特士而已，蓋俎大夫亦自徹以歸，則主人使歸之。據大享卷三牲之俎歸于賓館，蓋曰賓館，則主人之辭。

祭統：凡爲俎者，以骨爲主。骨有貴賤，殷人貴髀，周人貴肩。凡前貴于後。俎者，所以明祭之必有惠也。是故貴者取貴骨，賤者取賤骨。貴者不重，賤者不虛，示均也。注：殷人貴髀，爲其厚也。周人貴肩，爲其顯也。凡前貴于後，謂脊、脇、臂、臑之屬。疏：「凡爲俎者，以骨爲主」者，俎謂助祭者各將物于俎也。「殷人貴髀，周人貴肩」者，殷質，貴髀之厚，賤肩之薄；周文，貴肩之顯，賤髀之隱，各隨所貴。「凡前貴于後」者，據周言之，以周人之貴肩故也。「貴者不重，賤者不虛，示均也」者，言貴者不得多而重，賤者不虛而無分俎，多少隨其貴賤，是示均平也。又曰：此脊、脇、臂、臑，舉其貴者，言之屬中包其賤者。不云肩者，以經云「周人貴肩」，故此略之。前體臂、臑爲貴，後體膊、胳爲賤。就脊、脅之中，亦有貴賤。正脊在前爲貴，脡脊、横脊在後爲賤。脅則正脅在前爲貴，短脅爲賤。故總云「之屬」以包之。

方氏慤曰：俎者，對豆之器，俎大而豆小。俎以骨爲主，則豆以肉爲主可知，坊記觴酒豆肉是也。骨，陽也。肉，陰也。俎之數以奇而從陽，豆之數以偶而從陰，爲是故也。夫祭以饗神爲主，然貴者取貴骨，賤者取賤骨，所以明祭之有惠而已。

孟子：孔子爲魯司寇，不用，從而祭，膰肉不至，不脱冕而行。注：孟子言孔子爲魯賢臣不用，不能用其道也。從魯君而祭于宗廟，當賜大夫以胙。燔肉不至，膊炙者爲膰。詩云：「燔炙芬芬。」反歸其舍，未及税冕而行，出適他國。

論語：祭于公，不宿肉。注：助祭于君，所得牲體歸則頒賜，不留神惠。

詩楚茨：備言燕私。鄭箋：祭祀畢，歸賓客俎豆。孔疏：祭統曰：「貴者取貴骨，賤者取賤骨。」論語曰：「祭于公，不宿肉。」特牲、少牢皆曰「祝執其俎以出」。是祭祀畢，賓客歸之俎也。歸之俎，所以尊賓客。

何氏楷曰：鄭云祭祀畢歸賓客俎豆，今案歸賓客俎，禮無明文，惟孔子世家云魯郊不致膰肉于大夫，孔子不脱冕而行，是亦歸俎之一證。

蕙田案：論語、孟子兩條，皆足爲歸俎之證，與祭統明祭之必有惠正相發。賓客尊于兄弟，豈有同姓有燕私有脤膰，而賓客不先加以神惠乎？今定列于祭畢之後、燕私之前。

右歸賓俎

燕私

周禮春官鍾師：凡祭祀，奏燕樂。

旄人：凡祭祀，舞其燕樂。

詩小雅楚茨：諸父兄弟，備言燕私。傳：燕而盡其私恩。箋：祭祀畢，歸賓客俎豆，同姓則留與之。燕所以尊賓客，親骨肉也。疏：特牲云：「祝命徹胙俎豆籩，設于東序下。」注云：「胙俎，主人之俎。設于東序下，亦將私燕也。」是祭末而私燕之事。歸之俎，所以尊賓客。留之燕，所以親骨肉也。大宗伯云：「以脤膰之禮，親兄弟之國。」注云：「脤膰，社稷宗廟之肉，以賜同姓之國，同福禄也。」春秋定十四年：「天王使石尚來歸脤。」同姓得肉者，彼謂不助祭者不得與燕，故歸之也。

朱子集傳：既歸賓客之俎，同姓則留與之燕，以盡私恩，所以尊賓客，親骨肉也。

何氏楷曰：諸父，伯父、叔父也。燕通作晏，晏之爲言安也。飲以合歡，安之意也。對異姓言，則同姓爲私。孔云：「諸父兄弟留之，使皆備具，我當與之燕而盡其私恩也。」若中庸以「燕毛序齒」列于「旅酬逮賤」之後，以爲武王、周公所作，自是此詩燕私之禮。

樂具入奏，以綏後禄。爾殽既將，莫怨具慶。既醉既飽，小大稽首。神嗜飲食，使君壽考。孔惠孔時，維其盡之。子子孫孫，勿替引之。箋：燕而祭時之樂復皆入奏，以安後日之福禄。骨肉歡而君福禄安。女之殽羞已行，同姓之臣無有怨者，而皆慶君，是其歡也。小大，猶長幼也。同姓之臣，燕已醉飽，皆再拜稽首曰：神乃歆嗜君之飲食，使君壽且考。此其慶辭。惠，順也。甚順于禮，甚得其時，維君德能盡之，願子孫勿廢而長行之。疏：此即陳燕私之事。以祭時在廟，燕當在寢，故言祭時之樂皆復來入于寢而奏之。燕、祭不得同樂，而云皆入者，歌咏雖異，樂器則同，故皆入也。

朱子集傳：凡廟之制，前廟以奉神，後寢以藏衣冠。祭於廟而燕於寢，故于此將燕，而祭時之樂，皆入奏于寢也。

何氏楷曰：孔云：「神嗜飲食，以下即慶辭也。」愚案：此亦名爲嘏。少牢云：「上篹親嘏。」曰：「主人受祭之福，胡壽保建家室。」即此類也。篹、餕同字。

禮記坊記：因其酒肉，聚其宗族，以教民睦也。注：「因其酒肉，聚其宗族」，言祭有酒食，群昭群穆皆至而獻酬之，咸有薦俎也。

文王世子：公與族燕則以齒，而孝弟之道達矣。

陳氏禮書：先王之與同姓，有時燕焉，有因祭而燕焉。國語曰「時燕不淫」，此時燕也。詩曰：「諸宰君婦，廢徹不遲。諸父兄弟，備言燕私。」坊記曰：「因其酒肉，聚其宗族，以教民睦。」此因祭而燕也。其禮之詳，雖不可考，要之服皮弁服即于路寢，宰夫爲主，主與族人燕于堂后，帥内宗之屬燕于房。其物餚烝，所以合食也。其食世降一等，所以辨親疏也。昭穆以序之，所以明世次也。夜飲以成之，所以別異姓也。若夫几席之位，升降之儀，脱屨而坐，立監相禮，羞庶羞以盡愛，爵樂無算以盡歡，其大率蓋與諸侯燕禮不異。諸侯燕族人與父兄齒，雖王之尊，蓋亦不以至尊廢至親也。特牲饋食禮「祝告利成，徹庶羞，設于西序下」，鄭氏引書傳曰：「宗室有事，族人皆侍終日，大宗已侍于賓，奠然後燕私。燕私者，何也？已而言族人飲也。」此徹庶羞置西序下者，爲將以燕飲與？然則自尸祝至于兄弟之庶羞，宗子以與族人燕飲于堂〔一〕；内賓宗婦之庶羞，主婦以燕飲于房。由是觀之，燕族之禮，不特天子諸侯而已。

中庸：燕毛，所以序齒也。注：燕毛，既祭而燕，則燕以髮色爲坐，祭時尊賢也，至燕親親也。

〔一〕「與」，原作「言」，據光緒本、禮書卷六三改。

齒亦年也。

朱子章句〔一〕：燕毛，祭畢而燕，則以毛髮之色別長幼爲坐次也。齒，年數也。

語録：燕時擇一人爲上賓，不與衆齒，餘者皆序齒。

右燕私

歸脤膰

周禮春官大宗伯：以脤膰之禮，親兄弟之國。注：脤膰，社稷宗廟之肉，以賜同姓之國，同福禄也。兄弟，有共先王者。魯定公十四年：「天王使石尚來歸脤。」疏：兄弟之國，謂同姓諸侯，若魯、衛、晉、鄭之等。凡受祭肉者，受鬼神之祐助，故以膰脤賜之，是親之同福禄也。鄭總云「脤膰，社稷宗廟之肉」〔二〕，分而言之，則脤是社稷之肉，膰是宗廟之肉。是以成十三年：「公及諸侯朝王，遂從劉康公、成肅公會晉侯伐秦〔三〕。成子受脤于社，不敬。」注云：「脤，宜社之肉也。盛以蜃器，故曰脤。」劉子曰：

〔一〕「章句」，原作「集注」，據光緒本改。
〔二〕「云」，諸本作「名」，據周禮注疏卷一八改。
〔三〕「晉侯」，原脱「侯」字，據光緒本、周禮注疏卷一八補。

「國之大事，在祀與戎。祀有執膰，戎有受脤。」注云：「膰，祭肉。」又案異義左氏説：「脤，社祭之肉，盛之以蜃，宗廟之肉名曰膰。」以此言之，則宗廟之肉曰膰，社稷之肉曰脤之驗也。而公羊、穀梁皆云「生居俎上曰脤，熟居俎上曰膰」，非鄭義耳。對文脤爲社稷肉，膰爲宗廟肉，其實宗廟、社稷器皆飾用蜃蛤，故掌蜃云「祭祀，共蜃器之蜃」，注云：「飾祭器。」是其祭器皆飾以蜃也。云「兄弟，共先王者」，謂若魯與周同承文王，鄭與周同承厲王，如此之輩，與周同立廟，是共先王也。云「定公十四年，天王使石尚來歸脤」者，石尚，天子之上士，故稱名氏。言來者，自外之辭。歸者，不反之稱。是天子祭社，使來歸脤。引之證同姓有歸脤之事。此文雖主兄弟之國，至于二王後及異姓有大功者，得與兄弟之國同，故僖公九年夏，「王使宰孔賜齊侯胙，曰：天子有事文、武，使孔賜伯舅胙。」注云：「胙，膰肉。」周禮以脤膰之禮親兄弟之國，不以賜異姓〔一〕。敬齊侯，比之賓客。又僖公二十四年，「宋成公如楚，還，入于鄭。鄭伯將享之，問禮于皇武子，對曰：『宋，先代之後也，于周爲客，天子有事膰焉，有喪拜焉。』」是二王後及異姓有大功者，皆得脤膰之賜，是以大行人直言「歸脤以交諸侯之福」，不辨同姓異姓，是亦容有非兄弟之國亦得脤膰也。

薛氏士隆曰：腥曰脤，熟曰膰。大宗伯以血祭祭社稷，以饋食享先王，是社稷主腥，故謂之脤；宗廟主熟，故謂之膰。兄弟之國親也，故兼脤膰以賜之。諸侯之國疏也，故歸脤而已。故脤膰以親兄弟之國，歸脤以交諸侯之福，是也。

〔一〕「賜」，原作「使」，據光緒本、周禮注疏卷一八改。

蕙田案：大行人言脤不言膰，賈疏以爲文不具是也，不必如薛氏親疏之説。

左傳天子有事膰焉，是異姓亦膰，不止歸脤也。

秋官大行人：歸脤以交諸侯之福。注：交，或往或來者也。疏：「交，或往或來者」，欲見臣有祭祀之事，亦得歸胙于王，故玉藻云「臣致膳于君〔一〕，有葷桃茢」是也。案宗伯云，脤膰本施同姓，尊二代之後，亦得之。此言脤，不言膰，文不具。

鄭氏鍔曰：諸侯之于天子，有致福之禮。天子之祭亦歸之以胙，是謂歸胙。蓋諸侯以福致之王，王祭畢亦取胙肉以歸之，乃所以交其福。

春秋僖公九年左氏傳：夏，會于葵丘。王使宰孔賜齊侯胙。注：胙，祭肉。尊之，比二王後。曰：「天子有事于文、武。注：有祭事也。使孔賜伯舅胙。」

二十四年左氏傳：宋及楚平，宋成公如楚，還，入于鄭。鄭伯將享之，問禮于皇武子，對曰：「宋，先代之後也，于周爲客，天子有事膰焉。」注：有事，祭宗廟也。膰，祭肉。尊之，故賜以祭胙。

定公十四年穀梁傳：天王使石尚來歸脤。注：脤，祭肉。天子祭畢，以之賜同姓諸侯，親

〔一〕「膳」，諸本作「膰」，據周禮注疏卷三七改。

兄弟之國，與之共福。脤者，何也？俎實也，祭肉也。生曰脤，熟曰膰。

右歸脤膰

繹祭

春秋宣公八年：六月，辛巳，有事于太廟，仲遂卒于垂。壬午，猶繹。注：繹，陳昨日之禮。又祭，所以賓尸。

公羊傳：繹者何？祭之明日也。注：禮，繹繼昨日事，但不灌地降神爾。天子諸侯曰繹，大夫曰賓尸，士曰宴。

穀梁傳：繹祭者，祭之明日之享賓也。疏：案少牢饋食之禮，卿大夫當日賓尸，天子諸侯明日賓尸者，天子諸侯禮大，故異日爲之；卿大夫以下禮小，故當日即行。其三代之名者，案爾雅云「夏曰復胙，殷曰肜，周曰繹」是也。謂之復胙者，復前日之禮也。謂之肜者，肜是不絶之意也。謂之繹者，繹陳昨日禮也。

禮記郊特牲：孔子曰：「繹之于庫門内，祊之于東方，失之矣。」注：祊之禮宜于廟門外之西室，繹又于其堂，神位在西也。此二者同時，而大名曰繹。其祭禮簡，而事尸禮大。疏：此一經論衛失禮之事。繹祭當于廟門外之西堂，今乃于庫門内。祊當廟門外西室，今乃于廟門外東方。釋宫云：「門謂之祊。」孫炎云：「謂廟門外。」禮器云：「爲祊乎外。」故鄭知祊在廟門外也。西是鬼神之位，室又求神之處，故鄭知西室也。祊是求神之名，繹是接尸之稱，求神在室，接尸在堂，故云「繹又于其堂」也。

祊是室内求神，繹是堂上接尸，一時之事，故云「二者同時」也。春秋宣八年壬午「猶繹」，繹者云：「繹，又祭。」詩絲衣云：「繹賓尸。」但有繹名，而無祊稱，是「大名曰繹」也。案儀禮有司徹，是上大夫賓尸也。但于堂上獻尸獻侑，全無室中之事。又絲衣云：「自堂徂基，自羊徂牛。」是祭神也。下云：「兕觥其觩，旨酒思柔。」是接尸也。故知祭神禮簡，事尸禮大。天子諸侯謂之爲繹，在祭之明日，于廟門外西室，及堂而行禮也。上大夫曰儐尸，與祭同日，于廟堂之上而行禮也。

方氏慤曰：祭之正日索祭謂之祊，祭之明日又祭謂之繹。

陸氏佃曰：祊在當日，繹在明日，故曰「繹，又祭」也。鄭氏謂二者同時，而大名曰繹，非是也。然則繹在廟門外，祊在廟門内，而禮器曰「爲祊乎外」者，蓋祊雖在内，自堂視之亦外也，故祊門内也。又曰：「詔祝于室，而出于祊。」

周氏諝曰：詩之序曰：「絲衣，繹賓尸也。」詩又曰：「祝祭于祊。」蓋廟門外謂之祊，而繹者紬繹而求之也。繹之于祊，一祭也。繹言其意，祊言其地，今若離之爲二祭，其説非也。

蕙田案：延平謂繹之于祊一祭也，繹言其意，祊言其地，極是。山陰以祊爲廟門内，是以繹在廟門外，非。

家語：公西赤問衛莊公改舊制變宗廟，高子睪問于孔子曰：「周禮繹祭于祊，祊在廟門之西，今衛君更之，如之何？」孔子曰：「繹之于庫門内，祊之于東方，失之矣。」

祭義：詩云：「明發不寐，有懷二人。」文王之詩也。祭之明日，明發不寐，饗而致之，又從而思之。祭之日，樂與哀半，饗之必樂，已至必哀。注：祭之明日，謂繹日也。言繹日夜不寢也。二人，謂父母，容侑尸也。疏：云「謂父母，容侑尸也」者，祭以念親，故二人謂父母。案有司徹「上大夫儐尸，別立一人爲侑，以助尸」，繹祭與儐尸同，故知二人容尸與侑也。

詩大雅鳧鷖：鳧鷖在涇，公尸來燕來寧。爾酒既清，爾殽既馨。公尸燕飲，福祿來成。箋：涇，水名也。水鳥而居水中，猶人爲公尸之在宗廟也，故以喻焉。祭祀既畢，明日又設禮而與尸燕。成王之時，尸來燕也。其心安，不以己實臣之故自嫌。言此者，美成王事尸之禮備。酒殽清美，以與公尸燕樂飲酒之故，祖考以福祿來成女。疏：言公尸來燕，則是祭後燕尸，非祭時也。燕尸之禮，大夫謂之賓尸，即用其祭之日，今有司徹是其事也。天子諸侯則謂之繹，以祭之明日。春秋宣八年：「辛巳，有事于太廟。壬午，猶繹。」是謂在明日也。此公尸來燕，是繹祭之事，故云「祭祀既畢[一]，明日又設禮而與公尸燕」也。其尸以卿大夫爲之，于王實爲其臣，但孝子以父象事之，故「其心安，不以己實臣之故

[一]「祭祀」上，原衍「既」字，據光緒本、毛詩正義卷一七删。

自嫌」。由王事之盡敬〔一〕，故不嫌也。若人遇己薄，則不敢自安。今言尸之安，明王之禮備也。

朱子集傳：此祭之明日，繹而賓尸之樂。

語録：古者宗廟之祭有尸，既祭之明日，則㥲其飲食以燕爲尸之人，故有此詩。

徐氏常吉曰：楚茨「鼓鐘送尸，神保聿歸」，則祭畢之燕尸不與也。尸何以不與？以其象神，故不敢留，而轉爲次日之燕也。燕于次日，所以尊尸也。尊尸，所以尊神也。

何氏楷曰：天子諸侯曰繹，大夫曰賓尸，士曰宴尸。必繹者，尸屬昨日配先祖食，不忍輒忘，故因以復祭。蓋是日先行繹祭之禮而後享尸。孔云：「言公尸來燕，則是祭後燕尸，非祭時也。」黄佐云：「禮祭統云尸在廟門外則全于臣，在廟中則全乎君，爲其近于祖也。祭之明日，不忍輒忘也，是故以賓禮燕之也，故曰讀鳧鷖而益知周人仁義之兼至矣。」

詩序：絲衣，繹賓尸也。疏：絲衣詩者，繹賓尸之樂歌也。謂周公、成王太平之時，祭宗廟之明日，又設祭事，以尋繹昨日之祭，謂之爲繹。以賓事所祭之尸，行之得禮。詩人述其事而爲此歌焉。經之所陳，皆繹祭始末之事也。天子諸侯謂之繹，卿大夫謂之賓尸，是繹與賓尸事不同矣。序云「繹賓尸」者，繹祭之禮，主爲賓事此尸，但天子諸侯禮大，異日爲之，别爲立名，謂之爲繹。此序言繹

〔一〕「由」，原作「曰」，據光緒本、毛詩正義卷一七改。

者，是此祭之名，賓尸是此祭之事，故特詳其文也。

絲衣其紑，載弁俅俅。自堂徂基，自羊徂牛；鼐鼎及鼒，兕觥其觩。旨酒思柔。不吳不敖，胡考之休。傳：絲衣，祭服也。紑，絜鮮貌。俅俅，恭順貌。基，門塾之基。「自羊徂牛」，言先小後大也。大鼎謂之鼐，小鼎謂之鼒。吳，譁也。考，成也。　箋：載，猶戴也。弁，爵弁也。爵弁而祭于王，士服也。繹禮輕，使士升門堂，視壺濯及籩豆之屬，降往于基，告濯具，又視牲從羊之牛，反告充已，乃舉鼎冪告絜，禮之次也。鼎圜弇上謂之鼒。柔，安也。繹之旅士用兕觥，變于祭也。飲美酒者皆思自安，不讙譁，不敖慢也。此乃壽考之休徵[一]。　疏：「基，門塾之基」者，釋宮云：「門側之堂謂之塾。」孫炎曰：「夾門堂也。」冬官匠人云：「門堂三之二。」注云：「以爲塾也。」白虎通云：「所以必有塾何？欲以飾門，因取其名。明臣下當見于君，必熟思其事。」是塾爲門之堂也。直言「自堂徂基」何？知非廟堂之基者。以繹禮在門不在廟，故知非廟堂也。郊特牲曰：「繹之于庫門內，祊之于東方，失之矣。」繹于門內爲失，明其當在門外。祊以東方爲失，明其當在西方。是祊之與繹，一時之事，故注云：「祊之禮宜于廟門外之西室，繹又于其堂，神位在西，二者同時，而大名曰繹。」又禮器曰：「爲祊乎外。」注云：「祊祭，明日之繹祭也。謂之祊者，于廟門外之旁，因名焉。其祭之禮，既設祭于室，而事尸于堂。孝子求神

[一]「乃」，毛詩正義卷一九作「得」。

非一處也。」以此二注言之，則祊、繹大同，而繹統名焉。繹必在門，故知基是門塾之基，謂廟門外西夾之堂基也。少牢、特牲，大夫、士之祭也，其禮小于天子，尚無兕觥，故知天子正祭無兕觥矣。今此繹之禮，至旅酬而用兕觥，變于正祭也。知至旅而用之者，兕觥所以罰失禮，未旅之前，無所可罰，至旅而可獻酬交錯，或容失禮，宜于此時設之也。有司徹是大夫賓尸之禮，猶天子之繹，所以無兕觥。解者以大夫禮小，即以祭日行事，未宜有失，故無也。

爾雅：繹，又祭也。注：祭之明日，尋繹復祭。周曰繹。春秋經曰：壬午，猶繹。

陳氏禮書：禮有正祭之祊，有繹祭之祊。于祊，求諸遠者也。祊于西，尊其右也。詩云「以往烝嘗，或剥或亨，或肆或將」，而繼之以「祝祭于祊」，此正祭之祊也。禮言「設祭于堂，爲祊乎外」，家語云「言繹祭于祊」，此繹祭之祊也。正祭之祊，位于門内之西室，故毛氏釋詩以祊爲門内。繹祭之祊，位于門外之西室，故鄭氏釋郊特牲以祊于門外。蓋祊，其位也；繹，其祭也；賓尸，其事也。繹祭謂之祊，而祭之祊不謂之繹，繹之名特施于天子諸侯，賓尸之名亦施于卿大夫。鄭氏以卿大夫賓尸在堂，故謂祊于門外之西室，繹又于其堂。孔穎達申之云：「求神在室，接尸在堂。」于義或然。卿大夫有賓尸，則正祭無加爵，無陽厭。下大夫無賓尸，故正祭有加爵，有陽厭。必于明日，春秋書：「辛巳，有事于太廟。壬午，猶繹。」穀梁曰：「繹者，祭之明日之享賓也。」公羊曰：「繹者何？祭之明日。」是也。賓尸則祭日而已，儀禮有司徹「埽堂攝酒迎尸而賓之」是也。繹于明日則異牲，詩曰「自羊徂牛」是也。賓尸于祭日，則用正祭之牲而已，有司徹「燅尸俎」是也。蓋正祭重而主于禮神，繹輕而主于禮尸，重故省牲視具在宗伯，輕故使士焉。則「絲衣其紑，載弁俅俅」者，士而爵弁絲衣者也。主于禮神，故在室。主于禮尸，故在堂。則自堂徂基、埽堂設筵者，皆堂上之事也。考之儀禮，大夫正祭不迎尸，而賓尸迎之；正祭有祝，而賓尸有侑；正祭先薦後獻，賓尸先獻後薦；正祭之鼎五，賓尸之鼎三；正祭之牲體進下，賓尸之牲體進腠；正祭之魚縮載，賓尸之魚橫載；正祭主人獻尸而尸酢之于獻祝佐食之前，賓尸主人獻尸而尸酢之于獻侑之後。凡此皆與正祭不同，則主人迎尸，尸後酢主人，所以伸主人也。先獻後薦而進下，所以醉飽尸也。其飲至于無算，其罰至于兕觥，則繹祭可知矣。

蕙田案：爾雅釋宫云：「祊謂之門。」祊有二，一正祭之祊，楚茨詩「祝祭于祊」，郊特牲「索祭祝于祊」，注疏並以爲正祭之祊是也。一繹祭之祊，郊特牲「祊之于東方」，注疏以爲繹祭之祊，家語、周禮「繹祭于祊」是也。其祊之所在，爾雅釋宫但云「祊謂之門」，而注疏之家有以爲門内者，楚茨毛傳、鄭箋、孔疏、朱傳是也。有以爲門外者，禮器「爲祊于外」疏、郊特牲「索祭祝于祊」注、「祊之于東方」注是也。有以廟門内外皆有祊稱者，爾雅邢疏是也。其以廟門爲言者，則禮器孔疏以爲西旁，郊特牲鄭注以爲西室，孔疏以爲西堂，又各不同。今據爾雅「祊謂之門」，既不明言内外，而楚茨鄭箋以爲孝子不知神之所在，故使祝博求之平生門内之旁待賓客之處，于理可通。而繹祭之祊，注疏並以爲廟門外者，則以禮器言「爲祊乎外」之語，不知此特對設祭于堂言，故以爲外，其實非廟門之外也。祭統云：「君在廟門外則疑于君，入廟門則全于臣全于子。」蓋祭祀之禮，皆行于廟門之内，不當在廟門之外，則廟門外之説，恐非也。且均之祊也，正祭之祊在廟門之内，繹祭之祊則在廟門之外，于義何取耶？爾雅「門側之堂謂之塾」，儀禮所謂東塾、西塾，尚書所謂左塾、右塾是也。此廟門兩旁稱祊不稱塾，則祭不在塾明矣。祊祭之所當在廟門内之西南，何者？月令疏祀竈祀門祀行，先設席於廟門之奥。賓主之禮，主人在阼，賓在西，待賓客之處自亦在西。奥，尊者所居，則祊祭必當在西南隅矣。其或言堂或言室者，蓋統門内外而言，則門外爲堂，門内爲室；止就門内而言，亦可稱堂，如房無北壁謂之北堂，稱堂稱室，蓋異名而同處也。至于繹與祊，或以爲一，或以爲二，繹與賓尸或以爲一，或以爲二。其以繹與祊爲一者，郊特牲孔疏「繹祭當于廟門外之西堂」，祭統孔疏「祊謂明日繹祭出廟門旁，廣求神于門外之祊」是也。以繹與祊爲二者，郊特牲鄭注「祊之禮宜于廟門外之西室，繹又于其堂」是也。其以繹與賓尸爲一者，春秋宣八年「猶繹」，杜注：「繹，又祭。陳昨日之禮，所以賓尸。」穀梁傳曰：「繹者，祭之旦日之享賓也。」絲衣「繹賓尸」，孔疏：「繹祭之禮，主爲賓事此尸。」是也。其以繹與賓尸爲二者，爾雅邢疏：「天子諸侯謂之繹，祭之明日尋繹復祭。少牢饋食，大夫之禮也，謂之賓尸，與祭同日。若然，是亦與賓尸事不同矣。詩序言繹者，是此祭之名，賓尸是此祭之事。」是也。今案爾雅以繹爲又祭，則繹是祭名。其曰祊者，祭之所也。其曰賓尸者，既祭燕尸于堂也。則是繹祭在于祊，繹與祊止一祭，非繹祭之時復有祊祭也。賓尸在于堂，繹與賓尸爲二事，非即指賓尸爲繹祭也。統言之皆曰繹，故鄭氏謂繹又于其堂，言賓尸必于堂也。陳用之云：「祊其位也，繹其祭也，賓尸其事也。」此爲得之。諸儒或混而言之，或離而言之，故前後多牴牾。今類而考之，附辨于後，以俟論禮者質焉。

附辨注疏正祭、繹祭二祊：

詩楚茨：祝祭于祊。鄭箋：孝子不知神之所在，故使祝博求之平生門内之旁，待賓客之處。孔疏：知門内者，以正祭之禮，不宜出廟門也。郊特牲：索祭祝于祊。孔疏：此索祭是正祭日之祊。

蕙田案：以上據注疏以爲正祭之祊。

禮器：爲祊于外。鄭注：祊祭，明日之繹祭也。祭統：而出于祊。孔疏：祊謂明日繹祭而出廟門旁，廣求神于門外之祊。郊特牲：祊之于東方。鄭注：祊之禮，宜于廟門外之西室，繹又于其堂。此二者同時，而大名曰繹。

蕙田案：以上據注疏以爲繹祭之祊。

郊特牲孔疏：祊有二種，一是正祭之時，詩楚茨云「祝祭于祊」，與祭同日。二是繹祭之時，即上文云「祊之于東方」是也。今此索祭，是正祭日之祊。

方氏慤曰：設祭于堂，言正祭之時也。爲祊乎外，言索祭之時也。言堂以見外之爲門，言外以見堂之爲内。祭言其事也，祊言其所也。何氏楷曰：郊特牲于

「直祭祝于主」之下，即繼之曰「索祭祝于祊」；禮器于「設祭于堂」之下，即繼之曰「爲祊乎外」，互相備也。皆曰「于彼乎，于此乎」，蓋汲汲乎求神也。

蕙田案：楚茨「祝祭于祊」，爲正祭之祊；郊特牲「祊之於東方」，爲繹祭之祊，注疏無誤。其禮器、祭統二條，鄭注以爲繹祭。案禮器設祭于堂，正祭也。爲祊于外，亦正祭之祊也。不應上言正祭，下遽言繹祭，而總結之曰「于彼于此」也。如繹于堂之説，則繹止一祭耳，安得既繹祭于堂，又祊祭于門乎？注家之失，蓋以繹祭之祊爲在廟門外，而以爲祊于外當之，不知此特對堂而言，故廟門爲外，非謂祊在廟門之外，而繹祭之在廟門外，亦未見其必然也。觀下文曰「于彼乎，于此乎」，明與郊特牲同義，何以于郊特牲指爲正祭之祊，于禮器又指爲繹祭之祊乎？祭統「詔祝于室而出于祊」，此即郊特牲「直祭祝于主，索祭祝于祊」之事，故鄭注亦以索祭釋之，孔疏乃以爲繹祭，是同一索祭，而于郊特牲訓以正祭，于祭統訓以繹祭，亦前後乖違矣。今定此二節，俱當爲正祭之祊。

附辨注疏祊有門内門外：

詩楚茨毛傳：祊，門内也。鄭箋：使祝博求之平生門内之旁，待賓客之處。郊特牲：索祭祝于祊。孔疏：求神于廟門内。

禮器孔疏：祊謂明日繹祭在于廟門外之西旁。祭統孔疏：祊謂明日繹祭而出廟門旁，求神于門外之祊。郊特牲：祊之于東方。鄭注：祊之禮，宜于廟門外之西室。爾雅釋宮孫炎云：祊謂廟門外。

蕙田案：以上以祊在廟門内。

詩楚茨孔疏：以廟門謂之祊，知内外皆有祊稱。爾雅釋宮邢疏：廟門内外皆有祊稱。

蕙田案：以上以祊在廟門外。

蕙田案：以上以祊兼門内門外。

陸氏佃曰：祊在廟門内，而禮器曰「爲祊乎外」者，蓋祊雖在内，自堂視之亦外也，故稱門内也。

何氏楷曰：案爾雅祊作閍，云閍謂之門。説文祊一作鬃，云：「門内祭先祖，所以彷徨。」是則祊祭自在門内，原無二祊。禮器所謂設祭于堂，爲祊乎外，蓋對堂而言則門爲外，非謂祊在門外也。

蕙田案：爾雅釋宮但以祊爲門，不言門内外，而注疏諸家以正祭之祊爲門内謂之繹，繹之名施于天子諸侯，賓尸之名亦施于卿大夫。

蕙田案：爾雅以繹爲又祭，則繹是祭名。其曰祊者，祭之所也。家語云「周禮繹祭于祊」是也。其曰賓尸者，既祭而燕尸于堂也。朱子訓鳧鷖以爲「祭之明日繹而賓尸」是也。故繹祭在于祊，賓尸在于堂。繹與祊止一祭，繹與賓尸爲二事，非即指賓尸爲繹，祭統言之皆曰繹。陳用之説最爲得之。諸儒或離一事爲兩事，或合兩事爲一事，故説多難通。

附辨陳氏澔繹祊在廟門外西堂西室：

陳氏澔曰：繹是堂上接尸，祊是室内求神，皆一時之事。繹之禮當于廟門外之西堂，祊當在廟門外西室。

蕙田案：此以繹與祊分作兩事，一誤。謂俱在廟門外，二誤。又於廟門外分西堂西室，而以繹祊分屬之，三誤。

右繹祭

五禮通考卷九十

吉禮九十

宗廟時享

漢廟享

漢書文帝本紀：文帝元年冬十月辛亥，皇帝見於高廟。

景帝本紀：元年，詔高廟酎。張晏曰：正月旦作酒，八月成，名曰酎。酎之言純也。至武帝時，因八月嘗酎會諸侯廟中，出金助祭，所謂酎金也。師古曰：酎，三重釀，醇酒也，故以薦宗廟。酎，直秋反。

武帝本紀：元鼎五年九月，列侯坐獻黄金酎祭宗廟不如法奪爵者百六人。如淳諸帝廟皆常奏文始、四時、五行舞云。高祖六年，又作昭容樂、禮容樂。昭容者，猶古之昭夏也，主出武德舞。蘇林曰：言昭容樂生于武德舞。劉奉世曰：予謂主出者，此舞出則主奏之，故下文云「出用樂者，言舞不失節能以樂終也」。禮容者，主出文始、五行舞。舞入無樂者，將至至尊之前不敢以樂也；出用樂者，言舞不失節能以樂終也。大抵皆因秦舊事焉。

蕙田案：禮樂志稱，漢興，樂家有制氏，服虔曰：魯人，善樂事。以雅樂聲律世世在太樂官，但能紀其鏗鏘鼓舞，而不能言其義。師古曰：鏗鏘，金石之聲也。是當時古樂猶存，但樂工習其器，而不能心知其意耳。倘樂經未亡，儒者得而討論之，則猶可庶幾也。奈篇章盡燔於火，叔孫止因秦樂人而制樂，宜其去古遠矣。然古宗廟，樂有四節，登歌下管、興舞、間歌、合樂，見於儀禮，而可想見虞廷之制作者。叔孫所制，猶彷彿其條理焉，勝於後世多矣。漢廟，舞文始即招舞，五行舞即周舞。周舞者，大武也。上述虞舜，下繼文、武，有深意焉。是漢雖有武德、昭德自制之舞，而前代之舞猶存，猶古大合樂之意矣。蓋漢初雖遭秦廢古之後，而樂工金石之器不與詩、書並火，故僅存焉。

又案：志云河間獻王獻所集雅樂，天子下太樂官，常存肄之，歲時以備數，然不常御，常御及郊廟，皆非雅聲，則叔孫所作，尚非雅音，而河間所獻，又復不存，蓋古樂之難言久矣。

觀承案：樂義可以心悟，鏗鏘鼓舞不可以言傳。漢世去古未遠，古樂音節尚存其一二，故制氏世官略能循習其度數。班、史反惜其不能言樂義，不知在今日樂義尚能言之，正難在紀其鏗鏘鼓舞爾。

安世房中歌十七章，其詩曰：

大孝備矣，休德昭清。高張四縣，樂充宮廷。晉灼曰：四縣，樂四縣也。天子宮縣。師古曰：謂設宮縣而高張之。縣，古「懸」字。芬樹羽林，雲景杳冥。師古曰：言所樹羽葆，其盛若林，芬然衆多，仰視高遠，如雲日之杳冥也。金支秀華，庶旄翠旌。張晏曰：金支，百二十支。秀華，中主有華豔也。旄，鍾之旄也。文穎曰：析羽爲旌，翠羽爲之也。臣瓚曰：樂上衆飾，有流遡羽葆，以黄金爲支，其首敷散，若草木之秀華也。師古曰：金支秀華，瓚説是也。庶，衆也。庶旄翠旌，謂析五采羽，注翠旄之首而爲旌耳。

七始華始，肅倡和聲。孟康曰：七始，天地四時人之始。華始，萬物英華之始也。以爲樂名，如六英也。師古曰：肅，敬也。言歌者敬而唱諧和之聲。神來宴娭，庶幾是聽。師古曰：娭，戲也。言庶幾神來宴戲聽此樂也。粥粥音送，細齊人情。晉灼曰：粥粥，敬懼貌也。細，微也。以樂送神，微感人情使之齊肅也。師古曰：粥音弋六反。忽乘青玄，熙事備成。師古曰：言還神禮畢，忽登青天而去，福熙之事皆備成也。清思眑眑，經緯冥冥。蘇林曰：眑音窈。師古曰：眑眑，幽靜也。經緯，謂經緯天地。

我定曆數，人告其心。師古曰：言臣下各竭其心，致誠慤也。敕身齊戒，施教申申。應劭曰：敕，謹敬之貌。師古曰：齊讀曰齋。乃立祖廟，敬明尊親。大矣孝熙，四極爰轃。師古曰：熙亦福也。四極，四方極遠之處也。爾雅曰：「東至于泰遠，西至于邠國，南至于濮鉛，北至于祝栗，謂之四極。」轃字與臻同。

王侯秉德，其鄰翼翼，師古曰：鄰，言德不孤必有鄰也。翼翼，恭敬也。顯明昭式。清明鬯矣，皇帝孝德。師古曰：鬯，古「暢」字，暢，通也。竟全大功，撫安四極。

海內有姦，紛亂東北。師古曰：謂匈奴。詔撫成師，武臣承德。師古曰：成師，言各置部校，師出以律也。春秋左氏傳曰：「成師以出。」行樂交逆，簫、勺群慝。晉灼曰：簫，舜樂也。勺，周樂也。言以樂征伐也。師古曰：言制定新樂，教化流行，則逆亂之徒盡交歡也。慝，惡也。勺讀曰酌。劉敞曰：予謂逆，迎也。樂音洛。言師行而和樂遠邇皆迎也。肅爲濟哉，蓋定燕國。師古曰：匈奴服從，則燕國安靜無寇難也。

大海蕩蕩水所歸，高賢愉愉民所懷。李奇曰：愉愉，懌也。師古曰：蕩蕩，廣大貌也。愉愉，和樂貌也。懷，思也。言海以廣大之故，衆水歸之；王者有和樂之德，則人皆思附也。**大山崔，百卉殖。民何貴？貴有德。**師古曰：言大山以崔嵬之故，能生養百卉；明君以崇高其德，故爲萬姓所尊也。

安其所，樂終産。師古曰：萬物各安其所，而樂終其産也。**樂終産，世繼緒。**師古曰：言傳祚無窮〔一〕。**飛龍秋，游上天。**蘇林曰：秋，飛貌也。師古曰：莊子有秋駕之法者，亦言駕馬騰驤，秋秋然也。揚雄賦曰「秋秋蹌蹌入西園」，其義亦同。讀者不曉秋義，或改此秋字爲秝稷之秝，失之遠矣。**高賢愉，樂民人。**師古曰：言王者有愉愉之德，故使衆人皆安樂。

豐草葽，女羅施。孟康曰：葽音「四月秀葽」之葽，盛貌也。應劭曰：女羅，兔絲也，延於松柏之上。異類而猶載之，況同姓，言族親不可不覆遇也。**譱何如，誰能回！**師古曰：回，亂也。言至德之善，上古帝皇皆不如之，而不可干亂。**大莫大，成教德。長莫長，被無極。**

〔一〕「窮」，原作「究」，據光緒本、漢書禮樂志二改。

雷震震，電燿燿。明德鄉，治本約。服虔曰：與臣民之約。師古曰：鄉，方也。言王者之威，取象雷電，明示德義之方，而治政本之約。約讀曰要。治本約，澤弘大。師古曰：政教有常，則恩惠溥洽。加被寵，咸相保。師古曰：言德政所加，人被寵渥，則室家老幼皆相保也。德施大，世曼壽。師古曰：曼，延也。

觀承案：「澤弘大」，「大」字非韻，疑誤。李氏光地謂應是「久」字，愚意作「久」字便與「保」、「壽」叶，且下文「德施大者弘也，世曼壽者久也」，正與此句收應作結。

都荔遂芳，窅窊桂華。蘇林曰：窅音窅眹之窅〔一〕。窊音窊下之窊。孟康曰：窅，出；窊，入。都良薜荔之香鼓動桂華也。晉灼曰：桂華似殿名，次下言「桂華馮馮翼翼，承天之則」，言樹此香草以絜齊其芳氣，乃達於宮殿也。臣瓚曰：茂陵中書歌都孋、桂英、美芳、鼓行，如此復不得爲殿名。師古曰：諸家説皆未盡也。此言都良薜荔俱有芬芳，桂華之形窅窊然也。皆謂神宮所有耳。孝奏天儀，若日月光。師古曰：言以孝道進承於天，天神下降，故有光。乘玄四龍，回馳北行。羽旄

〔一〕「眹」，原作「眰」，據光緒本、漢書禮樂志二改。

殷盛，芬哉芒芒。師古曰：芬亦謂衆多。芒芒，廣遠之貌。孝道隨世，我署文章。師古曰：署猶分部也，一曰表也。桂華。

蕙田案：桂華是「都茘遂芳」十句章名，宜附於「我署文章」之後，猶「美芳」二字附於「克綽永福」之後也。刻漢書者不知，誤冠於「馮馮翼翼」之上耳。

馮馮翼翼，承天之則。師古曰：馮馮，盛滿也。翼翼，衆貌也。吾易久遠，燭明四極。晉灼曰：易，疆易也。久，固也。武帝自言拓境廣遠安固也。師古曰：此説非也。久猶長也，自言疆易遠大耳。非武帝時也，不得云拓境。慈惠所愛，美若休德。師古曰：若，順也。休亦美也。杳杳冥冥，克綽永福。師古曰：綽，緩也，亦謂延長也。美芳。劉奉世曰：桂華、美芳皆二詩章名，本側注在前篇之末，傳寫之誤，遂以冠後。後詞無「美芳」，亦當作「美若」矣。

磑磑即即，師象山則。孟康曰：磑磑，崇積也。即即，充實也。師，衆也。則，法也。積實之盛衆類於山也。嗚呼孝哉，案撫戎國。蠻夷竭歡，象來致福。李奇曰：象，譯也。蠻夷遣譯，致福貢也。兼臨是愛，終無兵革。師古曰：兼臨，言在上位者普包容也。

嘉薦芳矣，告靈饗矣。告靈既饗，德音孔臧。師古曰：「饗」字合韻，皆音鄉。孔，甚也。臧，善也。惟德之臧，建侯之常。承保天休，令問不忘。師古曰：建侯，封建諸侯也。

易屯卦曰「利建侯」。休，美也。令，善也。問，名也。

皇皇鴻明，蕩侯休德。服虔曰：侯，惟也。臣瓚曰：天下蕩平，惟帝之休德。嘉承天和，伊樂厥福。師古曰：伊，是也。在樂不荒，惟民之則。

浚則師德，下民咸殖。令問在舊，孔容翼翼。師古曰：浚，深也。師，衆也。則，法也。殖，生也。舊，久也。翼翼，敬也。言有深法衆德，故能生育群黎，久有善名，其容甚敬也。

孔容之常，承帝之明。師古曰：帝謂天也。下皆類此。下民之樂，子孫保光。師古曰：言永保其光寵也。承順温良，受帝之光。嘉薦令芳，壽考不忘。師古曰：不忘，言長久也。

承帝明德，師象山則。師古曰：衆象山而爲法，言不騫不崩。雲施稱民，永受厥福。師古曰：言稱物平施，其澤如雲也。承容之常，承帝之明。下民安樂，受福無疆。

右漢廟享

後漢廟享

後漢書世祖本紀：建武元年秋八月癸丑，祠高祖、太宗、世宗于懷宮。

祭祀志：建武二年，立高廟於洛陽，四時祫祀，高祖爲太祖，文帝爲太宗，武帝爲世宗，如舊。餘帝四時春以正月，夏以四月，秋以七月，冬以十月及臘，一歲五祀。

蕙田案：東漢建武享祀之制，可謂近古矣。四時祫祭於高廟，文帝爲太宗，武帝爲世宗，此不祧之宗也。餘帝以四孟月及臘，一歲五祠。四孟之祭，與祠、礿、烝、嘗之義合，臘祭與大祫之義合，不疏不數，殆得禮之意者。稽之周禮六祭，特少一禘耳。禘祭始祖所自出，三代以後，荒遠無徵，自宜從缺。至祭南頓君以上至節侯於故園廟，尤爲不易。

世祖本紀：建武五年秋七月丁丑，幸沛，祠高原廟。注：原，再也。謂已立廟，更立者爲原。六年夏四月丙子，幸長安，始謁高廟。十年春正月，修理長安高廟。秋八月己亥，幸長安，謁高廟。十五年夏四月戊申，以太牢告祠宗廟。十八年三月壬午，祠高廟。

祭祀志：十九年，詔曰：「以宗廟處所未定，且祫祭高廟。其成、哀、平且祠祭長安故高廟。其南陽舂陵歲時各且因故園廟祭祀。園廟去太守治所遠者，在所令長行太守事侍祠。」於是雒陽高廟四時加祭孝宣、孝元，凡五帝。其西廟成、哀、平三帝主，四時祭於故高廟。京兆尹侍祠，冠衣車服如太常祠陵廟之禮。南頓君以上至節侯，皆就園廟，在所郡縣侍祠〔一〕。

世祖本紀：建武二十二年春閏月丙戌，幸長安，祠高廟。

明帝本紀：永平二年冬十月甲子，西巡狩，幸長安，祠高廟。

永平三年冬十月，烝祭光武廟，初奏文始、五行、武德之舞。

祭祀志注：東觀書曰：「永平三年八月丁卯，公卿奏議世祖廟登歌八佾舞功名。東平王蒼議，以爲『漢制舊典，宗廟各奏其樂，不皆相襲，以明功德。秦爲無道，殘賊百姓，高皇帝受命誅暴，元元各得其所，萬國咸熙，作武德之舞。孝文皇帝躬行節儉，除誹謗，去肉刑，澤施四海，孝景皇帝制昭德之舞。孝武皇帝功德茂盛，威震海外，開地置郡，傳之無窮，孝宣皇帝制盛德之舞。光武皇帝受命中興，撥亂反正，武暢方外，震服百蠻，戎狄奉貢，宇內治平，登封告成，修建三雍，肅修典祀，功德巍巍，比隆前代。以兵平亂，武功盛大。歌所以詠德，舞所以象功，世祖廟樂

〔一〕「祠」，諸本脱，據後漢書祭祀志下補。

名宜曰大武之舞。元命包曰：「緣天地之所雜樂爲之文典。」文王之時，民樂其興師征伐，而詩人稱其武功。樞機鈐曰：「有帝漢出，德洽作樂。」各與虞韶、禹夏、湯濩、周武無異，不宜以名舞。叶圖徵曰：「大樂必易。」詩傳曰：「頌言成也，一章成篇，宜列德，故登歌清廟一章也。」漢書曰：「百官頌所登御者，一章十四句。」依書文始、五行、武德、昭真修之舞，節損益前後之宜，六十四節爲舞〔一〕，曲副八佾之數。十月烝祭始御，用其文始、五行之舞如故。』進武德舞歌詩曰〔二〕：『於穆世廟，肅雍顯清，俊乂翌翌，秉文之成。越序上帝，駿奔來寧，建立三雍，封禪泰山，章明圖讖，放唐之文。休矣惟德，罔射協同，本支百世，永保厥功。』詔書曰：『驃騎將軍議可。』進武德之舞如故。」

永平六年二月，王雒山出寶鼎，廬江太守獻之。夏四月甲子，詔曰：「昔禹收九牧之金，鑄鼎以象物，使人知神姦，不逢惡氣。遭德則興，遷於商、周；周德既衰，鼎乃淪

〔一〕「舞」，諸本作「武」，據後漢書祭祀志下改。
〔二〕「進」上，諸本衍「勿」字，據後漢書祭祀志下删。

亡。祥瑞之降，以應有德。方今政化多僻，何以致兹？易曰鼎象三公，豈公卿奉職得其理邪？太常以其礿祭之日，陳鼎於廟，以備器用。

章帝本紀：建初七年八月，飲酎高廟。十月丙辰，祠高廟。注：前書「高廟飲酎」，音義云：武帝時因八月嘗酎，會諸侯，出金助祭，所謂酎金也。丁孚漢儀式曰：九真、交阯、日南者，用犀角二，長九寸，若瑇瑁甲一；鬱林用象牙一，長三尺已上，若翠羽各二十，準以當金。

元和元年九月辛丑，祀舊宅園廟。元和二年二月癸酉，告祠二祖、四宗。四月庚申，假于祖禰，告祠高廟。九月丙申，召濟南王康、中山王焉會烝祭。二祖謂高祖、世祖，四宗謂文帝爲太宗，武帝爲世宗，宣帝爲中宗，明帝爲顯宗。

章和元年八月壬午，遣使者祠昭靈后于小黄園。己丑，遣使祠沛高原廟。

和帝本紀：永元十五年冬十月戊申，幸章陵，祠舊宅。癸丑，祠園廟。

安帝本紀：永初七年庚戌，皇太后率大臣命婦謁宗廟。

和熹鄧皇后紀：永初七年正月，初入太廟，齋七日，賜公卿百僚各有差。庚戌，謁宗廟，率命婦群妾相禮儀，與皇帝交獻親薦，成禮而還。因下詔曰：「凡供薦新味，多非其節，或鬱養强孰，或穿掘萌芽，味無所至而夭折生長，豈所以順時育物乎！傳曰：

『非其時不食。』自今當奉祀陵廟及給御者，皆須時乃上。」凡所省二十三種。

安帝本紀：延光三年二月癸巳，告祀二祖、六宗。夏四月乙丑，假于祖禰。閏十月乙未，祠高廟。二祖，高祖、光武也。六宗，謂孝文曰太宗，孝武曰世宗，孝宣曰中宗，孝元曰高宗，孝明曰顯宗，孝章曰肅宗。

順帝本紀：陽嘉元年二月丁巳，皇后謁高廟、光武廟。永和二年十一月丙午，祠高廟。

東漢會要：東漢制，正月上丁，祠南郊；禮畢，次北郊、明堂、高廟、世祖廟，謂之五供。

禮儀志：宗廟、夕牲皆以晝漏十四刻初納，夜漏未盡七刻初納，進熟獻，送神，還，有司告事畢。

後漢蔡邕宗廟祝嘏辭：嗣曾孫皇帝某，敢昭告於皇祖高皇帝，各以后配。昔受命京師，都於長安，享國十有一世，歷年二百十載。遭王莽之亂，宗廟隳壞，世祖復帝祚，遷都洛陽，以服土中，享國一十一世，歷年一百六十五載。予末小子，遭家不造，早統洪業，奉嗣無疆。關東吏民，敢云稱亂，總連州縣，擁兵聚衆，以圖叛逆，震驚王師，命將征服。股肱大臣，推皇天之命，以已行之事，遷都舊京。昔周德缺，而斯干作，應運變通，自古有之。於是乃以二月丁亥來自雒，越三月丁巳至於長安，飭躬不慎，寢疾旬日，賴祖宗之靈，以獲有瘳，吉旦齊宿，敢用潔牲一元大武柔毛剛鬣，商祭明視，薌合嘉蔬，香萁鹹鹺，豐本明粢醴酒，用告遷來，尚饗。

蔡邕九祝辭：高皇帝使工祝承多福無疆於爾嗣曾孫皇帝，使爾受禄於天，宜此舊都，萬國和同，兆民康乂，眉壽萬年，子子孫孫，永守民庶，勿替引之。

蕙田案：獻帝紀：初平元年二月丁亥，遷都長安。三月乙巳，車駕入長安，幸未央宫。此詞當是初遷告廟時也，但史不載告廟事，今附於此。

右後漢廟享

魏晉廟享

三國魏志文帝本紀：黄初元年十一月，京都有事于太廟。

文獻通考：魏文帝黄初二年六月，以洛京宗廟未成，乃祠武帝於建始殿，親執饋奠如家人禮。

魏志韓暨傳：黄初七年，遷太常。時新都洛陽，制度未備，而宗廟主祏皆在鄴都。暨奏請迎鄴四廟神主，建立洛陽廟，四時烝嘗，親奉粢盛，崇明正禮，廢去淫祀，多所匡正。

宋書樂志：魏俞兒舞歌四篇魏國初建所用，後于太祖廟並作之。王粲造

矛俞新福歌　漢初建國家，匡九州。蠻荆震服，五刃三革休。安不忘備武樂脩。宴我賓師，敬用御天，永樂無憂。子孫受百福，常與松喬遊。蒸庶德，莫不咸歡柔。

弩俞新福歌　材官選士，劍弩錯陳。應桴蹈節，俯仰若神。綏我武烈，篤我淳仁。自東自西，莫不來賓。

安臺新福歌曲　我功既定，庶士咸綏。樂陳我廣庭，式燕賓與師。昭文德，宣武威。平九有，撫民黎。荷天寵，延壽尸。千載莫我違。

行辭新福歌曲　神武用師士素厲。仁恩廣覆，猛節横逝。自古立功，莫我弘大。桓桓征四國〔一〕，爰及海裔。漢國保長慶，垂祚延萬世。

〔一〕「征」，原作「立」，據光緒本、宋書樂志二改。

蕙田案：以上魏。

晉書禮志：泰始七年四月，帝將親祠，車駕夕牲，而儀注還不拜。詔問其故，博士奏歷代相承如此。帝曰：「非致敬宗廟之禮也。」於是實拜而還，遂以爲制。夕牲必躬臨拜。

鍾雅傳：雅轉尚書右丞，時有事于太廟，雅奏曰：「陛下繼承世數，于京兆府君爲玄孫，而今祝文稱曾孫，恐此因循之失，宜見改正。又禮，祖之昆弟，從祖父也。景皇帝自以功德爲世宗，不以伯祖而登廟，亦宜除伯祖之文。」詔曰：「禮，事宗廟，自曾孫以下皆稱曾孫，此非因循之失也。義取于重孫，可歷世共其名，無所改也。稱伯祖不安，如所奏。」

禮志：咸寧五年十一月己酉，弘訓羊太后崩，宗廟廢一時之祀。

蕙田案：本紀后崩於四年六月，今依禮志。

成帝本紀：咸康二年夏四月丁巳，皇后見於太廟。

穆帝本紀：皇后見於太廟。

禮志：太元十一年九月，皇女亡，及應烝祠，中書侍郎范甯奏：「案喪服傳有死宮中者三月不舉祭，不別長幼之與貴賤也。皇女雖嬰孩，臣竊以爲疑。」於是尚書奏使三公行事。

蕙田案：以女殤廢親祭，非禮也。

晉宗廟歌十一篇　傅玄造

祠廟夕牲歌　我夕我牲，猗歟敬止。嘉豢孔時，供茲享祀。神鑒厥誠，博碩斯歆。祖考降饗，以虞孝孫之心。

祠廟迎送神歌　嗚呼悠哉，日鑒在茲。以時享祀，神明降之。神明斯降，既祐享之。祚我無疆，受天之祜。赫赫太上，巍巍聖祖。明明烈考，丕承繼序。

祠征西將軍登歌　經始宗廟，神明戾止。申錫無疆，祗承享祀。假哉皇祖，綏予孫子。燕及後昆，錫茲繁祉。

祠豫章府君登歌　嘉樂肆庭，薦祀在堂。皇皇宗廟，乃祖先皇。濟濟辟公，相予烝嘗。享祀不忒，降福穰穰。

祠潁川府君登歌　於邈先后，實司于天。顯矣皇祖，帝祉肇臻。本支克昌，資始開元。惠我無疆，享祚永年〔一〕。

祠京兆府君登歌　於惟曾皇，顯顯令德。高明清亮，匪競柔克。保乂命祜，基命惟則。篤生聖祖，光濟四國。

祠宣皇帝登歌　於鑠皇祖，聖德欽明。勤施四方，夙夜敬止。載敷文教，載揚武烈。匡定社稷，龔行天罰。經始大業，造創帝基。畏天之命，于時保之。

祠景皇帝登歌　執競景皇，克明克哲。旁作穆穆，惟祗惟畏。纂宣之緒，耆定厥功。登此儁乂，糾彼群凶。業業在位，帝既勤止。維天之命，於穆不已。

祠文皇帝登歌　於皇時晉，允文文皇。聰明叡智，聖敬神武。萬機莫綜，皇斯清之。虎兕放命，皇斯平之。柔遠能邇，簡授英賢。創業垂統，勳格皇天。

祠廟饗神歌二篇：

曰晉是常，享祀時序。宗廟致敬，禮樂具舉。惟其來祭，普天率土。犧樽既奠，清酤既載。亦有和羹，薦羞斯備。蒸蒸永慕，感時興思。登歌奏舞，神樂其和。

〔一〕「祚」，原作「祀」，據光緒本、晉書樂志上改。

祖考來格，祐我邦家。敷天之下，罔不休嘉。

肅肅在位，濟濟臣工。四海來格，禮儀有容。鐘鼓振，管絃理，舞開元，歌永始，神胥樂兮！肅肅在位，臣工濟濟。小大咸敬，上下有禮。理管絃，振鼓鐘，舞象德，歌詠功，神胥樂兮！肅肅在位，有來雍雍。穆穆天子，相惟辟公。禮有儀，樂有則，舞象功，歌詠德，神胥樂兮！

晉江左宗廟歌十三篇　曹毗造十一首，王珣造二首。

歌高祖宣皇帝曹毗　於赫高祖，德協靈符。應運撥亂，釐整天衢。勳格宇宙，化動八區。肅以典刑，陶以玄珠。神石吐瑞，靈芝自敷。肇基天命，道均唐虞。

歌世宗景皇帝　景皇承運，纂隆洪緒。皇維重抗，天暉再舉。蠢矣二寇，擾我揚楚。乃整元戎，以膏齊斧。亹亹神算，赫赫王旅。鯨鯢既平，功冠帝宇。

歌太祖文皇帝　太祖齊聖，王猷誕融。仁教四塞，天基累崇。皇室多難，嚴清紫宮。威厲秋霜，惠過春風。平蜀夷楚，以文以戎。奄有參墟，聲流無窮。

歌世祖武皇帝　於穆武皇，允龔欽明。應期登禪，龍飛紫庭。百揆時序，聽斷以情。殊域既賓，僞吴亦平。晨流甘露，宵映朗星。野有擊壤，路垂頌聲。

歌中宗元皇帝　運屯百六，天羅解貫。元皇勃興，網籠江漢。仰齊七政，俯平禍亂。化若風行，澤猶雨散。淪光更耀，金輝復焕。德冠千載，蔚有餘粲。

歌肅祖明皇帝　明明肅祖，闡弘帝祚。英風夙發，清暉載路。姦逆縱忒，罔式皇度。躬振朱旗，遂豁天步。宏猷淵塞，高羅雲布。品物咸寧，洪基永固。

歌顯宗成皇帝　於休顯宗，道澤玄播。式宣德音，暢物以和。邁德蹈仁，匪禮弗過。敷以純風，濯以清波。連理暎阜，鳴鳳棲柯。同規放勛，義蓋山河。

歌康皇帝　康皇穆穆，仰嗣洪德。爲而不宰，雅音四塞。閑邪以誠，鎮物以默。威靜區宇，道宣邦國。

歌孝宗穆皇帝　孝宗夙哲，休音允臧。如彼晨離，燿景扶桑。垂訓華幄，流潤八荒。幽贊玄妙，爰該典章。西平僭蜀，北靜舊疆。高猷遠暢，朝有遺芳。

歌哀皇帝　於穆哀皇，聖心虚遠。雅好玄古，大庭是踐。道尚無爲，治存易簡。化若風行，民猶草偃。雖曰登遐，徽音靡闡。愔愔雲韶，盡美盡善。

歌太宗簡文皇帝王珣　皇矣簡文，於昭于天。靈明若神，周淡如淵。沖應其來，實與其遷。亹亹心化，日用不言。易而有親，簡而可傳。觀流靡遠，求本愈玄。

歌烈宗孝武皇帝王珣　天鑒有晉，欽哉烈宗。同規文考，玄默允龔。威而不猛，約而能通。神鉦一震，九域來同。道積淮海，雅頌自東。氣陶淳露，化協時雍。

四時祠祀歌曹毗　肅肅清廟，巍巍聖功。萬國來賓，禮儀有容。鐘鼓震，金石熙。宣兆祚，武開基。神斯樂兮！理管絃，有來斯和〔一〕。說功德，吐清歌。神斯樂兮！洋洋玄化，潤被九壤。民無不悅，道無不往。禮有儀，樂有式。詠九功，永無極。神斯樂兮！

蕙田案：以上晉。

右魏晉廟享

宋齊梁陳廟享

通典：宋四時祭祀，將祭必先夕牲。皇帝散齋七日，致齋三日。百官掌事者亦如之。致齋之日，御太極殿幄坐，著絳紗袍，黑介幘，通天金博山冠。祠之日，車駕出，

〔一〕「有」，原脱，據光緒本、晉書樂志下補。

百官應齋從駕留守填街先置者〔一〕，各依宣攝從事。上水一刻，皇帝着平冕龍衮服，升金根車，到廟北門。理禮、謁者各引太樂令、太常、光禄勳、三公等皆入在位。皇帝降車，入廟，脱舄，盥及洗爵，訖，升殿。初獻，奠爵，樂奏。大祝令跪讀祝文，訖，進奠神座前，皇帝還本位。博士引太尉亞獻，訖，謁者又引光禄勳終獻。皇帝不親祠，則三公行事，而太尉初獻，太常亞獻，光禄勳終獻。

宋書禮志：元嘉六年七月，太學博士徐道娱上議曰：「伏見太廟烝嘗儀注，皇帝行事畢，出便坐，三公已上獻，太祝送神於門，然後至尊還拜，百官贊拜，乃退。謹尋清廟之道，所以肅安神也。禮曰，廟者貌也，神靈所馮依也。事亡如存，若常在也。既不應有送神之文，自陳豆薦俎，車駕至止，並弗奉迎。夫不迎而送，送而後辭，闇短之情，實用未達。案時人私祠，誠皆迎送，由於無廟，庶感降來格。因心立意，非王者之禮也。儀禮雖太祝迎尸於門，此乃延尸之儀，豈是敬神之典。恐於禮有疑。謹以議上。」有司奏下禮官詳判。博士江邃議：「在始不迎，明在廟也。卒事而送，節孝思

〔一〕「街」，諸本脱，據通典卷四九補。

也。若不送而辭，是舍親也。辭而後送，是遣神也。故孝子不忍違其親，又不忍遣神。是以祝史送神以成烝嘗之義。」博士賀道期議：「樂以迎來，哀以送往。祭統『迎牲而不迎尸』。詩云：『鐘鼓送尸。』鄭云：『尸，神象也。』與今儀注不迎而後送，若合符契。」博士荀萬秋議：「古之事尸，與今之事神，其義一也。周禮，尸出，送於廟門，拜，尸不顧。詩云：『鐘鼓送尸。』則送神之義，其來久矣。記曰：『迎牲而不迎尸，别嫌也。尸在門外，則疑於臣；入廟中，則全於君。君在門外，則疑於君；入廟，則全於臣。是故不出者，明君臣之義。』」邃等三人謂舊儀爲是，唯博士陳珉同道娱議。參詳「邃等議雖未盡，然皆依擬經禮。道娱、珉所據難從。今衆議不一，宜遵舊禮」。詔可。

元嘉七年四月乙丑，有司奏曰：「禮喪服傳云：『有死於宫中者，則爲之三月不舉祭。』今禮祀既戒〔一〕，而掖庭有故。下太常依禮詳正。太學博士江邃、袁朗、徐道娱、陳珉等議，參互不同。殿中曹郎中領祠部謝元議以爲：『遵依禮傳，使有司行事，於義爲安。』輒重參詳。宗廟敬重，饗祀精明。雖聖情罔極，必在親奉。然苟曰有疑，則

〔一〕「禮」，宋書禮志四作「礿」。

情以禮屈。無所稱述，於義有據。請聽如元所上。」詔可。

大明三年六月乙丑，有司奏：「來七月十五日，嘗祀太廟、章皇太后廟，輿駕親奉。而乘輿辭廟親戒〔一〕，太子合親祠與不？且今二十四日，第八皇女夭。案禮『宮中有故，三月不舉祭』。皇太子入住上宮，於事有疑。」下禮官議正。太學博士司馬興之議：「竊惟『國之大事，在祀與戎』。皇太子有撫軍之道，而無專御之義，戎既如之，祀亦宜然。案祭統，『夫祭之道，孫爲王父尸』。又云，『祭有昭穆，所以別父子』。太子監國，雖不攝，至於宗廟，則昭穆實存，謂事不可亂。又云，『有故則使人』。准此二三，太子無奉祀之道。又皇女夭札，則實同宮一體之哀，理不得異。設令得祀，令猶無親奉之義。」博士郁議：「案春秋，太子奉社稷之粢盛，長子主器，出可守宗廟，以爲祭主，易象明文。監國之重，居然親祭。皇女夭札，時既同宮，三月廢祭，於禮宜停。」二議不同。尚書參議，宜以郁議爲允。詔可。　三年十一月乙丑朔，有司奏：「四時

〔一〕「戒」，宋書禮志四作「戎」。

廟祀，吉日已定，遇雨及舉哀，舊停親奉，以有司行事。先下使禮官博議〔一〕，於禮爲得遷日與不？」博士江長議：「禮記祭統：『君之祭也，有故則使人，而君不失其儀。』鄭玄云：『君雖不親，祭禮無闕，君德不損。』愚以爲有故則必使人者，明無遷移之文。苟有司充事，謂不宜改日。」太常丞陸澄議：「案周禮宗伯之職，『若王不與祭祀則攝位』。鄭君曰：『王有故，行其祭事也。』臣以爲此謂在致齋，祭事盡備，神不可瀆，齋不可久，而王有他故，則使有司攝焉。晉太始七年四月，世祖將親祠於太廟。庚戌，車駕夕牲。辛亥，雨。有司行事。此雖非人故，蓋亦天礙也。求之古禮，未乖周制。案禮記，『孔子答曾子，當祭而日蝕太廟火，如牲至未殺，則廢』。然則祭非無可廢之道也，但權所爲之輕重耳。日蝕廟火，變之甚者，故乃牲至尚猶可廢。推此而降，可以理尋。今散齋之內，未及致齋，而有輕哀甚雨，日時展事，可以延敬。不愆義情，無傷正典，改擇令日，夫何以疑。愚謂散齋而有舉哀若雨，可更遷日。唯入致齋及日月逼晚者，乃使有司行事耳。又前代司空顧和啓，南郊車駕已出遇雨，宜遷日更郊，事

〔一〕「先」，諸本作「乞」，據宋書禮志四改。

見施用。郊之與廟，其敬可均，至日猶遷，況散齋耶？」殿中郎殷淡議：「曾子問『日蝕太廟火，牲未殺則廢』。縱有故則使人。清廟敬重，郊禋禮大，故廟焚日蝕，許以可遷；輕哀微故，事不合改。是以鼷鼠食牛，改卜非禮。晉世祖有司行事，顧司空之改郊月，既不見其當時之宜，此不足爲准。愚謂日蝕廟火，天譴之變，迺可遷日。至於舉哀小故，不宜改辰。」衆議不同。參議，既有理據，且晉氏遷郊，宋初遷祠，並有成准。謂孟月散齋之中，遇雨及舉輕哀，宜擇吉更遷，無定限數。唯入致齋及侵仲月節者，使有司行事。詔可。

蕙田案：事重則遷日，小故不改期，於義亦可通。

大明五年十月甲寅，有司奏：「今月八日烝祠二廟，公卿行事。有皇太子獻妃服。」前太常丞庾蔚之議：「禮所以有喪廢祭，由祭必有樂。皇太子以元嫡之重，故主上服妃，不以尊降。既正服大功，愚謂不應祭。有故，三公行事，是得祭之辰，非今之比。卿卒猶不繹，況於太子妃乎？」博士司馬興之議：「夫緦則不祭，禮之大經。卿卒不繹，春秋明義。又尋魏代平原公主薨，高堂隆議不應三月廢祠，而猶云殯葬之間，權廢事改吉，芬馥享祠。尋此語意，非使有司。此無服之喪，尚以未葬爲廢，況皇太子妃及大功未祔者邪？上尋禮文，下准前代，不得烝祠。」領軍長史周景遠議：「案禮『緦不祭』，大功廢祠，理不俟言。今皇太子故妃既未山塋，未從權制，則應依禮廢烝嘗。至尊以大功之服，於禮不得親奉，非有故之謂，亦不使公卿行事。」右丞徐爰議以爲：「禮『緦不祭』，蓋惟通議大夫以尊貴降絶，及其有服，不容復異。祭統云『君有故使人可』者，謂於禮應祭，君不得齊，祭不可闕，故使臣下攝奉。不謂君不應祭，有司行事也。晉咸寧四年，景獻皇后崩，晉武帝伯母，宗廟廢一時之祀，雖名號尊崇，粗可依准。今太子妃至尊正服大功，非有故之比。既未山塋，謂烝祠宜廢。尋蔚之等議，指歸不殊，闕烝爲允。過卒哭祔廟，一依常典。」詔可。

蕙田案：此議謂大功廢祭不使人攝，義亦可通。

七年二月丙辰，有司奏：「鑾輿巡蒐江左，講武校獵，獲肉先薦太廟、章太后廟，并設醖酒，公卿行事，及獻妃陰室，室長行事。」太學博士虞龢議：「檢周禮，四時講武獻牲，各有所施。振旅春蒐，則以祭社；茇舍夏苗，則以享礿；治兵秋獮，則以祀方；大閲冬狩，則以享烝。案漢祭祀志：『唯立秋之日，白郊事畢，始揚威武，名曰「貙劉」。乘輿入囿，躬執弩以射，牲以鹿麑。太宰令謁者各一人，載獲車馳送陵廟。』然則春田薦廟，未有先准。」兼太常丞庾蔚之議：「龢所言是蒐狩不失其時，此禮久廢。今時龢表晏，講武教人，又虔供乾豆，先薦二廟，禮情俱允。社主土神，司空土官，故祭社使司空行事。太廟宜使上公。參議蒐狩之禮，四時異議，禮有損益，時代不同。今既無復四方之祭，三殺之儀，曠廢來久，禽獲牲物，面傷翦毛，未成禽不獻。太宰令謁者擇上殺奉送，先薦廟社二廟，依舊以太尉行事。」詔可。

明帝本紀：泰始元年十二月壬午，車駕謁太廟。

禮志：明帝泰始二年六月丁丑，有司奏：「來七月嘗祀二廟，依舊車駕親奉。孝武皇帝至尊親進觴爵及拜伏。又昭皇太后室應拜，及祝文稱皇帝諱。又皇后今月二十五日虔見於禰，拜孝武皇帝、昭皇太后，並無明文，下禮官議正。」太學博士劉緄議：「尋晉元北面稱臣於愍帝，烝嘗奉薦，亦使有司行事。且兄弟不相爲後，著於魯史。以此而推，孝武之室至尊，無容親進觴爵拜伏。其日親進章皇太后廟，經昭皇太后室過，前議既使有司行事，謂不應進拜。昭皇太后正號久定，登列廟祀，詳尋祝文，宜稱皇帝諱。案禮，婦無見兄之典，昭后位居傍尊，致虔之儀，理不容備。孝武、昭后二室，牲薦宜闕。」太常丞虞愿議：「夫烝嘗之禮，事存繼嗣，故傍尊雖近，弟姪弗祀。君道雖高，臣無祭典。案晉景帝之於武帝，屬居伯父，武帝至祭之日，猶進觴爵。今上既纂嗣文皇，於孝武室謂宜進拜而已，觴爵使有司行事。案禮『過墓則軾，過祀則下』。凡在神祇，尚或致恭；况昭太后母臨四海，至尊親曾北面，兄母有敬，謂宜進拜，祝文宜稱皇帝諱。尋皇后廟見之禮，本修虔爲義，今於孝武，論其嫂叔，則無通問之典，語其尊卑，亦無相見之義。又皇后登御之初，昭后猶正位在宫，敬謁之道，久已前備。愚謂孝武、昭太后二室，並不復薦告。」參議以愿議爲允。詔可。

泰豫元年七月庚申，有司奏：「七月嘗祠，至尊諒闇之内，爲親奉與不？使下禮官通議，伏尋三年之制，自天子達。漢文愍秦餘之弊，於是制爲權典。魏、晉以來，卒哭而祔則就吉。案禮記王制，『三年不祭，唯祭天地社稷，爲越紼而行事』。鄭玄云：『唯不敢以卑廢尊也。』范宣難杜預、段暢，所以闕宗廟祭者，皆人理所奉，哀戚之情，同於生者。譙周祭志稱：『禮，身有喪，則不爲吉祭。緦麻之喪，於祖考有服者，則亦不祭，爲神不饗也。』尋宫中有故，雖在無服，亦廢祭三月，有喪不祭。如或非若三年之内必宜親奉者，則應禘序昭穆。而今必須免喪，然後禘祫，故知未祭之意，當似可思。起居注，晉武有二喪，兩期之中，並不自祠。亦近代前事也。伏惟至尊孝越姬文，情深明發，公服雖釋，純哀内纏。推訪典例，則未應親奉。有司祗應，祭不爲曠。仰思從敬，竊謂爲允。臣等參議，甚有明證，宜如所上。」詔可。

元徽二年十月丙寅，有司奏：「至尊親祠太廟文皇帝太后之日，孝武皇帝及昭皇太后〔一〕，雖親非正統，而嘗經北面，未詳應親執爵與不？」下禮官議。太學博士周山文議：「案禮，尊者尊統上，卑者尊統下。孝武皇帝於至尊雖親非正統，而祖宗之號，列於七廟。愚謂親奉之日，應執觴爵。昭皇太后既親非禮正，宜使三公行事。」博士顏燮等四人同山文。兼太常丞韓賁議：「晉景帝之於世祖，肅祖之於孝武，皆旁尊也，親執觴杓。今孝武皇帝於至尊，親爲伯父〔二〕，功列祖宗，奉祠之日，謂宜親執。案昭皇太后於主上，親無名秩，情則疏遠，庶母在我，猶子祭孫止，況伯父之庶母。愚謂昭后觴爵，可付之有司。」前左丞孫緬議：「晉世祖宗祠顯宗、烈宗、肅祖，並是晉帝之伯。今朝明準，而初無有司行事之禮。愚謂主上親執孝武皇帝觴爵，有愜情敬。昭皇太

〔一〕「昭皇太后」，諸本作「昭穆太后」，據宋書禮志四改。
〔二〕「爲」，原作「惟」，據光緒本、宋書禮志四改。

后君母之貴，見尊一時，而與章、宣二廟同饗閟宫，非唯不躬奉，迺宜議其毁替。請且依舊，三公行事。」詔緬議爲允。

樂志：宗廟登歌八篇　王韶之造

祠北平府君登歌　綿綿遐緒，昭明載融。漢德未遠，堯有遺風。於穆皇祖，永世克隆。本枝惟慶，貽厥靡窮。

祠相國掾府君登歌　乃立清廟，清廟肅肅。乃備禮容，禮容穆穆。顯允皇祖，昭是嗣服。錫兹繁祉，聿懷多福。

祠開封府君登歌　四縣既序，簫管既舉。堂獻六瑚，庭萬八羽〔一〕。先王有典，克禋皇祖。丕顯洪烈，永介休祜。

祠武原府君登歌　鐘鼓喤喤，威儀將將。温恭禮樂，敬享曾皇。邁德垂仁，係軌重光。天命純嘏，惠我無疆。

祠東安府君登歌　鑠矣皇祖，帝度其心。永言配命，播兹徽音。思我茂猷，如

〔一〕「萬」，宋書樂志二作「舞」。

玉如金。駿奔在陛，是鑒是歆。

祠孝皇帝登歌　烝哉孝皇，齊聖廣淵。發祥誕慶，景祚自天。德敷金石，道被管弦。有命既集，徽風永宣。

祠高祖武皇帝登歌　惟天有命，眷求上哲。赫矣聖武，撫運桓撥。功並敷土，道均汝墳。止戈曰武，經緯稱文。烏龍失紀，雲火代名。受終改物，作我宋京。至道惟王，大業有劭。降德兆民，升歌清廟。

祠七廟享神登歌并以歌章太后篇。　奕奕寢廟，奉璋在庭。笙籥既列，犧象既盈。黍稷匪芳，明祀惟馨。樂具禮充，潔羞薦誠。神之格思，介以休禎。濟濟群辟，永觀厥成。

世祖孝武皇帝歌謝莊造。　帝錫二祖，長世多祜。於穆叡考，襲聖承矩。玄極弛馭，乾紐墜緒。闢我皇維，締我宋宇。刊定四海〔一〕，肇構神京。復禮輯樂，散馬墮城。澤牣九有，化浮八瀛。慶雲承掖，甘露飛甍。肅肅清廟，徽徽閟宫。舞蹈象

〔一〕「刊」，諸本作「刷」，據宋書樂志二改。

德，笙磬陳風。黍稷非盛，明德惟崇。神其歆止，降福無窮。

章廟舞樂歌詞雜歌悉同用太廟詞，唯三后别撰。　殷淡造

賓出入，奏肅成樂歌詞二章　彝承孝典，恭事嚴聖。浹天奉賫，罄壤齊慶。司儀具序，羽容夙彰。芬枝飀烈，黼構周張。助實奠軒，酎珍充庭。璆縣凝會，涓竚聲。先期選禮，肅若有承。祇對靈祉，皇慶昭膺。尊事威儀，暉容昭叙。迅恭神明，粢盛牲俎。肅肅嚴宮，藹藹崇基。皇靈降祉，百祇具司。戒誠望夜，端列承朝。依微昭旦，物色輕霄。鴻慶遐鬯，嘉薦令芳，翊帝明德，永祚流光。

牲出入引牲樂歌詞　維誠絜饗，維孝奠靈。敬芬黍稷，敬滌犧牲。騂繭在豢，載溢載豐。以承宗祀，以肅皇衷。蕭芳四舉，華火周傳。神監孔昭，嘉是柔牷。

薦豆呈毛血奏嘉薦樂歌詞　肇禋戒祀，禮容咸舉。六典飾文，九司昭序。牲柔既昭，犧剛既陳。恭滌惟清，敬事惟神。加籩再御，兼俎重薦。節動軒越，聲流金縣。奕奕閟幄，娓娓嚴闈。絜誠夕鑑，端服晨暉。聖靈戾止，翊我皇則。上綏四寓，下洋萬國。永吉孝饗，孝饗有容。儐僚贊列，肅肅雝雝。　右夕牲歌詞

迎神奏韶夏樂歌詞　閟宮黝黝，復殿微微。璿除肅照，釭璧彤煇。黼帟神凝，

玉堂嚴磬。圜火夕燿，方水朝清。金枝委樹，翠鐙竚縣。渟波澄宿，華漢浮天。恭事既夙，虔心有慕。仰降皇靈，俯寧休祚[一]。

皇帝入廟北門奏永至樂歌詞　皇明邕矣，孝容以昭。鑾華羽迾，拂漢涵滈。申申嘉夜，翊翊休朝。行金景送，步玉風韶。師承祀則，肅對禋祧。

太祝祼地奏登歌樂詞二章　帝容承祀，練時涓日。九重徹關，四靈賓室。肅倡函音，庶旄委佾。休靈告饗，嘉薦尚芬。玉瑚飾列，桂篚昭陳。具司選禮，翼翼振振。祼崇祀典，酎恭考時。禮無爽物，信靡媿詞。精華孚邕，誠監昭通。升歌翊節，下管調風。皇心履變，敬明尊親。大哉孝德，至矣交神。

皇帝還東壁受福酒奏嘉時之樂舞詞　禮薦洽，福時昌。皇聖膺嘉祐，帝業凝休祥。居極乘景運，宅德瑞中王。澄明臨四表，精華延八鄉。洞海周聲惠，徹寓麗乾光。靈慶纏世祉，鴻烈永無疆。

送神奏昭夏之樂舞歌詞二章　大孝備，盛禮豐。神安留，嘉樂充。旋駕聳，汎

[一]「休祚」，諸本作「依胙」，據宋書樂志二改。

青穹。延八虚，闢四空。藹流景，肅行風。昭融教，緝風度。戀皇靈，結深慕。解羽縣，輟華樹。背璿除，端玉輅。流汪濊，慶國步。

皇帝詣便殿奏休成之樂歌詞　釃醴具登，嘉俎咸薦。饗洽誠陳，禮周樂徧。祝詞罷祼，序容輟縣。蹕動端庭，鑾回嚴殿。神儀駐景，華漢亭虚。八靈案衛，三祇解途。翠蓋燿澄，罼奕疑宸。玉鑣息節，金輅懷音。式誠遠孝，底心肅感。追憑皇鑒，思承淵範。神錫懋祉，四緯昭明。仰福帝徽，俯齊庶生。

蕙田案：以上宋。

南齊書禮志：建元二年〔一〕，太祖親祀太廟六室，如儀，拜伏竟，次至昭后室前，儀注應倚立，上以爲疑，欲使廟僚行事，又欲以諸王代祝令於昭后室前執爵。以問彭城丞劉瓛。瓛對謂：「若都不至昭后坐前，竊以爲薄。廟僚即是代上執爵饋奠耳，祝令位卑，恐諸王無容代之。舊廟儀諸王得兼三公親事，謂此爲便。」從之。

通典喪廢祭議：齊高帝建元四年，武帝在諒闇。尚書令王儉奏曰：「權典既行，

〔一〕「二年」，原作「元年」，據光緒本、南齊書禮志上改。

喪禮斯奪，事興漢代，源由甚遠。殷宗諒闇，非有服之稱；周王即吉，惟宴樂爲譏。春秋之義，嗣君踰年則會聘。左氏云『凡君即位，卿出並聘，踐修舊好』，『謀事補闕，禮之大者』。自斯而談，朝聘烝嘗之典，卒哭而備行，婚禘蒐樂之事，三載而後舉，通塞興廢，各有由然。案禮稱武王崩，明年六月既葬，周公冠成王而朝於祖，以見諸侯。又曾子問：『孔子曰：天子崩，國君薨，則祝取群廟之主而藏諸祖廟，禮也。卒哭成事，而後主各反其廟。』左氏傳『凡君卒哭而祔，祔而後特祀於主，烝嘗禘於廟』。三年喪畢，吉禘於廟，躋群主以定新主也。皆著在經誥〔一〕。晉宋因循，同規前典，卒哭公除，親奉烝嘗，率禮無違，因心允協。爰至宋明帝時，禮官立議，不宜親奉，乃引『三年之制，自天子達庶人』，曾不知本在至情，既葬釋除，事以權奪，越紼之旨，事施未葬，卒哭之後，何紼可越？晉武在喪，每欲伸寧戚之懷，不全依諒闇之典，至於四時烝嘗，以哀疚未堪，非便頓改舊式。江左通儒，守而弗革。又宜即心而言，公卿大事，則負扆親臨，三元告始，則會朝萬國，豈曰能安，國家故也。宗廟烝嘗，孝敬所先，寧容

〔一〕「皆」，諸本脱，據通典卷五二補。

吉事備行，斯典獨廢？就令必宜廢祭，則應三年永闋，乃復同之他故，有司攝禮，進退二三，彌乖喪典。謂宜依禮親奉。」從之。

文獻通考：齊武帝永明九年，詔太廟四時祭，薦宣皇帝起麪餅、鴨臛，孝皇后筍、鴨卵、脯醬、炙白肉，高皇帝肉膾葅羹，昭皇后茗粣炙魚，皆所嗜也。先時帝夢太祖謂已：「宋氏諸帝常在太廟從我求食，可別爲吾致祠。」乃命豫章王妃庾氏四時祠二帝二后於清溪故宅，牲牢服章皆如家人禮。

司馬氏光曰：昔屈到嗜芰，屈建去之，以爲不可以私欲干國之典，況子爲天子而以庶人之禮祭其父，違禮甚矣。衛成公欲祀相，甯武子猶非之，而況降祀祖考於私宮，使庶婦尸之乎！

南齊書樂志：太廟樂歌辭，周頌清廟一篇，漢安世歌十七章是也。永平三年，東平王蒼造光武廟登歌一章二十六句，其辭稱述功德。建安十八年，魏國初建，侍中王粲作登歌安世詩，說神靈鑒饗之意。明帝時，侍中繆襲奏：「安世詩本故漢時歌名，今詩所歌，非往詩之文。襲案漢禮志云〔一〕，安世樂猶周房中樂也。往昔議者，以房中歌后妃之德，宜改安世名正始之樂，後續漢安世歌，亦説神來宴饗，無有后妃之言。思惟往者謂房中樂爲后妃歌，恐失其意。方祭祀娱神，登歌先祖功德，下堂詠宴享，無事歌后妃之化也。于是改安世樂曰饗神歌。散騎常侍王肅作宗廟詩頌十二篇，不入於樂。晉泰始中，傅玄造宗廟夕牲昭夏歌一篇，迎送神肆夏歌詩一篇，登歌七廟七篇。玄云：「登歌歌盛德之功烈，故廟異其文。至于饗神，猶周頌之有朁及雍，但説祭饗神明禮樂之盛，七廟饗神皆用之。」夏侯湛又造宗廟歌十三篇。宋世王韶之造七廟登歌七篇。昇明中，太祖爲齊王，令司空褚淵造太廟登歌二章。建元初，詔黄門侍郎謝超宗造廟樂歌詩十六章。永明二年，尚書殿中曹奏：「太祖高皇帝廟神室奏高德宣烈之舞，未有歌詩，郊應須歌辭。穆皇后廟神室，亦未有歌辭。案傅玄云：『登歌廟異其文，饗神十室同辭。』此議爲允，又尋漢世歌篇，多少無定，皆稱事立文，並多八句，然後轉韻。時有兩三韻而轉，其例甚寡。張華、夏侯湛亦同前式。傅玄改韻頗數，更

〔一〕「漢禮志」，宋書樂志一作「周禮注」。

傷簡節之美。近世王韶之、顏延之並四韻乃轉，得賒促之中。顏延之、謝莊作三廟歌，皆各三章，章八句，此于序述功業詳略爲宜，今宜依之。郊配之日，改降尊作主，禮殊宗廟，穆后母儀之化，事異經綸。此二歌爲一章八句，别奏事御奉行。」詔可。尚書令王儉造太廟二室及郊配辭。

群臣出入，奏肅咸樂歌辭　絜誠底孝，孝感煙霜。賓儀式序，肅禮綿張。金華樹藻，肅哲騰光。殷殷升奏，嚴嚴階庠。匪椒匪玉，是降是將。懋分神衷，翊祐傳昌。

牲出入，奏引牲樂歌辭　肇祀嚴靈，恭禮尊國。達敬敷典，結孝陳則。芬滌既肅，犧牲既整。聳誠流思，端儀選景。肆禮佇夜，綿樂望晨。崇席皇鑒，用饗明神。

薦豆呈毛血，奏嘉薦樂歌辭　清思眑眑，閟寢微微。恭言載感，肅若有希。芬俎且陳〔一〕，嘉薦兼列。凝馨煙颺，分照星晢。睿靈式降，協我帝道。上澄五緯〔二〕，

〔一〕「且」，味經窩本、乾隆本、光緒本、南齊書樂志作「具」。
〔二〕「澄」，諸本作「登」，據南齊書樂志改。

下陶八表。　右夕牲歌辭

迎神，奏昭夏樂辭　涓辰選氣，展禮恭祗。重闈月洞，層牖煙施。載虚玉罍，載受金枝。天歌折饗，雲舞磬儀。神惟降止，泛景凝羲。帝華永藹，泯藻方摛。

皇帝入廟北門，奏永至樂歌辭　戲繇惟則，姬經式序。九司聯事，八方承宇。鑾迾靜陳，縵樂具舉。凝旒若慕，傾璜載佇。振振琁衛，穆穆禮容。載藹皇步，式敷帝蹤。

太祝祼地，奏登歌辭　清明既罍，大孝乃熙。天儀晬愴，皇心儼思。既芬房豆，載絜牷牲。鬱祼升禮，鋗玉登聲。茂對幽嚴，式奉徽靈。以享以祀，惟感惟誠。

皇祖廣靈丞府君神室奏凱容樂歌辭　國昭惟茂，帝穆惟崇。登祥緯遠，締世景融。紛綸睿緒，菴蔚王風。明進厥始，濬哲文終。

皇祖大中大夫府君神室奏凱容樂歌辭　琁條夤蔚，瓊源浚照。懋矣皇烈，載挺明劭。永言敬思，式恭惟教。休途良乂，榮光有耀。

皇祖淮陰令府君神室奏凱容樂歌辭　嚴宗正典，崇饗肇禋。九章既飾，三清既陳。昭恭皇祖，承假徽神。貞祐伊協，卿藹是鄰。

皇曾祖即丘令府君神室奏凱容樂歌辭　肅惟敬祀，絜事參薌。環袨象綴，緬密絲簴。明明烈祖，尚錫龍光。粤雅于姬，伊頌在商。

皇祖太常卿府君神室奏凱容樂歌辭　神宫懋鄴，明寢昌基。德凝羽綴，道邕容辭。假我帝緒，懿我皇維。昭大之載，國齊之祺。

皇考宣皇神室奏宣德凱容樂歌辭　道閟期運，義開藏用。皇矣睿祖，至哉攸縱。循規列照，襲矩重芬。德溢羲、軒，道懋炎、雲。

昭皇后神室奏凱容樂歌辭　月靈誕慶，雲瑞開祥。道茂淵柔，德表徽章。粹訓宸中，儀形宙外。容蹈凝華，金羽傳藹。

皇帝還東壁上福酒，奏永祚樂歌辭　構宸抗宇，合軫齊文。萬靈載溢，百禮以殷。朱紘繞風，翠羽停雲。桂樽既滌，瑶俎既薰。升薦惟誠，昭禮惟芬。降祉遥裔，集慶氤氲。

送神，奏肆夏樂歌辭　禮既升，樂以愉。昭序溢，幽饗餘。人祇邕，敬教敷。神光動，靈駕翔。芬九垓，鏡八鄉。福無屆，祚無疆。

皇帝詣便殿，奏休成樂歌辭　睿孝式邕，饗敬爰徧。諦容輟序，佾文靜縣。辰儀聳蹕，宵衛浮鑾。旒帟雲舒，翠華景摶。恭惟尚烈，休明再纏。國猷遠藹，昌圖聿宣。

太廟登歌辭二章　惟王建國，設廟凝靈。月薦流典，時祀暉經。瞻宸僾思，雨露追情。簡日筮晷，閟奠升文。金罍渟桂，沖幄舒薰。備僚肅列，駐景開雲。　至饗攸極，睿孝惇禮。具物咸絜，聲香合體。氣昭扶幽，眇慕纏遠。迎絲驚促，送佾留晚。聖衷踐候，節改增愴。妙感崇深，英徽彌亮。

太祖高皇帝神室奏高德宣烈樂歌辭　悠悠草昧，穆穆經綸。乃文乃武，乃聖乃神。動龕危亂，靜比斯民。誕膺休命，奄有八夤。握機肇運，光啓禹服。義滿天淵，禮昭地軸。澤靡不懷，威無不肅。戎夷竭歡，象來致福。偃風裁化，晅日敷祥。信星含曜，秬草流芳。七廟觀德，六樂宣章。惟先惟敬，是饗是將。

穆皇后神室奏穆德凱容之樂辭　大姒嬪周，塗山儷禹。我后嗣徽，重規疊矩。肅肅閟宮，翔翔雲舞。有饗德馨，無絕終古。

高宗明皇帝神室奏明德凱容之樂歌辭　多難固業，殷憂啓聖。帝宗纘武，惟時執競。起柳獻祥，百堵興詠。義雖祀夏，功符受命。遠無不懷，邇無不肅。其儀濟濟，其容穆穆。赫矣君臨，昭哉嗣服。允王維后，膺此多福。禮以昭事，樂以感靈。八簋陳室，六舞充庭。觀德在廟，象德在形。四海來祭，萬國咸寧。

蕙田案：以上齊。

隋書禮儀志：梁武帝制春祠、夏礿、秋嘗、冬烝并臘，一歲凡五，謂之時祭。天監三年，都令史王景之，列自江左以來，郊廟祭祀，帝已入齊，百姓尚哭，以爲乖禮。佟之等奏：「案禮，國門在皋門外，今之籬門是也。今古殊制，若禁凶服不得入籬門爲太遠，宜以六門爲斷。」詔曰：「六門之内，士庶甚多，四時烝嘗，俱斷其哭。若有死者，棺器須來，既許其大，而不許其細也。到齋日，宜去廟二百步斷哭。」

四年，何佟之議：「案禮，未祭一日，大宗伯省牲鑊，祭日之晨，君親牽牲麗碑。後代有冒暗之防，而人主猶必親奉，故有夕牲之禮。頃代人君，不復躬牽，相承丹陽尹牽牲，於古無取。宜依以未祭一日之暮，太常省牲視鑊，祭日之晨，使太尉牽牲出入也。少牢饋食殺牲於廟門外，今儀注詣厨烹牲，謂宜依舊。」帝可其奏。佟之又曰：「鄭玄云：『天子諸侯之祭禮，先有祼尸之事，乃迎牲。』今儀注乃至薦熟畢，太祝方執珪瓚祼地，違謬若斯。又近代人君，不復躬行祼禮。太尉既攝位，實宜親執其事，而越使卑賤太祝，甚乖舊典。愚謂祭日之晨，宜使太尉先行裸獻，乃後迎牲。」帝曰：「裸尸本使神有所附。今既無尸，裸將安設？」佟之曰：「如馬、鄭之意，裸雖獻尸，而義在求神。今雖無尸，求神之義，恐不可闕。」帝曰：「此本因尸以祀神。今若無尸，則宜立寄求之所。」裸義乃定。佟之曰：「祭統云：『獻之屬，莫重於裸。』今既存尸卒食之獻，則裸鬯之求，實不可闕。又送神更裸經記無文，宜依禮革。」奏未報而佟之卒。後明山賓復申其理。帝曰：「佟之既不復存，宜從其議也。」自是始使太尉代太祝行裸而又牽牲。太常任昉，又以未明九刻呈牲，又加太尉裸酒，三刻施饌，間中五刻，行儀不辦。近者臨祭從事，實以二更至未明三刻方辦。明山賓議：「謂九刻已疑太早，況二更非復祭旦。」帝曰：「夜半子時，即是晨始。宜取三更省牲，餘依儀注。」又有司以爲三牲或離杙，依制埋瘞，猪羊死則不埋。請議其制。司馬褧等議，以爲「牲死則埋，必在滌矣。謂三牲在滌死，悉宜埋」。帝從之。

五年，明山賓議：「罇彝之制，祭圖唯有三罇：一曰象罇，周罇也；二曰山罍，夏罇也；三曰著罇，殷罇也。徒有彝名，竟無其器，直酌象罇之酒，以爲珪瓚之實。竊尋裸重於獻，不容共罇，宜循彝器，以備大典。案禮器有六彝，春祠夏礿，裸用雞彝鳥彝。

王以珪瓚初祼，后以璋瓚亞祼，故春夏兩祭，俱用二彝。今古禮殊，無復亞祼，止循其二。春夏雞彝，秋冬斝彝〔一〕，庶禮物備也。」帝曰：「雞是金禽，亦主巽位。但金火相伏，用之通夏，於義爲疑。」山賓曰：「臣愚管，不奉明詔，則終年乖舛。案鳥彝是南方之物，則主火位，木生於火，宜以鳥彝春夏兼用。」帝從之。

梁書武帝本紀：天監十六年夏四月甲子，初去宗廟牲。冬十月，去宗廟薦脩，始用蔬果。

隋書禮儀志：天監十六年，詔曰：「夫神無常饗，饗于克誠，所以西鄰礿祭，實受其福。宗廟祭祀，猶有牲牢，無益至誠，有累冥道。自今四時烝嘗外，可量代。」八座議：「以大脯代一元大武。」八座又奏：「既停宰殺，無復省牲之事，請立省饌儀。其衆官陪列，並同省牲。」帝從之。十月，詔曰：「今雖無復牲腥，猶有脯脩之類，即之幽明，義爲未盡。可更詳定，悉薦時蔬。」左丞司馬筠等參議：「大餅代大脯，餘悉用蔬菜。」帝從之。又舍人朱异議：「二廟祀，相承止有一鉶羹，蓋祭祀之禮，應有兩羹，相承止

〔一〕「斝」，原作「牛」，據光緒本、隋書禮儀志二改。

於一鍘，即禮爲乖。請加熬油蓴羹一鍘。」帝從之。於是起至敬殿、景陽臺，立七廟座。月中再設淨饌。自是訖於臺城破，諸廟遂不血食。

樂志：梁宗廟皇帝初獻奏登歌，七曲，四言　功高禮洽，道尊樂備。三獻具舉，百司在位。誠敬罔諐，幽明同致。茫茫億兆，無思不遂。蓋之如天，容之如地。殷兆玉篚〔一〕，周始邠王。於赫文祖，基我大梁。肇土七十，奄有四方。帝軒百祀，人思未忘。永言聖烈，祚我無疆。　有夏多罪，殷人塗炭。四海倒懸，十室思亂。自天命我，殲凶殄難。既躍乃飛，言登天漢。爰饗爰祀，福禄攸贊。犧象既飾，罍俎斯具。我鬱載馨，黄流乃注。峨峨卿士，駿奔是務。佩上鳴堦，纓還拂樹。悠悠億兆，天臨日煦。　猗與至德，光被黔首。鑄鎔蒼昊，甄陶區有。肅恭三獻，對揚萬壽。比屋可封，含生無咎。匪徒七百，天長地久。　有命自天，於皇后帝。悠悠四海，莫不來祭。繁祉具膺，八神聳衛。福至有兆，慶來無際。播此餘休，于彼荒裔。　祀典昭潔，我禮莫違。八簋充室，六龍解騑。神宮肅肅，靈寢微微。嘉薦既饗，景福攸歸。至德光

〔一〕「篚」，隋書音樂志上作「筐」。

被，洪祚載輝。

蕙田案：以上梁。

陳書高祖本紀：永定元年十二月庚辰，皇帝謁太廟。

通典：陳制，一歲五祀，謂春夏秋冬臘也。每祭共以太牢，始祖以三牲首，餘唯骨體而已。

隋書樂志：

陳宗廟皇祖步兵府君神室奏凱容舞辭　於赫皇祖，宮牆高嶷。邁彼厥初，成兹峻極。緩樂簡簡，閟寢翼翼。裸饗若存，惟靈靡測。

皇祖正員府君神室奏凱容舞辭　昭哉上德，浚彼洪源。道光前訓，慶流後昆。神猷緬一作「綿」。邈，清廟斯存。以享以祀，惟祖惟尊。

皇祖懷安府君神室奏凱容舞辭　選辰崇饗，飾禮嚴敬。靡愛牲牢，兼馨粢盛。明明列祖，龍光遠映。肇我王風，形斯舞詠。

皇高祖安成府君神室奏凱容舞辭　道遥積慶，德遠昌基。永言祖武，致享從思。九章停列，八舞迴墀。靈其降止，百福來綏。

皇曾祖太常府君神室奏凱容舞辭　肇迹帝基，義標鴻篆。恭惟載德，瓊源方闡。享薦三清，筵陳四璉。增我堂構，式敷帝典。

皇祖景皇帝神室奏景德凱容舞辭　皇祖執德，長發其祥。顯仁藏用，懷道韜光。寧斯閟寢，合此蕭薌。永昭貽厥，還符翦商。

皇考高祖武皇帝神室奏武德舞辭　烝哉聖祖，撫運升離。道周經緯，功格玄祇。方軒邁扈，比舜陵嬀。緝熙是詠，欽明在斯。雲雷遘屯，圖南共舉。大定揚、越，震威衡、楚。四奥宅心，九疇還叙。景星出翼，非雲入吕。德暢容辭，慶昭羽綴。於穆清廟，載揚徽烈。嘉玉既陳，豐盛斯潔。是將是享，鴻猷無絶。

蕙田案：以上陳。

右宋齊梁陳廟享

北魏北齊北周廟享

北魏書禮志：天興二年冬十月，平文、昭成、獻明廟成。歲五祭，用二至、二分、臘，牲用太牢，常遣宗正兼太尉率祠官侍祀。又立神元、思帝、平文、昭成、獻明五帝廟於宮中，歲四祭，用正、冬、臘、九月，牲用馬牛各一，太祖親祀宮中。

又於雲中及盛樂神元舊都祀神元以下七帝，歲三祭，正、冬、臘用馬牛各一，祠官侍祀。

太和六年十一月，將親祀七廟，詔有司依禮具儀。於是群臣議曰：「昔有虞親虔，祖考來格；殷宗躬謁，介福逌降。大魏七廟之祭，依先朝舊事，多不親謁。今陛下孝誠發中，思親祀事，稽合古王禮之常典。臣等謹案舊章，并採漢、魏故事，撰祭服冠履牲牢之具，罍洗簠簋俎豆之器，百官助祭位次，樂官節奏之引，升降進退之法，別集爲親拜之儀。」制可。於是上乃親祭。其後四時常祀，皆親之。

太宗本紀：泰常四年夏四月庚辰，有事於東廟，遠藩助祭者數百國。

禮志：泰常四年八月，帝嘗於白登廟，將薦熟，有神異焉。太廟博士許鍾上言曰：「臣聞聖人能饗帝，孝子能饗親。伏惟陛下孝誠之至，通於神明。近嘗於太祖廟，有車騎聲，從北門入，殷殷轞轞，震動門闕，執事者無不肅慄。斯乃國祚永隆之兆，宜告天下，使知聖德之深遠。」

高祖本紀：太和十六年正月丙子，始以孟月祭廟。二月辛卯，罷寒食饗。

胡氏寅曰：四時之祀，天子用孟月，禮之正也。若寒食，其始既不出於先王，其節或跨乎仲季，非天子之所宜行也。苟以爲祖宗常行，有其舉之，莫敢廢也。蓋亦擇禮之中否而行之歟？寒食之祀，始於晉人思介之推之焚死，爲之不火食。然則有天下國家者，以是日祀其祖考，可謂不經之禮，雖祖考行之而未暇革，今而革之，去非以從是，何不可之有？魏孝文斷然行之，不膠者卓矣。

禮志：太和十六年正月戊午，詔曰：「夫四時享祀，人子常道。然祭薦之禮，貴賤不同，故有邑之君，祭以首時，無田之士，薦以仲月。況七廟之重，而用中節者哉！自頃烝嘗之禮，頗違舊義。今將仰遵遠式，以此孟月，犆礿於太廟。但廟典初改，衆務殷湊，無遑齋潔，遂及於今。又接神饗祖，必須擇日。今禮律未宣，有司或不知此。可敕太常令剋日以聞。」十月己亥，詔曰：「夫先王制禮，所以經綸萬代，貽法後昆。至乃郊天享祖，莫不配祭，然而有節。白登廟者，有爲而興，昭穆不次。故太祖有三層之宇，已降無方丈之室[一]。又常用季秋，躬駕展虔，祀禮或有褻慢之失，嘉樂頗涉野合之譏。今授衣之旦，享祭明堂；玄冬之始，奉烝太廟。若復致齋白登，便爲一月再

[一]「已降」，諸本作「巴陵」，據魏書禮志一改。

駕，事成褻瀆。回詳二理，謂宜省一。白登之高，未若九室之美；幃次之華，未如清廟之盛。將欲廢彼東山之祀，成此二享之敬。可具敕有司，但令内典神者，攝行祭事。獻明、道武各有廟稱，可具依舊式。」自太宗諸帝，昔無殿宇，因停之。

蕙田案：以上北魏。

隋書禮儀志：北齊制，春祠、夏禴、秋嘗、冬烝，皆以孟月，并臘，凡五祭。每祭，室一太牢，始以皇后亞獻。

北齊書文宣帝本紀：天保二年正月乙酉，有事于太廟。

武成帝本紀：河清元年正月壬午，享太廟。

隋書禮儀志：河清元年定令，四時祭廟禘祭及元日廟庭，設庭燎二所。

音樂志：北齊享廟樂辭：

先祀一日，夕牲，群臣入，奏肆夏辭　霜凄雨暢，烝哉帝心。有敬其祀，肅事惟歆。昭昭車服，濟濟衣簪。鞠躬貢酎，磬折奉琛。差以五列，和以八音。式祗王度，如玉如金。

迎神，奏高明登歌樂辭　日卜惟吉，辰擇其良。奕奕清廟，黼黻周張。大呂爲角，應鍾爲羽。路鼗陰竹，德歌昭舞。祀事孔明，百神允穆。神心乃顧，保兹介福。

牲出入，奏昭夏樂辭　大祀云事，獻奠有儀。既歌既展，贊顧迎犧。執從伊竦，芻飾惟慄。俟用於庭，將升於室。且握且騂，以致其誠。惠我貽頌，降祉千齡。

薦毛血，奏昭夏辭三公出，奏肆夏，進熟，群臣入，奏肆夏，辭同。　緬彼遐慨，悠然永思。留連七享，纏綿四時。神升魄沈，靡聞靡見。陰陽載俟，臭聲兼薦。祖考其鑒，言萃王休〔一〕。降神敷錫，百福是由。

進熟，皇帝入北門，奏皇夏樂辭　齊居嚴殿，夙駕層闈。車輅垂彩，旒衮騰輝。聳誠載仰，翹心有慕。洞洞自形，斤斤表步。閟宫有邃，神道依俙。孝心緬邈，爰屬爰依。

太祝祼地，奏登歌樂辭皇帝詣東陛，奏皇夏，升殿，又奏皇夏，辭同。　太室窅窅，神居宿設。鬱鬯惟芬，珪璋惟絜。彝斝應時，龍蒲代用。藉茅無咎，福禄攸降。端感會

〔一〕「萃」，原作「卒」，據光緒本、隋書音樂志中改。

事，儼思修禮。齊齊勿勿，峨峨濟濟。

皇帝升殿，殿上作登歌樂辭　我祠我祖，永惟厥先。炎農肇聖，靈祉蟬聯。霸圖中造〔一〕，帝業方宣。道昌基構，撫運承天。奄家六合，爰光八埏。尊神致禮，孝思惟纏。寒來暑反，愓薦在年。匪敬伊慕，備物不愆。設簴設業，鞉鼓填填。辟公在位，有容伊虔。登歌啓佾，下管應懸。厥容無爽，幽明肅然。誠匝厚地，和達穹玄。既調風雨，載協山川。周庭有列，湯孫永延。教聲惟被，邁後光前。

皇帝初獻皇祖司空公神室，奏始基樂、恢祚舞辭　克明克俊，祖武惟昌。業弘營土，聲被海方。有流厥德，終耀其光。明神幽贊，景祚攸長。

皇帝初獻皇祖吏部尚書神室，奏始基樂、恢祚舞辭　顯允盛德，隆我前構。瑶源彌瀉，瓊根愈秀。誕惟有族，丕緒克茂。大業崇新，洪基增舊。

皇帝初獻皇祖秦州使君神室〔二〕，奏始基樂、恢祚舞辭　祖德丕顯，明喆知機。

〔一〕「中」，諸本作「終」，據隋書音樂志中改。

〔二〕「秦州」，諸本作「泰州」，據隋書音樂志中改。

豹變東國，鵠起西歸。禮申官次，命改朝衣。敬思孝享，多福無違。

皇帝獻太祖太尉武貞公神室，奏始基樂、恢祚舞辭　兆靈有業，潛德無聲。韜光戢耀，貫幽洞冥。道弘舒卷，施博藏行。緬道歲事，夜遽不寧。

皇帝獻皇祖文穆皇帝神室，奏始基樂、恢祚舞辭　皇皇祖德，穆穆其風。語嘿自己，明叡在躬。荷天之錫，聖表克隆。高山作矣，寶祚其崇。離光旦旦，載焕載融。感薦惟永，神保無窮。

皇帝獻高祖神武皇帝神室，奏武德樂、昭烈舞辭　天造草昧，時難糾紛。孰拯斯溺，靡救其焚。大人利見，緯武經文。顧指惟極，吐吸風雲。開天闢地，峻岳夷海。冥工掩迹，上德不宰。神心有應，龍化無待。義征九服，仁兵告凱。上平下成，靡或不寧。匪王伊帝，偶極崇靈。享親則孝，潔祀惟誠。禮備樂序，肅贊神明。

皇帝獻文襄皇帝神室，奏文德樂、宣政舞辭　聖武丕基，叡文顯統。眇哉神啓，鬱矣天縱。道則人弘，德云邁種。昭冥咸序，崇深畢綜。自中徂外，經朝庇野。政反澆風，威還缺雅。旁作穆穆，格于上下。維享維宗，來鑒來假。

皇帝獻顯祖文宣皇帝，奏文正樂、光大舞辭〔一〕　玄曆已謝，蒼靈告期。圖璽有屬，揖讓惟時。龍升獸變，弘我帝基。對揚穹昊，實啓雍熙。欽若皇猷，永懷王度。欣賞斯穆，威刑允措。軌物俱宣，憲章咸布。俗無邪指，下歸正路。茫茫九域，振以乾綱。混通華裔，配括天壤。作禮視德，列樂傳響。薦祀惟虔，衣冠戴仰。

皇帝還東壁，飲福酒，奏皇夏樂辭　孝心翼翼，率禮兢兢。時洗時薦，或降或升。在堂在户，載湛載凝。多品斯奠，備物攸膺。蘭芬敬挹，玉俎恭承。受祭之祜，如彼岡陵。

送神，奏高明樂辭　仰檀桷，慕衣冠。禮云罄，祀將闌。神之駕，紛奕奕。乘白雲，無不適。窮昭域，極幽塗。歸帝社，眷皇都。

皇帝詣便殿，奏皇夏樂辭群臣出，奏肆夏，辭同。　禮行斯畢，樂奏以終。受嘏先退，載暢其衷。鑾軒循轍，麾旌復路。光景徘徊，絃歌顧慕。靈之相矣，有錫無疆。國圖日鏡，家曆天長。

〔一〕「文正樂」，諸本作「文王樂」，據隋書音樂志中改。

蕙田案：以上北齊。

北周書孝閔帝本紀：元年正月乙巳，祠太廟。

武帝本紀：保定元年春正月戊辰，詔曰：「履端開物，實資元后；代終成務，諒惟辛棟。故周文公以上聖之智，翼彼姬周，爰作六典，用光七百。自兹厥後，代失其緒。俾巍巍之化，歷千祀而莫傳；郁郁之風，終百王而永墜。我太祖文皇帝稟純和之氣，挺天縱之英，德配乾元，功侔造化，故能捨末世之弊風，蹈隆周之叡典，誕述百官，厥用允集。所謂乾坤改而重構，豈帝王洪範而已哉！朕入嗣大寶〔一〕，思揚休烈。今可班斯禮於太祖廟庭。」己巳，祠太廟，班太祖所述六官焉。

天和三年五月庚戌，祠太廟。十月癸亥，祠太廟。

宣帝本紀：宣政元年六月丁酉，即皇帝位。七月乙巳，祠太廟。

隋書禮儀志：明帝崩，廟號世宗，武帝崩，廟號高祖，並爲祧廟而不毁。其時祭，各於其廟，祫禘則於太祖廟，亦以皇后預祭。其儀與後齊同。所異者，皇后亞獻訖，

〔一〕「朕」，原脱，據光緒本、周書武帝本紀補。

后又薦加豆之籩，其實菱芡芹菹兔醢。冢宰終獻訖，皇后親撤豆，降還板位。然後太祝撤焉。

北周書宣帝本紀：大象二年正月癸巳，祀太廟。三月壬寅，詔内外命婦皆執笏共拜宗廟。四月己巳，祀太廟。

隋書音樂志：周宗廟歌辭：

皇帝入廟門，奏皇夏　肅肅清廟，巖巖寢門。欹器防滿，金人戒言。應朄懸鼓，崇牙樹羽。階變升歌，庭紛象舞。閑安象設，緝熙清奠。春鮪初登，新萍先薦。僾然入室，儼乎其一作「在」位。悽愴履之，非寒之謂。

降神奏昭夏　永惟祖武，潛慶靈長。龍圖革命，鳳曆歸昌。功移上墋，德耀中陽。清廟肅肅，猛虡煌煌。曲高大夏，聲和盛唐。牲牷蕩滌，蕭合馨香。和鑾戾止，振鷺來翔。永敷萬國，是則四方。

俎入，皇帝升階，奏皇夏　年祥辨日，上協龜言。奉酎承列，來庭駿奔。彫禾飾斝，翠羽承樽。敬殫如此，恭惟執燔。

皇帝獻皇高祖，奏皇夏　慶緒千重秀，鴻源萬里長。無時猶戢翼，有道故韜光。盛德必有後，仁義終克昌。明星初肇慶，大電久呈祥。

皇帝獻皇曾祖德皇帝，奏皇夏　克昌光上烈，基聖穆西藩。崇仁高涉渭，積德被居原。帝圖張往迹，王業茂前尊。重分德陽廟，疊慶壽陵園。百靈光祖武，千福孝孫。

皇帝獻皇祖太祖文皇帝，奏皇夏　雄圖屬天造，宏略遇群飛。風雲猶聽命，龍躍遂乘機。百二當天險，三分拒樂推。函谷風塵散，河陽氛霧晞。濟弱淪風起，扶危頹運歸。地紐崩還正，天樞落更追。原祠乍超忽〔一〕，畢隴或綿微。終封三尺劍，長卷一戎衣。

皇帝獻文宣皇太后，奏皇夏　月靈興慶，沙祥發源。功參禹迹，德贊堯門。言容典禮，褕翟徽章。儀形温德，令問昭陽。日月不居，歲時婉娩。瑞雲纏心，閟宮惟遠。

皇帝獻閔皇帝，奏皇夏　龍圖基代德，天步屬艱難。謳歌還受瑞，揖讓乃登

〔一〕「祠」，原作「詞」，據光緒本、隋書音樂志中改。

壇。升輿芒刺重，入位據關寒。卷舒雲汎濫，游揚日浸微。出鄭終無反，居桐竟不歸。祀夏今惟舊，尊靈謚更追。

皇帝獻明皇帝，奏皇夏　若水逢降君，窮桑屬惟政。丕哉馭帝籙，鬱矣當天命。方定五雲官，先齊八風令。文昌氣似珠，太史河如鏡。南宮學已開，東觀書還聚。文辭金石韵，毫翰風飈竪。清室桂馮馮，齊房芝詡詡。寧思玉管笛，空見靈衣舞。

皇帝獻高祖武皇帝，奏皇夏　南河吐雲氣，北斗降星辰。百靈咸仰德，千年一聖人。書成紫微動，律定鳳凰馴。六軍命西土，甲子陳東鄰。戎衣此一定，萬里更無塵。煙雲同五色，日月並重輪。流沙既西靜，盤木又東臣。凱樂聞朱雁，鐃歌見白麟。今爲六代祀，還得九疑賓。

皇帝還東壁，飲福酒，奏皇夏　禮殫裸獻，樂極休成。長離前掞，宗祀文明。縮酌浮蘭，澄罍合鬯。磬折禮容，旋回靈貺。受釐徹俎，飲福移樽。惟光惟烈，文子文孫。

皇帝還便坐，奏皇夏　庭闋四始，筵終三薦。顧步階墀，徘徊餘奠。六龍矯首，七萃警途。鼓移行漏，風轉相烏。翼翼從事，綿綿四時。惟神降嘏，永言保之。

蕙田案：以上北周。

右北魏北齊北周廟享

五禮通考卷九十一

吉禮九十一

宗廟時享

隋廟享

隋書禮儀志：高祖受命，置四親廟，各以孟月享以太牢。

高祖本紀：開皇四年春正月己巳，有事於太廟。　七年春正月癸巳，有事於太廟。　八年十月甲子，將伐陳，有事於太廟。　十二年十月壬午，有事於太廟。　至太祖神主前，上流涕嗚咽，悲不自勝。　十七年九月庚寅，上謂侍臣曰：「禮主於敬，皆當盡心。黍稷非馨，貴在祇肅。廟廷設樂，本以迎神，齋祭之日，觸目多感。當此之際，何可爲心！在路奏樂，禮未爲允。群公卿士，宜更詳之。」

音樂志：故事，天子有事於太廟，備法駕，陳羽葆，以入於次。禮畢升車，而鼓吹並作。開皇十七年詔曰：「五帝異樂，三王殊禮，皆隨事而有損益，因情而立節文。仰惟祭享宗廟，瞻敬如在，罔極之感，情深兹日。而禮畢升路，鼓吹發音，還入宫門，金石振響。斯則哀樂同日，心事相違，情所不安，理實未允。宜改兹往式，用弘禮教。自今以後，享廟日不須備鼓吹，殿庭勿設樂懸。」

隋太廟歌辭：

迎神歌辭　務本興教，尊神體國。霜露感心，享祀陳則。官聯式序，奔走在庭。几筵結慕，裸獻惟誠。嘉樂載合，神其降止。永言保之，錫以繁祉。

登歌辭　孝熙嚴祖，師象敬宗。惟皇肅事，有來雝雝。雕梁霞複，繡橑雲重。觀德自感，奉璋伊恭。彝斝盡飾，羽綴有容。升歌發藻，景福來從。

俎入歌辭郊丘、社、廟同。　祭本用初，祀由功舉。駿奔咸會，供神有序。明酌盈樽，豐犧實俎。幽金既薦，繢錯維旅。享由明德，香非稷黍。載流嘉慶，克固鴻緒。

皇高祖太原府君神室歌辭　締基發祥，肇源興慶。迺仁迺哲，克明克令。庸宣國圖，善流人詠。開我皇業，七百同盛。

皇曾祖康王神室歌辭　皇條俊茂，帝系靈長。豐功疊軌，厚利重光。福由善積，代以德彰。嚴恭盡禮，永錫無疆。

皇祖獻王神室歌辭　盛才必達，丕基增舊。涉渭同符，遷邠等構。弘風邁德，義高道富。神鑒孔昭，王猷克懋。

皇考太祖武元皇帝神室歌辭　深仁冥著，至道潛敷。皇矣太祖，耀名天衢。剪商隆祚，奄宅隋區。有命既集，誕開靈符。

飲福酒歌辭郊丘、社、廟同。　神道正直，祀事有融。肅雝備禮，莊敬在躬。羞熘已具，奠斝將終。降祥惟永，受福無窮。

送神歌辭　饗禮具，利事成。佇旒冕，肅簪纓。金奏終，玉俎撤。盡孝敬，窮嚴絜。人祇分，哀樂半。降景福，憑幽贊。

右隋廟享

唐廟享

舊唐書禮儀志：唐四時以孟月享太廟，每室用太牢。季冬蜡祭之後，以辰日臘享於太廟，用牲如時祭。又時享之日，修七祀於太廟西門内之道南。

唐書太宗本紀：貞觀三年正月戊午，享於太廟。

舊唐書音樂志：享太廟樂章十三首：貞觀中魏徵、褚亮等作。

迎神用永和黄鐘宫三成，大吕角二成，太簇徵二成〔一〕，應鐘羽二成，總九變同用。於穆烈祖，弘此丕基。永言配命，子孫保之。百神既洽，萬國在兹。是用孝享，神其格思。

皇帝行用太和詞同冬至圜丘。

登歌酌鬯用肅和夾鐘均之黄鐘羽。大哉至德，允兹明聖。格於上下，聿遵誠敬。喜樂斯登，鳴球以詠。神其降止，式隆景命〔二〕。

迎俎用雍和崇兹享祀，誠敬兼至。樂以感靈，禮以昭事。粢盛咸潔〔三〕，牲牷

〔一〕「徵」，原作「商」，據光緒本、舊唐書音樂志四改。
〔二〕「隆」，原作「降」，據光緒本、舊唐書音樂志四改。
〔三〕「咸」，原作「豊」，據光緒本、舊唐書音樂志四改。

孔備。永言孝思，庶幾不匱。

皇祖宣簡公酌獻用長發無射宮。　濬哲惟唐，長發其祥。帝命斯祐，王業克昌。配天載德，就日重光。本枝百代，申錫無疆。

皇祖懿王酌獻用長發同前詞，黄鐘宮。

太祖景皇帝酌獻用大基太簇宮。　猗歟祖業，皇矣帝先。翦商德厚，封唐慶延。在姬猶稷，方晉踰宣。基我鼎運，於萬斯年。

世祖元皇帝酌獻用大成姑洗宮。　周稱王季，晉美帝文。明明盛德，穆穆齊芬。藏用四履，屈道三分。鏗鏘鐘石，載紀鴻勳。

高祖大武皇帝酌獻用大明蕤賓宮。　五紀更運，三正遞昇。勛華既没，禹湯勃興。神武命代，靈睠是膺。望雲彰德，察緯告徵。上紐天維，下安地軸。徵師涿野，萬國咸服。偃伯靈臺，九宫允穆。殊域委賮，懷生介福。大禮既飾，大樂已和。黑章擾囿，赤字浮河。功宣載籍，德被詠歌。克昌厥後，百禄是荷。

皇帝飲福用壽和　八音斯奏，三獻畢陳。寶祚惟永，暉光日新。

送文舞出，迎武舞入，用舒和　聖敬通神光七廟，靈心薦祚和萬方。嚴禋克配鴻基遠，明德惟馨鳳曆昌。

武舞用凱安詞同冬至圜丘。

徹俎用雍和　於穆清廟，聿修嚴祀。四縣載陳，三獻斯止。籩豆徹薦，人祇介祉。神惟格思，錫祚不已。

送神用永和　肅肅清祀，蒸蒸孝思。薦享昭備，虔恭在兹。雍歌徹俎，祝嘏陳辭。用光武志，永固鴻基。

唐書高宗本紀：永徽六年十一月己巳，皇后見於太廟。

睿宗本紀：先天元年正月辛未，享於太廟。

舊唐書音樂志：享太廟樂章五首：永徽已後續撰，不詳撰者。

太宗文皇帝酌獻用崇德夷則宮，永徽元年造。　五運改卜，千齡啓聖。彤雲曉聚，黄星夜暎。葉闡珠囊，基開玉鏡。後爲圖開。下臨萬寓，上齊七政。霧開三象，塵清九服。海溓星輝，遠安邇肅。天地交泰，華夷輯睦。翔泳歸仁，中外禔福。績踰黜夏，勳高翦商。武陳七德，刑設三章。祥禽巢閣，仁獸遊梁。卜年惟永，景福無疆。

高宗天皇大帝酌獻用鈞天黄鐘宮，光宅元年造。　承天撫籙，纂聖登皇。遐清萬寓，仰協三光。功成日用，道濟時康。璇圖載永，寶曆斯昌。日月揚暉，烟雲爛色。河岳修貢，神祇效職。舜風攸偃，堯曦先就。睿感通寰，孝思浹宙。奉揚先德，虔遵曩狩。展義天扃〔一〕，飛英雲岫。化逸王表，神凝帝先。乘雲厭俗，馭日登玄。

中宗孝和皇帝酌獻用太和太簇宮，景雲元年造。

廣樂既備，嘉薦既新。述先惟德，孝饗惟親。七獻具舉，五齊畢陳。錫兹祚福，於萬斯春。

睿宗大聖真皇帝酌獻用景雲黄鐘宮，開元四年造。

惟睿作聖，惟聖登皇。精感耀魄，時膺會昌。舜慙大孝，堯推讓王。能事斯極，振古誰方。文明履運，車書同軌。巍巍赫赫，盡善盡美。衢室凝旒，大庭端扆。釋負之寄，事光復子。脱屣高天，登遐上玄。龍湖超忽，象野芊綿。遊衣複道，薦果初年。新廟奕奕，明德配天。

皇祖宣皇帝酌獻用光大無射宮，舊樂章宣、光二宮同用長發，其詞亦同。開元十年，始定宣帝用光大，詞更别造。

大業龍祉，徽音駿尊。潛居皇德，赫嗣天昆。展儀宗祖，重誠孝孫。春秋無極，享奏存存。

〔一〕「扃」，諸本作「局」，據舊唐書音樂志四改。

又享太廟樂三首：太樂舊有此詞，不詳所起。

迎神黄鐘宫、大吕角、太簇徵、應鐘羽，並同此詞。　七廟觀德，百靈攸仰。俗荷財成，物資含養。道光執契，化籠提象。肅肅雍雍，神其來享。

金奏無射宫，次迎神。　肅肅清廟，巍巍盛唐。配天立極，累聖重光。樂和管磬，禮備蒸嘗。永爲來格，降福無疆。

送神　五聲備奏，三獻終祠。車移鳳輦，旆轉紅旗。禮用籩豆，誠效虔祇。皇靈徙蹕，簪紳拜辭。

蕙田案：舊唐書此下有則天享清廟樂章十首，今特削之。人而不仁，如樂何？

中宗孝和皇帝神龍元年享太廟樂章二十首：不詳所撰。

迎神用嚴和黄鐘宫三成，大吕角三成，太簇徵三成，應鐘羽二成，同用此詞。　肅肅清廟，赫赫玄猷。功高萬古，化奄十洲。中興丕業，上荷天休。祗奉先構，禮被懷柔。

皇帝行用昇和黄鐘宫。　顧惟菲薄，纂曆應期〔一〕。中外同軌，夷狄來思。樂用

〔一〕「期」，原作「斯」，據味經窩本、光緒本、舊唐書音樂志四改。

崇德，禮以陳詞。夕惕若厲，欽奉宏基。

登歌裸鬯用虔和大吕均之無射羽。　禮標薦鬯，肅事祠庭。敬申如在，敢託非馨。

送文舞出，迎武舞入，用同和太簇羽〔一〕。　惟聖配天敷盛禮，惟天爲大闡洪名。恭禋展敬光先德，蘋藻申虔表志誠。

武舞用寧和林鍾徵。　炎馭失天綱，土德承天命。英猷被寰宇，懿躅隆邦政。七德已綏邊，九夷咸底定。景化覃遐邇，深仁洽翔泳。

徹俎用恭和大吕均之無射羽。　禮周三獻，樂闋九成。肅承靈福，悚惕兼盈。

送神用通和黄鍾宫。　祠容既畢，仙座爰興。停停鳳舉，靄靄雲昇。長隆寶運，永錫休徵。福覃貽厥，恩被黎烝。

皇后助享皇后行用正和黄鍾宫，詞同貞觀中宫朝會正和。

登歌奠鬯用昭和大吕均之無射羽。　道洽二儀交泰，時休四寓和平。環珮肅於

〔一〕「羽」，諸本作「同」，據舊唐書音樂志四改。

庭實，鐘石揚乎頌聲。皇后酌獻飲福用誠敬黄鐘宫。顧惟菲質，忝位椒宫。虔奉蘋藻，肅事神宗。敢申誠潔，庶罄深衷。晬容有裕，靈享無窮。徹俎用肅和大吕均之無射羽。月禮已周，雲和將變。爰獻其酭，載遷其奠。明德逾隆，非馨是薦。澤霑動植，仁覃寓縣。送神用昭感黄鐘羽。鏗鏘韶濩，肅穆神容。洪規赫赫，祠典雍雍。已周三獻，將乘六龍。虔誠有託，懇志無從。

蕙田案：題云二十首，今止十二，尚缺其八，豈十二誤寫爲二十耶？又案郭茂倩樂府於虔和之後、同和之前尚有顔和、承光舞、延和三章，覆檢舊唐書志，乃圜丘配享樂章，而雜於太廟中，此郭氏之誤也。然則去此三章，亦止得十二章耳。此三章前已載入郊丘中，特附正其失於此。「二十」兩字不敢遽改爲「十二」者，闕疑之意也。

唐書玄宗本紀：開元六年十一月辛卯，至自東都。丙申，享於太廟。

舊唐書禮儀志：開元五年，玄宗將行幸東都，而太廟屋壞，乃敕有司修太廟。明年，廟成，玄宗還京，行親祔之禮。時有司撰儀注，以祔祭之日車駕發宫中，玄宗謂宋璟、蘇頲曰：「祭必先齋，所以齊心也。據儀注，祭之日發大明宫，又以質明行事，縱使侵星而發，猶是移辰方到，質明之禮，其可及乎？又朕不宿齋宫，即安正殿，情所不安。宜於廟所設齋宫，五日赴行宫宿齋，六日質明行事，庶合於禮。」璟等稱聖情深至，請即奉行〔一〕。詔有司改定儀注。

唐會要：開元六年十月，有司撰享太廟儀注。自大次至殿前施行褥，帝不許，但履地而行。六日，上自齋宫步詣太廟。十一月丙申，親詣太廟。

舊唐書音樂志：玄宗開元七年享太廟樂章十六首：左丞相燕國公張説作。

迎神用永和三章　肅九室，諧八音。歌皇慕，動神心。禮宿設，樂妙尋。聲明備，祼奠臨。　律迓氣，音入玄。依玉几，御黼筵。聆忾息，僾周旋。九韶遍，百福傳。　信工祝，永頌聲。來祖考，聽和平。相百辟，貢九瀛。神休委，帝孝成。

皇帝行用太和一章　時文聖后，清廟肅雝。致誠勤薦，在貌思恭。玉節肆夏，

〔一〕「請」，原脱，據光緒本、舊唐書禮儀志五補。

金鏘五鐘。繩繩雲步，穆穆天容。

登歌酌瓚用肅和一章　天子孝享，工歌溥將。躬祼鬱鬯，乃焚膋蕭。臭以達陰，聲以求陽。奉時烝嘗，永代不忘。

迎俎雍和二章　在滌嘉豢，麗碑敬牲。角握之牡，色純之騂。火傳陽燧〔一〕，水溉陰精。太公胖俎，傳說和羹。俎豆有馥，齊盛絜豐。亦有和羹，既戒既平。鼓鐘管磬，肅唱和鳴。皇皇后祖，賚我思成。

皇帝酌醴齊用文舞一章　聖謩九德，真言五千。慶集昌胄，符開帝先。高文杖鉞，克配彼天。三宗握鏡，六合煥然。帝其承祀，率禮罔愆。圖書霧出，日月清懸。舞形德類，詠諗功傳。黄龍蜿蟺，綵雲蹁躚。五行氣順，八佾風宣。介此百禄，於皇萬年。

獻祖宣皇帝室奠獻用光大之舞一章　肅肅藝祖，滔滔濬源。有雄玉劍，作鎮金門。玄王貽緒，后稷謀孫。肇禋九廟，四海來尊。

〔一〕「傳」，原作「德」，據光緒本、舊唐書音樂志四改。

懿祖光皇帝室奠獻用長發之舞一章　具禮崇德，備樂承風。魏推幢主，周贈司空。不行而至，無成有終。神興王業，天歸帝功。

太祖景皇帝室奠獻用大政之舞一章　於赫元命，權輿帝文。天齊八柱，地半三分。宗廟觀德，笙鏞樂勳。封唐之兆，成天下君。

代祖元皇帝室奠獻用大成之舞一章　帝舞季歷，襲聖生昌。后歌有嶠，胎炎孕黃。天地合德，日月齊光。肅邕孝享，祚我萬方。

高祖神堯皇帝室奠獻用大明之舞一章　赤精亂德，四海困窮。黄旗舉義，三靈會同。旱望春雨，雲披大風。溥天來祭，高祖之功。

太宗文武聖皇帝室奠獻用崇德之舞一章　皇合一德，朝宗百神。削平天下，大拯生人。上帝配食，單于入臣。戎歌陳舞，曄曄震震。

高宗天皇大帝室奠獻用鈞天之舞一章　高皇邁道，端拱無爲。化懷獯鬻，兵戢勾驪。禮尊封禪，樂盛來儀。合位媧后，同稱伏羲。

中宗孝和皇帝室奠獻用太和之舞一章　退居江水，鬱起丹陵。禮物還舊，朝章中興。龍圖友及，駿命恭膺。鳴球香瓚，大糦是承。

睿宗大聖皇帝室奠獻用景雲之舞一章　景雲霏爛，告我帝符。噫帝沖德，與天爲徒。笙鏞遥遠，俎豆虚無。春秋孝獻，迴復此都。

文獻通考：唐明皇開元十五年，敕享宗廟，差左右丞相、尚書、嗣王、郡王攝三公行事，若人數不足，通取諸司三品已上長官。自餘祭享，差諸司長官及五品以下清官。

唐書禮樂志：蕭嵩奏起居舍人王仲丘撰定大唐開元禮。天子親祠者，孟春、孟夏、孟秋、孟冬、臘，享於太廟。

開元禮皇帝時享于太廟儀：凡一歲五享，謂四孟月及臘。宗廟三年一祫以孟冬，五年一禘以孟夏，及諸享攝事並附。

齋戒

將享，有司卜日，如常儀。皇帝散齋四日於别殿，致齋三日於太極殿，服通天冠、絳紗袍，結佩，並如圜丘儀。應享官齋，具序例儀。祫、禘儀同。

陳設

前享三日，尚舍直長施大次於廟東門之外道北，南向。尚舍奉御鋪御座。守宫設文武侍臣次於大次之後，文官在左，武官在右，俱南向。設諸享官次於齋坊之內，攝事，右校清掃内外，守宫設享官、公卿以下次于齋坊。九廟子孫於齋坊内近南，西向，北上。文官九品以上於齋坊之南，東方南方朝集使又於其南〔一〕，東方南方蕃客又於其南，俱每等異位，重行，西向，北上。介公、酅公於廟西門之外近南，武官九品以上於介公、酅公之南，西方北方朝集使於武官之南，西方北方蕃客又於其南，俱每等異位，重行，東向，北上。其褒聖侯於文官三品之下，諸州使人分方各位於朝集使之後〔二〕，攝事無大次及九廟子孫以下至此儀。前享二日，太樂令設宫懸之樂於廟庭，如圜丘儀。所異者，樹路鼓及設歌鐘、歌磬於廟堂上前楹間耳。右校清掃内外。前享一日，奉禮設御位於廟東陛東南，西向，攝事無御位，下倣此。設享官公卿位於東門之内道南，執事者位於其後，每等異位，俱重行，西面，以北爲上。攝則公卿位於道北，執事位於道南。設御史位於廟堂之下，一位於西南，東向；一位於東南，西向。令史各陪其後。設奉禮位於樂懸東北，贊者二人在南，差退，

〔一〕「又」，原脱，據味經窩本、乾隆本、光緒本、通典卷一一四補。
〔二〕「位」，諸本脱，據通典卷一一四、開元禮卷三七補。

俱西面。設協律郎位於廟堂之上前楹之間，近西，東向。設太樂令位於北懸之間〔一〕，北向。設從享之官位：九廟子孫於享官、公卿之南，昭穆異位。雖有貴者以齒。文官九品以上位於子孫之南，東方南方朝集使於文官之南，東方南方蕃客又於其南，俱每等異位，重行，西面，北上。介公、酅公位於西門之内道南，武官九品以上於介公、酅公之南，少西，當文官；西方北方朝集使於武官之南，西方北方蕃客又於其南，俱每等異位，重行，東面，北上。其褒聖侯於文官三品之下，諸州使人分方各位於朝集使之後。設門外位：享官、公卿以下皆於東門之外道南，每等異位，重行，北面，西上。子孫之位於享官、公卿之東，少南；文官九品以上於子孫之東，東方南方朝集使於文官之東〔二〕，東方南方蕃客又於其東，俱每等異位，重行，北面，西上。設介公、酅公位於西門之外道南，武官九品以上於介公、酅公之西，少南；西方北方朝集使於武官之西，西方北方蕃客又於其西，俱每等異位，重行，北面，東上。其褒聖侯於文官三品之下，諸州使人分方位於朝集

〔一〕「間」，諸本作「南」，據通典卷一一四、開元禮卷三七改。
〔二〕「南」，原作「西」，據光緒本、通典卷一一四改。

使之後。攝事無九廟子孫以下至此儀。設牲榜於東門之外，當門，西向，以南爲上。設廩犧令位於牲西南，史陪其後，俱北向。設諸太祝位於牲東，各當牲後，祝史各陪其後，俱西向。設太常卿省牲位於牲前，近北；又設御史位於太常卿之西，俱南向。設罇彝之位於廟堂之前楹間，各於室户之左，北向。春夏每室雞彝一、鳥彝一、犧罇二、象罇二、山罍二。秋冬每室斝彝一、黄彝一、著罇二、壺罇二、山罍二，皆加勺冪，凡宗廟冪皆以黼。皆西上，各有坫焉。祫享設罇彝於廟堂上下，每座斝彝一、黄彝一、犧罇二、象罇二、著罇二、山罍二，在堂上，皆於神座之左。獻祖、太祖、高祖、高宗罇彝在前楹間，北向。懿祖、代祖、太宗、中宗、睿宗罇彝在户外，南向。其壺罇二、太罇二、山罍四在堂下階間，北向，西上。禘享則雞彝、鳥彝，餘同祫享。設簋鉶籩豆之位於廟堂之上，俱東側堦之北。每座四簋居前，四簠次之，次以六甑，次以六鉶，籩豆爲後，每座異之，祫禘攝事簋簠甑鉶與正數半之。皆以南爲上，屈陳而下。設御洗於東階東南，亞獻之洗又於東南，俱北向。罍水在洗東，篚在洗西，南肆，篚實以珪瓚巾爵。執罇罍篚冪者，各位於罇罍篚冪之後。祫禘儀，享日未明五刻，太廟令服其服，布昭穆之座於户外，自西序以東，皇八代祖獻祖宣皇帝、皇六代祖太祖景皇帝、皇高祖高祖神堯皇帝、皇祖高宗天皇大帝座皆北厢，南向。皇七代祖懿祖光皇帝、皇五代祖代祖元皇帝、皇曾祖太宗文武聖皇帝、皇伯考中宗孝和皇帝、皇考睿宗大聖真皇帝座於南厢，北向。每座皆設黼扆，莞席紛純，藻席畫純，次席黼純，左右几。

省牲器

省牲之日，午後十刻，廟所禁斷行人，太廟令整拂神幄。祝、史各取毛血，每座共實一豆。祝、史又洗肝於鬱鬯，又取膟膋，共實一豆，俱置饌所。餘並如圜丘儀〔一〕。膟膋，腸間脂。祫禘，祝、史洗肝於鬱鬯，餘並同圜丘儀。

鑾駕出宫

前出宫三日，本司宣攝内外各供其職，守宫設從享官五品以上次於承天門東西朝堂，如常儀。前二日，太樂令設宫懸之樂於殿庭，如常儀。駕出，懸而不作。享日未明七刻，搥一鼓爲一嚴，三嚴時節，前一日侍中奏裁。侍中奏開宫殿門及城門，餘並與圜丘儀同，唯祭官稱享爲異耳。

晨祼

享日未明四刻，諸享官各服其服，太廟令、良醖令各帥其屬入實罇罍。雞彝、斝彝及

〔一〕「儀」，原脱，據味經窩本、乾隆本、光緒本、通典卷一一四補。

犧罇、象罇、著罇、壺罇之上罇皆實以明水，山罍之上罇實以玄酒，鳥彝、黄彝實以鬱鬯，犧罇、著罇實以醴齊，象罇、壺罇實以盎齊，山罍實以清酒。祫禘之罇，斝彝及五齊上罇皆實明水，山罍上罇實以玄酒，黄彝實以鬱鬯，犧罇實以汎齊，象罇實以醴齊，著罇實以盎齊，壺罇實以醍齊，太罇實以沈齊，山罍實以清酒。太官令帥進饌者實諸籩豆簠簋。未明三刻，奉禮帥贊者先入位〔一〕，贊引引御史、博士、太廟令〔二〕、太祝、宫闈令及令史、祝史與執罇罍篚冪者入自東門，當階間，重行，北面，西上〔三〕，立定。奉禮曰：「再拜。」贊者承傳，凡奉禮有詞，贊者皆承傳。御史以下皆再拜，訖，執罇罍篚冪者各就位。贊引引御史、諸太祝詣東陛，升堂，行掃除於上，令史、祝史行掃除於下，訖，引就位。祫禘又太廟令帥其屬陳瑞物於廟庭大階之西〔四〕，上瑞爲前，中下相次，及伐國所得寶器，上次先後亦然，俱藉以席。攝事不陳瑞物寶器。未明二刻，贊引引太廟令、太祝、宫闈令詣東陛，升堂，詣獻祖室，入開埳室。太祝、宫闈令奉出神主置於座，祫禘

〔一〕「贊者先入位」五字，諸本脱，據通典卷一一四、開元禮卷三七補。
〔二〕「令」下，諸本衍「史」字，據通典卷一一四、開元禮卷三七删。
〔三〕「上」，原作「向」，據光緒本、通典卷一一四改。
〔四〕「又」，原作「及」，據通典卷一一四改。

則未明二刻陳腰輿於東陛之東，每室各二，皆西向，北上。立定，贊引引太廟令、太祝、宫闈令帥内外執事者，以腰輿自東陛升，詣獻祖室，入開埳室，太祝、宫闈令奉出神主各置於輿，出，詣座前，奉神座訖，以次奉出懿祖以下，如獻祖儀。訖，引太廟令以下次奉出懿祖，次奉出太祖，次奉出代祖，次奉出高祖，次奉出太宗，次奉出高宗，次奉出中宗，次奉出睿宗神主置於座，如獻祖之儀。皇祖妣以下神主皆宫闈令奉出，俱並而處右。訖，引太廟令以下降還本位。攝事贊引各引享官俱就門外位，無駕將至下至從享官位儀。駕將至，謁者、贊引引享官，通事舍人分引九廟子孫、從享群官、諸方客使先至者俱就門外位。駕至大次門外，迴輅南向，將軍降〔一〕，立於輅右。侍中進，當鑾駕前，跪奏稱：「侍中臣某言，請降輅。」俛伏興，還侍位。皇帝降輅，乘輿之大次，繖扇華蓋侍衛如常儀。太廟令以祝版奉御署訖，近臣奉出，太廟令受，各奠於坫。通事舍人引文武五品以上從享之官皆就門外位。太樂令帥工人二舞入就位，文舞入陳於懸内，武舞立於懸南道西。其升堂座者，皆脱履於下，降納如常。謁者引司空入就位，立定，奉禮曰：「再拜。」司空再拜訖，謁者引司空詣東陛升堂〔二〕，行

〔一〕「軍」，諸本作「畢」，據通典卷一一四改。
〔二〕「詣」，原作「請」，據光緒本、通典卷一一四改。

掃除於上，降，行樂懸於下，訖，引復位。初，司空行樂懸，通事舍人、謁者、贊引各引享官及九廟子孫、從享群官、諸方客使次入就位。攝事無九廟子孫以下至皇帝再拜儀，但享官再拜耳。皇帝停大次，半刻頃，太常博士引太常卿立於大次門外，當門北向。侍中版奏「外辦」，皇帝出次，華蓋侍衛如常儀。侍中負寶陪從如式。博士引太常卿，太常卿引皇帝，凡太常卿前導皆博士先引。至廟門外，殿中監進鎮珪，皇帝執鎮珪，華蓋仗衛停於門外，近侍者從入如常。皇帝至版位，西向立。每立定，太常卿與博士退位於左。太常卿前奏稱：「請再拜。」退，復位，皇帝再拜。奉禮曰：「衆官再拜。」在位者再拜。其先拜者不拜。太常卿前奏：攝事謁者進太尉之左，白請行事。凡攝事皆太尉初獻。「有司謹具，請行事。」退，復位，協律郎跪，俛伏，舉麾。凡取物者皆跪，俛伏而取以興。奠物則跪奠，訖，俛伏而後興。鼓柷奏永和之樂，乃以黃鐘爲宮，大呂爲角，太簇爲徵，應鐘爲羽，作文德之舞，樂舞九成。黃鐘三奏，大呂、太簇、應鐘各再奏。偃麾，戛敔，樂止。凡樂，皆協律郎舉麾，工鼓柷而後作，偃麾戛敔而後止。太常卿前奏稱：「請再拜。」退，復位。皇帝再拜，奉禮曰：「衆官再拜。」在位者皆再拜。太常卿引皇帝詣罍洗，太和之樂作。皇帝每行，皆如常樂。皇帝至罍洗，樂止。侍中跪取匜，興，沃水。又侍中跪取盤，興，承水。皇帝搢鎮珪。凡授物則搢珪，奠訖，執珪俛伏，興。皇帝盥手，黄門侍郎跪取巾於篚，興，進，皇帝帨手訖，黄門侍郎受巾，跪奠於篚。黄門侍郎又取瓚於篚，興，進，皇帝受瓚。侍中酌罍水，又侍中奉盤，皇帝拭瓚訖，侍中奠盤匜，黄門侍郎受巾奠於篚，皆如常。太常卿引皇帝，樂作，皇帝升自阼階，樂止。侍中、中書令以下及左右侍衛量人從升，以下皆如之。攝事太尉皆升階盥洗酌獻〔一〕。太常卿引皇帝詣獻祖鐏彝所，執鐏者舉冪，侍中贊酌鬱鬯訖，登歌作肅和之樂，以圜鐘之均。自後登歌皆歌圜鐘。太常卿引皇帝入詣獻祖神座前，北向跪，以鬯祼地奠之，俛伏興。太常卿引皇帝出户，祫禘少退，攝事同〔二〕。北向再拜訖，太常卿引皇帝次祼懿祖，次祼太祖，次祼代祖，次祼高祖，次祼太宗，次祼高宗，次祼中宗，次祼睿宗，並如上儀。訖，登歌止。太常卿引皇帝，樂作。皇帝降自阼階，還版位，西向立，樂止。初群官拜訖，祝史各奉毛血及肝膋之豆於東門外，齋郎奉爐炭蕭稷黍各立於肝膋之後。於登歌止，祝史奉毛血肝膋與奉爐炭蕭稷黍者以次入自正門，升自太階。

〔一〕「太尉」，原錯置於上句「皆」字之上，據通典卷一一四改。
〔二〕「祫禘少退攝事同」，原作「祫禘少同退攝事」，據光緒本、通典卷一一四改。

諸太祝各迎取毛血肝膋於階上，俱入奠於神座前。祝史退立於罇所，齋郎爐炭皆置於室户外之左，其蕭稷黍各置於爐炭下，降自阼階以出。諸太祝以取肝出户，燔於爐炭，還罇所。

饋食

皇帝既升祼，太官令出，帥進饋者奉饌陳於東門之外，重行，西向，以南爲上。謁者引司徒出詣饌所，司徒奉獻祖之俎。皇帝既至位，樂止。太官令引饌入自正門。俎初入門，雍和之樂作，以無射之均，自後接神之樂堂下皆奏無射。饌至太階，樂止。祝史俱進徹毛血之豆，降自阼階以出。饌升，諸太祝迎引於陛上，各設於神座前〔一〕。籩豆蓋冪，先徹乃升，簠簋既奠，却其蓋於下。設訖，謁者引司徒以下降自阼階，復位。諸太祝各取蕭稷黍濡於脂，燔於爐炭，還罇所。太常卿引皇帝詣罍洗，樂作。皇帝至罍洗，樂止。皇帝盥手洗爵，侍中、黄門侍郎贊洗，如晨祼之儀。訖，太常卿引皇帝，樂作，皇帝升

〔一〕「座」，諸本脱，據通典卷一一四、開元禮卷三七補。

自阼階訖，樂止。太常卿引皇帝詣獻祖罇彝所，執罇者舉冪，侍中贊酌醴齊〔二〕，訖，光大之舞作，太常卿引皇帝入詣獻祖神座前，北向，跪奠爵，少東，俛伏興。太常卿又引皇帝出，取爵於坫，酌醴齊，訖，太常卿又引入詣神座前，北面跪奠爵，少西，興。太常卿引皇帝出戶，北面立，樂止。祫享樂終八節止，諸座皆然。太祝持版進於室戶外之右，東面跪讀祝文曰：「維某年歲次月朔日，子孝曾孫開元神武皇帝諱，敢昭告于獻祖宣皇帝，攝事云「謹遣太尉封臣名」，下倣此。祖妣宣莊皇后張氏：氣序流邁，惟時孟春，孟夏、孟秋、孟冬。永懷罔極，伏增遠感，謹以一元大武、柔毛剛鬣、明粢薌合、薌萁嘉蔬、嘉薦醴齊，恭修時享，以申追慕，尚饗。」讀訖，興。以下諸室祝文儀並同。祫饗祝云：「晷度環周，歲序云及，永懷追慕，伏增遠感。謹以一元大武、柔毛剛鬣、明粢薌合、薌萁嘉蔬、嘉薦汎齊，肅雍明獻，恭備祫享。」餘字並同。禘享祝云：「祇薦禘事。」太祖以下稱臣。皇帝再拜訖，又再拜。初讀祝文訖，樂作。太祝入奠版於神座，出還罇所。皇帝拜訖，樂止。太常卿引皇帝詣懿祖罇彝所，執罇者舉冪，攝事太尉詣罇彝所，取爵于坫，執罇者舉冪，太尉酌醴齊，他放此。侍中取爵於坫，

〔二〕「侍中」，諸本作「侍郎」，據通典卷一一四、開元禮卷三七改。

進，皇帝受爵。侍中贊酌醴齊訖，長發之舞作，太常卿引皇帝入詣懿祖神座前，北向，跪奠爵，少東，俛伏興。太常卿又引皇帝出，取爵於坫，酌醴齊訖，太常卿引皇帝入詣神座前，北面跪奠爵，少西，興。太常卿引皇帝出户，北向立，樂止。太祝持版進於户之右，東向跪讀祝文曰：「維某年歲次月朔日，子孝曾孫開元神武皇帝諱，敢昭告于懿祖光皇帝、祖妣光懿皇后賈氏。」讀祝文訖，奠版於神座，出，還罇所。皇帝拜訖，樂止。太常卿引皇帝詣太祖罇彝所，如上儀。大政之舞作，祝文曰「孝曾孫開元神武皇帝臣諱，敢昭告于太祖景皇帝、祖妣景烈皇后梁氏」，餘如上儀。次代祖，大成之舞作，祝文曰：「孝曾孫開元神武皇帝諱，敢昭告于代祖元皇帝、祖妣元貞皇后獨孤氏。」獻訖，太常卿引皇帝詣罇彝所，皇帝拜訖，樂止。太常卿引皇帝詣高祖罇彝所，如上儀。大明之舞作，祝文曰：「孝曾孫開元神武皇帝臣諱，敢昭告于皇高祖神堯皇帝、祖妣太穆皇后竇氏。」訖，次太常卿引皇帝詣太宗罇彝所，如上儀。崇德之舞作，祝文曰：「孝曾孫開元神武皇帝臣諱，敢昭告于皇曾祖太宗文武聖皇帝、曾祖妣文德聖皇后長孫氏。」訖，次太常卿引皇帝詣高宗罇彝所，如上儀。均天之舞作，祝文曰：「孝孫開元神武皇帝臣諱，敢昭告于皇祖考高宗天皇大帝、皇祖妣大聖天后武氏。」訖，次太常卿引皇帝詣中宗罇彝所，如上儀。酌醴齊，文和之舞作，祝文曰：「孝姪開元神武皇帝臣諱，敢昭告于皇伯考中宗孝和皇帝、和思皇后趙氏。」訖，次太常卿引皇帝詣睿宗罇彝所，如上儀。景雲之舞作，祝文曰：「孝子開元神武皇帝臣諱，敢昭告于皇考睿宗大聖真皇帝、皇妣昭成皇后竇氏。」訖，興，皇帝再拜，又再拜。初讀祝文訖，樂作。太祝入奠版於神座，出，還罇所。皇帝拜訖，曲終樂止。太常卿引皇帝詣東序，西向立。壽和之樂作，皇帝獻，將訖，謁者引司徒詣東階，升立於楹間，北面，東上，皇帝獻訖，諸太祝各以爵酌上罇福酒，合置一爵，一太祝持爵授侍中，侍中受，北向進，皇帝再拜受爵，跪祭酒，啐酒，奠爵，俛伏興。諸太祝各帥齋郎持俎進，太祝減神座前三牲胙肉，各取前脚第二骨。加於俎，又以籩豆取稷黍飯〔一〕，還罇所，以胙肉各置一俎上，以飯共置一籩。以飯授司徒，司徒奉進，皇帝受，以授左右，太祝又以胙肉授司徒，司徒受俎，以次進，皇帝每受，以授左右。謁者引司徒降，復位。皇帝跪取爵，遂飲卒爵。侍中進，受虚爵，以授太祝，太祝受爵，復於坫。皇帝俛伏興，再拜，樂止，太常卿引皇

〔一〕「飯」，諸本脱，據通典卷一一四、開元禮卷三七補。

帝，樂作，皇帝降自阼階，還版位，西向立，樂止。文舞出，鼓柷，作舒和之樂。出，訖，戛敔樂止。武舞入，鼓柷，作舒和之樂，立定，戛敔樂止。初，皇帝將復位，謁者引太尉詣罍洗，盥手洗爵訖，謁者引太尉升自阼階，攝事則太尉將復位，謁者引太常卿，下放此。詣獻祖鐏彝所，執鐏者舉冪，太尉酌盎齊。武舞作，謁者引太尉入詣獻祖神座前，北向跪奠爵，少東，興。謁者引太尉出户，北向，再拜。謁者又引太尉取爵於坫，酌盎齊訖，謁者引入詣神座前，北向跪奠爵，少西，訖，興。謁者引太尉出户，北向再拜。謁者引太尉次詣懿祖鐏彝所，取爵於坫，執鐏者舉冪，太尉酌盎齊。謁者引太尉入詣懿祖神座前，北向跪奠爵，少東，興。謁者引太尉出户，北向再拜。謁者又引太尉取爵於坫，酌盎齊訖，謁者引入詣神座前，北向跪奠爵，少西，訖，興。謁者引太尉出户，北向再拜訖，謁者引太尉次獻太祖，次獻代祖，次獻高祖，次獻太宗，次獻高宗，次獻中宗，次獻睿宗，並如上儀。訖，謁者引太尉詣東序〔一〕，西向立。諸太祝各以爵酌罍福酒，合置一爵，一太祝持爵進太尉之左，北向立，太尉再拜受爵，跪祭酒，遂飲，卒爵。

〔一〕「序」，原作「房」，據光緒本、通典卷一一四改。

太祝進受虛爵，復於坫。太尉興，再拜。謁者引太尉降，復位。初太尉獻將畢，謁者引光禄卿攝事同。詣罍洗，盥洗，升，酌盎齊，終獻，如亞獻之儀。訖，引光禄卿降，復位。武舞止，登歌作雍和之樂。諸太祝各入室，徹豆，還罇所。徹者籩豆各一，少移於故處。登歌止，奉禮曰「賜胙」，贊者唱「衆官再拜」，在位者皆再拜。已飲福者不拜。永和之樂作，太常卿前奏稱：「請再拜。」退，復位。皇帝再拜，奉禮曰：「衆官再拜。」在位者皆再拜。樂一成止。太常卿前奏：「禮畢。」太常卿引皇帝還大次，樂作。皇帝出門，樂止。殿中監受鎮珪，華蓋侍衛如常儀。通事舍人、謁者、贊引各引享官及九廟子孫、從享群官、諸方客使以次出。贊引引御史、太祝以下俱復執事位，立定，奉禮曰：「再拜。」御史以下皆再拜，贊引引出。工人二舞以次出。太廟令與太祝、宫闈令納神主如常儀。其祝版燔於齋坊。

鑾駕還宫如圜丘儀。

文獻通考：二十三年令：今後有大祭，宜差丞相、特進、少保、少傅、尚書、賓客、御史大夫攝行。

二十五年敕：太廟每至五饗之日應攝三公，令中書門下及丞相、師傅、尚書、御史大夫、嗣王、郡王中揀擇德望高者通攝，餘司不在差限。

二十七年制：宗廟致敬，必先於如在，神人所依，無取於非族。其應太廟五享，宜於宗子及嗣郡王中揀擇有德望者令攝三公行事，其異姓官更不須差攝。

通典：天寶三載詔：頃四時有事於太廟，兩京同日告享。雖卜吉辰，俱遵上日而義深如在，禮或有乖。自今以後，兩京宜各別擇吉日告享〔一〕。

五載，詔：祭神如在，傳諸古訓。以多爲貴，著自禮經。膟膋之儀，蓋昔賢之尚質，甘旨之品，亦孝子之盡誠，既切因心，方資慶禮。其以後享太廟，每室加常食一牙盤，仍令所司務盡豐潔。

唐書玄宗本紀：天寶六載正月丁亥，享於太廟。

舊唐書禮儀志：天寶九載十一月，制：承前宗廟皆稱告享，自今已後，每親告獻太清、太微宫改爲朝獻，有司行事爲薦獻，親告享宗廟改爲朝享，有司行事爲薦享，諸事告宗廟並改爲奏。

〔一〕「兩京」，原作「西京」，據光緒本、通典卷四七改。

唐書玄宗本紀：天寶十載正月壬辰，朝獻於太清宮。癸巳，朝享於太廟。十三載二月癸酉，朝享於太廟。

肅宗本紀：至德二載九月，復京師享於太廟，哭三日。

乾元二年四月甲寅，朝享於太廟。

代宗本紀：廣德二年二月甲戌，朝享於太廟。

德宗本紀：貞元九年十一月甲申，朝享於太廟。

文獻通考：貞元九年，太常博士韋彤、裴堪等議曰：「謹案禮經、前代故事，宗廟無朔望祭食之儀，園寢則有朔望上食之禮。國家自貞觀至開元，修定禮令，皆遵舊典，至天寶十一年閏三月，初別令尚食朔望進食於太廟，自太廟以下每室奠饗。其進奠之儀，内官主之，在臣禮司並無著令。或云當時祀官王璵不本禮意，妄推緣生之義，請用宴私之饌，此則可薦於寢宮，而不可瀆於太廟。一時之制，久未變更，至今論禮者，貶王璵之議。伏奉今月八日進，止其朔望進食，令宗正與太常計會辦集者。謹案禮祭統云：『夫祭者，非外至者也，自中出，生於心也。心怵而奉之以禮。』由是牲牢有定制，籩豆有常數，罄天生地長之物，極昆虫草木之異，苟可薦者，莫不咸在。先王以此饗宗廟、交神明、全孝敬也。若生之食飲膳羞，八珍百品，可嗜之饌，隨好所遷，美脆旨甘，皆爲褻味。先王以此宴賓客、接人情、示慈惠也。則知薦享宴會，於文已殊，聖人别之，以異爲敬。今若以熟食薦太廟，恐違禮本。又祭義曰：『祭不欲數，數則煩，煩則不敬。祭不欲疏，疏則怠，怠則忘。』是故礿祠烝嘗，感時致饗，此聖人俯就之中制也。今園寢每月二祭，不爲疏也。太廟每歲五享，不爲數也。則人臣執事，在疏數之間，得盡其忠也。若令牲牢俎豆之司，更備膳羞盤盂之饌，朔日月半，將以爲常。環四時之中，雜五享之禮，爲數既甚，黷亦隨之，雖曰不然，臣不信也。夫聖王之制，必師於古訓，不敢以孝思之極而過於禮，不敢以肴饍之多而褻於味。伏願陛下遵開元萬代之則，省天寶權宜之制，園寢之上，得極珍羞，宗廟之中，請依正禮。臣等忝司禮職，敢罄愚衷。」上令宣示宰臣等曰：「此禮已經先帝所定，朕未敢遽有改移，待更商量，期於允當。」至元和十四年，太常丞王涇上疏，請去太廟上食。國子博士、史館修撰李翺奏議曰〔一〕：「伏以太廟之饗，籩豆牲牢，三代之通禮，是貴誠之義。園寢

〔一〕「國子博士史館修撰李翺奏議」十二字，諸本脱，據文獻通考卷九七補。

之奠，改用常饌，秦、漢之權制，乃食味之道也。今朔望上食於園寢，循秦、漢故事，斯爲可矣。若朔望上食於太廟，豈非用嘗褻味而貴多品乎？且非禮所謂『至敬不饗味而貴氣臭』也。況祭器不設俎豆，祭官不命三公，執事者唯宮闈令與宗正卿而已。謂之上食可也，安得以爲祭乎？且時饗於太廟，有司攝事。祝文曰：『孝曾孫皇帝臣某，謹遣太尉臣名，敢昭告於高祖神堯皇帝、祖妣太穆皇后竇氏。時維孟春，永懷罔極，謹以一元太武、柔毛剛鬣、明粢薌合、薌萁嘉蔬、嘉薦醴齊，敬修時饗，以申追慕，尚饗。』此祝詞也。前饗七日，質明，太尉誓百官於尚書省曰：『某月某日，時享於太廟，各揚其職，不供其事，國有常刑。』凡陪享之官，散齊四日，致齊三日，然後乃可以爲祭也。宗廟之禮，非敢擅議。雖有知者，其誰敢言？故六十餘年行之不廢。今聖朝以弓矢既櫜，禮樂爲大，故下百僚，始得詳議。臣等以爲貞觀、開元禮並無太廟上食之禮，以禮斷情，罷之可也。至若陵寢上食，採國語、禮記日祭月祭之詞，因秦、漢之制，循而存之，以廣孝道也。如此則經義可據，故事不遺；大禮既明，永息異論。」中書舍人武儒衡議曰：「謹案開元禮：太廟九室，每年惟五饗六告，祭用牲牢俎豆而已。劉歆祭議曰：『大禘則終王，壇墠則歲貢，二祧則時享，曾高則月祀，祖禰則日祭。』國語云：『王者日祭、月享、時類、歲祀。』此則往古之明徵，國朝之顯據。蓋日祭者，薦新也。言物有可薦則薦之，不必卜擇日時也〔一〕。故叔孫通云：『古有嘗果，今櫻桃方熟，可以爲獻。』由是惠帝取以薦宗廟，是不卜日矣。當叔孫通之言，且曰有嘗果，足明古禮，非漢制也。月享者，告朔也。論語子貢欲去告朔之餼羊，孔子以爲不可，則告朔必具牲牢明矣。春秋又譏閏月不告朔，猶朝於廟，此則月祭，殷、周已降，皆有之也。薦園寢者，始於秦代，漢氏因之而不改〔二〕。人君三年之制，以日易月，喪紀既以二十七月而除，則朔望奠酹，不復親執，故既葬之後，移之園陵。又諸陵祠殿，月遊衣冠，取象平生，務從豐潔，所以陵寢朔望上食，與太廟日祭月享本旨不同。今王涇所引太廟同日時設祭，以爲越禮。臣竊謂王涇但宜論太廟陵寢朔望奠祭可廢之旨，不當以用日時爲議，何者？漢宗廟園陵一百六十七所，郡國祠祀〔三〕，豈不與宗廟同日同時者乎？在禮既祭於室，又繹於祊，蓋廣乎求神者也。則宗廟陵寢，嘗礿同時，理固

〔一〕「日」，諸本脱，據文獻通考卷九七補。
〔二〕「不」，諸本作「又」，據文獻通考卷九七改。
〔三〕「祀」，諸本作「祝」，據文獻通考卷九七改。

無害。又韓臯引漢官儀『古不墓祭』。臣據周禮冢人之職，凡祭墓則爲之尸。古亦墓祭，但與漢家陵寢不同耳，安得謂之無哉？臣以爲陵廟近也，親親也，朔望奠獻，尚潔務豐，宜備常膳，以廣孝也。宗廟遠也，尊尊也，禘祫時享，告朔薦新，宜從古制，以正禮也。唯太廟望祭，無所本據，蓋異時有司因陵寢有朔祭望祭，以爲宗廟亦合行之，不知宗廟朔祭乃告朔也。臣以爲宜罷此耳。」事竟不行。

蕙田案：韋、裴議是。

唐書憲宗本紀：元和二年正月庚寅，朝享於太廟。

穆宗本紀：長慶元年正月庚子，朝享於太廟。

册府元龜：長慶元年正月己亥朔，備法駕，親薦獻於太清宫，遂齋於太廟。庚子，享太廟。至順宗、憲宗二室，上歔欷流涕，侍臣從官皆感動。禮畢，復齋於郊壇行宫。

舊唐書音樂志：享太廟樂章十四首：

玄宗至道大聖大明孝皇帝室奠獻用廣運之舞一章司徒兼中書令汾陽郡王郭子儀撰。

於赫皇祖，昭明有融。惟文之德，惟武之功。河海靜謐，車書混同。虔恭孝饗，穆穆玄風。

肅宗文明武德大聖大宣孝皇帝室奠獻用惟新之舞 一章吏部尚書、平章事、彭城郡公劉晏撰。

漢祚惟永，神功中興。風驅氛祲，天覆黎烝。三光再朗，庶績其凝。重熙累葉，景命是膺。

皇帝飲福受胙用福和 一章福和以下八章，張説撰。

備禮用樂，崇親致尊。誠通慈降，敬徹愛存。獻懷稱壽，啐感承恩。皇帝孝德，子孫千億。大包天域，長亘不極。

送文舞出迎武舞入用舒和 一章

六鐘翕協六變成，八佾倘佯八風生。樂九韶兮人神感，美七德兮天地清。

亞獻終獻行事武舞用凱安四章

瑟彼瑶爵，亞惟上公。室如屏氣，門不容躬。禮殷其本，樂執其中。聖皇永慕，天地幽通。

禮匝三獻，樂遍九成。降循軒陛，仰欷皇情。福與仁合，德因孝明。百年神畏，四海風行。

總總干戚，填填鼓鐘。奮揚增氣，坐作爲容〔一〕。離若鷙鳥，合如戰龍。萬方觀德，肅肅邕邕。烈祖順三

〔一〕「坐」，原作「望」，據光緒本、舊唐書音樂志四改。

靈，文宗威四海。黄鉞誅群盜，朱旗掃多罪。戢兵天下安，約法人心改。大哉干羽意，長見風雲在。

徹豆登歌一章　止笙磬〔一〕，徹豆籩。廓無響，窅入玄〔二〕。主在室，神在天。情餘慕，禮罔愆。喜黍稷，屢豐年。

送神用永和一章　眇嘉樂，授靈爽。感若來，思如往。休氣散，迴風上。返寂寞，還惚恍。懷靈駕，結空想。

代宗睿文孝武皇帝室奠獻用保大之舞一章尚父郭子儀撰。　於穆文考，聖神昭彰。簫勺群慝，含光遠方。萬物茂遂，九夷賓王。愔愔雲韶，德音不忘。

德宗神武孝文皇帝室奠獻用文明之舞一章尚書左丞、平章事鄭餘慶撰。　開邸除暴，時邁勛尊。三元告命，四極駿奔。金枝翠葉，煇燭瑶琨。象德億載，貽慶湯孫。

順宗至德大聖大安孝皇帝室奠獻用大順之舞一章中書侍郎、平章事鄭絪撰。　於

〔一〕「止」，諸本作「上」，據舊唐書音樂志四改。
〔二〕「入玄」，原作「八元」，據光緒本、舊唐書音樂志四改。

穆時文，受天明命。允恭玄默，化成理定。出震嗣德，應乾傳聖。猗歟緝熙，千億流慶。

憲宗聖神章武孝皇帝室奠獻用象德之舞一章中書侍郎、平章事段文昌撰。

肅肅清廟，登顯至德。澤周八荒，兵定四極。生物咸遂，群盜滅息。明聖欽承，子孫千億。

郭茂倩樂府唐享太廟樂章：

穆宗用和寧之舞牛僧孺造。

緹緹頎頎，融昭德輝。不紐不舒，貫成九圍。武烈文經，敷施當宜。纂堯付啓，億萬熙熙。

武宗用大定之舞李回造。

受天明命，敷佑下土。化時以儉，衛文以武。氛消夷夏，俗臻往古。億萬斯年，形於律呂。

宣宗舞有舞詞而名不傳，夏侯孜造。

於鑠令主，聖祚重昌。興起教義，申明典章。俗尚素樸，人皆樂康。積德可報，流慶無疆。

懿宗舞有舞詞而名不傳，蕭倣造。

聖祚無疆，慶傳樂章。金枝繁茂，玉葉延長。海瀆常晏，波濤不揚。汪汪美化，垂範今王。

昭宗用咸寧之舞　於鑠丕嗣，惟帝之光。羽籥象德，金石薦祥。聖系無極，景命永昌。神降上哲，惟天配長。

唐書敬宗本紀：寶曆元年正月庚戌，朝享于太廟。

文宗本紀：太和三年十一月癸巳，朝享于太廟。

武宗本紀：會昌元年正月庚辰，朝享于太廟。五年正月庚戌，朝享於太廟。

宣宗本紀：大中元年正月癸丑，朝享於太廟。

懿宗本紀：咸通元年十一月丙子，朝享於太廟。

僖宗本紀：乾符二年正月庚寅，朝享於太廟。

文德元年二月庚寅，謁於太廟。

禮樂志：黄巢陷京師，焚毁宗廟，而僖宗出奔，神主法物從行皆爲賊所掠。巢敗，復京師，素服哭於廟而後入。

右唐廟享

五代廟享

五代史梁本紀：太祖開平三年正月庚寅，享於太廟。十月，享於太廟。

唐本紀：莊宗同光二年正月丁卯，朝獻於太微宫。戊辰，享於太廟。

明宗長興元年二月甲寅，享於太廟。

周本紀：太祖廣順三年十二月乙亥，享於太廟。

右五代廟享

五禮通考卷九十二

吉禮九十二

宗廟時享

宋廟享上

宋史禮志：宗廟之禮，每歲以四孟月及季冬，凡五享，朔望則上食薦新。唯親郊、封祀。又有朝享、告謝及新主祔謁，皆大祀也。二薦，則行一獻禮。其祔祭，春祀司命及户，夏祀竈，季夏祀中霤，秋祀門及厲，冬祀行，惟臘享、禘祫則徧祀焉。

玉海：太祖乾德元年十一月，帝以親郊齋於崇元殿。翌日，服通天冠、絳紗袍，執鎮圭，乘玉輅，鹵簿前導，赴太廟宿齋。翌日未明三刻，帝服衮冕，執鎮圭行享禮於四室。自是每行郊祀前一日，朝享太廟如儀。

蕙田案：因郊告廟無享祭之禮，宋仍唐故事，遂以郊前朝享爲盛祭，失之矣。厥後更有景靈宫朝享，尤謬。

宋史禮志：太祖乾德六年，判太常寺和峴上言：「案禮閣新儀，唐天寶五年，詔享太廟宜祭料外，每室加常食一牙盤。將來享廟，欲每室加牙盤食，禘祫時享亦準此制。」

文獻通考：開寶初，上親享太廟，見所陳籩豆簠簋，問曰：「此何物也？」左右以禮器對。上曰：「吾祖宗寧識？」亟命徹去，進常膳如平生。既而曰：「古禮不可廢也。」命復設之，於是和峴請如唐故事，别設牙盤食。

蕙田案：牙盤常食非禮之饌，和峴曲成之誤矣。

宋史禮志：太宗太平興國六年十二月，太常禮院言：「今月二十三日，臘享太廟。緣孟冬已行時享，冬至又嘗親祀。案禮每歲五享，其禘祫之月即不行時享，慮成煩數，有爽恭虔。今請罷臘日薦享之禮，其孝惠别廟即如式。」從之。

蕙田案：時享，正祭也。禘祫，大祭也。義各不同，因此廢彼，何耶？所以典禮未善，自有不能行之處。

太宗本紀：雍熙二年十一月壬午，狩於近郊，以所獲獻太廟，著爲令。

禮志：宗正寺言：「準詔，送兔十頭，充享太廟。」

玉海：端拱二年七月丁亥詔，以八月二十四日親享太廟，有司詳定儀注。辛丑，詔以彗孛停。

宋史禮志：淳化三年十月八日，太常禮院言：「今年冬至，親祀南郊，前期朝享太廟，及奏告宣祖、太祖室。常例，每遇親祀，設朔望兩祭，又行奏告之禮，煩則不恭。又十一月二十日，皇帝朝享，去臘享日月相隔，未爲煩數。欲望權停是月朔望之祭，其臘享如常儀。」從之。

蕙田案：此奏近是朔望之祭，原非正也。

真宗本紀：咸平二年九月甲午，奉安太宗聖容於啓聖院新殿，帝拜而慟，左右皆掩泣。十一月乙酉，享太廟。

禮志：咸平二年八月，太常禮院言：「今年冬祭晝日，以十月六日薦享太廟。案禮，三年一祫，以孟冬。又疑義云：三年喪畢，遭禘則禘，遭祫則祫。宜改孟冬薦享爲祫享。」

蕙田案：改時享爲祫，非。

真宗本紀：咸平三年十二月戊申，狩近郊，以親獲禽獻太廟。

景德二年十一月丙辰，享太廟。三年十一月乙酉，狩近郊，以親獲兔付有司薦廟。

大中祥符元年正月，大赦，改元。九月甲子，奉天書告太廟。十一月甲申，命王旦奉上太祖、太宗謚册，親享太廟。

禮志：大中祥符元年十一月二十七日，帝於朝元殿備禮，奉祖宗尊謚册寶，再拜授攝太尉王旦奉之以出，安太祖册寶於玉輅，太宗册寶於金輅，詣太廟，親行朝廟之禮。

玉海：大中祥符元年十一月二十三日庚辰，詔曰：「朕祇事上封，克成大典。」二十七日，上尊謚禮畢，恭謝太廟，有司定儀注以聞。二十五日壬午，詳定所上儀注。李宗諤上奠獻樂章二首。癸未，帝齋於長春殿。翌日甲申，帝服通天冠、絳紗袍，奉太祖、太宗尊謚册寶，拜，攝太尉王旦持節奉册升輅，鸞駕詣廟，酌奠六室。

蕙田案：宗廟四時享祀之禮，竟宋之世，人主未嘗一行，所親行者，唯郊祀、朝享及告謝等，登之則失時享本義，削之則宋竟無時享矣。今據事直書而失自見，覽者詳之。

四年正月丁亥，謁啓聖院太宗神御殿、普安院元德皇后聖容。

蕙田案：啓聖院神御殿、普安院皇后聖容亦非禮。

七年二月辛未，享太廟。

禮志：大中祥符八年，兼宗正卿趙安仁言：「準詔以太廟朔望上食品味，令臣詳定。望自今委御厨取親享廟日所上牙盤例，參以四時珍膳，選上局食手十人，赴廟饌造，上副聖心，式表精慤。」詔：「所上食味，委宫闈令監造訖，安仁省視之。」

真宗本紀：天禧元年正月壬寅，上聖祖寶册。己酉，上太廟謚册。庚戌，享六室。

禮志：天禧元年正月九日，加上六室尊謚。禮畢，群臣拜表稱賀。十一月，帝行朝享之禮。

玉海：天禧元年正月三日癸卯，以朝享太廟，誓百官。八日戊申，奉寶册升輅。

九日己酉，奉上六室寶册，百官陪列。十日庚戌，朝享六室。

宋史真宗本紀：天禧三年冬十一月己巳，謁景靈宫。庚午，享太廟。

蕙田案：謁享俱不是正祭。

樂志：建隆以來祀享太廟一十六首：

迎神禮安　肅肅清廟，奉祀來詣。格思之靈，如在之祭。克謹威儀，載嚴容衛。降福孔皆，以克永世。

皇帝行，隆安　工祝升階，賓尸在位。祗達孝思，允修毖祀。顯相有儀，克恭乃事。儼恪其容，通此精意。

奠瓚用瑞木　木符啓瑞，著象成文。於昭大號，協應明君。靈命有屬，鴻禧洞分。歌以升薦，休嘉洽聞。

又馴象　嘉彼馴象，來歸帝鄉。南州毓質，中區效祥。仁格巨獸，德柔遐荒。有感斯應，神化無方。

又玉烏　素烏爰止，淳精允臧。名符瑞牒，色應金方。潔白容與，翹英奮揚。孝思攸感，皇德逾張。

奉俎，豐安　維犧維牲，以炮以烹。植其鞉鼓，潔彼鉶羹。孔碩兹俎，於穆厥聲。肅雍顯相，福禄來成。

酌獻僖祖室，大善　湯湯洪河，經啓長源。鬱鬱嘉木，挺生本根。大哉崇基，出乎慶門。發祥垂裕，永世貽孫。

順祖室，大寧　元鐘九千，生於仲吕。崇臺九層〔一〕，起於累土。赫日之升，明夷爲主。孝孫作帝，式由祖武。

翼祖室，大順　明明我祖，積德攸宜。肇繼瓜瓞，將隆本支。爰資慶緒，式昭帝基。於穆清廟，永洽重熙。

宣祖室，大慶　艱難積行，緜長鍾慶。同人之時，得主乃定。既叙宗祧，乃修舞詠。經武開先，永昭丕命。

太祖室，大定　猗歟太祖，受命于天。化行區宇，功溢簡編。武威震耀，文德昭宣。開基垂統，億萬斯年。

〔一〕「崇」，諸本作「日」，據宋史樂志九改。

太宗室，大盛　赫赫皇運，明明太宗。四隩咸暨，一變時雍。睿文炳焕，聖德温恭。千齡萬祀，永播笙鏞。

飲福，禧安　嘉粟旨酒，博腯牲牷。神鑒孔昭，享兹吉蠲。夙夜毖祀，孝以奉先。永錫純嘏，功格于天。

亞獻，正安　已象文治，乃觀武成。進退可度，威儀克明。

終獻，正安　常武徂征，詩人所稱。總干山立，厥象伊凝。

徹豆，豐安　肥腯之牲，既析既薦。鬱鬯之酒，已配已獻。祝辭亦陳，和奏斯徧。享禮具舉，徹其有踐。

真宗御製二首：

奠瓚用萬國朝天　鴻源濬發，璿圖誕彰。高明錫羡，累洽延祥。巍巍藝祖，溥率賓王。煌煌文考，區宇大康。珍符昭顯，寶曆綿長。物性茂遂，民俗阜昌。甫田多稼，禾黍穰穰。含生嘉育，鳥獸蹌蹌。八紘統域，九服要荒。沐浴惠澤，祗畏典常。隔谷分壤，望斗辨方。並襲冠帶，來奉圭璋。峨峨雙闕，濟濟明堂。諸侯執帛，天后當陽。何以辨等？衮衣繡裳。何以褒德？輅車乘黃。聲明焕赫，雅頌汪洋。啓茲丕緒，佑我無疆。大統斯集，大樂斯揚。俯隆宗祏，仰繼穹蒼。

亞獻、終獻用平晉樂　五代衰替，六合携離。封疆竊據，兵甲競馳。天顧黎獻，塗炭可悲。帝啓靈命，濬哲應期。皇祖丕變，金鉞俄麾。率土執贄，獷俗來儀。瞻彼大鹵，竊此餘基。獨迷文告，莫畏天威。神宗繼統，璿圖有輝。尚安蠢爾，罔懷格思。六飛夙駕，萬旅奉辭。徯來發詠[一]，不陣行師。雲旗先路，壺漿塞岐。天臨日照，宸慮通微。前歌後舞，人心悦隨。要領自得，智力何施。風移僭冒，政治淳熙。書文混一，盛德咸宜。干戈倒載，振振言歸。誕昭七德，永定九圍。

仁宗本紀：天聖二年十一月丙申，享太廟。

四年閏五月己酉[二]，詔補太廟室長、齋郎。

五年十一月辛亥，朝享景靈宮。壬子，享太廟。　八年十一月丙寅，朝享景靈宮。丁卯，享太廟。

[一]「發」，諸本作「廢」，據宋史樂志九改。
[二]「己酉」，原作「乙酉」，據光緒本、宋史仁宗本紀改。

明道二年二月乙巳〔一〕，皇太后服衮衣、儀天冠享太廟，皇太妃亞獻，皇后終獻。五月丙子，命宰臣張士遜撰謝太廟記。檢討宋祁言〔二〕，皇太后謁廟非後世法，乃止。

蕙田案：古有皇后助祭之禮，無皇太后謁廟之儀。

皇祐二年九月己酉，朝享景靈宮。庚戌，享太廟。

玉海：皇祐二年九月，以大饗明堂，具大駕鹵簿，赴景靈宮行薦享。禮畢，齊於太廟。翌日庚戌，詣七室，行朝享禮，降神樂作，帝密諭樂卿令備其音節。禮儀使請憩小次，帝拱立益莊。辛亥，卒享。

宋史仁宗本紀：嘉祐元年九月庚寅，命宰臣攝事於太廟。

蕙田案：攝事，正也。

七年九月庚戌，享太廟。

文獻通考：仁宗慶曆時，四孟臘時享太廟，攝事用羊豚各二，祈報象尊一，别廟

〔一〕「二月」，原作「正月」，據光緒本、宋史仁宗本紀改。
〔二〕「宋祁」，諸本作「宋祈」，據宋史仁宗本紀改。

增黄彝壺尊二，親享則加犢。三年，御史蔡禀言：「周制，四時享親之禮有九，今寺觀則車駕一歲再臨，未嘗薦獻宗廟，非奉先教民意。」帝謂輔臣曰：「三歲一祠郊廟而賚及天下，若歲親行之，則人有覬賞之心。朕朝夕奉三聖御容於禁中，未嘗敢怠也。」

蕙田案：此條所記，最有關係，乃宋代廟享所由舛也。夫郊廟，乃人君敬天尊祖之大誼，何與于臣民而必賚及天下，甚至帑藏空虚，必俟以三年乃竭物力而舉之，斯何理也？觀仁宗語，亦以不克時享爲不安，而朝夕奉聖容以展敬，特阻于憚費而不得已耳。若使當時廟享之禮克正，宗廟之外，何必又有啓聖院、景靈宫、天章閣、欽先、孝思殿也？木主之外，何必又有塑像畫像也？時享之外，何必又有朝享、告謝、薦獻也？夫人之孝思無窮，而禮制之節制自定，所謂賢者俯而就，不肖者企而及！循乎禮則一正而無不正，違乎禮則一失而無不失。宋一切非禮，皆因不能親行時享而起。不能時享，因賞賚不給而起。賞賚不給，則因沿習前代舊例使然。嗚呼！稗政之害，一至是哉！

宋史禮志[一]：熙寧二年，帝親酌獻景靈宮。仍詔歲以十月望朝享，有期以上喪或災異，則命輔臣攝事。

神宗本紀[二]：五年正月己亥，詔太廟時享，以宗室使相以上攝事。

禮志：初，國朝親享太廟，儀物有制。熙寧以來，率循舊典，元豐命官詳定，始多損益。元年，詳定郊廟禮文所言：「古者納牲之時，王親執鸞刀，啓其毛，而祝以血毛詔於室。今請改正儀注，諸太祝以毛血薦於神座訖，徹之而退。唐崔沔議曰：『毛血盛於盤。』開元、天寶通禮及今儀注皆盛以豆。禮以豆盛菹醢，其薦毛血當盛以盤。」又言：「三牲骨體俎外，當加牛羊腸胃、豕膚俎各一。又古者祭祀無迎神送神之禮，其初祭及末，皆不當拜。又宜令户部陳歲貢以充庭實，如古禮，仍以龜爲前，金次之，玉帛又次之，餘居後。又周禮大宗伯之職，凡享，莅玉鬯。今以門下侍郎所瓚進皇帝，侍中酌鬯進瓚，皆未合禮。請命禮部尚書奉瓚臨鬯，禮部侍郎奉盤以次進，皇帝酌鬯

[一]「禮志」，原作「神宗本紀」，據光緒本、宋史禮志十二改。
[二]「神宗本紀」四字，原脱，據光緒本補。

祼地訖，侍郎受瓚并槃而退。」又言：「皇帝至阼階，乃命太祝、宫闈令始奉神主置於坐，行禮畢，皇帝俟納神主，然後降階。」並從之。又言：「神坐當陳於室之奥東面，當行事時，皇帝立於户内西向，即拜於户内。有司攝事，晨祼饋食，亦立於户内西向，更不出户而拜。其堂上薦腥，則設神坐於扆前南向，皇帝立於中堂北向。有司攝事同此。」詔俟廟制成取旨。又請：「諸廟各設莞筵紛純，加繅席畫純於户内之東西面，皇帝行三獻禮畢，於此受嘏。」又言：「每室所用几席，當如周禮，改用莞筵紛純，加繅席畫純，加次席黼純，左右玉几。凡祭祀，皆繅次各一重，并莞筵一重爲五重。」又言：「古者宗廟九獻，王及后各四，諸臣一。自漢以來爲三獻，后無入廟之事，沿襲至今。若時享則有事於室，而無事於堂；禘祫則有事於堂，而無事於室。室中神位不在奥，堂上神位不當扆，有饋食而無朝踐。度今之宜，以備古九獻之意。請室中設神位於奥東面，堂上設神位於户外之西南面，皇帝立於户内西面，祼鬯爲一獻；出户立於扆前，北向，行朝踐薦腥之禮爲再獻；皇帝立於户内西面，行饋食薦熟之禮爲三獻。」詔並俟廟制成取旨。又請：「三年親祠，并祫享及有司攝事。每室並用太牢及制幣。宗廟堂上焫蕭以求陽，而有司行事焫茅香，宜易用蕭。灌鬯於地以求陰，宜束茅沃酒以象神之飲。凡幣皆埋於西階東，册則藏有司之匱。」又請：「除去殿下板位及小次，而設皇帝板位於東階之上，西向。」又請：「凡奉告、祈禱、報謝，用牲牢祭饌，並出帝后神主，以明天地一體之義。又古者祭祀，兼薦上古、中古及當世之食，唐天寶中，始詔薦享每室加常食一牙盤，議者以爲宴私之饌可薦寢室〔一〕，而不可瀆於太廟，宜罷之。古者吉祭必以其妃配，不特拜，請奠副爵無特拜。儀禮：『嗣舉奠，盥入。』請皇帝祭太廟，既灌之後，太祝以斝酌奠於鉶之南，俟正祭嘏訖，命皇子舉奠而飲。」又請：「命刑部尚書一員以奉大牲，兵部尚書一員奉魚十有五。仍合腥熟之薦，朝享四孟及臘享〔二〕，皆設神位於户内南向。其祼將於室，朝踐於堂，饋熟於室，則於奧設莞筵紛純，加繅席畫純，加次席黼純，左右玉几。當筵前，設饋食之豆八，加豆八，以南爲上。鉶三，設於豆之南。南陳牛鉶居北，羊鉶在牛鉶之南，豕鉶在羊鉶之南。羞豆二，曰酏食、糝食，設於薦豆之北。大羹湇盛以登，設於羞豆之北。九俎設於

〔一〕「可」，諸本脱，據宋史禮志十一補。
〔二〕「享」，諸本作「主」，據宋史禮志十一改。

豆之東，三三爲列，以南爲上。肵俎一，當腊俎之北，縱設之。牲首俎在北牖下，簠簋設于俎南，西上。籩十有八，設於簠簋之南，北上。户外之東設尊彝，西上，南肆。阼階之東設六罍，其三在西，以盛玄酒，其三在東，以盛三酒。堂下陳鼎之位，在東序之南，居洗之西，皆西面北上。匕皆加於鼎之東，俎皆設於鼎之西，西肆。肵俎在北，亦西肆。若廟門外，則陳鼎於東方，各當其鑊，而在鑊之西，皆北面北上。」又請：「既晨祼，諸太祝入，以血毛奠神坐。太官令取肝，以鸞刀制之，洗於鬱鬯，貫以膋，燎於爐炭。祝以肝膋入，詔神於室，又出以隋祭於户外之左，三祭於茅菹。當饋熟之時，祝取菹擩於醢，祭於神坐前，豆間三。又取黍稷肺祭，祭如初，藉以白茅。既祭，宫闈令東而瘞之於西階東。若郊祀天地，則當進熟之時，祝取菹及黍稷肺，祭於正配神坐前，各三祭，畢，郊社令東茅菹而燔瘞之。祀天燔，祭地瘞，縮酒之茅，或燔或瘞，當與隋祭之菹同。」又言：「古者吉祭有配，皆一尸。其始祝洗酌奠，奠於鉶南，止有一爵。及主人獻尸，主婦亞獻，賓長三獻，亦止一爵。請罷諸室奠副爵。其袷享别廟，皇后自如常禮。應祠告天地、宗廟、社稷，並用牲幣。如唐置太廟局令〔一〕，以宗正丞充，罷攝知廟少卿，而宫闈令不預祠事。」又言：「晨祼之時，皇帝先搢大圭，上香、祼鬯、復位，候作樂饋食畢，再搢大圭，執鎮圭，奠於繅藉。次奠幣、執爵，庶禮神並在降神之後。」從之。

蕙田案：元豐更定儀注，凡二十餘條，皆本儀禮節次爲之損益。自唐以後，議禮之臣無踰此者，較開元禮所修，益加精且詳矣。

觀承案：元豐更定儀注，一洗沿習之陋，允爲正當，所以朱子每嘆神宗爲大可有爲之君也。

文獻通考：神宗元豐三年，詳定郊廟奉祀，禮文所言：「祠禴烝嘗之名，春夏則物未成而祭薄，秋冬則物盛而祭備，故許慎以品物少文詞多爲祠，而王弼以禴爲祭之薄。何休謂祈穀成者，非一黍先熟可得薦，故曰嘗；冬萬物畢成，所薦衆多，故曰烝。故禮記以嘗爲大嘗，周禮以烝爲大烝，孔安國亦以烝嘗爲大享。今太廟四時雖有薦新，而孟享禮料無祠禴烝嘗之别，伏請春加韭卵，夏加麥魚，秋加黍豚，冬加稻雁，當

〔一〕「置」，諸本作「制」，據宋史禮志十一改。

饋熟之節，薦於神主。其籩豆於常數之外，别加時物之薦，豐約各因其時，以應古禮。」從之。又言：「少牢饋食禮『主人朝服即位于阼階東，西面』，鄭氏曰：『爲將祭也。』即不言拜。及祝告禮成，主人出立於阼階上，西面，亦不言拜。近代事神拜而迎送，殊非禮意。聖王之事宗廟禮如事生，故饌則薦四時之和氣，與四海九州之美味，貢則陳金璧龜帛，以明共天下之材，其餘無常，必致國之所有，以明遠物無不至。自秦、漢以來，奉宗廟者不本先王之經訓，有司奉行，充其位而已，故天下常貢入王府者，未嘗陳於太廟，良爲闕略。」又言：「古者，人君臨祭立于阼，阼者主階，惟人君莅之行事，示繼體祖考親親之義，且以尊别於臣庶也。今朝享太廟設小次於殿下褥位之東，西向；設皇帝版位於廟東階之東南，西向，乃是古者大夫士臨祭之位，殊失禮意。又曾子問曰『斂幣玉藏諸兩階之間』，聘禮『卷幣埋于西階東』，舊制宗廟燔其幣，未合於禮。」

宋會要：元豐六年十月庚辰，太常丞呂升卿言：「禮重饗帝，不聞乃於致齋先享宗廟。獨唐立老子廟，號太清宫，每歲郊祀躬薦焉。終唐世行之，莫知其非。今郊宜罷饗廟，或止至太祖一室，告以侑神之意。繼令别修太廟躬祠之制，歲五大饗，乘輿親臨其一，則祀天饗親，兩得其當。」不行。

蕙田案：呂升卿此議，典而正，切中時弊，爲宋臣所少，惜乎其不行也。

宋史禮志：元豐六年十一月，帝親祀南郊。前期三日，奉仁宗、英宗徽號册寶於太廟。是日，齋於大慶殿。翌日，薦享於景靈宫。禮畢，帝服通天冠、絳紗袍，乘玉輅至太廟，宰臣、百官班迎於廟門。侍中跪請降輅，帝却乘輿，步入廟〔一〕，趨至齋宫。翌日，帝服靴袍至大次。有司奏中嚴外辦，禮儀使跪奏請行事。帝服衮冕以出，至東門外，殿中監進大圭，帝執以入，宫架樂作，升東階，樂止。登歌樂作，至位，樂止。太祝、宫闈令奉諸室神主於坐，禮儀使贊曰：「有司謹具，請行事。」帝再拜，詣罍洗，登歌樂作，降階，樂止。宫架樂作，至洗南，北向，樂止。帝搢圭，盥帨，洗瓚、拭瓚訖，執圭。宫架樂作，升堂，樂止。登歌樂作，殿中監進鎮圭。帝搢大圭，執鎮圭，詣僖祖室，樂止。登歌奏瑞安之曲。至神坐前，北向跪，奠鎮圭於繅藉，執大圭跪，三上香，執瓚祼地，奠瓚，奉帛。奠訖，執圭，俛伏，興，出户外，北向再拜。内侍舉鎮圭以授殿

〔一〕「入」，原作「太」，據光緒本、宋史禮志十一改。

中監。至次室行事，皆如前儀。帝還位，登歌樂作，至位，樂止。宮架興安之樂作，文舞九成，止。禮部、户部尚書以次官奉逐室俎豆，宮架豐安之樂作，奠訖，樂止。帝再詣罍洗，登歌樂作，降階，樂止。宮架樂作，至洗南，北向立，樂止。帝搢圭，盥帨，洗爵、拭爵訖，執圭。宮架樂作，帝升東階，樂止。登歌樂作，至僖祖室，樂止。宮架樂作，帝搢圭跪，受爵〔一〕，祭酒三，奠爵，執圭，俯伏，興，出户外，北向立，樂止。太祝讀册文，帝再拜。詣次室，皆如前儀。帝還位，登歌樂作，至位，樂止。文舞退，武舞進，宮架正安之樂作，亞獻以次行事如前儀，樂止。帝詣飲福位，登歌樂作，至位，樂止。宮架僖安之樂作，帝再拜，搢圭跪，受爵，祭酒三，啐酒，奠爵，受俎，奠俎，受摶黍豆，再受爵，飲福酒訖，奠爵，執圭，俛伏，興，再拜，樂止。帝還位，登歌樂作，至位，樂止。太常博士徧祭七祀、配享功臣。户部、禮部尚書徹俎豆，登歌豐安之樂作，徹訖，樂止。禮直官曰「賜胙」，行事、陪祀官皆再拜，宮架興安之樂作，一成，止。太祝、宮闈令奉神主入諸祏室。禮儀使跪奏禮畢，登歌樂作，帝降階，樂止。宮架樂作，出

〔一〕「受」，諸本作「授」，據宋史禮志十一改。

東門，殿中監受大圭，歸大次，樂止。有司奏解嚴，轉仗赴南郊。

文獻通考：自元豐初命陳襄等詳定郊廟禮文，至是始用新儀。

宋史禮志：八年，太常寺言：「故事，山陵前，宗廟輟祭享，朔望以内臣行薦食之禮，俟祔廟畢仍舊。今景靈宫神御殿已行上食，太廟朔望薦食自當請罷。」從之。

樂志：景祐親享太廟二首：

迎神，興安　追養奉先，納孝綀主。金奏鳳鳴，關雎樂舞。奠鬯恭神，肥腯展俎。積慶聰明，降景寰宇。

酌獻真宗室，大明　於穆真皇，宅心道粹。和戎偃革，焕乎文治。操瑞拜圖，封天祀地。盛德爲宗，烝嘗萬世。

熙寧以後享廟五首：

酌獻英宗室，大英　在宋五世，天子嗣昌。躬發英斷，若乾之剛。聲容浤浤，被于八荒。垂千萬年，永烈有光。

送神，興安　鐘鼓惟旅，籩豆孔時。衎我祖宗，既右享之。神亟來止，孝孫之喜。神保聿歸，孝孫之思。

禘祫孟享、臘享，宗正卿升殿，正安　進退有容，服章有儀。匪亟匪遲，降登孔時。

祫享仁宗〔一〕，大和　於穆仁廟，聖澤滂流。華夷用乂〔二〕，動植蒙休。徽名冠古，奕世垂謀。帝躬祼獻，盛典昭修。

英宗，大康　赫赫英皇，總提邦紀。濬發神功，恢張聖理。仙馭雖遥，鴻徽不弭。永言孝思，竭誠躬祀。

常祀五享三首：

迎神，興安九變　奕奕清廟，昭穆定位。霜露增感，粢盛潔祭。神靈來格，福祉攸暨。追孝奉先，本支百世。

太尉奠瓚，嘉安　有秩時祀，匪怠匪瀆。有來宗工，載祇載肅。厥作祼將，流黄瓚玉。是享是宜，永綏多福。

〔一〕「祫享」，原脱，據光緒本、宋史樂志九補。
〔二〕「乂」，諸本作「義」，據宋史樂志九改。

送神，興安　皇考皇祖，配帝配天。駿奔顯相，神保言旋。祝以告孝，嘏以慈宣。去來永慕，宗事惟虔。

禮志：哲宗元祐二年，奉安神宗神御於景靈宮，如十一殿奉安之禮。舊制，車駕上元節以十一日詣興國寺、啓聖院，朝謁太祖、太宗、神宗神御，下元節謁景靈宮朝拜天興殿，朝謁真宗、仁宗、英宗神御〔一〕。至是詔分每歲四孟月拜謁之所，自孟秋始，其不當親獻，則遣官分詣。初詣天興殿、保寧閣、天元殿、太始殿，次詣皇武殿、儷極殿、大定殿、輝德殿，次詣熙文殿、衍慶殿、美成殿，次詣治隆殿、宣光殿，仍自來年孟春爲始。

哲宗本紀：元祐七年十一月辛卯，朝獻景靈宮。壬辰，享太廟。

禮志：元祐七年，詔復用牙盤食。舊制，並於禮饌外設，元豐中罷之，禮官呂希純建議曰：「先王之祭，皆備上古、中古及今世之食。所設禮饌，即上古、中古之食，牙盤常食，即今世之食。議者乃以爲宗廟牙盤原於秦、漢陵寢上食，殊不知三代以來，自

〔一〕「英宗」下，原衍「神宗」二字，據光緒本、宋史禮志十二删。

備古今之食。請依祖宗舊制，薦一牙盤。」從之，乃更其名曰薦羞。希純又請：「帝后各奠一爵，后爵謂之副爵。今帝后惟奠一爵共享，瀆禮莫甚。請設副爵，亦如其儀。」

蕙田案：牙盤常食，不可爲典要，而帝后共爵，則瀆甚矣，更正爲是。

哲宗本紀：紹聖二年九月壬寅，告遷神宗神御於景靈宮顯成殿。癸卯，詣景靈宮行奉安禮。己酉，朝獻景靈宮。庚戌，朝享太廟。

禮志：元豐中，每歲四孟月，天子徧詣諸殿朝獻。元祐初，議者請以四孟分獻，一歲而徧，至是復用舊儀。詔自今四孟朝獻分二日，先日詣天興殿、保寧閣、天元、太始、皇武、儷極、大定、輝德諸殿〔一〕，次日詣熙文、衍慶、美成、繼仁、治隆、徽音、顯承七殿。

哲宗本紀：三年正月甲辰，酌獻景靈宮，徧詣諸殿，如元豐禮。四月丙子，詔：自今景靈宮四孟朝獻分爲二日。

禮志：紹聖三年十月，帝詣天興諸殿朝獻。翼日，大雨，詔差已致齊官分獻熙文

〔一〕「輝德」，原誤倒，據光緒本、宋史禮志十二乙正。

七殿，自是雨雪用爲例云。

徽宗本紀：大觀四年十一月乙丑朔，朝景靈宫。丙寅，享太廟。

文獻通考：徽宗大觀四年，議禮局言：「案太廟儀注，春夏用犧尊、象尊，秋冬用著尊、壺尊各二，已應周禮司尊彝之義。又每享各用大尊二，則是以追享朝享之尊，施之於禴祠烝嘗矣，其爲失禮明甚。請自今四時享太廟，不用大尊。禮記郊特牲曰：『灌以圭璋，用玉氣也。』周禮典瑞：『祼圭有瓚，以肆先王。』説者謂天地有禮神之玉而無鬱鬯，宗廟有鬱鬯而無禮神之玉，然則宗廟之玉祼圭而已。圭瓚之制，以圭爲枋，其長尺有二寸，黄金爲勺，青金爲外，朱中央，其容五升，其徑八寸，其勺之鼻爲龍首，所以出鬱鬯也；其槃徑一尺，所以承瓚也。今親祀太廟，以塗金銀瓚，有司行事以銅瓚，其大小長短之制，皆不如禮，請改製以應古制。」

十一月，太常、光禄寺言：「禮制局新定太廟陳設之儀，盡依周制，籩豆各用二十有六，簠簋各八，以籩二十有六爲四行，以右爲上，羞籩二爲第一行，朝事籩八次之，饋食籩八又次之，加籩八又次之。豆二十有六爲四行，以左爲上，羞豆二爲第一行，朝事豆八次之，饋食豆八又次之，加豆八又次之。簠八爲二行，在籩之外。簋八爲二行，在豆之外。籩豆所實之物，悉如周禮籩人、醢人之制，惟簠以稻粱，簋以黍稷，而茅菹以蓴，蚳醢以蜂子代之。」十二月，禮制局言：「太廟祭器，鉶用三，登用一。竊考鉶與登皆盛羹之器，祭祀亨牲於鼎，升肉於俎，其湆芼以醢鹽蔬實之於鉶，則謂之鉶羹；不致五味，實之於登，則謂之大羹。周官亨人『祭祀共大羹、鉶羹』是也。且宗廟之祭用太牢，而三鉶實牛羊豕之羹，固無可論者。至於大羹，止設一登，以少牢饋食禮考之，則少牢者，羊豕之牲也。佐食羞兩鉶，司士進湆二豆。三牲之祭，鉶既設三，則登亦如其數。請太廟設三登，實牛羊豕之湆以爲大羹，明堂亦如之。」

宋史禮志：宣和元年，禮部奏：「太常寺參酌立到諸州府有祖宗御容所在朔日諸節序降到御封香表及下降香表行禮儀注〔一〕：朔日諸節序奉香表行禮儀注：齋戒，朝拜前一日，朝拜官及讀表文官早赴齋所。俟禮備，禮生引讀表文官、齎香表官集朝拜官聽，執事者以香表呈視。禮生請讀表文官稍前習讀表，或密詞即讀封題，訖，禮生贊復位。次以御封香、禮饌等呈視訖，各復齋所。朝拜官用長吏，闕以次官充，讀表

〔一〕「序」，原作「日」，據光緒本、宋史禮志十二改。

文亦以次官充，執事者以有服色者充。有司設香案、時果、牙盤食神御前，又設奠醪茗之器於香案前之左，置御封香表案上；設朝拜官位於殿下，西向，讀表文官位於殿之南，北向，陪位官位於其後；設焚表文位於殿庭東，南向。朝拜日，質明前，香火官先詣殿下，北向，拜訖，升殿東向侍立。有司陳設訖，禮生先引陪位官入就位，北向，次引讀表文官入就位，次引朝拜官就位，西向立定。禮生贊有司謹具，請行事。禮生贊再拜，拜訖，引讀表文官先升殿，於香案之右東向立，次引朝拜官詣香案前，贊搢笏，上香、奠酒茗，拜，興，少立。禮生贊搢笏，跪讀表文，或密詞即讀封題，執笏興，降復位。朝拜官再拜，降復位。禮生贊再拜訖，引朝拜官、讀表文官詣焚表文位南向立，焚訖，退。一遇旦望諸節序下降香表薦獻行禮儀注：一如上儀。惟禮生引獻官上香訖，跪，執事者以所薦之物授薦獻官，受獻訖，復授執事者，置於神御前，興、拜、退一如上儀。」詔頒行之。

徽宗本紀：宣和七年十一月甲申，朝獻景靈宮。乙酉，享太廟。

高宗本紀：建炎二年正月甲午，詣壽寧寺謁祖宗神主。十一月庚子，詣壽寧寺朝享祖宗神主。

文獻通考：高宗建炎二年，上幸揚州，行南郊禮。時太廟神主奉于壽寧寺，前一日，上親詣寺，行朝享謝禮，禮成，恭謝如儀。時景靈宮神御奉安于温州，乃差官詣温州行禮。

三年，上幸杭州，太廟神主倂奉安于温州，祭享皆差官攝事，以禮器未備，五享權用酒脯行禮。

紹興五年二月戊寅，遣權太常少卿張銖奉迎太廟神主於温州。己丑，詔建太廟。四月戊申，太廟神主至自温州。戊午，奉安太廟神主。丙寅，帝即射殿，行朝獻景靈宮之禮。五月乙亥，初謁太廟。

七年九月己卯，朝獻聖祖於常朝殿。庚辰，朝享太廟。

文獻通考：紹興七年，上祀明堂于建康。時有徽宗之喪，先是太常少卿吴表臣乞於大祀前二日朝獻景靈宮，前一日朝享太廟。及是援熙寧元年故事，謂是時英宗喪未除，不廢景靈宮太廟之禮，請如故事。翰林學士朱震以爲不然，謂王制「喪三年不祭，唯天地社稷得越紼行事」。監察御史趙涣言：「升祔以後，宗廟常祭皆不當廢，而當喪享廟，亦有顯據。左氏傳曰：『烝嘗禘於廟。』曾子問曰：『已葬而祭。』此不當廢也。詩頌成王即位，諸侯來助祭。春秋文公四年十一月成風薨，六年十月猶朝于廟，此顯據也。」疏奏，詔侍從臺諫議。吏部尚書孫近等十五人言：「謹案春秋三十三年傳，凡君薨，卒哭而祔，祔而作主，特祀於寢，烝嘗禘於廟。杜預謂新主既特祀於寢，則宗廟四時常祀，自當如舊。又案景德三年，明德皇后之喪改易而服除，真宗遂享太廟，合祭天地於圜丘。熙寧元年，神宗居諒闇，復用景德故事，躬行郊廟之禮。則是考古及今，居喪得見宗廟，將來明堂大禮已在以日易月服除之後。前一日，皇帝合詣太廟朝享。」從之。禮部太常寺言：「將來明堂大禮，依已降旨，前一日朝享太廟，檢照景德、熙、豐南郊故事，皆在諒闇之中。當時親行郊禮，除郊廟、景靈宮合用樂外〔一〕，所有鹵薄鼓吹及樓前宮架、諸軍音樂皆備而不作，其逐處巡警場，止鳴金鉦鼓角而已。今臣僚欲議罷宗祀奏樂受胙，故事即無去奏樂受胙之文，兼祖宗故事，三載大饗明堂，蓋亦爲民祈福。奏樂受胙，合依祖宗累朝已行故事。」從之。先是，監察御史趙涣言：「春秋有事于武宮，叔弓卒，去樂，卒事。以卿佐之喪而猶去樂，况天

〔一〕「廟」，原脱，據光緒本、文獻通考卷九八補。

王后之喪而可用備樂乎？戴記既殯既葬而祭五祀，則尸入三飯不侑不酢，以五祀之祭猶廢侑酢，況宗廟之祭而可享受福釐乎？故晉制，國有大喪，天地明堂皆去聲樂，且不受胙。有唐祭日遇忌，亦備樂而不奏。此皆得禮之體也。陛下雖在喪服而猶宗祀者，用王制之言，不敢以卑廢尊也。今唯聲樂受胙於未安者，蓋拜跪受釐，既爲嘉慶之事，而虞祔既畢，則廟加先帝之坐，陛下薦祼饋奠，進詣徽室，必將想像平生，悲哀感愴，而乃金石絲竹雜然並奏，豈不違神靈之至意而傷陛下之孝心哉！將來明堂大禮前一日，乞依列聖故事，躬詣宗廟，行朝享之禮，其奏樂受胙二事乞寢，庶合禮。」有旨令本部太常寺討論。

宋史高宗本紀：紹興十三年正月戊戌，加上徽宗尊號。己亥，親饗太廟。二月乙酉，建景靈宮，奉安累朝神御。

二十七年六月戊午，初命太廟冬享祭功臣，臘享祭七祀，祫享兼之。

三十一年九月庚午朔，命大臣朝享太廟。

孝宗本紀：隆興二年十二月己酉，朝獻景靈宮。庚戌，朝享太廟。

禮志：孝宗即位，擇日朝享太廟。禮部言：「牲牢、禮料、酒齊等物，並如五享行之。」

宋會要：朝獻景靈宮。御製及宰執兩省官撰二十五曲，聖祖奉幣靈安，酌獻祖安。並御製朝享太廟四十一曲，太祖酌獻用大定，太宗同徽宗用承元，並御製。

文獻通考：孝宗淳熙十六年二月，光宗受禪，詔以四月六日親享太廟。

光宗紹熙五年閏十月，時寧宗已即位。浙東提舉李大性言：「竊觀紹興七年，侍從、臺諫、禮官詳定明堂典禮，其大略云，居喪皆得見宗廟。近者合宮展祀，陛下止詣明堂殿。然臣之愚，竊謂與淳熙十五年事體不同，又況漢文以來皆即位而謁廟。陛下龍飛已三越月，未嘗一至宗廟行禮，鑾輿屢出過太廟門不入，揆之人情，似爲闕典。乞與二三大臣議之，早行擇日，恭謝太廟，少見祗肅宗廟之意。」於是詔遵用三年之制，其朝謁太廟，委有妨礙。

馬氏曰：案古者宗廟之祭，有正祭，有告祭，皆人主親行其禮。正祭則時享禘祫是也，告祭則國有大事告於宗廟是也。自漢以來，禮制隳廢，郊廟之祭，人主多不親行。至唐中葉以後，始定制於三歲一郊祀之時，前二日朝享太清宮、太廟，次日方有事於南郊。宋因其制，於第一日朝享景靈宮，第二日朝享太廟，第三日於郊壇或明堂行禮。國史所書親享太廟，大率皆郊前之祭。然此乃告祭禮，所謂卜郊，受命於祖廟，作龜於禰宮，所謂魯人將有事於上帝，必先有事於泮宫是也。若正祭，則未嘗親行，雖禘祫大禮，亦命有司攝事，累朝惟仁宗嘉祐四年十月親行祫祭禮一次而已。蓋法駕屬車，其鹵薄鄭重；祼薦升降，其禮節繁多。故三歲享帝之時，僅能舉一親祠。然告祭之事，亦有大於祀天者。如即位而告廟，則自舜、禹受終以至太甲之見祖、成王之見廟皆是也。雖西漢時人主每嗣位，亦必有見高廟之禮。而自唐以來，則人主未嘗躬謁宗廟致祭，以告嗣位。宋朝惟孝宗、光宗以親受内禪，特行此禮，而其它則皆以喪三年不祭之説爲拘，不復舉行。然自以日易月之制既定，諒闇之禮廢久矣，何獨於嗣位告祭一事以爲不可行乎？慶元間，李大性、李謙所言，可謂至論。要之，親享既不能頻舉，則合於禘祫大祀行之而嗣位告祭，則亦必合親行。如卜郊之祭，則三歲常行之事，又只爲將有事於上帝而告白，則本非宗廟之大祭，有司攝事足矣。

孫氏洙曰：漢四時車駕間出饗廟，及八月飲酎，以盡孝思。唐禮有親饗之制，而一世不過再三。國家每歲四孟及季冬凡五享，三年一祫，五年一禘，皆有司侍祠，天子未嘗親事，唯三歲親郊一行告廟之禮，而神御殿酌獻一歲徧焉。是失禮經之意，循近世之失也。

蕙田案：歷代宗廟時享，自東漢建武中一歲五祠之制定，後世往往相循，雖三年五年祫禘之説未爲合古，然較西漢之瀆褻，則相去遠矣。乃有不經之至者，莫如唐之郊祀，朝享太清宮、太廟，不特玄元皇帝之祭，貽誚古今。而享帝之前致齋之日，先享宗廟，固非所以尊祖，亦違敬天之義也。至宋，景靈宮、太廟，一遵唐之陋習。終宋之世，宗廟時祭，竟未一行，所存儀注，不過祠祀官攝事之儀，而禮之盛者，反在郊祀前朝享一祭，其儀注，馬氏通考編在時享之前，蓋有所不得已者矣。今姑仍之，而著其失云。

禮部太常寺修立郊祀大禮前一日朝享太廟行禮儀注：

陳設

前享三日，儀鸞司設大次於太廟東神門外道北，南向。小次於阼階東稍南，西向。又設文武侍臣次於大次之前，行事助祭官、宗室及有司次於廟之内外。設東方南方客使次於文官之後，西方北方客使次於武官之後，各隨地之宜。設饌幔於南神門外。每室饌幔各一。又設七祀次於殿下横街之北道西，東向。又設配享功臣次於殿下横街之南，東西相向。每室功臣配享各爲一次。前享二日，宮闈令帥其屬掃除廟之内外，開瘞坎於殿西階之東南方，深取足容物，南出陛。太常設七祀燎柴於南神門外，光禄牽牲詣所。太常陳登歌之樂於殿上前楹間，稍南，北向；設宮架於庭中，立舞表於酇綴之間。户部陳諸州歲貢於宮架之南神門外，隨地之宜，東西相向。前享一日，奉禮郎及禮直官設皇帝位版於阼階上，飲福位於東序，俱西向。贊者設亞、終獻位於小次南，稍東。助祭親王宗室使相在其南，進幣爵酒官、受爵酒官、奉幣官、薦牛俎官、薦羊俎官、實鑊水官、薦豕俎官、增沃鑊水官、受幣官、盥洗奉爵官、奉瓚槃官、進摶黍官、奉册官、七祀獻官在助祭宗室使相之南，並西向，北上。大禮使位於西階之西，稍南。與亞、終獻相對。行事光禄卿、讀册官、光禄丞、功臣、獻官在其西，太常、光禄以下皆稍却。執事官位於其後，助祭宰臣使相位在大禮使之南，執政官在其西。又設監察御史位二於西階下，俱東向，北上。奉禮郎、太祝、太官令於東階下，西向，北上。協律郎位二，一於殿上磬簴西北，一於宮架西北，俱東向。押樂太常丞於登歌樂簴北，押樂太常卿宮架之北，北向。良醖令位於尊彝所，俱北向。薦香燈官、宮闈令於室内，北向，西上。又設助祭文武群臣宗室位於横街之南，東西相向。諸方客位廟門之外，隨其方國。光禄陳牲於東神門外，當門，西向，以南爲上。祝史各位於牲後，太常設省牲位於牲西，大禮使、進幣爵酒官、受爵酒官、奉幣官、盥洗奉爵官、奉瓚盤官位於道南，北向，西上。七祀配享功臣獻官在其後。監察御史二位在西，東向。薦牛俎官、眡滌濯官、實鑊水官、眡腥熟節官、增沃鑊水官、押樂太常卿、光禄卿、讀册舉册官、太常丞、光禄丞、奉禮協律郎、太祝、太官、宫闈令位在東，西向，北上。禮部帥其屬，設祝册案於室户外之右。司尊彝帥其屬設幣篚於酌尊所，次設籩豆簠簋之位，每室左二十有六籩，右二十有六豆，俱爲四行；俎三，二在籩前，一在豆前；又設俎九，在豆右爲三重；登一在籩豆間，鉶三皆有柶在登前，簠八簋八在籩豆外，三俎間簠在左，簋在右。設爐炭於室户外，蕭蒿稷黍於其後；又設毛血盤、肝膋豆於室户外之左，稍前。設尊彝位，每室斝彝一，黄彝一，皆有舟。著尊二，壺尊二，皆有罍，加勺冪，爲酌尊。太尊二，山尊二，犧尊二，皆有罍，加勺加冪，設而不酌，俱北向，西上。太常設七祀位於殿下横街之北次内，司命、户、竈、中霤、門、厲、行。又設配享功臣位於横街之南次内，韓王趙普、濟陽王曹彬位於横街之南道西，東向；太師薛居正、太師石熙載、鄭王潘美位在其西，太師李沆、太師王旦、太師李繼隆位又在其西，太師王曾、吕夷簡、侍中曹瑋位又於其西。又設司徒韓琦、太師曾公亮位於横街之南道東，西向；太師富弼位在其東，太師司馬光位又在其東，太師韓忠彦位又在其東，俱北上。皆設神席。太廟設神位版於座首。司尊彝設祭器，每左二籩，右二豆，俎一在籩豆前，簠一簋一在俎前，簠在左，簋在右，爵一次之，象尊一在籩前，加冪。又設俎三於南神門外，每室饌幔内，設進盤匜、帨巾。内侍位於皇帝版位之後，分左右奉盤者，北向；奉匜及執巾者南向。又設亞、終獻盥洗、爵洗於其位之北。盥洗在東，爵洗在西。罍在洗東，加勺；篚在洗西，南肆；實以巾，若爵洗之篚，則又實以爵。太官令盥洗於西階下，七祀配享功臣獻官盥洗各於神位之前。七祀及配享功臣位前盥洗各一。罍、勺、篚、巾各設於左右，執罍篚者位其後。享日，未行事前，宫闈令開室，帥其屬整拂神幄如常儀。司尊彝入，設祭器。太府卿帥其屬入，陳幣於篚。幣以白。光禄卿帥其屬入，實籩豆簠簋。籩四行，以右爲上，第一行糗餌在前，粉餈次之；第二行麷在前，蕡、白、黑、形鹽、膴、鮑魚、鱐次之；第三行乾棗在前，濕棗、栗、濕桃、乾桃、濕梅、乾橑、榛實又次之；第四行菱在前，芡、㮚、鹿脯次之。豆四行，以左爲上，第一行酏食在前，糝食次之；第二行韭菹在前，醓醢、昌本、麋臡、菁菹、鹿臡、茆菹、麇臡又次之；

第三行葵菹在前，蠃醢、脾析、蠯醢、蜃、蚳醢、豚拍、魚醢又次之；第四行芹菹在前，兔醢、深蒲、醓醢、菭菹、雁醢、筍菹、魚醢又次之。簠實以稻、粱，粱在稻前。簋實以黍、稷，稷在黍前。登實以大羹，鉶實以和羹、芼滑。太官令帥其屬入，實俎，籩前之俎爲二重，以北爲上。第一重實以牛腥七體，兩髀兩脅并脊，而兩髀在兩端，兩肩兩脅次之，脊在中；第二重實以羊腥七體，其載如牛。豆前之俎，實以豕腥七體，其載如羊。豆右之俎九，爲三重，以北爲上。第一重實以牛羊豕首各一。第二重實以牛腥腸胃肺，離肺一在上端〔一〕，刌肺三次之，腸三胃三又次之；一實以羊腥腸胃肺，其載如牛；一實以豕腥膚九，横載第三重，一實以牛熟腸胃肺，一實以羊熟腸胃肺，一實以豕熟膚，其載如腥，皆牛在左，羊在中，豕在右。良醞令帥其屬入，實彝及尊罍。斝彝實以明水，黄彝實以鬱鬯。著尊二，一實以玄酒，一實醴齊，皇帝酌之。壺尊二，一實玄酒，一實盎齊，亞、終獻酌之。太尊二，一實泛齊，一實醴齊。山尊二，一實盎齊，一實醍齊。犧尊二，一實沈齊，一實事酒。象尊二，一實昔酒，一實清酒。並設而不酌。凡

〔一〕「肺一」，諸本脱，據文獻通考卷九八補。

罍之實，各視其尊。又實七祀及配享功臣位禮饌。每位左二籩，桌在前，鹿脯次之。右二豆，菁菹在前，鹿臡次之。俎實以羊豕腥肉，簠實以稷，簋實以黍，爵一、象尊一，實以清酒。太常設燭於神位前，設大禮使以下行事執事官揖位於東神門外，如省牲之位。設望瘞位於瘞坎之南，如省饌之位。儀鑾司設册幄於南神門外，隨地之宜。前朝享一日，學士院以祝册授通進司，進御書訖，降，赴尚書禮部。

車駕詣太廟

前享一日，皇帝於景靈宫朝獻畢，既還大次，禮部郎中奏解嚴訖，皇帝入齊殿，文武侍祠行事、執事、助祭之官、非從駕者。宗室先詣太廟祠所。其日，禮直官、宣贊舍人引禮部侍郎詣大次前，奏請中嚴。少頃，又奏外辦。皇帝服履袍，自齋殿詣大次，出行門，禁衛諸班親從等諸司祗應人員以下迎駕，奏聖躬萬福。次知客省事以下、樞密都承旨以下、知内侍省以下、帶御器械官應奉祗應通侍大夫以下、武功大夫以下及幹辦庫務文臣一班迎駕，奏聖躬萬福。俟皇帝即御座，從駕宰執使相一班、次管軍臣寮，並奏聖躬萬福。皇帝乘輿，出景靈宫櫺星門，將至太廟，御史臺、太常寺、閤門分引文武侍祠行事、執事、助祭之官、宗室於太廟櫺星門外立，横班，再拜，奏迎，訖，退。

皇帝乘輿入櫺星門，至大次，降輿以入，簾降，侍衛如常儀。宣贊舍人承旨，敕群臣及還次。

省牲器

是日未後二刻，宮闈令帥其屬掃除廟之内外，司尊彝帥執事者以祭器入，設於位。凡祭器，皆藉以席，又加巾蓋。太府卿入，陳幣於篚。告潔畢，權徹。未後三刻，禮直官、贊者分引大禮使以下並服常服，詣東神門外省牲位，光禄卿、丞與執事者牽牲就位，禮直官贊揖。贊者引押樂太常卿入，行樂架。凡亞、終獻，行事皆禮直官、太常博士引，大禮使、執政官及申眡滌濯官、受爵酒官、進爵官行事皆禮直官引，餘官皆贊者引。次引眡滌濯官及升自西階眡滌濯。凡行事，執事官升降皆自西階，内應奉官并執事隨應奉人各隨應奉階升降。次引申視滌濯官申視滌濯，執事者皆舉冪，曰潔，俱退，復位。禮直官稍前，曰告潔畢，請省牲。前引省牲官稍前，省牲訖，退，復位。次引光禄卿出班，巡牲一匝，西向，躬曰充，曰備。次引光禄丞出班，巡牲一匝，西向，躬曰腯，俱復位。禮直官稍前，曰省牲訖，請就省饌位。揖訖，引大禮使以下各就位。禮直官贊揖。有司省饌俱畢，禮直官贊省牲畢，揖訖，俱還齋所。光禄卿丞及執事者以次牽牲詣厨，授太官令。次引省鼎鑊官詣厨省鼎鑊，視濯溉。次引實鑊水官詣厨實鑊水，次引增沃鑊水官詣厨增沃鑊水。協律郎展視樂器，乃還齋所。晡後一刻，太官令帥宰人以鸞刀割牲，祝史各取毛血實於槃，又取膟膋實於登，俱置饌所，遂烹牲。宮闈令帥其屬掃除廟之内外。

晨祼

享日丑前五刻，行事用丑時十刻。宮闈令開室，帥其屬掃除。禮部奠册於案。太府卿入，陳幣。光禄卿入，實籩豆簠簋。太官令入，實俎。良醖令入，實彝及尊罍。樂工帥工人二舞以次入，與執尊罍篚冪者各就位。執事官各入就位。次御史臺、太常寺、閤門、宣贊舍人分引文武助祭官及宗室客使，贊者引薦羊俎官以下宗室各入就位。禮直官、贊者分引大禮使以下行事執事官詣廟東門外揖位立。禮直官贊揖訖，先引監察御史案視殿之上下，糾察不如儀者。降階，就位。次引大禮使以下各入就位。皇帝服通天冠、絳紗袍，至大次。禮儀使、樞密院官、太常卿、閤門官、太常博士、禮直官分立於大次外之左右，引禮部侍郎詣次前，奏請中嚴。少頃，又奏外辦。符寶郎奉寶陳於宮架之側，隨地之宜。禮儀使當次前，俛伏跪，奏：「禮儀使臣某言，請皇帝行事。」奏訖〔一〕，俛伏，興，還，侍立。禮儀使奏祀儀準此。簾捲，皇帝服衮冕以出，侍衛如常儀。禮儀使以下前導至東神門外，殿中監跪進大圭，禮儀使奏請執大圭，前導皇帝入自正門。侍御不應入者止於門外。協律郎跪，俛伏，舉麾，興。工鼓柷，宮架乾安之樂作。皇帝升降行止，皆奏乾安之樂。至阼階下，偃麾，戛敔樂止。升自阼階，大禮使從。凡樂皆協律郎跪，俛伏，舉麾，興。工鼓柷而後作，偃麾戛敔而後止。升自阼階。皇帝升降，大禮使皆從，左右侍衛之官量人數從升。登歌樂作，樂止，禮儀使以下分左右侍立。凡行禮，禮儀使、樞密院官、太常卿、閤門官、太常博士、禮直官前導至位則分立於左右。次引奉瓚官升，詣僖祖室神位前，西向立。奉瓚槃官升，詣皇帝版位前，奉瓚槃北向立。次引奉神主官詣皇帝版位前，俛伏，跪奏「奉神主」。奏訖，俛伏，興，退。祠祭官於殿上承傳曰：「奉神主。」次引薦香燈官搢笏於祏室內，奉帝尊主設於座。奉神主詣神幄內，於几後啓匱，設於座，及以白羅巾覆之。執笏退，復位。次引宮闈令奉后神主，如上儀，以青羅巾覆之。退，復位。次引奉奉神主官詣皇帝版位前，俛伏，跪奏「奉神主訖」，奏訖，俛伏，興，退。禮儀使前奏：「有

〔一〕「訖」，諸本作「請」，據文獻通考卷九八改。

司謹具，請行事。」又奏：「請再拜。」皇帝再拜。贊曰：「再拜。」在位官皆再拜，訖，次内侍各執槃匜帨巾以進。宮架樂作，禮儀使奏請皇帝搢大圭盥手，内侍進槃匜沃水，皇帝盥手。又奏請帨手，内侍進巾，皇帝帨手。訖，又奏請皇帝洗瓚，奉瓚槃官進瓚，内侍沃水，皇帝洗瓚。又奏請拭瓚，内侍進巾，皇帝拭瓚。訖，樂止，又奏請執大圭，奉瓚槃官奉瓚槃詣僖祖室尊彝所，西向立，以瓚莅鬯，執彝者舉冪。良醖令酌鬱鬯。訖，先詣次室尊彝所，北向立。禮儀使前導，登歌樂作，皇帝入詣祖室，北向立。樂止，禮儀使奏請搢大圭，跪，奉瓚槃官奉瓚槃，西向，以瓚授奉瓚官，奉瓚官西向，跪以進。禮儀使奏請執瓚，皇帝執瓚，以鬯祼地。奉瓚官受瓚，以授奉瓚槃官，奉瓚槃官以槃受瓚訖，俱詣次室以俟。禮儀使奏請執大圭，俛伏，興，前導皇帝出户外，北向立。又奏「請再拜」，皇帝再拜，訖。禮儀使前導皇帝詣翼祖室，次詣宣祖室，次詣太祖室，次詣太宗室，次詣真宗室，次詣仁宗室，次詣英宗室，次詣神宗室，次詣哲宗室，次詣徽宗室，祼鬯並如上儀。奉瓚官、奉瓚槃官俱降，復位。良醖令還尊所。禮儀使前導皇帝還版位，登歌樂作，至位，西向立。樂止，宮架作興安之樂、文德之舞，九成，止。太官令取肝，以鸞刀制之，洗於鬱鬯，貫之以膋，燎於爐炭。薦香燈官以肝膋入，詔神於室，又出以墮祭於室户之左，三祭於茅苴，俱降，詣盥洗位，盥手，帨手，升，復執事位。

饋饌

享日，有司陳鼎三十有三於神厨，各在鑊右。太官令帥進饌者詣厨，以匕升牛於鑊，實於一鼎。肩、臂、臑、肫、胳、正脊一、直脊一、横脊一、長脅一、短脅一、代脅一，皆二骨以并〔一〕。次升羊如牛，升豕如羊，各實于一鼎，每室牛羊豕各一鼎。皆設扃冪。祝、史對舉入，設於每室饌幔内次。次引視腥熟節官詣饌所，視腥熟之節。俟皇帝晨祼畢，還位，樂止，祝、史抽扃，委于鼎右，除冪，加匕畢于鼎。太官令以匕升牛載于一俎，肩臂臑在上端，肫胳在下端，脊脅在中。次升羊豕各載于俎，其載如牛。每室牛羊豕各一俎。次引薦牛、薦羊、薦豕俎官搢笏，奉俎以入。太官令引入正門，宫架豐安之樂作，由宫架東至横街折方進行，陳於西階下，北向，北上。薦俎官搢笏，奉俎以升。執事者各迎於階。薦俎官奉俎詣僖祖室神位前，北向，跪奠，先薦牛，次薦羊，次薦豕，各執笏，俛伏，興。有司

〔一〕「皆二骨以并」，諸本作「背二骨以正」，據文獻通考卷九八改。

設牛羊豕俎於腸胃膚之前。牛在左，羊在前，豕在右。詣次室奉奠，並如上儀。樂止，俱降，復位。内執事官降西側階出西神門，入南門，歸執事班。次引薦香燈官取蕭合黍稷擩於脂，燎於爐炭，又當饋熟之時取菹擩於醢，祭于豆間三，又取黍稷肺祭如初，藉用茅，各還尊所。次引奉幣官、進幣官、受幣官、受爵酒官、進爵酒官升，詣僖祖室，奉幣官、進幣官、受爵酒官、進爵酒官在東，西向，北上；受幣官在西，東向。次引奉爵酒官升殿，詣皇帝版位前，奉爵北向立。内侍各執盤匜帨巾以進。宮架樂作，禮儀使奏請皇帝搢大圭、盥手，内侍進盤匜沃水，皇帝盥手。又奏請帨手，内侍進巾，皇帝帨手。訖，又奏請皇帝洗爵，奉爵酒官進爵，内侍沃水，皇帝洗爵。又奏請拭爵，内侍進巾，皇帝拭爵。訖，樂止，又奏請執大圭。奉爵酒官受爵，奉爵詣僖祖室酌尊所，西向立。執尊者舉冪。良醖令酌著尊之醴齊，訖，先詣次室酌尊所，北向立。禮儀使前導，登歌樂作，殿中監進，跪進鎮圭。禮儀使奏請搢大圭，執鎮圭，前導皇帝入詣僖祖室，樂止。宮架作基命之樂，翼祖室大順之樂，宣祖室天元之樂，太祖室皇武之樂，太宗室大定之樂，真宗室熙文之樂，仁宗室美成之樂，英宗室治隆之樂，神宗室大明之樂，哲宗室重光之樂，徽宗室承元之樂。文舞作，内侍先設繅藉於地，禮儀使奏請跪奠鎮圭於繅藉，執大圭，俛伏，興。又奏請搢大圭，跪。次内侍跪取幣於篚，以授奉幣官，奉幣官授進幣官，進幣官西向跪以進，禮儀使奏請受幣，皇帝受奠，訖，受幣官東向跪，受以興，進奠於僖祖神位前。次奉爵官以爵授受爵酒官，受爵酒官授進爵酒官，進爵酒官西向，跪以進，禮儀使奏請執爵，皇帝執爵，祭酒，三祭於茅菹。奠爵，受爵官以爵復於坫。禮儀使奏請執大圭，俛伏，興，前導皇帝出户外，北向，又奏請少立，樂止。奉幣官、進幣官、受幣官、奉爵酒官、受爵酒官、進爵酒官俱詣次室。内侍舉鎮圭授殿中監，又以繅藉詣次室，先設於地。次舉册官搢笏跪，舉祝册，讀册官搢笏〔一〕，東向跪，讀册文，讀訖，奠册，各執笏，興，先詣次室户外，東向立。禮儀使奏請再拜，皇帝再拜。訖，禮儀使前導皇帝詣每室，奠圭幣酌獻，並如上儀。次奉幣官、進幣官、受幣官、奉爵酒官、受爵酒官、進爵酒官俱降，復位。内侍舉鎮圭繅藉，以鎮圭授殿中監，以授有司。讀册官以下俱降，復位。禮儀使前導皇帝還版位，登歌樂作，至位，西向立。樂止，禮儀使奏請還小次，登歌樂作，前導皇帝降自阼階，樂止。宫架樂作，將至小次，禮儀使奏請釋大圭，殿中監跪受大圭，

〔一〕「册」，諸本作「祝」，據文獻通考卷九八改。

皇帝入小次，簾降，樂止。文舞退，武舞進，宫架正安之樂作，舞者立定，樂止。

亞、終獻

禮直官、太常博士引亞獻詣盥洗位，北向立。搢笏，盥手，執笏詣爵洗位，北向立。搢笏，洗爵，拭爵，以爵授執事者，執笏升，詣僖祖室酌尊所，西向立。宫架作正安之樂、武功之舞。執事者以爵授亞獻，亞獻搢笏，跪，執爵，執尊者舉冪，太官令酌壺尊之盎齊。訖，先詣次室酌尊所，北向立。亞獻以爵授執事者，執笏，興，入詣僖祖室神御前，北向立，搢笏，跪。執事者以爵授亞獻，亞獻執爵，祭酒，三祭於茅菹，奠爵，執笏，俛伏，興，出户外，北向再拜。次詣每室，酌獻並如上儀。樂止，降，復位。初，亞獻行禮將畢，禮直官、太常博士引終獻詣洗及升殿，酌獻並如亞獻之儀。降，復位。初，終獻既升，次引七祀及配享功臣、獻官詣盥洗位，搢笏，盥手，帨手，執笏詣神位前，搢笏，跪，執爵，三祭酒，奠酌，執笏，俛伏，興，再拜，詣次位，並如上儀。退，復位〔一〕。唯七祀

〔一〕「初終獻」至「退復位」五十九字，原脱，據光緒本、文獻通考卷九八補。

先詣司命位〔一〕，奠爵，訖，興，少立。次引太祝進諸位前，北向，跪讀祝文。訖，退，獻官再拜，復位。

皇帝飲福

初，皇帝既晨祼，光禄以牛左臂一骨及長脅、短脅俱二骨以並載于胙俎，升，設於僖祖室户外，俟終獻。既升獻，次引進俎官、搏黍太祝、太官令詣飲福位，北向立，奉俎豆爵酒者各立於其後。禮儀使奏請詣飲福位，簾捲，出次，宫架樂作，殿中監跪進大圭，禮儀使奏請執大圭，前導皇帝至阼階下，樂止。升自阼階，登歌樂作，將至飲福位，樂止。登歌僖安之樂作，皇帝至飲福位，西向立。尚醖奉御執尊詣酌尊所，良醖令酌上尊福酒合置一尊，尚醖奉御奉尊詣飲福位，殿中監奉爵，尚醖奉御，酌福酒。殿中監北向捧以立，禮儀使奏請再拜，皇帝再拜。殿中監跪以爵酒進，禮儀使奏請搢大圭，跪受爵，祭酒，三祭于地。啐酒，奠爵。殿中監跪受爵以興，太祝帥執事者持胙俎進，減神位前正脊二骨，横脊加於俎上，内侍受俎以授進俎官，進俎官南向，跪以進。皇帝受俎，奠之，進俎官受俎以興，以授内侍，退，詣殿上稍西，東向立。太官令取黍

〔一〕「位」，諸本作「立」，據文獻通考卷九八改。

于篚，搏以授搏黍太祝，太祝受以豆，北向，跪以進，皇帝受，訖，奠之。搏黍太祝受豆以興，降，復位。次殿中監再跪以爵酒進，禮儀使奏請再受爵，飲福酒，奠爵。殿中監受虚爵，興以授奉御，執事者俱降，復位。禮儀使奏請執大圭，俛伏，興。又奏請再拜，皇帝再拜〔一〕，樂止。禮儀使前導皇帝還版位，登歌樂作，至版位，西向立，樂止。次引徹牛俎官徹籩豆及俎，籩豆俎各一，但少移故處。登歌豐安之樂作，卒徹，樂止。徹牛俎官降，復位。禮直官曰：「賜胙。」行事助祭官拜贊者，承傳曰：「賜胙，再拜。」在位官皆再拜。送神，宫架興安之樂作，一成，止。

神主入室

次引奏奉神主官詣皇帝版位前，俛伏，跪奏「奉神主入室」。奏訖，俛伏，興，退。祠祭官於殿上承傳曰：「奉神主入室。」次引薦香燈官搢笏，奉帝主入祏室，訖，薦香燈官先捧匱於神座，納神主於匱，訖，捧入祏室。執笏，退，復位。次引宫闈令奉后主，如上儀，退，復位。次引奉神主官詣皇帝版位前，俛伏，跪奏「奉神主入室訖」，俛伏，興，退。

〔一〕「皇帝再拜」四字，原脱，據光緒本、文獻通考卷九八補。

禮儀使奏禮畢，前導皇帝降自阼階，登歌樂作，至阼階下，樂止。宮架樂作，出門，樂止。禮儀使奏請釋大圭，殿中監跪受大圭，以授有司。皇帝還大次，禮部郎中奏請解嚴，訖，皇帝入齋殿。宮闈令以黍稷肺祭，祭藉用白茅，束而埋之於西階東，有司各取幣置於坎。大禮使以下就望瘞位，禮直官曰可瘞，寘土半坎，太廟宮闈令監視。次引大禮使以下詣東神門外揖位立。禮直官贊禮畢，揖訖，退，文武助祭官及宗室以次出。次引七祀獻官詣南神門外七祀望燎位，南向立，有司置祝版於燎柴，焚訖，退。太常藏太官令帥其屬徹禮饌，監察御史詣殿監視，收徹訖，宮闈令闔户以降，乃退。太常藏祝册於匱。

樂志：高宗郊祀前朝享太廟三十首：

皇帝入門，乾安後還前殿並同。　於皇我后，祗戒專精。假于有廟，祖考是承。趨進惟肅，僾思惟誠。神之聽之，來燕來寧。

皇帝升殿，乾安詣室降殿並同。　皇皇大宫，丕顯於穆。休德昭清，元氣回復。芝葉蔓茂，桂華馮翼。孝孫假斯，受茲介福。

盥洗，乾安　維皇齊精，瞾假于廟。觀盥之初，惟以潔告。衎承祖宗，恤祀昭孝。誠心有孚，介福斯報。

迎神，興安　秬鬯既將，黄鐘具奏。肅我祖考，祇栗以俟〔一〕。監觀于兹，雲車來下。

尚書奉俎，豐安　有碩其牲，登于大房。肅展以享，庶幾迪嘗。匪腯是告，我民其康。保艾爾後，垂休無疆。

皇帝再盥洗，乾安　盥至于再，潔誠愈孚。帝用祇薦，靈咸嘉虞。騰歌臚歡，會于軒朱。觀厥顒若，受福之符。

僖祖室酌獻，基命　思文僖祖，基德之元。皇武大之，受命于天。積厚流光，不已其傳。曾孫篤之，於萬斯年。

翼祖室酌獻，大順　天命有開〔二〕，維仁是依。迺睠冀邦，於以顧之。其顧伊何？發祥肇基。施于孫子，虔奉孝思。

〔一〕「以俟」下，宋史樂志九校勘記云宋會要樂六之一八有「於皇列聖在帝左右」八字。
〔二〕「天」上，原衍「冀」字，據味經窩本、乾隆本、光緒本、宋史樂志九删。

宣祖室，天元昭哉皇祖，源深流長。雕戈圭瓚，休有烈光。天祐濬德，繼世其昌。永懷積累，嘉薦令芳。

太祖室，皇武爲民請命，皇祖赫臨。天地並貺，億萬同心。造邦以德，介福宜深。挹彼惟旨，真游居歆。

太宗室，大定皇矣太宗，嗣服平成。益奮神旅，再征不庭。文武秉德，仁孝克明。以聖傳聖，對越紫清。

真宗室，熙文思文真宗，體道之崇。憺威赫靈，遵制揚功。真符鼎來，告成登封。盛德百世，於昭無窮。

仁宗室，美成徽宗御製。仁德如天，徧覆無偏。功濟九有，恩涵八埏。齊民受康，朝野晏然。擊壤歌謠，四十二年。

英宗室，治隆穆穆英宗，持盈守成。世德作求，是纘是承。齊家睦族，偃武恢文。於薦清酤，酌之欣欣。

神宗室，大明烝哉維后，繼明體神。稽古行道，文物一新。潤色鴻業，垂裕後人。靈旂沛然，來燕來寧。

哲宗室，重光　明哲煌煌，照臨無疆。紹述先志，實宣重光。詒謀燕翼，率由舊章。苾芬孝祀，降福穰穰。

徽宗室，承光御製。　於皇烈考，道化聖神。堯聰舜孝，文恬武忻。命于出震，遺駿上賓。罔極之哀，有古莫倫。

降殿，乾安　明德惟馨，進止回復。裼襲安恭，嚴若惟谷。誠意昭融，群工袂屬。成此祲容，生乎齊肅。

入小次，乾安　於皇我后，祇戒專精。躬製聲詩，文思聰明。雍容戾止，玉立端誠。神聽如在，福禄來寧。

文舞退、武舞進，正安　八音諧律，綴兆充庭。進旅退旅，肅恭和平。盛薦祖宗，靈監昭升。象功崇德，遹觀厥成。

亞獻，正安　威神在天，享于克誠。申以貳觴，式昭德馨。籩豆孔嘉，樂舞具陳。庶幾是聽，福禄來成。

終獻，正安　疏羃三舉，誠意一純。孰陪予祀，公族振振。神具醉止，燕娭窈冥。於萬斯年，綏我思成。

皇帝出小次，乾安　夙戒告備，禮節俯成。妥侑惟乾，氛氳夜澄。有嚴有翼，列聖靈承。於穆清閟，肅肅無聲。

皇帝再升殿詣飲福位〔一〕，乾安　維皇親享，至再至三。禮備樂奏，層陛森嚴。粢盛芳潔，酒醴旨甘。雲車風馬，從衛觀瞻。

飲福，禧安　赫赫明明，維祖維宗。鑒于文孫，維德之同〔二〕。日靖四方，亦同其功。億萬斯年，以承家邦。

還位，乾安　帝既臨享，步武鳴鸞。陟降規矩，顒卬周旋。登歌一再，典禮莫愆。神之聽之，祉福綿綿。

尚書徹豆，豐安　熙事既成，嘉籩告徹。洋洋來臨，藹藹布列。配帝其功，在天對越。允集叢釐，萬邦和悦。

送神，興安　神之來游，風馬雲車。淹留彷彿，顧瞻欷歔。神之還歸，鈞天帝

〔一〕「位」，諸本脱，據宋史樂志九補。
〔二〕「之」，原脱，據光緒本、宋史樂志九補。

居。監觀于下，何福不除！

降殿，乾安　於皇上天，欽哉成命。集于沖人，丕承列聖。爰熙紫壇，于廟告慶。肹蠁潛通，休祥薦應。

還大次，乾安　盛德豐功，一祖六宗。欽翼燕詒，禋享是崇。厲意齊精，假廟惟恭。率禮周旋，福禄來同。

寧宗朝享三十五首：

皇帝入門，乾安　王假有廟，四極駿奔。鼎俎肎嚴，虡簨雲屯。積厚流廣，德隆慶蕃。是則是繩，保我子孫。

升殿，乾安　於穆清宫，奕奕孔碩。芝莖蔓秀，桂華馮翼。八簋登列，六瑚賁室。皇代擁慶，啓佑千億。

盥洗，乾安　天一以清，地一以寧。維皇精專，承神明靈。娥御墮津，瀆祇揚溟。盥事允嚴，先祖是聽。

詣室，乾安　丹楹雲深，芬勺肎奠。樂華淳嘼，禮文炳絢。有容有儀，載肅載見。維時緝熙，世世以燕。

還位，乾安　旅楹有閑，人神允叶。福以德昭，饗以誠接。六樂宣揚，百禮煒燁。對越在天，流祚萬葉。

迎神，興安九變黃鍾爲宫　咸、英備樂，簋席列毕。詩歌安世，聲叶皇雅。翠旗羽蓋〔一〕，雲車風馬。神其來兮，以燕以下。

大吕爲角　勾陳旦闢，閶闔夜分。軫風挾月，車駟凌雲。瑞景晻靄，神光耀煴。神其來兮，以留以忻。

太簇爲徵　穆穆紫幄，璜璜清宫。旱麓流詠，鳧鷖叶工。道閟詒燕，業綿垂鴻〔二〕。神其來兮，以康以崇。

應鍾爲羽　文以謨顯，武以烈承。聖訓之保，祖武之繩。有肅孝假，式嚴衎烝〔三〕。神其來兮，以宜以寧。

捧俎，豐安　簋豆薦牲，鉶簻實饋。其俎孔庶，吉蠲爲饎。惟德達馨，以忱以

〔一〕「翠」，原作「翼」，據光緒本、宋史樂志九改。
〔二〕「綿」，原作「錦」，據光緒本、宋史樂志九改。
〔三〕「式」，原作「武」，據光緒本、宋史樂志九改。

貴。神既佑享，祉貺來暨。

再詣盥洗，乾安　精粹象天，明清鑒月。再御兹盥，益致其潔。齊容顒若，誠意洞徹。百禮允洽，率禮不越。

真宗室，熙文　天地熙泰，躋時昇平。闡符建壇，聲容文明。君臣賡載，夷夏肅清。本支百世，持盈守成。

仁宗室，美成　在宋四世，天子聖神。用賢致治，約己裕民。海内富庶，裔夷肅賓。四十二年，堯舜之仁。

英宗室，治隆　明明英后，仁孝儉恭。丕顯丕承，增光祖宗。繼志述事，遵制揚功。萬邦作孚，盛德形容。

神宗室，大明　厲精基治，大哉乾剛！信賞必罰，内修外攘。禮樂法理，號令文章。作新之功，度越百王。

哲宗室，重光　於皇我宋，世有哲明。元祐用人，遹駿有聲。紹述先志，思監于成。受天之祜，王配于京。

徽宗室，承元　帝撫熙運，晏粲協期。禮明樂備，文恬武嬉。道光授受，謀深燕詒。駿命不易，子孫保之。

欽宗室，端慶　顯顯令主，輝光日新。奉親以孝，綏下以仁。兢兢業業，誕保

庶民。於穆不已，之德之純。

高宗室，大德　昊天有命，中興復古。治定功成，修文偃武。德隆商宗，業閎漢祖。付託得人，系堯之緒。

孝宗室，大倫　藝祖有孫，聰睿神武。紹興受禪，歸尊于父。行道襲爵，百度修舉。聖德曰孝，光于千古。

光宗室，大和　維宋洽熙，帝繼于理。萬姓厚生，三辰順軌。對時天休，以燕翼子。肅唱和聲，神其有喜。

還位，乾安　在周之庭，設業設虡。酒醴惟醹，爾殽伊脯。帝觴畢勺，天步旋舉。丕顯丕承，念兹皇祖。

降殿，乾安　黼幄蟬蜎，飇斿寧燕。尊彝獻祼，瑚簋陳薦。睟儀天旋，淳音韶變。遹求厥寧，福禄流羨。

入小次，乾安　皇容肅祇，天步舒遲。對越惟恭，敬事不遺。陟降莅止，永言

孝思。上帝臨女，日監于茲。

文舞退、武舞進，正安　明庭承神，鞉磬柷敔。玉梢飾歌，佾綴維旅。既肖厥文，復象乃武。祖德宗功，惟帝時舉。

亞獻，正安　尊斝星陳，罍冪雲舒。來貳鸞觴，玉佩瓊琚。相予嚴祀，秉德有初。對揚王休，何福不除！

終獻，正安　秉德翼翼，顯相肅雝。疏冪三舉，誠意益恭。光燭黼繡，和流笙鏞。子孫衆多，福禄來從。

出小次，乾安　廟楹邃嚴，夜景藻清。文物炳彪，禮儀熙成。帷宮載敞，珮珩有聲。帝復對越，將受厥明。

再升殿，乾安　明明維后，詒厥孫謀。系隆我漢，陳錫哉周。以孝以饗，世德作求。介以繁祉，萬邦咸休。

飲福，乾安　玉瓚黄流，有飶其香。來格來享，降福穰穰。我應受之，湯孫之將。有百斯男，福禄無疆。

還位，乾安　聖圖廣大，宗祊光輝。假于有廟，帝命不違。僾若有慕，夙夜畏威。嘉樂君子，福禄祁祁。

徹豆，豐安　升饌有章，卒食攸序。庭鏘金奏，凱收鍘筥。其獻惟成，其餕維旅。禮洽慶流，皇祖之祜。

送神，興安　珠幄熉黄，神既燕娭。監觀于下，福禄來宜。雲車風馬，神保聿歸。啓佑我後〔一〕，福禄來爲。

降殿，乾安　聖有謨訓，詒謀燕翼。奉天酌祖，萬世維則。維皇孝熙，乾乾夕惕。禮既式旋，惟福之錫。

還大次，乾安　王假有廟，對越在天。帷宫旋御，率禮不愆。泰畤展祠，雲陽奉瑄。齊居精明，益用告虔。

理宗朝享三首：

皇帝升降，乾安　於皇祖宗，清廟奕奕。威靈在天，不顯惟德。垂裕鴻延，詒謀燕翼。孝孫格斯，受祉罔極。

〔一〕「啓」，原作「尚」，據光緒本、宋史樂志九改。

迎神，興安九奏　秬鬯既將，黃鐘具奏。瞻望真游，僾若有慕。於皇列聖，在帝左右。雲車具來，以妥以侑。

寧宗室，大安〔一〕　帝德之休，恭儉淵懿。三十一年，謹終如始。升祔在宮，祖功並美。民懷有仁，何千萬世。

高宗祀明堂前朝享太廟二十一首：

皇帝入門，乾安　於皇我后，祗戒專精。齊肅有容，祖考是承。造次匪懈，孝思純誠。神聽有格，福禄來寧。

升殿，乾安　肅哉清宮，熉珠照幄！神之來思，八音振作。赤舄龍章，奉玉惟恪。匪今斯今，先民時若。

盥洗，乾安　於皇維后，觀盥之初。精意昭著，既順既愉。圭鬯承祀，卿士咸趨。目視心化，四方其孚。

迎神，興安　涓選休成，祖考是享。夙夜專精，求諸惚怳。洋洋在上，惟神之

〔一〕「大安」，原作「人安」，據光緒本、宋史樂志九改。

仰。邕矣清明，應之如響。

捧俎，豐安　來相于庭，鳴鋗鏘鏘。奉牲而告，登彼雕房。非牲之備，民庶是康。神依民聽，上帝斯皇。

僖祖室酌獻，基命　何慶之長？實兆于商。由商太戊，子孫其昌。皇基成命，宋道用光。詒厥孫謀，膺受四方。

翼祖室，大順　上帝監觀，維仁是依。繼世修德，皇心顧之。其顧伊何？在彼冀方。施于子孫，降福穰穰。

宣祖室酌獻，天元　昭哉皇祖，駿發其祥！雕戈圭瓚，盛烈載揚。天錫寶符，俾熾而昌。神聖應期，赫然垂光。

太祖室，皇武　猗歟皇祖，下民攸歸！膺帝之命，龍翔太微。戎車雷動，天地清夷。峨峨奉璋，萬世無違。

太宗室，大定　煌煌神武，再御戎軒。時惠南土，旋定太原。車書混同，聲教布宣。維天佑之，億萬斯年。

真宗室，熙文　於皇真宗，體道之崇。游心物外，應迹寰中。四方既同，化民以躬。清淨無爲，盛德之容。

仁宗室曲同郊祀。送神亦同。

英宗室，治隆　噫我大君，嗣世脩文！維文維武，諟繼虞勳。天錫丕祚，施于後昆。於薦清酤，酌之欣欣。

神宗室，大明　烝哉維后，繼明體神！憲章文武，宜民宜人。經世之道，功格于天。子孫嚴祀，無窮之傳。

哲宗室，重光　明哲煌煌，昭臨無疆。丕承先志，嘉靖多方。朝廷尊榮，民庶樂康。珍符來應，錫兹重光。

徽宗室，承元　聖考巍巍〔一〕，光紹丕基〔二〕。禮隆樂備，時維純熙。天仁兼覆〔三〕，皇化無爲。功成弗處，心潛希夷。

文舞退、武舞進，正安　作樂合祖，簨簴在庭。衆奏具舉，肅雝和鳴。神靈來

〔一〕「考」，諸本作「孝」，據宋史樂志九改。

〔二〕「紹」，諸本作「照」，據宋史樂志九改。

〔三〕「覆」，諸本作「履」，據宋史樂志九改。

格，庶幾是聽。皦繹以終，永觀厥成。

亞獻，正安　威神在天，來格于誠。既載清酤，有聞無聲。相予熙事，時賴宗英。肅肅雝雝，允協思成。

終獻，正安　疏羃三舉〔一〕，誠意一純。孰陪予祀，公族振振。明靈來娭，樂舞具陳。奉神所佑，昭孝息民。

飲福，禧安　赫赫明明，德與天通。施于孫子，福禄攸同。日靖四方，民和年豐。有秩斯祜，申錫無窮。

徹豆，豐安　歆我齊明，威德如存。牲牷是享，圭玉其温。群公執事，亦既駿奔。禮成告徹，咸福黎元。

還大次，乾安　神明既交，恍若有承。欽翼齊莊，福禄具膺。王業是興，祖武是繩。佑我億年，以莫不增。

孝宗明堂前享太廟三首：

〔一〕「羃」，諸本作「幕」，據宋史樂志九改。

徽宗室酌獻，承元　明明徽祖，撫世升平。制禮作樂，發政施仁。聖靈在天，德澤在民。億萬斯年，保佑後人。

高宗室，大德　於皇時宋，自天保定。高宗受之，再僕景命。紹開中興，翼善傳聖。何千萬年，永綏厥慶。

還大次，乾安　禮既行矣，樂既成矣。維祖維妣，安且寧矣。皇舉玉趾，佩將鳴矣。拜貺總章，于厥明矣。

理宗明堂前朝享二首：

寧宗室奠幣，定安　皇矣昭考，聖靈在天！稱秩宗祀，有嚴恭先。奉幣以薦，見之僾然。仁深澤厚，厥光以延。

酌獻，考安　假哉皇考，必世後仁！嘉靖我邦，與物皆春。之純之德，克配穹旻。餘慶淵如，佑我後人。

右宋廟享上

五禮通考卷九十三

吉禮九十三

宗廟時享

宋廟享下

文獻通考宋親享太廟別廟行禮儀注：

誓戒

如紹興修立郊祀誓戒儀注，惟不置郊社令。誓文曰：「今年七月十四，皇帝爲登寶位，親行朝享太廟、別廟，各揚其職，其或不恭，國有常刑。」

致齋

皇帝散齋七日於別殿，致齋三日於齋殿。至行禮日，自齋殿詣太廟，餘如郊祀儀注。

陳設

並同郊祀前一日朝享太廟禮，惟不設四方客使次及陳諸州歲貢，并實俎不以牛，止用羊、豕。

省牲器

儀注如紹興十三年親享。唯舊用未後二刻掃除廟内外，陳設祭器幣篚，三刻省牲饌、鼎鑊、樂器等，今用其日質明。

車駕自齋殿詣太廟

其日，文武侍祠行事，執事、助祭官、宗室先詣太廟祠所，其從駕臣僚並服常服就次。有司進輦於齋殿，其從駕臣僚並俟從駕。次禮直官、宣贊舍人引禮部侍郎奏請中嚴。少頃，又奏外辦。皇帝自内服履袍，詣齋殿，即御座，鳴鞭，行門禁衛、諸班親從等諸司祗應人員以下各自贊常起居。次知客省事以下、樞密都承旨以下、入内内侍省都知以下、帶御器械官應奉祗應通侍大夫以下、武功大夫以下及幹辦庫務文臣一班常起居。宣贊舍人贊：從駕臣僚並常起居。凡起居者，止奏聖躬萬福。次管軍臣僚並常起居，該宣名即宣名。若得旨，免起居，更不起居。皇帝乘輦降自西階，稱警蹕，侍衛如常儀。出和寧門，將至太廟，御史臺、閤門分引文武助祭官、宗室，禮直官、贊者引行事、執事官俱詣廟欞星門外立班，再拜，奉迎，訖，退。內已奏起居，止奏聖躬萬福。皇帝乘輦入欞星門，至大次，侍衛如常儀。皇帝降輦，入大次，簾降。舍人承旨敕群臣各還次，以俟立班行禮。

晨祼

並同郊祀前朝享太廟禮。但諸帝室既祼鬯後，禮儀使引皇帝至別廟后室前祼鬯，如上儀。

饋食並同郊祀前朝享太廟禮，惟無牛鼎俎。

亞、終獻

皇帝飲福

神主入室

並同紹興十三年儀注，唯飲福不用牛俎。

車駕還内

臣僚、禁衛等起居迎駕，奏聖躬萬福，訖，以俟從駕還内，並如來儀。禮部郎中奏解嚴，宣贊舍人承旨敕群官各還次，將士各還其所。

宋史樂志紹興别廟樂歌五首：

升殿，崇安　新廟肅肅，蕆事以時。陟降階墄，雍容有儀。鞠躬周旋，罔敢不祇。祝史正辭，靈其格思。

奉俎，肅安　肇嚴廟祀，爰圖遺芳。物必稱德，或陳或將。有縟其儀，有苾其香。靈兮來下，割烹是嘗。

懿節皇后室酌獻，明安　曾沙表慶，正位椒庭。徽音杳邈，宫壼儀刑。虔修祀事，清酌惟馨。縮以包茅，昭格明靈。

亞、終獻，嘉安　霄漢月墮，郊原露稀。徽音如在，延佇來歸。有酒既清，累觴載祇。神具醉止，燕衎怡怡。

徹豆，寧安　仙馭弗返，眇邈清都。薦此嘉殽，既豐既腴。奠享有成，鼓樂愉愉。徹我豆籩，率禮無踰。

乾道別廟樂歌三首：

詣廟，乾安　涓選休辰，于秋之杪。既齊既戒，爰假祖廟〔一〕。有侐儀坤，舊章是傚。享祀奚爲？天子純孝。

升殿，乾安　宗祀九筵，先薦閟宮〔二〕。陟自東階，煌煌袞龍。於穆聖善，監兹禮容。是享是宜，介福無窮。

懿節皇后室酌獻，歆安　丕顯文母，厚德維坤。仙馭雖邈，徽音固存。瑟彼玉瓚，酌此鬱尊。簡簡穰穰，裕我後昆。

文獻通考太廟時享儀注：

時日

太常寺預於隔季以孟春擇日享太廟、別廟，關太史局。孟夏、孟秋、孟冬並準此。若臘

〔一〕「假」，原作「格」，據味經窩本、乾隆本、光緒本、宋史樂志九改。
〔二〕「閟宮」，原作「閼宮」，據光緒本、宋史樂志九改。

享，則預於隔季以季冬臘月享太廟、别廟。太史局擇日報太常寺，臘享，則以其日報太常寺。太常寺參酌，訖，具時日告散〔一〕。

齋戒

前享十日，受誓戒於尚書省。其日五鼓，贊者設位版於都堂下。初獻官在左，刑部尚書在右，並南向。亞、終獻位於其南，稍東，北向，西上。若冬享、臘享，則又設禮官位於終獻之東，其揖位、省牲位、省饌位準此。監察御史位於其西，稍北，東向。兵部工部尚書、押樂太常卿光禄卿、押樂太常丞光禄丞位於其南，稍西，北向，東上。凡設太常丞、光禄丞位，皆稍却。奉禮協律郎、太祝、太官宫闈令位於其東，西向，北上。捧俎官、薦香燈官位其後。質明，贊者引行事執事官就位，立定。禮直官引初獻降階就位，禮直官贊揖，在位者對揖。初獻搢笏，讀誓文云：「某月某日孟春，薦享太廟、别廟。夏云孟夏，秋云孟秋，冬云孟冬，臘享云季冬臘享。各揚其職，不共其事，國有常刑。」讀訖，執笏。禮直官贊奉禮協律郎、太祝、太官宫闈令以下先退，餘官對拜，乃退。散齋七日，治事如故，

〔一〕「時日告散」，諸本作「時告散告」，據文獻通考卷九九改。

宿於正寢，不弔喪、問疾、作樂、判書刑殺文書、決罰罪人及與穢惡。致齋三日，光祿卿丞、太官令齋一日。二日於本司，宗室及睦親宅都廳，如相妨即於宗學。餘官無本司者，並於太廟齋坊，質明至齋所〔一〕。唯享事得行，其餘悉禁。前享一日，質明俱赴祠所齋宮，官給酒饌，享官已齋而闕者，通攝行事。

陳設

前享三日，儀鸞司設饌幔於東神門外別廟，饌幔于本廟。每室饌幔各一。若冬享，則設配享功臣次于殿下橫街之南，東西相向，每室配享功臣各爲一次。若臘享，則設七祀次一於橫街之北道西，東向。前二日，有司牽牲詣祠所。前一日，宮闈令帥其屬掃除廟之內外，太常設祭器，凡設祭器，皆藉以席，籩豆又加巾蓋。以俟告潔。既畢，權徹。有司陳牲於東神門外，當門，西向，祝史各位於牲後。太常設省牲位於牲西。三獻官在道南，北向。兵部工部尚書、押樂太常卿光祿卿、押樂太常丞光祿丞、奉禮協律郎、太祝、太官宮闈令在道北，南向，俱西上。凡設押樂太常丞以下位皆稍却。若享日，則不設光祿卿丞、宮闈令位。監察御

〔一〕「質」，原作「直」，據光緒本、文獻通考卷九九改。

史於兵部尚書之西，少北。太常陳禮饌於東神門外却東道北，南向，設省饌位版於禮饌之南。三獻官皆在南〔一〕，北向，西上。監察御史在西，東向。兵部尚書、押樂太常卿光禄卿、押樂太常丞光禄丞、奉禮協律郎、太祝、太官宮闈令在東，西向，北上。捧俎官、薦香燈官在其後。太常設登歌之樂於太廟、别廟殿上前楹間却南，北向；設宮架於太廟庭中，立舞表於酇綴之間。享日丑前五刻，禮直官、贊者、諸司職掌各服其服。宮闈令入殿開室整拂神幄，帥其屬掃除，鋪筵在室内北牖下，南向，几在筵上，如常儀。太常陳幣篚各於神位前之左，幣以白一。祝版各於神位之右，置於坫次。祭器實之，每室左二十有六籩，爲四行，以右爲上；右二十有六豆，爲四行，以左爲上。俎二，一在籩前，實以羊腥七體。一在豆前。實以豕腥七體。其載如羊。又俎六，在豆右，爲三重，以北爲上。第一重實以羊豕首各一。第二重實以羊腥腸、胃、肺，離肺一在上端，刌肺三次之，腸三、胃三又次之，一實以豕腥膚九，横載。第三重一實以羊熟腸、胃、肺，一實以豕熟膚，其載如腥。皆羊在左，豕在右。登一，在籩豆間，實以大羹。鉶三在登前，實以羹，加芼滑。簠八、簋八在籩豆

〔一〕「在」，原脱，據味經窩本、乾隆本、光緒本、文獻通考卷九九補。

外二俎間，簠在左，簋在右。簠實以稻粱，粱在稻前。簋實以黍稷，稷在黍前。登一在籩之左，實以肝膋。槃一在室户外，稍東。實以毛血。爐炭於室户外之左，稍前，置蕭蒿於篚。設尊罍於殿上，爲二重，著尊二，加勺冪爲上尊，一實玄酒，一實醴齊。初獻酌之。壺尊二，加勺冪。一實玄酒，一實盎齊，亞、終獻酌之。春夏設雞彝一，并舟，在著尊之右，實以鬱鬯，初獻酌之。秋冬臘享則設斝彝。加勺冪。又設雞彝一，并舟，在著罍之右。實以明水，秋冬臘享則設黄彝。太尊二，一實泛齊，一實醴齊。山尊二，一實盎齊，一實醍齊。犧尊二，一實沈齊，一實事酒。象尊二，一實昔酒，一實清酒。罍皆實以明水，俱北向，西上，皆加冪，設而不酌。爵坫三在尊之前。太常設燭於神位前。若冬享，設配享功臣位於殿下横街之南次内，若臘享則設七祀司命、户、竈、中霤、門、厲、行於横街之北次内，皆太常設，神位席本廟設，神位版太常設，祭器實之。又設俎二於東神門外每室饌幔内，洗二於東階下，直東霤，北向；盥洗在東，爵洗在西。罍在洗東，加勺。篚在洗西，南肆，實以巾。若爵洗之篚，則又實以圭瓚，及别廟，則實以璋瓚。執罍篚者位其後。若冬、臘二享，則又設禮官盥洗一於從事神位前。又設揖位於東神門外，如省牲位。唯不設光禄卿丞、捧俎官、薦香燈官、宫闈令位。開瘞坎於太廟、别廟殿西階之東方，深取足容物，南出陛。設望瘞位於太廟瘞坎之南，如省饌之位。唯不設光禄卿丞、太官令、奉俎官、薦香燈官、宮闈令位。若臘享，則積七祀燎柴於西神門外。又設三獻官席位於殿下東階之東南，西向，南上。若冬享臘享，則又設禮官位於終獻之北。兵部、工部尚書於其南，西向，北上。監察御史、押樂太常丞席位於殿庭之南，北向。奉禮協律郎、太祝、太官令位其後，俱西上。光禄卿席位於監察御史之東，北向。又設監察御史位於殿上前楹西架，東向。奉禮郎、太祝在東，西向，北上。押樂太常丞於樂虡之北，太官令於酌尊所，俱北向。協律郎位二，一於太廟殿上前楹間稍西，一於宮架西北，俱東向。押樂太常卿位於宮架北，北向。

省牲器同郊祀前朝享太廟禮。

晨祼

享日丑前五刻，行事春冬用丑時七刻，夏秋用丑時一刻。祠祭官引宮闈令入詣殿庭，北向立。祠祭官曰：「再拜。」宮闈令再拜。升殿，開室，整拂神幄，帥其屬掃除，退，就執事位。次引薦香燈官入詣殿庭，北向立。凡宮闈令、薦香燈、捧俎官行事皆祠祭官引。祠祭官曰：「再拜。」薦香燈官再拜。升殿，各就執事位。次樂正帥工人二舞入就位。太廟、別廟登歌工人俟監察御史點閱訖，升西階，各就位。次太官令、光禄丞帥其屬實饌具畢，光禄丞還齋所。次引光禄卿入詣殿庭席位，北向立，贊者曰：「再拜。」光禄卿再拜。升殿，點視禮饌畢。次引監察御史升殿點閲陳設，糾察不如儀者。凡點視及點閲，皆先詣僖祖室以至次室及别廟。光禄卿還齋所，餘官各服祭服。次引行事執事官詣東神門外揖位立定，禮直官贊揖。次引押樂太常卿太常丞、協律郎，次引監察御史、奉禮郎、太祝、太官令入就殿下席位，北向立。次引初獻、兵部工部尚書、亞、終獻入就殿下席位，西向立。若冬享臘享，則引禮官。祠祭官於殿上贊奉神主。次引薦香燈官入室，搢笏，於祏室内奉帝主，設於座，奉神主詣神幄内，於几後啓匱，設於座，以白羅巾覆之。執笏，退，復執事位。次引宫闈令奉后主奉别廟，宫闈令奉后主如上儀，以青羅巾覆之。退，復執事位。祠祭官於殿上贊：「奉神主訖。」禮直官稍前，贊：「有司謹具，請行事。」贊者曰：「再拜。」在位者皆再拜。次引監察御史、押樂太常卿太常丞、奉禮協律郎、太祝、太官令各就位立定。太官令就僖祖位尊彝所。次引初獻詣盥洗位，北向立，搢笏，盥手，帨手，執笏，詣爵洗位，北向立，搢笏，洗瓚，授執事者，執笏，升殿詣僖祖室尊彝所，西向立。執事者以瓚授初獻，初獻搢笏，跪執瓚。執彝者舉冪。太常令酌鬱鬯訖，先詣宣祖室尊彝所，北向立。初獻以瓚授執事者，執笏，興，詣僖祖室神位前，北向立，搢笏，跪。次引奉禮郎搢笏，西向跪。執事者以瓚授奉禮郎，奉禮郎奉瓚授初獻，初獻執瓚，以鬯祼地，奠訖，以瓚授執事者。次執事者以幣授奉禮郎，奉禮郎奉幣授初獻，執笏，興，先詣宣祖室神位前，西向立。初獻受幣，奠訖，執笏，俛伏，興，出户外，北向再拜。次詣宣祖室、太祖室、太宗室、真宗室、仁宗室、英宗室、神宗室、哲宗室、徽宗室、欽宗室。次降西側階，詣別室。升西階，詣懿節皇后室、安穆皇后室、安恭皇后室，祼鬯奠幣，並如上儀。訖，降東側階，由東廊俱復位立。協律郎跪，俛伏，舉麾，興。工鼓柷，宫架作興安之樂，孝熙昭德之舞，九成，偃麾，戛敔，樂止。凡樂，皆協律郎跪，俛伏，舉麾，興，工鼓柷而後作，偃麾戛敔而後止。既晨祼，薦香燈官入，取毛血奠於神座前，別廟以太祝、太官令取肝，以鸞刀制之，洗於鬱鬯，貫之以膋，燎于爐炭。薦香燈官以肝膋入，詔神於室。別廟以太祝。又出，以隋祭于室户外之左，三祭于茅苴，退，復位。

饋食

享日，有司帥進饌者詣厨，以匕升羊，實于一俎。肩臂臑在上端，肫胳在下端。正脊一、直脊一、横脊一、長脅一、短脅一、代脅一，皆二骨以並在中。次升豕如羊，實于一俎。每室羊豕各一俎。入設於饌幔内，俟初獻。既升，祼訖，捧俎官及執事者捧俎入詣西階下，北向，北上。次引兵部工部尚書詣西階下，搢笏，捧俎，兵部奉羊，工部奉豕。升殿，宮架豐安之樂作，詣僖祖神位前，北向，跪奠，先薦羊，次薦豕，各執笏，俛伏，興。有司入設於豆右腸胃膚之前。羊在左，豕在右。次詣每室奉俎，並如上儀。樂止，次詣別廟奠俎，如前太廟之儀。唯登歌作肅安之樂。降東側階，由東廊復位。初奠俎訖，次引薦香燈官取蕭合黍稷擩於脂，燎於爐炭。當饋熟之時，薦香燈官取菹擩於醢，祭於豆間三，又取黍稷肺祭如初，俱藉以茅。别廟以太祝。退，復位，次引太祝詣僖祖室前，東向立。次引初獻，再詣盥洗位。宮架正安之樂作，初獻升降行立，皆作正安之樂。至位，北向立，搢笏，盥手，帨手，執笏，詣爵洗位，北向立，搢笏，洗爵，拭爵以授執事者，執笏，升殿上，登歌樂作，詣僖祖室酌尊所，北向立，樂止。登歌基命之樂作，執事者以爵授初獻，搢笏，跪執爵。執尊者舉冪，太官令酌著尊之醴齊，訖，先詣宣祖室酌尊所，北向立。初獻以爵授執事者，執笏，興，入詣僖祖室神位前，北向立，搢笏。執事者以爵授初獻，初獻執爵，祭酒，三祭于茅苴，奠爵，執笏，俛伏，興，出户，北向立，樂止。次太祝搢笏，跪讀祝文，讀訖，執笏，興，先詣宣祖室户外，東向立。初獻再拜，次詣每室及詣别廟行禮，並如上儀。初獻詣别廟升降，登歌作崇安之樂。酌獻行禮，登歌並作歆安之樂。初獻將降階，登歌作，降階，樂止。宮架樂作，復位，樂止。文舞退，武舞進，宮架作正安之樂。舞者立定，樂止。次引亞獻詣盥洗位，北向立，搢笏，盥手，帨手，執笏；詣爵洗位，北向立，搢笏，洗爵，拭爵以授執事者，執笏，升殿，詣僖祖室酌尊所，西向立。宮架作武安之樂，禮洽儲祥之舞。執事者以爵授亞獻，搢笏，跪執爵，執尊者舉冪，太官令酌壺尊之盎齊，訖，先詣宣祖室酌尊所，北向立。亞獻以爵授執事者，執笏，興，詣僖祖室神位前，北向立，搢笏，跪，執事者以爵授亞獻，亞獻執爵，祭酒，三祭于茅苴，奠爵，執笏，俛伏，興，出户外，北向再拜。次詣每室并別廟行禮，並如上儀。亞、終獻詣別廟酌獻，登歌並作嘉安之樂。初，亞獻既入太室，引終獻詣洗及升殿行禮，並如上獻之儀。訖，俱降，復位。若冬享，則俟終獻將升，次引禮官詣盥洗位，搢笏，盥手，帨手，執笏，詣配享功臣神位前，搢笏，跪，執爵，三祭酒，奠爵，執笏，俛伏，興，再拜。詣次位行禮，並如上儀。退，復位。若臘享，則俟終獻將升，次引禮官詣盥洗位，搢笏，盥手，帨手，執笏，詣司命神位前，搢笏，跪，執爵，三祭酒，奠爵，執笏，俛伏，興，少立。次引太祝進詣神位前，北向，搢笏，跪讀祝文，讀訖，執笏，興，退，復位。禮官再拜。詣每位前行禮，並如分獻配享功臣之儀。退，復位。次引太祝徹籩、豆。籩、豆各一，少移故處。登歌恭安之樂作，別廟寧安之樂。卒徹，樂止。次引宮闈令束茅，訖，俱復位。禮直官曰：「賜胙。」贊者承傳曰：「賜胙，再拜。」在位者皆再拜。送神，宮架興安之樂作，一成，止。祠祭官於殿上贊：「奉神主入祏室。」次引薦香燈官搢笏，奉帝主入祏室。薦香燈官先捧匱置於神座，納神主於匱，訖，捧入祏室。執笏，退，復位。次引宮闈令奉后主，并引別廟宮闈令奉后主入祏室，並如上儀。退，復位。祠祭官於殿上贊：「奉神主入祏室訖。」次引初獻、兵部刑部尚書、亞終獻就望瘞位。若冬享、臘享，則又引禮官就望瘞位。有司詣室取幣，束茅苴於坎。次引監察御史、押樂太常丞、奉禮協律郎、太祝就望瘞位，立定，禮直官曰：「可瘞。」寘土半坎，本廟宮闈令監視。別廟殿下宮闈令監視。次引初獻以下詣東神門外揖位立，禮直官贊：「禮畢。」揖訖，退。若臘享，則次引禮官詣西神門外七祀望燎位立〔一〕，有司置祝版於燎柴，焚訖，退。太官令帥其屬徹禮饌，次引監察御史詣殿監視，收徹訖，還齋所。宮闈令闔户以降，太常藏祝版於匱。光禄卿以胙奉進，監察御史就位展視，光禄卿望闕再拜，乃退。

宋史樂志：攝事十三首：

〔一〕「祀」，諸本脱，據文獻通考卷九九補。

降神，理安　肅肅清廟，昭事祖禰。粢盛苾芬，四海來祭。皇靈格思，令容有晬。降福孔皆，以克永世。

太尉行，正安　裸鬯溥將，賓尸在位。帝德升聞，孝思光被。公卿庶正，傅御師氏。至誠感神，福禄來暨。

奠瓚，瑞安　淳清育物，瑞木成文。元氣陶冶，非烟郁氛。玄貺昭格，至和所熏。登歌裸獻，肹蠁如聞。

奉祖，豐安　麗碑割牲，以炰以烹。博碩肥腯，薦羞神明。祖考來格，享于克誠。如聞謦欬，式燕以寧。

酌獻僖祖室，大善　肅肅藝祖，肇基鴻源。權輿光大，燕翼貽孫。載祀惟永，慶流後昆。威靈在天，顧我思存。

順祖室，大寧　思文聖祖，長發其祥。錫羡蕃衍，德厚流光。眷命自天，卜世聿昌。祗肅孝享，降福無疆。

翼祖室，大順　明明我祖，積德累仁。居晦匿耀，邁種惟勤。帝圖天錫，輝光日新。寢廟繹繹，昭事同寅。

宣祖室，大慶　洸洸我祖，時惟鷹揚。潛德弗耀，發源靈長。肆類配天，永思不忘。來顧來享，百福是將。

太祖室，大定　赫赫太祖，受命于天。赤符啓運，威加八埏。神武戡難，功無間然。翼翼丕承，億萬斯年。

太宗室，大盛　穆穆太宗，與天合德。昧旦丕顯，乾乾翼翼。敷佑下民，時帝之力。永懷聖神，孝思罔極。

真宗室，大明　煌煌真宗，善繼善承。經武耀德，臻于治平。封祀禮樂，丕昭鴻名。陟配文廟，皇圖永寧。

徹豆，豐安　鼎俎既陳，籩豆既設。金石在庭〔一〕，師工就列。備物有嚴，著誠致潔。孝維時思，禮以雍徹。

送神，理安　神之來兮風肅然，神之去兮升九天。排淩競兮還恍惚，羽旄紛兮蕭旛烟。

〔一〕「石」，諸本作「玉」，據宋史樂志九改。

紹興以後時享二十五首：

迎神，興安，黄鐘爲宫　奉先嚴祀，率禮大經。時思致享，肅薦芳馨。竭誠備物，樂奏和聲。真馭來止，熙事克成。

大吕爲角　聖靈在天，九關崇深。風馬雲車，紛其顧臨。擁祥儲休，昭答孝心。孝孫受祉，萬福是膺。

太簇爲徵　嘉承和平，秩祀爲先。乃練休辰，祝史告虔。内心齊明，祀具吉蠲。交際恍惚，如在後前。

應鐘爲羽　道信於神，神靈燕娭。酒有嘉德，物惟其時。綏節安歌，樂奏具宜。欣欣樂康，福禄綏之。

奉俎，豐安　王假有廟，子孫保光。奉牲以告，玉俎膏香。專精厲意，神其迪嘗。休承靈意，申錫無疆。

初獻盥洗，正安　恪恭祀典，涓選休成。設洗致潔，直於東榮。嘉觴祗薦，明德惟馨。祖考來格，享兹孝誠。

升殿，正安　冠佩雍容，時惟上公。享于清廟，陟降彌恭。籩豆静嘉，粢盛潔豐。孝孫有慶，萬福來同。

僖祖室酌獻，基命　於穆文獻，自天發祥。肇基明命，錫羡無疆。子孫千億，宗社靈長。神之格思，如在洋洋。

宣祖室酌獻，天元　天啓炎曆，集我大命。長發其祥，篤生上聖。夷亂芟荒，乾坤以定。時祀聿修，孝孫有慶。

太祖室酌獻，皇武　赫赫藝祖，受天明命。威加八紘，德垂累聖。祀事孔明，有嚴笙磬。對越在天，延休錫慶。

太宗室酌獻，大定　明明在上，時維太宗。允武允文，丕基紹隆。於肅清廟，昭報是豐。皇靈格思，福禄來同。

真宗室酌獻，熙文　於穆真皇，維烈有光。丕承二后，奄奠萬方。威加戎狄，道格穹蒼。歆時禋祀，降福無疆。

仁宗室酌獻，美成　至哉帝德，乃聖乃神！恭己南面，天下歸仁。歷年長久，垂裕後人。祀脩舊典，寶命維新。

英宗室酌獻，治隆　炎基克鞏，赫赫英宗。紹休前烈，仁化彌隆。篤生聖子，堯湯比蹤。烝嘗萬世，福禄來崇。

神宗室酌獻，大明　於昭神祖，運撫明昌。肇新百度，克配三王。遐荒底績，聖武維揚。永言執競，上帝是皇。

哲宗室酌獻，重光　於皇濬哲，遹駿有聲。率時昭考，丕顯儀刑。功光大業，道協三靈。永綏厥後，來燕來寧。

徽宗室酌獻，承元　天錫神聖，徽柔懿恭。垂衣拱手，遵制揚功。配天立極，體道居中。佑我烈考，萬福攸同。

欽宗室，端慶　於皇欽宗，道備德宏。允恭允儉，克類克明。孝遵前烈，仁翊函生。歆兹肆祀，永燕宗祊。

高宗室，大德　於皇時宋，自天保定。高宗受之，再僕景命。紹開中興，翼善傳聖。何千萬年，永綏厥慶。

孝宗室，大倫　聖人之德，無加於孝。思皇孝宗，履行立教。始終純誠，非曰笑貌。於萬斯年，是則是傚。

光宗室，大和　維宋洽熙，帝統于理。萬姓厚生，三辰順軌。對時天休，以燕翼子。肅唱和聲，神其有喜。

文舞退、武舞進，正安　肅肅清廟，於顯維德。我祀孔時，我奏有翼。秉翟載駿，有來干戚。神之燕娭，休祥允格。

亞、終獻，文安　觀德宗祏，奕世烈光。有嚴祀典，粤循舊章。樂諧九變，獻舉重觴。燕娭如在，戩穀穰穰。

徹豆，恭安　禮備樂成，物稱誠竭。相維辟公，神人以説。歌雍一章，諸宰斯徹。天子萬年，無競維烈。

送神，興安　霜露既降，時思展禋。在天之御，睠然顧歆。樂成禮備，言歸靡停。既安既樂，福禄來成。

上仁宗、英宗徽號一首：

入門升殿，顯安　於穆仁祖，寵綏萬方。執競英考，迄用成康。圖徽寶册，有烈其光。庶幾億載，與天無疆。

上英宗尊號一首：

入門，正安　在宋五世，天子神明。群公奉册，迺揚鴻名。金書煌煌，遹昭厥成。思皇多祜，與天同聲。

增上神宗徽號一首：哲宗朝製。

升殿，顯安：於惟禰廟，乃聖乃神。秉文之士，作起惟新。建官稽古，一視同仁。庶幾備號，以享天人。

紹興十四年奉上徽宗册寶三首〔一〕：

册寶入門，顯安　於鑠徽考，如天莫名。迨兹丕揚，擬純粹精。温玉鏤文，來至於祊。有嚴奕奕，禮備樂成。

册寶升殿，顯安　金字煌煌，瑶光燦燦。群工奉之，登此寶殿。對越祖宗，式遵成憲。威靈在天，來止來燕。

上徽號，顯安　惟精惟一，乃聖乃神。鴻名克揚，茂實斯賓。如禹之功，如堯之仁。孝思永慕，用詔無垠。

淳熙十五年上高宗徽號三首：

〔一〕「三首」，原作「二首」，據光緒本、宋史樂志九改。

冊寶入門，顯安　於穆高皇，功德兼隆。稱天以誄，初謚未崇。載稽禮典，揚徽垂鴻。涓日之良，登進廟宮。

冊寶升殿，顯安　有瑑斯寶，有編斯册。導以麾仗，奏以金石。祲威盛容，煌煌赫赫。臣工奉之，高靈來格。

上徽號，顯安　中興之烈，高掩商宗。揖遜之美，放勳比隆。字十有六，擬諸形容。威靈在天，裕後無窮。

慶元三年奉上孝宗徽號三首：

冊寶入門，顯安　巍巍孝廟，聖德天通。同符藝祖，克紹高宗。有儀有册，載推載崇。鏤玉繩金，登奉祏宮。

冊寶升殿，顯安　文金晶熒，册玉輝潤。統紹乎堯，德全于舜。勤崇推高，子孝孫順。冠德百王，萬年垂訓。

上徽號，顯安　金石充庭，珩璜在列，繪畫乾坤，形容日月。巍巍功德，顯顯謨烈。垂億萬年，鴻徽昭揭。

文獻通考郊祀大禮前二日朝獻景靈宫行禮儀注：

陳設

前朝獻三日，儀鑾司設大次於齋殿，又設文武侍臣次於大次之前，隨地之宜。行事助祭官、宗室及有司次于宫之内外，各隨地之宜。設東方、南方客使次於文官之後，西方、北方客使次于武官之後。又設饌幔於殿門外，隨地之宜。前二日，郊社令帥其屬掃除宫之内外。太常設燎爐於殿門之外，又陳登歌之樂於殿上前楹間，稍南，北向。設宫架於殿門外，隨地之宜，立舞表於酇綴之間。前朝獻一日，奉禮郎、禮直官設皇帝位版於阼階上，西向；飲福位于聖像之西南，北向；望燎位于殿下之東，南向。贊者設亞、終獻位於阼階之東稍南，西向；大禮使左僕射於西階之西稍南，東向；與亞、終獻班相對。行事户部禮部刑部尚書、吏部刑部侍郎、光禄卿、讀册官、舉册官、光禄丞於其西，光禄丞稍却。執事官位又於其後；奉禮郎、搏黍、太祝、太社、太官令位於亞獻之北，西向，稍却；監察御史位二於大禮使之北，東向，俱稍却。又設協律郎位二，一於殿上磬虡之西北，一於宫架西北，俱東向；押樂太常丞於登歌樂虡北，押樂太常卿位於宫架之北，良醖令於酌尊所，俱北向；又設文武助祭官、宗室位於行事、執事官之南，東西相向；諸方客使位於殿門之外，隨其方國；又設告潔位於殿門之外。

設大禮使左僕射位於道西，東向。行事吏部户部禮部刑部尚書、吏部刑部侍郎、押樂太常卿、光禄卿、讀册官、舉册官、押樂太常丞、光禄丞、奉禮協律郎、摶黍、太祝、太社、太官令位於道東，西向，北上。押樂太常丞以下，位稍却。監察御史位於尚書之右，異位稍却。光禄陳禮饌於殿門内在北，南向〔一〕。太常設省饌位版於禮饌之南，大禮使左僕射在南，北向，西上。監察御史位二在西，東向。行事吏部户部禮部刑部尚書、吏部刑部侍郎、押樂太常卿、光禄卿、讀册官、舉册官、押樂太常丞、光禄丞、奉禮協律郎、摶黍、太祝、太社、太官令在東，西向，北上。禮部帥其屬設祝册案於殿上之西。司尊彝帥其屬設玉幣篚於酌尊所，次設籩豆簠簋之位於聖像前，左十有一籩，右十有一豆，俱爲三行。俎一在籩前，簠一簋一在籩豆外，簠在左，簋在右。又設尊罍之位，著尊二，壺尊二，皆有罍，加勺冪，爲酌尊。太尊二，山尊二，犧尊二，象尊二，皆有罍，加冪，設而不酌，並在殿上，稍南，北向，西上。又設籩、豆、簠、簋、俎各一於饌幔内，設御盤匜於阼階上，并供進盤匜、帨巾内侍坐，並於皇帝版位之後，分左右。奉盤者北

〔一〕「向」，原作「后」，據光緒本、文獻通考卷九九改。

向，奉匜及執巾者南向。又設亞、終獻盥洗、爵洗於其位之北。盥洗在東，爵洗在西。罍洗在東，加勺；篚在洗西，南肆，實以巾。若洗爵之篚，則又實以爵。執罍、篚者各位于其後。朝獻日行事前，太常府卿帥其屬陳幣於篚，幣蒼。少府監帥其屬入陳禮神之玉，置於聖像前，玉以四圭有邸。光禄卿帥其屬入實籩豆簠簋。籩三行，以右爲上。第一行形鹽在前，粢糗餌次之。第二行榛實在前，乾桃、乾橑、乾棗次之。第三行菱在前，芡、㮚、乾柿次之。豆三行，以左爲上。第一行芹菹在前，筍菹、菁菹、葵菹次之。第二行篚在前，麳筋、松脯、虀脯次之。第三行䬾食在前，瓜虀醬次之。簠實以黍，簠實以稻。太官令帥其屬入實俎，籩前之俎，實以乳餅。良醖令帥其屬入實尊。著尊二，一實玄酒，一實醴齊，皇帝酌之。壺尊二，一實玄酒，一實盎齊，亞、終獻酌之。大尊二，一實泛齊，一實醴齊。山尊二，一實盎齊，一實醴齊。犧尊二，一實沈齊，一實事酒。象尊二，一實昔酒，一實清酒。並設而不酌。凡罍之實，各視其尊。有司設神御殿禮饌及供奉之物，如常儀。太常設燭於聖像前，又設大禮使以下行事執事官揖位於殿門外，如告潔之位。儀鸞司設神位版幄，又設册幄於殿門外，各隨地之宜。

省饌

前朝獻一日質明，太社令帥其屬掃除宫之内外，訖，司尊彝帥執事者以祭器入設於位。凡設祭器，皆籍以蓆，籩豆又設巾蓋。太府卿、少府監入陳玉幣。告潔畢，權徹。少頃，禮直官、贊者分引大禮使以下，並常服詣殿門外告潔位，禮直官贊揖，揖訖，贊者引押樂太常卿入行樂架。凡亞、終獻行事，皆禮直官、太常博士引，大禮使執政官行事皆禮直官引，餘官皆贊者引。次引禮部尚書入，升自西階，眂滌濯。凡行事執事官升降，皆自西階，內應奉官并執事祗應人各隨應奉階升降〔一〕。次引左僕射申眂滌濯，執事皆舉冪，曰「潔」，俱退，復位。禮直官稍前，曰：「告潔畢，請就省饌位。」揖訖，引大禮使以下各就位。禮直官贊「揖」，有司省饌具畢，禮直官贊「省饌畢」，揖訖，俱還齊所。次引禮部尚書詣廚眂濯溉，次引刑部尚書詣廚實鑊水，刑部侍郎增沃鑊水，協律郎展祀樂器，乃還齊所。晡後，太社令帥其屬掃除宮之內外，學士院以祝册授通進司，進玉書訖，降，付尚書禮部。

車駕自大慶殿詣景靈宮

朝獻日，文武侍祠行事助祭之官、宗室非從駕者先詣景靈宮祠所，次禮直官宣贊舍人引禮部侍郎詣大慶殿，奏請「中嚴」。少頃，又奏「外辦」，皇帝服履袍，詣大慶殿，鳴

〔一〕「祗應人」，原作「應二人」，據光緒本、文獻通考卷九九改。

鞭。行門禁衛、諸班親從等諸司祗應人員以下，各自贊常起居。次知客省事以下、樞密都承旨以下、知内侍省事以下、御帶器械官應奉祗應通侍大夫以下、武功大夫以下及幹辦庫務文官一班常起居。俟皇帝即御座，從駕宰執、使相以下一班，次管軍臣僚並常起居。若得旨免起居，更不起居。皇帝乘輿，鳴鞭，出行宫北門，將至景靈宫，御史臺、太常寺、閤門分引文武侍祠行事執事助祭之官、宗室于宫欞星門外，立班再拜。奏御訖，退，已起居者，止奏聖躬萬福。皇帝乘輿，將及門，從駕宰執侍從等，繫行事前導者先退，各服祭服。皇帝乘輿，入欞星門，至大次，降輿以入，簾降，侍衛如常儀，以俟行事。

奉玉幣

朝獻日，未行事前，諸行事及助祭之官各服其服。大祝奠册於案，太府卿、少府監入陳玉幣，光禄卿入實籩豆簠簋，太官令入實俎，良醖令入實尊罍，樂正帥工人二舞以次入，與執尊罍篚冪者各就位。次御史臺、太常寺、閤門、宣贊舍人分引文武助祭官及宗室、客使入就位，次禮直官、贊者分引大禮使以下行事、執事官詣殿門外揖位立。禮直官贊揖，訖，先引監察御史案視殿之上下，糾察不如儀者。降階，就位。次引大禮使以下各入就位，次禮儀使、樞密院官、太常卿、閤門官、太常博士、禮直官分立於大次外左右，次引禮部侍郎詣次前，奏請「中嚴」。少頃，又奏「外辦」。符寶郎奉寶陳於宮架之側，隨地之宜。禮儀使當次前俛伏，跪奏：「禮儀使臣某言，請皇帝行事。」奏訖，俛伏，興，還，侍立。禮儀使奏禮畢，準此。簾捲，皇帝服衮冕以出，侍衛如常儀。禮儀使以下前導至殿門外，殿中監跪進大圭，禮儀使奏請執大圭，前導皇帝入自正門，侍衛不應入者，止於門外。協律郎跪，俛伏，舉麾，興，工鼓柷，宮架乾安之樂作，皇帝升降行止，皆奏乾安之樂。至阼階下，偃麾，戞敔，樂止。凡樂，皆協律郎跪，俛伏，舉麾，興，工鼓柷而後作，偃麾，戞敔而後止。升自阼階，大禮使從。皇帝升降，大禮使皆從。登歌樂作，左右侍衛之官，量人數升降。至版位，西向立，樂止。禮儀使以下分左右侍立。凡行禮，皆禮儀使、樞密院官、太常卿、閤門官、太常博士、禮直郎前導，至位，分立於左右。禮儀使前奏：「有司謹具，請行事。」宮架作大安之樂、發祥流慶之舞，俟樂作三成，止。先引左僕射、吏部尚書侍郎升詣聖祖座前立，左僕射、吏部尚書俱西向，北上。吏部侍郎東向。樂作六成，樂止。禮儀使奏請再拜，皇帝再拜，贊者曰「再拜」，在位官皆再拜。內侍取玉幣於篚，立於尊所，又內侍各執盤匜、帨巾以進，宮駕樂作，禮儀使奏請皇帝搢大圭、盥手。內侍進盤匜，沃水，皇帝盥手，內侍進巾，皇帝帨手，訖，又奏請皇帝執大圭，樂止。禮儀使前導，登歌靈安之樂作，殿中監跪進圭。禮儀使奏請搢大圭，執鎮圭，前導皇帝詣聖祖座前，北向立。内侍先設繅藉於地，禮儀使奏請跪，奠鎮圭於繅席。執大圭，俛伏，興。又奏請搢大圭，跪。内侍加玉於幣，以授吏部尚書，吏部尚書以授左僕射，左僕射西向跪以進。禮儀使奏請授玉幣。皇帝受奠訖，吏部侍郎東向跪受以興，進奠於聖像前。左僕射、吏部侍郎權於殿上稍西，東向立。吏部尚書降，復位。禮儀使奏請執大圭，俛伏，興。又奏請再拜，皇帝再拜，訖，樂止。禮儀使奏前導皇帝還版位，登歌樂作，至位，西向立，樂止。内侍舉鎮圭繅藉，以鎮圭授殿中監，以授有司。

薦饌

朝獻日，太官令以饌實於俎及籩豆簠簋，陳於饌幔内，東西相向。俎實以乳餅，籩實以粉餈，豆實以糝食，簠實以粱，簋實以黍稷。俟皇帝升，奉玉幣訖，還位，樂止。次引禮部尚書詣饌所，執籩豆簠簋以入，户部尚書詣饌所，奉俎以入，太官令引入正門，宫架吉安之樂作，設於西階下，北向，北上。奉俎者在南。次引禮部尚書搢笏，執籩豆簠簋，户部尚書搢笏，奉俎以升，執事者各迎於階上。禮部尚書奉籩豆簠簋於聖像前，北向跪奠訖，執笏，俛伏，興。有司設籩於糗餌前，豆於醬前，簠於稻前，簋於黍前。次户部尚書奉俎於聖像前，北向跪奠訖，執笏，俛伏，興。有司設於豆前，樂止。俱降，復位。次引左僕射、吏部侍郎詣聖祖座前立，左僕射西向，吏部侍郎東向。次引吏部侍郎奉爵升詣皇帝版位前，北向立。内侍各執盤匜、帨巾以進。宫架樂作，禮儀使奏請皇帝搢大圭，盥手。内侍進盤匜，沃水，皇帝盥手，内侍進巾，皇帝帨手，訖。又奏請皇帝洗爵，吏部侍郎進爵，内侍進巾，皇帝拭爵，訖，樂止。又奏請執大圭。登歌祖安之樂作，吏部侍郎受爵，奉爵詣酌尊所，東向立。執尊者舉冪，良醞令酌著尊之醴齊。禮儀使前導皇帝詣聖祖座前，北向立。禮儀使奏請搢大圭，跪。吏部侍郎以爵授左僕射，左僕射西向跪以進。禮儀使奏請執爵，進酒，再進酒，三進酒，俱以爵授吏部侍郎，吏部侍郎東向跪，受爵置于聖祖座前。禮儀使奏請執大圭，俛伏，興，又奏請皇帝少立，樂止。左僕射以下俱復位。舉册官搢笏，跪，舉祝册；讀册官搢笏，東向跪讀册文。讀訖，奠册，各執笏興，俱降，復位。禮儀使奏請再拜，皇帝再拜，訖，禮儀使前導皇帝還版位。登歌樂作，至版位，西向立，樂止。文舞退，武舞進，宫架正安之樂作，舞者立定，樂止。禮直官、太常博士引亞獻詣盥洗位，北向立，搢笏，盥手，帨手，執笏，詣爵洗位，北向立。搢笏，洗爵，拭爵，以爵授執事，執笏，升詣酌尊所，東向立。

宮架作沖安之樂、降真觀德之舞。執事者以爵授亞獻，亞獻搢笏，跪，執爵。執爵者舉冪，太官令酌壺尊之盎齊，亞獻以爵授執事者，執笏，興，詣聖祖座前，北向，搢笏，跪。執事者以爵授亞獻。亞獻執爵，三進酒，執笏，俛伏，興，少退，北向，再拜，訖，樂止。降，復位。初，亞獻行禮將畢，禮直官、太常博士引終獻詣洗及升殿酌獻，並如亞獻之儀，訖，降復位。初，終獻既升獻，户部禮部尚書升詣殿西，東向立。次引殿中監、太祝、太官令詣飲福位，東向立，奉豆及爵酒者各立於其後。禮儀使奏請詣飲福位，前導皇帝，登歌樂作，將至位，樂止。又登歌報安之樂作，皇帝至飲福位，北向立。尚醖奉御執尊詣酌尊所，良醖令酌上尊福酒，合置一尊，尚醖奉御酌福酒，殿中監西向，奉以立。禮儀使奏請再拜，皇帝再拜〔一〕，殿中監跪以爵酒進。禮儀使奏請搢大圭，跪受爵，祭酒三。祭於地。啐酒，奠爵。殿中監跪，受爵以興。太官令取黍于籩，摶以授太祝，太祝受以豆，東向跪以進，皇帝受豆，奠之。太祝乃受以興，降，復位。次殿中監再跪以爵酒進，禮儀使奏請受爵，飲福酒，奠爵。殿中監受虚爵以興，以授尚

〔一〕「皇帝再拜」，諸本脱，據文獻通考卷九九補。

醖奉御執事者，俱降，復位。禮儀使奏請執大圭，俛伏，興；又奏請再拜，皇帝再拜，樂止。禮儀使前導皇帝還版位，登歌樂作，至版位，西向立，樂止。次引禮部尚書詣聖像前，徹籩豆。次户部尚書徹俎，籩豆俎各一，俱少移故處。登歌吉安之樂作，卒徹，樂止。禮部户部尚書降，復位。禮直官曰：「賜福酒。」行事助祭官拜，贊者承傳曰：「賜福酒，再拜。」在位官皆再拜。送神，宮架太安之樂作，一成，止。

望燎

太安之樂畢，禮儀使奏請詣望燎位，前導皇帝詣望燎位，登歌樂作。降自阼階，樂止。宮架樂作，至位，南向立，樂止。初賜福酒，再拜，訖。吏部侍郎帥太祝執篚進詣聖祖座前，取玉幣〔一〕、祝册。執事官以俎載黍稷飯及爵酒，降階，置於柴上。禮直官曰「可燎」，東西各以炬燎半柴。禮儀使奏禮畢，前導皇帝還大次，宮架樂作。出門外，禮儀使奏請釋大圭。殿中監跪受大圭，以授有司，侍衛如常儀。皇帝至大次，樂止。禮部奏請「解嚴」。次引大禮使以下詣殿門外揖位立，禮直官贊「禮畢」，揖訖，

〔一〕「玉」，諸本脱，據文獻通考卷九九補。

退。宣贊舍人等分引文武助祭官及宗室、客使以次出。次引諸神御殿分獻官及太祝各入就位，太祝在南，北向；分獻官在東，西向。神御殿獻官、太祝俱常服。贊者曰「再拜」，在位官皆再拜。太祝升詣香案之西，東向立。次引分獻官升詣香案前，北向立，搢笏，三上香，跪，執琖奠茶，三奠酒，執笏，俛伏，興，少立。太祝跪讀祝文，讀訖以興，舉版置於案，降，復位。分獻官再拜訖，降，復位，退其後。南郊並如儀。

四孟朝獻景靈宫儀注〔一〕：

齋戒

朝獻前一日，皇帝齊於内殿，御崇政殿視事如故，唯不弔喪、問疾、作樂。有司不奏刑殺文書。其行事前導官齊於本司，治事如故，惟不判書刑殺文書及行刑。

陳設

前期，有司陳香案及供奉之物於聖祖天尊大帝、元天大聖后并諸帝后位前。儀鸞司設御幄於殿東廡，西向；設皇帝褥位於殿下東階之東，西向；及鋪設黄道裀褥并

〔一〕「四孟朝獻景靈宫儀注」，原脱「注」字，據光緒本、文獻通考卷九九補。

逐香案前褥位。内第二日，上詣後殿行禮。

朝獻

其日質明，皇帝服履袍出内即御座，鳴鞭，行門禁衛、諸班親從等諸司祗應人員已下，於崇政殿各自贊常起居。次從駕臣僚、并應奉前導陪位官、并管軍於崇政殿起居，如閤門儀。訖，先退以俟從駕。俟皇帝自崇政殿乘輦，出行宮北門，將至景靈宮，侍臣前導及陪位官於景靈宮櫺星門外殿門外迎駕，起居再拜，訖。次有司引陪位官先詣殿下，北向立。禮直官、太常博士、太常卿詣御幄前，北向立。禮直官引侍臣二員升殿，詣聖祖天尊大帝香案前，東西相向對立。諸帝后御前，即引侍臣一員於香案前，西向立，候進接茶酒畢，上於殿上稍東，西向立〔一〕。陪位文武官入詣殿下，北向立定。俟皇帝乘輦入櫺星門，於東廊便門步至御幄。簾降，閤門官於東幄前相向立。閤門報班齊，禮直官、太常博士引太常卿於御幄前，俛伏，跪，奏稱：「太常卿臣某言：請皇帝行朝獻之禮。」奏訖，伏，興。奏禮畢，準此。簾捲，太常卿、閤門官、太常博士、禮直官前導皇帝詣

〔一〕「西」下，諸本衍「相」字，據文獻通考卷九九删。

殿下褥位，西向立。凡行禮，皆太常卿、閤門官、太常博士、禮直官前導。至位，即分立於左右。太常卿奏請拜，皇帝再拜。贊者曰拜，在位官皆再拜。訖，前導官前導皇帝升自東階，詣聖祖天尊大帝位香案前褥位，北向立。内侍奉香，太常卿奏請上香，再上香，三上香。内侍以茶酒授侍臣，侍臣西向跪以進，又奏請皇帝跪，進茶，進酒，再進酒，三進酒，以授侍臣，侍臣置於聖祖天尊大帝位。又奏請俛伏，興。又奏請拜，皇帝再拜。贊者曰拜，在位官皆再拜。訖，前導官前導皇帝降自東階，詣殿下褥位，西向立。奏請拜，皇帝再拜。贊者曰拜，在位官皆再拜。訖，前導官前導皇帝還御幄，簾降。太常卿奏禮畢，訖，行事前導陪位官等先詣中殿立班，如前殿儀。俟皇帝詣中殿御幄，簾降。閤門報班齊，禮直官、太常博士引太常卿於御幄前，俛伏，跪，奏稱：「太常卿臣某言：請皇帝行朝獻之禮。」奏訖，伏，興。奏禮畢，準此。簾捲，太常卿、閤門官、太常博士、禮直官前導皇帝詣殿下褥位，西向立。太常卿奏請拜，皇帝再拜。贊者曰拜，在位官皆再拜。前導官前導皇帝升殿，詣宣祖皇帝位香案前褥位，北向立。内侍奉香，太常卿奏請上香，再上香，三上香。内侍以茶酒授侍臣，侍臣西向跪以進，又奏請皇帝跪，一奠茶，奠酒，再奠酒，三奠酒，俛伏，興。又奏請拜，皇帝再拜。贊者曰拜，在位官皆再拜。訖，次詣太祖皇帝、太宗皇帝、真宗皇帝、仁宗皇帝、英宗皇帝、神宗皇帝、哲宗皇帝、徽宗皇帝、欽宗皇帝神御神案前，行禮並如上儀。訖，前導官前導皇帝降自東階殿下褥位，西向立。奏請拜，皇帝再拜。贊者曰拜，在位官皆再拜。訖，前導官前導皇帝還御幄，簾降。太常卿奏禮畢，訖，陪位行事前導應奉官以次退。皇帝歸齊殿以俟還内，如來儀。次日，皇帝自内乘輦入櫺星門，將至宫門，就露幄，降輦，步至齊殿，由後殿之後至後殿東廊御幄，以俟詣元天大聖后，次詣昭憲皇后、孝明皇后、懿德皇后、明德皇后、元德皇后、章穆皇后、章獻明肅皇后〔一〕、章懿皇后、慈聖光獻皇后、宣仁聖烈皇后、欽聖憲肅皇后、欽成皇后、欽慈皇后、昭慈聖獻皇后、昭懷皇后、顯恭皇后、顯肅皇后神御香案前，行禮並如前殿中殿之儀。

第一日

其日質明，皇帝服靴、袍出内，即御座，鳴鞭，行門禁衛、諸班親從等諸司祗應人員以下於後殿各自贊起居。次從駕臣僚并應奉、前導、陪位官等先詣中殿立班，如前

〔一〕「章獻明肅」，諸本作「章憲明肅」，據文獻通考卷九九改。

殿儀。俟皇帝詣中殿御幄，簾降，閤門報班齊，禮直官、太常博士引太常卿於御幄前，俛伏，跪奏稱：「太常卿臣某言：請皇帝行恭謝之禮。」奏訖，伏，興。奏禮畢，準此。簾捲，太常卿、閤門官、太常博士、禮直官前導皇帝升詣殿上褥位，西向立。太常卿奏請拜，皇帝再拜。贊者曰拜，在位官皆再拜。訖，前導官前導皇帝詣宣祖皇帝位香案前褥位，北向立。内侍奉香，太常卿奏請上香，再上香，三上香。内侍以茶酒授侍臣，侍臣西向跪以進，又奏請皇帝跪奠茶酒，再奠酒，三奠酒，俛伏，興。又奏請拜，皇帝再拜。贊者曰拜，在位官皆再拜。訖，次詣太祖皇帝、太宗皇帝、真宗皇帝、仁宗皇帝、英宗皇帝、神宗皇帝、哲宗皇帝、徽宗皇帝、欽宗皇帝神御香案前，行禮並如上儀。訖，前導官前導皇帝還褥位，西向立。奏請拜，皇帝再拜。贊者曰拜，在位官皆再拜。訖，前導官前導皇帝還御幄，簾降。太常卿奏禮畢，訖，陪位行事前導應奉官以次退。帝歸齊殿以俟還内。依已降指揮駕回入祥曦殿門。

第二日淳熙九年，恭謝分作三日行禮，内第二日，詣後殿元天大聖后并昭憲皇后、至慈聖光獻皇后，第三日詣後殿宣仁聖烈皇后以下神御。

皇帝自内乘輦入欞星門，至齋殿降輦，步至後殿東廡御幄，以俟詣元天大聖后，次詣昭憲皇后、孝明皇后、懿德皇后、明德皇后、元德皇后、章穆皇后、章獻明肅皇后、慈聖光獻皇后〔一〕、宣仁聖烈皇后、欽聖憲肅皇后、欽成皇后、欽慈皇后、昭慈聖獻皇后、昭懷皇后、顯恭皇后、顯肅皇后、顯仁皇后神御香案前，行禮並如前殿中殿之儀。

宋史樂志：真宗奉聖祖玉清昭應宫御製十一首：

降聖，真安　巍巍真宇，奕奕殊庭。規模大紫，炳焕丹青。元命祇答，大猷是經。多儀有踐，丕應無形。肆設金石，聲聞杳冥。佇迴飈馭，永祐基扃。

奉香，靈安　芳氣上浹，飈馭下臨。昭承丕緒，永勵精明。氤氲成霧，葱鬱垂陰。虔恭對越，介祉攸欽。

奉饌，吉安　發祥有自，介福無疆。紛綸丕應，保祐下方。嘉薦斯備，雅奏具揚。寅威洞達，監眄昭章〔二〕。

玉皇位酌獻，慶安　無體之體，强名之名。監觀萬寓，統治九清〔三〕。真期保

〔一〕「慈聖光獻」，原作「慈聖光憲」，據光緒本、文獻通考卷九九改。
〔二〕「眄」，諸本作「盼」，據宋史樂志十改。
〔三〕「統」，諸本作「繞」，據宋史樂志十改。

佑，瑞命昭明。乾乾翼翼，祗答財成。

聖祖位酌獻，慶安　於昭靈貺，誕啓鴻源。功濟庶彙，慶流後昆。蘭肴登俎，桂酒盈樽。俯迴飈駕，永庇雲孫。

太祖位酌獻，慶安　赫赫藝祖，受命高穹。威加海外，化浹區中。發祥宗祏，錫祐眇沖。欽承積德〔一〕，勵翼精衷。

太宗位酌獻，慶安　明明文考，儲精上蒼。禮樂明備，溥率賓王。功德累洽，曆數會昌。孝思罔極，丕祐無疆。

亞、終獻，沖安　太初非有體，至道本無聲。降迹臨下土，成功陟上清。至仁敦動植，丕緒啓宗祊。紫禁承來格，鴻基保永寧。發祥垂誕告，致孝薦崇名。廣樂伸欽奉，儲休固太平。

飲福，慶安　明明始祖，誕啓慶基。翼翼後嗣，虔奉孝思。精潔斯達，祉福咸宜。于以報貺，于以受釐。

〔一〕「承」，諸本作「成」，據宋史樂志十改。

徹饌，吉安　雕俎在御，飈駕聞聲。真遊斯降，旨酒斯盈。大樂云闋，大禮云成。徹彼常薦，罄此明誠。

送神，真安　精心既達，真遊允臻。禮容斯舉，福應惟醇。將整僊馭，言還上旻。永存嘉貺，用泰烝民。

迎奉聖像四首：並用慶安。

玉皇位　玉虛上帝，金像晬容。宅真雲構，練日龜從。維皇對越，率禮寅恭。靈心丕應，福禄來崇。

聖祖位　總化在天，保昌厥緒。降格皇闈，瓊輪載御。藻仗星陳，晬容金鑄。佑我慶基，宅兹靈宇。

太祖位　烝哉大君，聿懷帝祖！鎔範真儀，奉尊靈宇。至感祥開，洪輝物覩。瞻謁盡恭，飛英率土。

太宗位　於顯神宗，德洽區中。祥金爍冶，範兹晬容。殊庭胥宇，備物致恭。明威有赫，降福來同。

玉清昭應宫上尊號三首：

奉告，隆安　登隆妙號，欽翼淵宗。茂宣德禮，有恪其容。奉璋升薦，垂佩彌恭。揚休詠美，以間笙鏞。

太初殿奉册寶，登安　皇靈垂祐，洪福彌隆。祗率綿寓，潔祀真容。嚴恭奉册，對越清躬。睟容肅穆，懿號尊崇。禮成樂舉，福禄來同。

二聖殿奉紗袍，登安　赫赫列聖，盛德巍然。彤彤靈宇，睟儀在焉。奉以龍衮，被之象天。重慶宗稷，億萬斯年。

太尉奉聖號册寶，真安　上旻降監，介祉實繁。邦家修報，妙道歸尊。增名宵極，奉册靈軒。茂宣聖典，永祐黎元。

寶册升殿，大安　圖書昭錫，典禮紹成。烝民何幸，教父儲靈。欽承景貺，祗奉崇名。致虔寶册，垂祐基扃。

降神，真安　猶龍之聖，降生厲鄉。教流清淨，道符混茫。大君肅謁，盛儀允臧。森羅羽衛，躬薦蕭薌。簪紱濟濟，鐘石洋洋。高真至止，介福誕祥。

奉玉幣，靈安　琳宫奕奕，黼坐煌煌。玉帛成禮，飈馭延祥。鴻儀有則，景福無疆。嘉應昭協，丕猶誕揚。

奉饌，吉安　金奏以諧，飈遊斯格。靈監章明，皇心勵翼。肅奉雕俎，來升綵席。享德有孚，凝禧無斁。

酌獻，大安　欽崇至道，肅謁殊庭。順風而拜，明德唯馨。飈馭來格，尊酒斯盈。是酌是獻，心通杳冥。

飲福，大安　彼渦之壤，指李之區〔一〕。千乘萬騎，來朝密都。躬陳芳薦，款接仙輿。飲酒受福，永耀鴻圖。

亞、終獻，正安　邈矣道祖，冥幾惚恍！常德不離，至真無象。引位清穹，降祥神壤。酌醴薦誠，控飈來享。

送神，真安　醴醆在户，金奏在庭。籩豆有踐，黍稷非馨。義盡蠲潔，誠通杳冥。言旋風駟，祚我修齡。

太極觀奉册寶一首：

登安之曲　薦號穹冥，登名祖禰。陟配陽郊，協宣典禮。感電靈區，誕聖鴻

〔一〕「指」，諸本作「捐」，據宋史樂志十改。

懿。册寶斯陳，福禄來曁。

景靈宫奉册寶一首：

登安之曲　穆穆真宗，錫羡蕃昌。飈輪臨貺，諄誨洞彰。虔崇懿號，祇答景祥。至誠致享，降福無疆。

景祐元年親享景靈宫二首：

降真，太安　真館奉幣，潔齊致馨。靈因斯格，社稷慶寧。

送真，太安　椒漿尊享，珍饌精祈。睟容杳邈，瑶輅霞飛。

大觀三年朝獻景靈宫二首：

奉饌，吉安　威靈洋洋，靡有常饗。於惟欽承，來假來饗。博碩芬香，是烝是享。奉器有虔，載德無爽。爾牲既充，是烹是肆。爾肴既具，是羞是饋。非物之重，唯德之備。神之格思，歆我精意。

高宗郊前朝獻景靈宫二十一首：

皇帝入門，乾安　維皇齊居，承神其初。顒顒昂昂，龍步雲趨。景鐘鏗如，肅覲清都。肸蠁之交，神人用孚。

升殿，乾安　帝既臨享，罄兹精意。對越在天，爰升紫陛。孔容翼翼，保承丕緒。孝奏天儀，永錫爾類。

降聖，太安　惟德馨香，升聞八方。粤神臨之，來從帝鄉。萬靈景衛，有燁其光。監我精純〔一〕，降福穰穰〔二〕。

盥洗，乾安　齊居皇皇，瓊琚鏘鏘。承祭之初，其如在旁。挹彼注兹，儲禧迎祥。神之聽之，欣欣樂康。

聖祖位，乾安　涓選休辰，有事嘉薦。琅琅瓊佩，陟降巖殿。其陟伊何？幣玉斯奠。周旋中禮，千億儲羨。

聖祖位奉玉幣，靈安〔三〕　上靈始祖，雲景元尊。嚴祀夙展，六樂朱軒。明玉之潔，豐帛之温。暢乃繼序，承德不愆。

〔一〕「純」，諸本作「神」，據宋史樂志十改。
〔二〕「福」，原作「神」，據光緒本、宋史樂志十改。
〔三〕「靈安」，諸本作「臨安」，據宋史樂志十改。

還位，乾安　我后臨享，奠幣攸畢。式旋其趨，榘度有式〔一〕。禮容齊莊，孝思純實。天休滋至，時萬時億。

奉饌，吉安　百職駿奔，來相於庭。奉聖以告，登茲芳馨。際天蟠地，默運三靈〔二〕。神兮來歆，祚我休平。

再盥洗，乾安　有嚴大禮，對時休明。情文則粲，蠲潔必清。再臨觀盥，以專以精。真游來格，永觀厥成。

再詣聖祖位，乾安　於赫炎宋，十葉華耀。屬茲郊報，陟降在廟。其降伊何？椒漿桂酒。再拜斟酌，永御九有。

聖祖位酌獻，祖安御製。　瑤源誕啓，玉牒肇榮。覆育群言，監觀圓清。酒醴既洽，登薦惟誠。無有後艱，駿惠雲仍。

還位，乾安　奠鬯告成，式旋厥位。天步雍容，神人燕喜。九廟觀德，百靈薦

〔一〕「有」，原作「其」，據光緒本、宋史樂志十改。
〔二〕「三」，諸本作「二」，據宋史樂志十改。

祉。子孫其昌，垂千萬祀。

文舞退、武舞進，正安　於皇樂舞，進旅退旅。一弛一張，笙磬具舉。豈惟翫聲，象德是似。神鑒孔昭，福禄來予。

亞、終獻，沖安　五音飭奏，神既億康。濬其容與，薦此嘉觴。有來顯相，鋗玉鏘鏘。奉承若宥，罔不齊莊。

飲福，報安　嘉薦既終〔一〕，神貺斯復。賚我思成，靈光下燭。孝孫承之，載祗載肅。敷錫庶民，函蒙祉福。

還位，乾安　帝臨閎庭，逆釐上靈。神鴹安坐，肅若有承。嘉觴既申，德聞唯馨。靈光留俞，祚我億齡。

徹饌，吉安　普淖既薦，苾芬孔時。神嗜而顧，有來燕娭。饗矣將徹，載欽載祗。展詩以侑，益臻厥熙。

送真，太安　雍歌既徹，熙事備成。神夕奄虞，忽乘青冥。靈心回睠，監我精

〔一〕「既」，原作「貺」，據光緒本、宋史樂志十改。

禋。誕降嘉祉，休德昭清。

降殿，乾安　我秩元祀，上推靈源。展事有恤，侵威肅然。丹墀既降，秉心益虔。荷天之休，于千萬年。

望燎，乾安　奕奕靈宫，有嚴毖祀。燔燎具揚，禮儀既備。帝心肅祗，天步旋止。對越在天，永膺蕃祉。

還大次，乾安　帝將於郊，昭事上祀。爰兹畢觴，復即于此。飇游載旋，容旌杳騎。唯皇嘉承，錫祚昌熾。

高宗明堂前朝獻景靈宫十首：

降聖，大安　德唯馨香，升聞八方。粤神之從，燦然有光。驂飛乘蒼，啾啾蹌蹌。消搖從容，顧予不忘。

升殿，乾安　帝既臨享，龍馭華耀。孝孫承之，陟降在廟。誠意上交，慶陰下冒。天休駢至，千億克紹。

聖祖位奠玉幣，靈安　玉氣如虹，豐繒充筥。既奉既將，亦奠在位。有永群后，實相祀事。何以臨下，心意不貳。

奉饌，吉安　瓊琚鏘鏘，玄衣纁裳。薦嘉升香，粢盛芬芳。禮儀莫愆，鼓鐘喤喤。曾孫之常，綏福無疆。

聖祖位酌獻，祖安　裴回若留，靈其有喜。薦我馨香，挹茲酒醴。我祖在天，執道之紀。申佑無疆，奏神稱禮。

文舞退、武舞進，正安　進旅退旅，載執干戚。不愆於儀，容服有赫。式妥式侑，神保是格。靈鑒孔昭，孝思惟則。

亞、終獻，沖安用舊辭。

飲福，報安　於赫大神，總司元化。監我純精，威光來下。延昌之貺，千億憑藉。曾孫保之，丕平是迓。

徹饌，吉安　洋洋降臨，肅肅布列。熙事既成，嘉籩告徹。九天儲慶，垂佑無缺。寢明寢昌，綿綿瓜瓞。

送真，太安　高飛安翔，持御陰陽。幽贊圓穹，監觀四方。元精回復，奄虞孔良。畢觴降嘏，偃蹇于驤。

望燎，乾安　奕奕原祠，有嚴毖祀。禮儀孔宣，燔燎斯暨。帝心肅祇，天步旋止。熙事既成，永膺蕃祉。

孝宗明堂前朝獻景靈宫八首：

盥洗，乾安　合宫之享，報本奉先。欽惟道祖，濬發璿源。駕言謁款，其盥惟虔。尚監精衷，錫祚綿綿。

聖祖，乾安　駿命有開，慶基無窮。祗率百辟，仰瞻睟容。鼓鐘斯和，黍稷斯豐。靈其居歆，福禄來崇。

還位，乾安　嘉玉既設，量幣既陳。髣髴靈游，來顧來寧。對越伊何？厥惟一純。佑我熙事，以迄于成〔一〕。

奉饌，吉安　發祥僊源，流澤萬世。曷其報之？親饗三歲。相維列卿，潔粢是饋。匪物之尚，誠之爲至。

再詣盥洗，乾安　華燈熒煌，瑞烟氤氲。威神如在，蠲潔必親。再盥於罍，再帨於巾。皇心肅祗，其敢憚勤。

〔一〕「佑我熙事以迄于成」，諸本作「佑缺我熙事迄以成」，據宋史樂志十改。

再詣聖祖位，乾安　歲逢有年，月旅無射。我將我饗，如幾如式。肅爾臣工，諧爾金石。本原休功，垂裕罔極。

還位，乾安　旨酒思柔，神其醉止。工祝既告，孝孫旋位。何以酢之？純嘏來備。燕及雲來，蕃衍無已。

文舞退、武舞進，正安　象德之成，有奕其舞。一弛一張，進旅退旅。嘒以管簫，和以鏞鼓。神其樂康，永錫多祜。

寧宗郊前朝獻景靈宮二十四首：

皇帝入門，乾安　閟幄邃深，雲景杳冥。天清日睟，展容玉庭。締基發祥，希夷降靈。神其來燕，是饗是聽。

升殿，乾安　帝居瑤圖，璇題玉京。日月經振，列宿上熒〔一〕。桂篚飶芬，瑚器華晶。齎承禋祀，用戒昭明。

降神，太安六變。　圜鐘爲宮　四靈晨耀，五緯夕明。風雲旻和，天地粹清。靈

〔一〕「熒」，諸本作「榮」，據宋史樂志十改。

兮來迎，靈兮來迎。啓我子孫，饗于純精。

黄鐘爲角　芬枝揚烈，熉珠叶陶。閶珍闡符，展詩舞箾。神哉來下，神哉來翺。肅若有承，靈心招摇。

太簇爲徵　龍車既奏，鳳馭載翔。帝幄佇靈，天衢騰芳。神來留俞，神來蹇驤。禮罔樂明，奏假孔將。

姑洗爲羽　虹旌蜺旄，鸞旗翠蓋。星樞扶輪，月御叶衛。靈至陰陰，靈般裔裔。來格來饗，福流萬世。

盥洗，乾安　禮文有俶，祀事孔明。將以潔告，允唯齊精。自盥而往，聿觀厥成。靈監下臨，天德其清。

詣聖祖位，乾安　維宋肖德，欽天顧右。於皇道祖，丕釐靈祐。葛藟殖繁，瓜瓞孕茂。克昌厥後，世世孝奏。

聖祖位奉玉幣，靈安高宗御製，見前。

皇帝還位，乾安　桂宫耽耽，藻儀穆穆。天回衮彩，風韶璜玉。咸、英皦亮，容與炳煜。假我上靈，景命有僕。

奉饌，吉安　我簠斯盈，我簋斯實。或剥或亨，或燔或炙。有殽既將，爲俎孔碩。禮儀卒度，永錫爾極。

再盥洗，乾安　觴滄初勺，禮戒重盥。假廟以萃，取象于觀。清明外暢，精肅中貫。我儀圖之，三靈攸贊。

再詣聖祖位，乾安　肇基駿命，鞏右鴻業。鼎玉龜符，垂固萬葉。靈貺具臻，神光燁燁。暉祚無疆，規重矩疊。

聖祖位酌獻，祖安高宗御製，見前。

還位，乾安　皇帝瑞慶，長發其祥。纂系悠遠，遡源靈長。德之克明，休烈有光。配天作極，孝享是將。

文舞退、武舞進，正安　持翟成象，秉朱就列。旄乘整溢，鳳儀諧節。揮舒皇文，歌蹈先烈。合好效懽，福流有截。

亞獻，沖安　光熉紫幄，神流玉房。秉文侑儀，嘉虞貳觴。震澹醉喜，彷彿迪嘗。璇源之休，地久天長。

終獻，沖安　靈輿蹇驤，畢觴泰筵。貳享允穆，裸將克竣。垂恩儲祉，錫羡永年。將以慶成，燕及皇天。

詣飲福位，乾安　若木露英，清雲流霞。蔓蔓芝秀，馮馮桂華。綿瑞無疆，産嘏孔奢。皇則受之，鞏我帝家。

飲福酒，報安　旨酒惟蘭，勺漿惟椒。福流瓚斝，光燭琨瑶。拜貺清宫，凝輝慶霄。神其如在，徘徊招摇。

還位，乾安　烝哉我皇，繼天毓聖！逆釐元都，對越靈慶。如天斯久，如日斯盛。瑶圖濬邈，永隆駿命。

徹饌，吉安　房鉶陳列，室簋登奉。告享具歆，展徹惟拱。祥光奕奕，嘉氣幪幪。受嘏不僭，燕天之寵。

送真，太安　雲車風馬，靈其來游。天門軼蕩，神其莫留。遺慶陰陰，祉發祥流。康我有宋，與天匹休。

降殿，乾安　璇庭爛景，紫殿流光。禮洽乾回，福應日昌。聖系厖鴻〔一〕，景命

〔一〕「厖」，原作「彪」，據光緒本、宋史樂志十改。

溥將。德茂功成，率祀無疆。

詣望燎位，乾安　厥初生民，淵濬唯祖。芳薦既輟，明燎具舉。德馨升聞，靈貺蕃詡。懷濡上禋，佑周之祜。

還大次，乾安　帝假於宫，彝承清祀。天暉臨幄，宸衛森峙。行繇太室，旋趨紫時。率禮不違，式畀靈祉。

理宗明堂前朝獻景靈宫二首：餘用舊辭。

升殿，登歌乾安　我享我將，罄兹精意。陟降左右，維天與契。齊明乃心，祗肅在位。於萬斯年，百福來備。

亞獻，宫架沖安　慶雲郁郁，鳴璆琅琅。澹其容與，申薦貳觴。奉承若宥，神其樂康。錫以多祉，源深流長。

右宋廟享下

五禮通考卷九十四

吉禮九十四

宗廟時享

遼廟享

遼史太宗本紀：天顯元年冬十一月壬戌，即皇帝位。癸亥，謁太祖廟。

禮志：謁廟儀　至日昧爽，南北臣僚各具朝服，赴廟。車駕至，臣僚於門外依位序立，望駕鞠躬。班首不出班，奏「聖躬萬福」。舍人贊各祗候畢，皇帝降車，分引南北臣僚左右入，至丹墀褥位。合班定，皇帝升露臺褥位。宣徽贊皇帝再拜，殿上下臣僚陪位皆再拜。上香畢，退，復位，再拜。分引臣僚左右上殿位立，進御容酒依常禮。若即退，再拜。舍人贊「好去」，引退，禮畢。

太宗本紀：天顯三年七月庚午，有事于太廟。十月己酉，謁太祖廟。四年四月壬子，謁太祖廟。八月辛丑，至自涼陘，謁太祖廟。己酉，謁太祖廟。五年四月乙未，詔人皇王先赴祖陵謁太廟。五月乙酉，謁太廟。六月丁巳〔一〕，拜太祖御容於明殿。七月戊子，薦時果于太祖廟。九月丁亥，至自九層臺，謁太祖廟。十一年四月戊辰，謁太祖廟。

穆宗本紀：應曆五年十月丁亥，謁太宗廟。十二月乙丑朔，謁太祖廟。

景宗本紀：保寧十年七月庚戌，享太祖廟。

聖宗本紀：統和元年四月庚寅，謁太祖廟。壬寅，致享于凝神殿。九月庚申，謁宣簡皇帝廟。四年十一月戊寅，日南至，上率群臣祭酒景宗御容。

〔一〕「六月」，諸本脱，據遼史太宗本紀補。

太平元年十月庚申〔一〕，幸通天觀。翌日，再幸。還，升玉輅，自内三門入萬壽殿，奠酒七廟御容。

道宗本紀：清寧元年十一月壬申，有事于太宗、穆宗廟。戊寅，冬至，有事于太祖、景宗、興宗廟，不受群臣賀。三年十月庚申，謁讓國皇帝及世宗廟。太康七年六月甲子，詔月祭觀德殿。歲寒食，諸帝在時生辰及忌日，詣景宗御容殿致奠。

天祚帝本紀：天慶二年十一月丁卯，謁太祖廟。

蕙田案：遼諸帝于宗廟有新必薦，有事必告，有祭必親，奉先思孝，于是在矣。又令群臣勿賀，何其卓也！較之宋朝之煩穢瀆數，奚啻逕庭？禮制所係于興衰，鉅矣。

右遼廟享

〔一〕「十月」，原作「十一月」，據光緒本、遼史聖宗本紀改。

金廟享

金史熙宗本紀：天眷元年四月壬午，朝享于天元殿。十一月丙辰，以康宗以上畫像工畢，奠獻于天元殿。

天眷三年九月己酉，親饗太祖廟。

皇統元年正月庚戌，群臣上尊號。癸丑，謝太廟。

海陵本紀：正隆二年二月辛丑，初定太廟時享牲牢禮儀。

世宗本紀：大定三年十月甲子，大享于太廟。

禮志：大定三年，有司言「每歲太廟五享，若復薦新，似涉繁數。擬遇時享之月，以所薦物附于籩豆薦之，以合古者『祭不欲數』之義」。制可。

世宗本紀：大定六年三月戊辰，至西京。庚午，朝謁太祖廟。九月，至自西京。十月甲申，朝享于太廟。

禮志：皇帝恭謝儀　大定七年正月，世宗受尊號，禮畢恭謝。前三日，太廟令率其屬，灑掃廟庭之内外及陳設。尚舍于廟南門之西，設饌幔一十一室。殿中監帥尚舍視大次殿，又設皇帝拜位于始祖神位前北向，又設飲福位于版位西南少卻，又設隨室奠拜褥位于神座前。大樂令設登歌于殿上，宮縣于殿下。又設皇太子位于阼階東南，又設親王位于其南稍東，宗室王使相位于其後。又設太尉、司徒以下行事官位于殿西階之西，東向，每等異位。又設文武群官位于横階之南，東、西向。又設御洗位于阼階之東，又設太尉洗位于阼階下横階之南。又設齋郎位于東班群官之後。又設盥洗等官并奉禮、贊者、大司樂、協律郎、大樂令等位，各如祫享之儀。又設尊彝祭器等於殿之上下，如時享之儀。前一日，禮官御史帥其屬，省牲，視濯溉，如常儀。其日質明，禮官御史帥太廟官、太祝官、宫闈令出神主，如時享儀。有司列黄麾仗二千人於應天門外，尚輦進金輅于應天門内。午後三刻，宣徽院奏請皇帝赴齋宿殿，文武群官並齊宿于所司。次日質明，俟諸衛各勒所部屯門列仗。導駕官分左右侍立于殿階下，並朝服。通事舍人引侍中詣齋殿，俛伏，跪稱「臣某言，請中嚴」，俛伏，興。凡侍中奏請，準此。皇帝服通天冠、絳紗袍。少頃，侍中奏「外辦」，皇帝出齋殿，即御座，群官起居訖，侍中奏「請升輦」，皇帝升輦以出，侍衛警蹕如常儀。導駕官前導，至應天門，侍中奏「請降輦升輅」，皇帝升輅，門下侍郎俛伏，跪奏「請車駕進發」，俛伏，興。凡門下侍郎奏請，準此。車駕動，警蹕如常儀。至應天門外，門下侍郎奏「請車駕少駐，敕侍臣上馬」。侍中前承旨，退稱曰「制可」。門下侍郎退，傳制稱「侍臣上馬」，通事舍人承傳「敕侍臣上馬」。導駕官分左右前導，門下侍郎奏「請車駕進發」。車駕動，稱「警蹕」，不鳴鼓吹。典贊儀引皇太子常服乘馬至廟中幕次，更服遠遊冠、朱明衣，執圭。通事舍人文武群官並朝服于廟門外班迎。車駕至廟門，侍中于輅前奏「請降輅」，導駕官步入廟門稍東，侍中奏「請升輦」，皇帝升輦，繖扇侍衛如常儀。至大次，侍中奏「請降輦，入就大次」。皇帝入大次。通事舍人分引文武群官由南神東西偏門入廟庭，東西相向立。禮直官引太尉以下行事官詣横街，北向，再拜，訖，禮直官引太尉詣盥洗位，搢笏，盥手，帨手，執笏，詣爵洗位〔一〕，北向立，搢笏，洗瓚，拭瓚，以瓚授執事者，執笏，由西階升殿，詣始祖尊彝所，西向立。執事者以瓚奉太尉，太尉搢笏，執瓚酌鬯，詣神位前，以鬯祼地，訖，以虚瓚授執事者，執笏，俛伏，興，出户外，北向再拜，訖，次詣隨室，並如上儀。禮畢，降自西階，復位。禮直官引司徒出詣饌所，引薦俎齋郎奉俎，并薦籩豆簠簋官奉籩豆簠簋，及太官令，以序入自正門，宫懸樂作，

〔一〕「洗位」，原誤倒，據味經窩本、乾隆本、光緒本、金史禮志三乙正。

至太階，樂止。諸太祝迎于階上，各設于神座前。先薦牛，次薦羊，次薦豕，訖，禮直官引司徒以下降階，復位。典贊儀引皇太子、通事舍人引親王，由南神東偏門入，詣褥位。禮直官引中書侍郎、舉册官等升自西階，詣始祖室前，東西立。通事舍人引侍中詣大次前，奏「請中嚴」，皇帝服衮冕。少頃，侍中奏「外辦」。侍中詣廟庭本位立，皇帝將出大次，禮儀使與太常卿贊導。凡禮儀使與太常卿贊導，並博士前引，俛伏，跪稱「臣某贊導皇帝行禮」，俛伏，興。前導至東神門，撤繖扇，近侍者從入。殿中監跪進鎮圭，禮儀使奏「請執圭」，皇帝執圭，宮縣樂作。奏「請詣罍洗位」，至位，樂止。內侍跪取匜，興，沃水。又內侍跪取槃，承水。時寒，預備溫水。禮儀使奏「請搢鎮圭」，皇帝搢鎮圭，盥手。內侍跪取巾於篚，興，進，皇帝洗手，訖，奉爵官以爵跪進，皇帝受爵，內侍捧匜沃水，又內侍跪捧槃承水，皇帝洗爵，訖，內侍跪奉巾以進，皇帝拭爵，訖，內侍奠槃匜，又奠巾於篚。奉爵官受爵。禮儀使奏「請執鎮圭」，前導皇帝升殿，左右侍從量人數升，宮縣樂作。皇帝止阼階下，樂止。皇帝升自阼階，登歌樂作。禮儀使前導，皇帝至版位，樂止。奏「請再拜」。奉禮郎贊「皇太子以下在位群臣皆再拜」，贊者承傳，皆再拜。禮儀使前導，皇帝詣始祖尊彝所，樂作，至尊所，樂止。奉爵官以爵莅尊，執尊者舉冪，侍中跪酌犧尊之汎齊，訖，禮儀使導皇帝至版位，再拜，訖，禮儀使奏「請詣始祖神位前褥位」，登歌樂作。禮儀使奏「請搢圭」，跪，奉爵官以爵授奉爵酒官以進。禮儀使奏「請執爵」，皇帝執爵，三奠酒，訖，以虚爵授奉爵酒官。禮儀使奏「請執圭」，俛伏，興，樂止。奉爵酒官以爵授奉爵官。禮儀使奏「請詣隨室」，並如上儀。禮直官先引司徒升自西階，立于飲福位之側，酌獻將畢，奉胙，酌福酒。太祝從司徒立于其側，酌獻畢，侍中亦立于其側。禮儀使奏「請皇帝詣版位」，北向立，登歌樂作，至位，樂止。中書侍郎跪讀册，訖，舉册官奠，訖，禮儀使奏「請皇帝再拜」，拜訖，禮儀使奏「請詣飲福位」，登歌樂作。至位，太祝酌福酒于爵，時寒預備温酒，以奉侍中，侍中受爵奉以立。禮儀使奏「請搢圭」，跪，侍中以爵北向跪以進，禮儀使奏「請執爵」，三祭酒。禮儀使奏「請飲福」，飲福訖，以虚爵授侍中。禮儀使奏「請受胙」，司徒跪以黍稷飳籩進，皇帝受以授左右。司徒又跪以胙肉進，皇帝受以授左右。禮儀使奏「請執圭」〔一〕，興，再拜訖，樂止。禮儀使前導，皇帝還版位，登歌樂作，

〔一〕「奏」，諸本脱，據金史禮志四補。

至位，樂止。太祝各進徹籩豆，登歌樂作。卒徹，樂止。奉禮曰「賜胙」，贊「皇太子以下在位群官皆再拜」，贊者承傳，皆再拜。宮縣作，一成，止。禮儀使奏「請皇帝再拜」，奉禮郎贊「皇太子已下在位官皆再拜」。拜訖，禮儀使奏「禮畢」，前導皇帝降阼階，登歌樂作，至階下，樂止。宮縣作，前導皇帝出東神門，樂止。繖扇侍衛如常儀。禮儀使奏「請釋圭」，殿中監跪受鎮圭。至大次，轉仗衛于還途，如來儀。禮官御史帥其屬，納神主、藏册如儀。少頃，通事舍人引侍中奏「請中嚴」，皇帝服通天冠、絳紗袍。少頃，侍中奏「外辦」。俟尚輦進輦，侍中奏「請降座升輦」。皇帝升輦，繖扇侍衛如常儀。至南神門稍東，侍中奏「請降輦，步出廟門」。皇帝步出廟門，至輅，侍中奏「請升輅」，皇帝升輅。門下侍郎奏「請車駕少駐，敕侍臣上馬」，侍臣前承旨，退稱曰「制可」，門下侍郎退，傳制稱「侍臣上馬」。通事舍人承傳「敕侍中上馬」〔一〕。車駕還內，鼓吹振作，至應天門外，百官班迎起居，宮縣奏采茨之曲。入應天門內，侍中奏「請降輅乘輦」。皇帝降輅乘輦以入，繖扇侍衛警蹕如常儀。皇帝入宮，至致齋殿，侍

〔一〕「侍中」，諸本作「侍臣」，據金史禮志四改。

中奏「解嚴」，通事舍人承旨「敕群臣各還次，將士各還本所」。

世宗本紀：大定九年十月辛丑，詔宗廟之祭，以鹿代牛，著爲令。丙午，大享於太廟。

禮志：大定十年正月，詔宰臣曰：「古禮殺牛以祭，後世有更者否？其檢討典故以聞。」有司謂：「自周以來，下逮唐、宋，祫享無不用牛者。唐開元禮時享每室各用太牢一，至天寶六年始減牛數，太廟每享用一犢。宋政和五禮新儀時享太廟，親祠用牛，有司行事則不用。宋開寶二年詔，昊天上帝、皇地祇用犢，餘大祀皆以羊豕代之。合二羊五豕足代一犢。今三年一祫乃爲親祀，其禮至重，每室一犢恐難省減。」遂命時享與祭社稷如舊，若親祀宗廟則共用一犢，有司行事則不用。

世宗本紀：大定十一年十一月丙戌，朝享于太廟。

禮志：大定十一年，尚書省奏：「案唐禮四時各以孟月享于太廟，年終又臘享，歲凡五享〔一〕。若依海陵時止兩享，非天子禮也。宜從典禮歲五享。」從之。享日並出神

〔一〕「歲凡五享」，原作「凡五祀」，據光緒本、金史禮志三改。

主前廊，序列昭穆，應圖功臣配享廟庭，各配所事之廟，以位次爲序。以太子爲亞獻，親王爲終獻，或並用親王。或以太尉爲亞獻，光禄卿爲終獻。其月則停時享。

朝享儀　享前三日，太廟令帥其屬，掃除廟之内外。點檢司於廟之前約度，設兵衛旗幟。尚舍於南神門之西設饌幔十一，南向，以西爲上。殿中監帥尚舍，陳設大次於殿。又設小次於阼階下，稍南，西向。又設皇帝拜褥位殿上，版位稍西。又設黄道褥于廟門之内外，自玉輅至升輦之所，又自大次至東神門。又設七祀位一于殿下横街之北，西街之西，東向，配享功臣位于殿下道東，横街之南，西向，北上。前二日，大樂令設宮縣之樂于庭中，四方各設編鐘三、編磬三〔一〕。東方編鐘起北，編磬間之，東向。西方編磬起北，編鐘間之，西向。南方編磬起西，編鐘間之，北方編鐘起西，編磬間之，俱北向。設特磬、大鐘、鎛鐘共十二，於編縣之内，各依神位。樹路鼓、路鼗於北縣之内，道之左右。晉鼓一，在其後稍南。植建鼓、鞞鼓、應鼓于四隅，建鼓在中，鞞鼓在左，應鼓在右。置柷敔于縣内，柷一在道東，敔一在道西。立舞表于酇綴之

〔一〕「四方」，原作「西方」，據光緒本、金史禮志三改。

間。設登歌之樂于殿上前楹間，金鐘一在東，玉磬一在西，俱北向。柷一在金鐘北稍西，敔一在玉磬北稍東。搏拊二，一在柷北，一在敔北，東西相向。琴瑟在前。其匏竹者立于階間，重行北向。諸工人各位於縣後。前一日，太廟令開室，奉禮郎帥其屬，設神位於每室内北墉下。各設斧扆一、莞席一、繅席二、次席二、紫綾厚褥一、紫綾蒙褥一、曲几一、直几一。又設皇帝版位于殿東間門内，西向。又設飲福位于東序，西向。又設亞、終獻位于殿下横街之北稍東，西向。助祭親王宗室使相位在亞、終獻之後，助祭宗室位在横街之南，西向。奉瓚官、奉瓚盤官、進爵酒官、奉爵官等又在其南，奉匜盤巾篚官位于其後。七祀獻官位在奉爵官之南，助奠讀祝奉罍洗爵洗等官位于其後。司尊彝官位在七祀獻官之南，亞、終獻司罍洗爵洗奉爵酒官等又在其南，並西向，北上。大禮使位于西階之西稍南，與亞、終獻相對。太尉、司徒、助祭宰相位在大禮使之南，侍中、執政官又在其南，禮部尚書、太常卿、太僕卿、光禄卿、功臣獻官在西，舉册、光禄丞、太常博士又在其西，功臣助奠罍洗爵洗等官位于功臣獻官之後。又設監察御史位二于西階下，俱東向，北上。奉禮郎、太廟令、太官令、太祝、宫闈令、祝史位于亞獻終獻奉爵酒官之南，薦籩豆簠簋官、薦俎齋郎又在太祝、奉禮郎之南。太廟丞、太官丞俱位于令後。協律郎位二，一在殿上前楹間，一于宮縣之西北，俱東向。太樂令于登歌樂縣之北，大司樂于宮縣之北，良醞令于酌尊所，俱北向。又設助祭文武群官位于横街之南，東向，北上。又設光禄卿陳牲位于東神門外横街之東，西向，以南爲上。設廩犧令位于牲西南，北向。諸太祝位于牲東，各當牲後，祝史各陪其後，俱西向。設禮部尚書省牲位于牲前稍北，又設御史位于禮部尚書之西，俱南向〔一〕。禮部帥其屬，設祝册案于室户外之右。司尊彝帥其屬，設尊彝之位于室户之左，每位斝彝一、黄彝一、犧尊二、象尊二、著尊二、山罍二，各加勺、冪、坫爲酌尊。又設瓚盤爵坫于篚，置于始祖尊彝所。又設壺尊二、太尊二、山罍四，各有坫、冪，在殿下階間，北向，西上，設而不酌。七祀功臣每位設壺尊二于座之左，皆加冪、坫于内，酌尊加勺，皆藉以席。奉禮郎設祭器，每位四簋在前，四簠次之，次以六甑，次以六鉶，籩豆爲後。左十有二籩，右十有二豆，皆濯而陳之，藉以席。籩豆加以巾，蓋于内。籩一、豆一、簠一、簋一，并俎四，設于每室饌幔内。又設御洗二于東階之

〔一〕「南」，原作「西」，據光緒本、金史禮志三改。

東。又設亞終獻罍洗于東横街下東南，北向。罍在洗東，篚在洗西，南肆，實以巾。又設亞終獻爵洗于罍洗之西，罍在洗東，篚在洗西，南肆，實以巾。爵并坫、執巾罍巾篚各位于其後。享日丑前五刻，太常卿帥執事者，設燭于神位前及户外。光禄卿帥其屬，入實籩豆。籩之實，魚鱐、糗餌、粉餈〔一〕、乾棗、形鹽、鹿脯、榛實、乾薐〔二〕、桃、菱、芡、栗，以序爲次。豆之實，芹菹、笋菹、葵菹、菁菹、韭菹，酏食、魚醢、兔醢、豚拍、鹿臡、醓醢〔三〕、糝食，以序爲次。又鉶實以羹，加芼滑，登實以太羹，簠實以稻粱，簋實以黍稷，粱在稻前，稷在黍前。良醖令入實尊彝。斝彝、黄彝實以鬱鬯，犧尊、象尊、著尊實以玄酒外，皆實以酒，各加坫、勺、羃。殿下之尊罍，壺尊、太尊、山罍，内除山罍上尊實以玄酒外，皆實以酒，加羃、坫。太廟令帥其屬，設七祀功臣席褥于其次，每位各設莞席一，碧綃褥一〔四〕，又各設版位于其座前，又籩豆簠簋各二、俎一，每位次各

〔一〕「粉」，原脱，據光緒本、金史禮志三補。
〔二〕「薐」，諸本作「橑」，據金史禮志三改。
〔三〕「醓」，諸本作「醢」，據金史禮志三改。
〔四〕「綃」，原作「鋪」，據光緒本、金史禮志三改。

設壺尊二于神座之右，北向，玄酒在西。良醖令以法酒實尊如常，加勺、冪，置爵于尊下，加坫。光禄卿實饌。左二籩，栗在前，鹿脯次之。右二豆，菁葅在前，鹿臡次之。俎實以羊熟，簠簋實以黍稷。太廟令又設七祀燎柴，及開瘞坎于西神門外之北。太府監陳異寶、嘉瑞、伐國之寶，户部陳諸州歲貢，金爲前列，玉帛次之，餘爲後，皆于宫縣之北，東西相向，各藉以席。凡祀神之物，當時所無者則以時物代之。

○前一日未後，廟所禁行人。司彝尊、奉禮郎及執事者，升自西階以俟。少頃，諸太祝與廩犧令，以牲就位。禮直官、贊者引禮部尚書、光禄卿丞詣省牲位，立定。禮直官引禮部尚書，贊引者引御史，入就西階升，徧視滌濯。訖，執事者皆舉冪曰「潔」。俱降，就省牲位，禮直官稍前曰：「告潔畢，請省牲〔一〕。」次引禮部尚書侍郎稍前，省牲訖，退復位。次引光禄卿丞出班，巡牲一匝。光禄丞西向曰「充」，曰「備」，廩犧令帥諸太祝巡牲一匝，西向躬身曰「腯」。禮直官稍前曰：「省牲畢，請就省饌位。」引禮部尚書以下各就位，立定。御史省饌具畢，禮直官贊「省饌訖」，俱還齋所。光禄

〔一〕「請」，原作「詣」，據光緒本、金史禮志三改。

卿丞及太祝、廩犧令以次牽牲詣厨，授太官令。禮直官引禮部尚書詣厨，省鼎鑊，視濯溉，訖，還齋所。晡後一刻，太官令帥宰人，執鸞刀割牲，祝史各取毛血，每座共實一豆，遂烹牲。祝史洗肝于鬱鬯，又取肝膋，每座共實一豆，俱還饌所。

〇前一日，有司設大駕鹵簿于應天門外，尚輦進玉輅于應天門内，南向。其日質明，侍臣直衛及導駕官，于致齋殿前，左右分班立俟。通事舍人引侍中俛伏，跪，奏「請中嚴」，皇帝服通天冠、絳紗袍。少頃，侍中奏「外辦」，皇帝出齋室，即御座，群官起居訖，尚輦進輿。侍中奏「請皇帝升輿」，皇帝乘輿，侍衛警蹕如常儀。太僕卿先詣玉輅所，攝衣而升，正立執轡。導駕官前導，皇帝至應天門内玉輅所，侍中進當輿前，奏「請皇帝降輿升輅」，皇帝升輅。太僕卿立授綏，導駕官分左右步導，以裏爲上。門下侍郎進當輅前，奏「請車駕進發」，奏訖，俛伏，興，退復位。侍衛儀物止于應天門内，車駕動，稱「警蹕」。至應天門，門下侍郎奏「請車駕少駐，敕侍臣上馬」。侍中奉旨退，稱曰「制可」。門下侍郎退，傳制，稱「侍臣上馬」。贊者承傳「敕侍臣上馬」。導駕官分左右前導，門下侍郎奏「請車駕進發」。車駕動，稱「警蹕」，不鳴鼓吹〔一〕。將至太廟，禮直官、贊者各引享官，通事舍人分引從享群官〔二〕、宗室子孫於廟門外，立班奉迎。駕至廟門，迴輅南向，侍中於輅前奏稱「侍中臣某言：請皇帝降輅，步入廟門」。皇帝降輅，導駕官前導，皇帝步入廟門，稍東。侍中奏「請皇帝升輿」，尚輦奉輿，侍衛如常儀。皇帝升輿至大次，侍中奏「請皇帝降輿，入就大次」。皇帝入就次，簾降，繖扇侍衛如常儀。太常卿、太常博士各分立於大次左右。導駕官詣廟庭班位，立俟。

〇享日丑前五刻，諸享官及助祭官各服其服，太廟令、良醞令帥其屬入實尊罍。光禄卿、太官令、進饌者實籩豆簠簋，並徹去蓋冪。奉禮郎、贊者先入，就位。贊者引御史、太廟令、太祝、宮闈令、祝史與執事官等，各自東偏門入，就位。未明二刻，禮直官引太常寺官屬并太祝、宮闈令升殿，開始祖祏室。太祝、宮闈令捧出帝后神主，設于座，以次逐室神主各設于内黼扆前，置定。贊者引御史、太廟令、宮闈令、太祝、祝

〔一〕「吹」，原作「次」，據光緒本、金史禮志三改。
〔二〕「事」，原脱，據光緒本、金史禮志三補。

史與太常官屬于當階間，重行，北向立。奉禮郎于殿上贊「奉神主」，訖，奉禮曰「再拜」，贊者承傳，御史以下皆再拜，訖，各就位。太樂令帥工人二舞入，就位。禮直官贊者各引享官，通事舍人分引助祭文武群官宗室入就位。符寶郎奉寶，陳于宮縣之北。皇帝入大次。少頃，侍中奏「請中嚴」，皇帝服衮冕，侍中奏「外辦」，太常卿俛伏，跪，奏稱「太常卿臣某言：請皇帝行事」，俛伏，興。簾捲，皇帝出次。太常卿、太常博士前導，繖扇侍衛如常儀，大禮使後從。至東神門外，殿中監跪進鎮圭，太常卿奏「請執圭」，皇帝執鎮圭。繖扇仗衛停於門外，近侍者從入。協律郎跪伏舉麾，興。工鼓柷，宮縣昌寧之樂作。至阼階下，偃麾，戛敔，樂止。升自阼階，登歌樂作，左右侍從量人數升至版位，西向立，樂止。前導官分左右侍立。太常卿前奏「請再拜」，皇帝再拜。奉禮曰「衆官再拜」，贊者承傳，凡在位者皆再拜。奉禮又贊「諸執事者各就位」，禮直官、贊者分引執事者各就殿上下之位。太常卿奏「請皇帝詣罍洗位」，登歌樂作，至阼階，樂止。降自阼階，宮縣樂作，至洗位，樂止。内侍跪取匜，興，沃水。又内侍跪取盤，興，承水。太常卿奏「請搢鎮圭」，皇帝搢鎮圭，盥手，訖，内侍跪取巾于篚，興，以進，帨手，訖。奉瓚盤官以瓚跪進，皇帝受瓚，内侍奉匜沃水，又内侍跪奉盤承水，洗瓚訖。内侍跪奉巾以進，皇帝拭瓚，訖，内侍奠盤匜，又奠巾于篚。奉瓚槃官以槃受瓚。太常卿奏「請執鎮圭」，前導，皇帝升殿，宫縣樂作，至阼階下，樂止。皇帝升自阼階，登歌樂作，太常卿前導，詣始祖位酌尊所，樂止。奉瓚槃官以瓚莅鬯，執尊者舉冪，侍中跪酌鬱鬯，訖，太常卿前導，入詣始祖神位前，北向立。太常卿奏「請搢鎮圭」，跪。奉瓚槃官西向跪，以瓚授奉瓚官，奉瓚官西向以瓚跪進，太常卿奏「請執瓚以鬯祼地」，皇帝執瓚以鬯祼地，訖，以瓚授奉瓚槃官。太常卿奏「請執鎮圭」，俛伏，興，前導出户外。太常卿奏「請再拜」，皇帝再拜，太常卿前導詣次位，並如上儀。祼畢。太常卿奏「請還版位」，登歌樂作，至版位西向立，樂止。太常卿奏「請還小次」，前導皇帝行，登歌樂作，降自阼階，登歌樂止，宫懸樂作。將至小次，太常卿奏「請釋鎮圭」，殿中監跪受鎮圭。皇帝入小次，簾降，樂止。少頃，宫縣奏來寧之曲，以黄鍾爲宫，大吕爲角，太簇爲徵，應鍾爲羽，作仁風道洽之舞，九成，止。黄鍾三奏，大吕、太簇、應鍾各再奏，送神通用來寧之曲。初，晨祼將畢，祝史各奉毛血及肝膋之豆，先于南神門外，齋郎奉爐炭蕭蒿黍稷，各立于肝膋之後。皇帝既晨祼畢，至樂作六成，皆入自正門，升自太階。諸太祝于階上各迎毛血肝膋，進奠于神座前。祝史立于尊所，齋郎奉爐置于室户外之左，其蕭蒿黍稷各置于爐炭下。齋郎降自西階，諸太祝各取肝膋于爐，還尊所。

○皇帝升祼，太官令帥進饌者奉神于南神門外諸饌幔内，以西爲上。禮直官引司徒出詣饌所，與薦俎齋郎奉俎，并薦籩豆簠簋官奉籩豆簠簋，禮直官、太官令引以序入自正門，宫縣豐寧之樂作。徹豆通用。至太階，樂止。祝史俱進徹毛血之豆，降自西階以出。饌升，諸太祝迎於階上，各設於神位前。先薦牛，次薦羊，次薦豕及魚。禮直官引司徒以下降自西階，復位。諸太祝各取蕭蒿黍稷擩於脂，燎於爐炭，訖，還尊所。贊者引舉册官升自西階，詣始祖位之右，進取祝册置于版位之西，置訖，於祝册案近南立。太常卿跪奏："請詣罍洗位。"簾捲，出次，宫縣樂作。殿中監跪進鎮圭，太常卿奏"請執鎮圭"，前導，詣罍洗位，樂止。盥手，洗爵，並如晨祼之儀。盥洗訖，太常卿奏"請執鎮圭"，前導，升殿，宫縣樂作，至阼階下，樂止。升自阼階，登歌樂作。太常卿前導，詣始祖位尊彝所，登歌樂作，至尊彝所〔一〕，登歌樂止。宫縣奏大元之樂，

〔一〕"登歌樂作至尊彝所"八字，諸本脱，據金史禮志三補。

文舞進。奉爵官以爵莅尊，執尊者舉冪，侍中跪酌犧尊之泛齊，訖，太常卿導，入詣始祖室神位前，北向立。太常卿奏「請搢鎮圭」，跪。奉爵官以爵授進爵酒官。進爵酒官西向以爵跪進，太常卿奏「請執爵三祭酒」。三祭酒於茅苴，訖，以爵授進爵酒官〔一〕，進爵酒官以爵授奉爵官。太常卿奏「請執鎮圭」，興。前導，出户外。太常奏「請少立」，樂止。舉册官進舉祝册，中書侍郎搢笏跪讀祝，舉祝官舉册奠訖，先詣次位。太常卿奏「請再拜」，再拜訖，太常卿前導，詣次位行禮，並如上儀。酌獻畢，太常卿前導還版位，登歌樂作，至位西向立定，樂止。太常卿奏「請還小次」，登歌樂作。降自阼階，登歌樂止，宫縣樂作。將至小次，太常卿奏「請釋鎮圭」，殿中監跪受鎮圭。入小次，簾降，樂止，文舞退，武舞進，宫縣奏肅寧之樂，作功成治定之舞，舞者立定，樂止。皇帝酌獻訖，將詣小次，禮直官引博士，博士引亞獻，詣盥洗位，北向立，搢圭，盥手，帨手，執圭。詣爵洗位，北向立，搢圭，洗爵，拭爵以授執事者，執圭。升自西階，詣始祖位尊彝所，西向立。宫縣樂作。執事者以爵授亞獻，亞獻搢圭，執爵，執

〔一〕「酒」，原脱，據光緒本、金史禮志三補。

尊者舉冪，太官令酌象尊之醴齊，訖，詣始祖神位前，搢圭，跪。執事者以爵授亞獻，亞獻執爵祭酒，三祭酒于茅苴，奠爵，執圭，俛伏，興，少退，再拜，訖，博士前導，亞獻詣次位行禮，並如上儀。禮畢，樂止。　終獻除本服執笏外，餘並如亞獻之儀。

○七祀功臣獻官行禮畢。太常卿跪奏「請詣飲福位」〔一〕，簾捲，出次，宫縣樂作。殿中監跪進鎮圭，太常卿奏「請皇帝執鎮圭」，前導至阼階下，樂止。升自阼階，登歌樂作，將至飲福位，樂止。初，皇帝既獻訖，太祝分神位前三牲肉，各取前脚第二骨加于俎，又以籩取黍稷飰共置一籩，又酌上尊福酒合置一尊。又禮直官引司徒升自西階〔二〕，東行，立于阼階上前楹間，北向。皇帝既至飲福位，西向立。登歌福寧之樂作。太祝酌福酒于爵，以奉侍中，侍中受爵捧以立。太常卿奏「請皇帝再拜」。訖，奏「請搢圭」，跪，侍中以爵北向跪以進，太常卿奏「請執爵，三祭酒于沙池」，又奏「請啐酒」，皇帝啐酒，訖，以爵授侍中。太常卿奏「請受胙」，太祝以黍稷飰籩授司徒，司徒跪奏

〔一〕「請」，諸本脱，據金史禮志三補。
〔二〕「又」，原作「大」，據光緒本、金史禮志三改。

進，皇帝受以授左右。太祝又以胙肉俎跪授司徒，司徒受俎訖，跪進，皇帝受以授左右。禮直官引司徒退立，侍中再以爵酒跪進。太常卿奏「請皇帝受爵飲福」。飲福訖，侍中跪受虛爵興，以授太祝。太常卿奏「請執圭」，俛伏，興。又奏「請皇帝再拜」，再拜訖，樂止。太常卿前導，皇帝還版位，登歌樂作，俟至位，樂止。太祝各進徹籩豆，登歌豐寧之樂作，卒徹，樂止。奉禮曰：「賜胙行事，助祭官再拜。」贊者承傳，在位官皆再拜，宮縣來寧之樂作，一成，止。太常卿奏「禮畢」，前導，降自阼階，登歌樂止，宮縣樂作，出門，宮縣樂止，繖扇仗衛如常儀。太常卿奏「請釋鎮圭」，殿中監跪受鎮圭，皇帝還大次。通事舍人、禮直官、贊者各引享官、宗室子孫及從享群臣以次出。及引導駕官東神門外大次前祇候，前導如來儀。贊者引御史以下俱復執事位，立定。奉禮曰「再拜」，皆再拜。贊者引工人、舞人以次出。大禮使帥諸禮官、太廟令、太祝、宮闈令升納神主如常儀。禮畢，禮直官引大禮使以下降自西階，至横街，再拜而退。其祝册藏於櫃。七祀功臣分奠，如祫享之儀。

樂志：郊祀前，朝享太廟樂歌：

皇帝入門，宮縣無射宮昌寧之曲　郊將升禋，廟當告虔。錫鑾戾止，孝實奉先。祀事斯舉，有序無愆。祇見祖考，神意懽然。

皇帝升殿，登歌夾鍾宮昌寧之曲　皇皇天子，升自阼階。奠見祖禰，肅然有懷。百禮已洽，八音克諧。既昌且寧，萬福沓來。

迎神，宮縣來寧之曲。黄鍾宮三奏，大吕角二奏，太簇徵二奏，應鍾羽二奏，詞同　以實應天，報本反始。潔粢豐盛，禮先肆祀。風馬雲車，神之弔矣。來止來宜，而燕翼子。

皇帝盥洗，宮縣無射宮昌寧之曲　有水于罍，有巾于篚。帨手拭爵，圭衮有煒。玄酒太羹，德馨惟菲。萬年昌寧，皇皇負扆。

皇帝升階，宮縣無射宮昌寧之曲降階同。　巍巍京師，有嚴神宮。聖主戾止，多士雲從。來享來獻，肅肅其容。將昭大報，庸示推崇。

司徒捧俎，宮縣無射宮豐寧之曲　陳其犧牲，惟純與精。苾芬孝思，於昭克誠。不疾瘯蠡，或剥或烹。洋洋在上，以交神明。

始祖酌獻，宮縣大元之曲　猗歟初基，兆我王迹。其命維新，貽謀丕赫。綿綿瓜瓞，國步日闢。堂構之成，焜煌今昔。

獻祖，大昭之曲　以聖繼興，成王之孚。民從其化，咸奠攸居。清廟觀德，猗歟偉歟。金石備樂，以奉神娛。

昭祖，大成之曲　東夷不庭，皇祖震怒。神武削平，貽厥聖緒。猶室有基，垣墉乃樹。億萬斯年，天保孔固。

景祖，大昌之曲　於皇藝祖，其智如神。修法施令，百度維新。疆宇日廣，海隅咸賓。功高德厚，耀耀震震。

世祖，大武之曲　於皇先王，昭假于天。長駕遠馭，麾斥無前。王業猶生，孫謀有傳。圓壇展禮，敢先告虔。

肅宗，大明之曲　猗歟前人，簡惠照融。相我世祖，成茲伐功。敷佑來葉，帝圖其隆。將修熙事，先款神宮。

穆宗，大章之曲　仁慈忠信，惟祖之休。功光岐下，迹掩商丘。言瞻清廟，懷想前修。神其來格，歆茲庶羞。

康宗，大康之曲　猗歟前王，惠我無疆。儀刑典法，日靖四方。永言孝思，於乎不忘。昭告大祀，祇率舊章。

太祖，大定之曲　天生聰明，俾乂蒸人。惟此二國，爲我毆民。撻彼威武，萬邦咸賓。明昭大報，推而配神。

太宗，大惠之曲　維清緝熙，於昭明德。我其牧之，駿奔萬國。南郊肇修，大典增飾。清廟吉蠲，純禧申錫。

睿宗，大和之曲　維時祖功，肇開神基。昭哉聖考，其德增輝。上動天監，明命攸歸。謀貽翼子，無疆之辭。

文舞退武舞進，宮縣肅寧之曲　先皇開基，比迹殷湯。功加天下，武德彌光。容舞象成，干戈戚揚。於昭報本，懷哉不忘。

亞、終獻，宮縣肅寧之曲　於皇宗祊，朝獻維時。芬芬酒醴，棣棣威儀。誠則有餘，神之格思。神孫千億，神其相之。

皇帝飲福，登歌夾鍾宮福寧之曲〔一〕　皇皇穆穆，丕承丕基。躬親于禋，載肅載祇。對越在天，神歆其誠。于以飲酒，如川之增。

〔一〕「宮」，諸本脱，據金史樂志下補。

徹豆，登歌夾鍾宮豐寧之曲　物維其時，既豐且旨。苾苾德馨，或將或肆。神之居歆，洽于百禮。於萬斯年，穰穰介祉。

送神，宮縣黃鍾宮來寧之曲　濟濟多儀，皇皇雅奏。獻終反爵，薦餘徹豆。神監昭回，有秩斯祐。無疆之福，神錫厥後。

世宗本紀：大定二十六年十一月甲辰朔，定閔宗陵廟薦享禮。

禮志：大定二十六年，以內外祖廟不同，定擬：「太廟每歲五享，山陵朔、望、忌辰及節辰祭奠並依前代典故外〔一〕，衍慶宮自來車駕行幸，遇祖宗忌辰百官行禮，并諸京祖廟節辰〔二〕、忌辰、朔、望拜奠，雖無典故參酌，擬合依舊，以盡崇奉之意。」從之。

章宗承安四年七月，朝獻于衍慶宮。

章宗本紀：泰和元年十二月，敕改原廟春秋祭祀稱朝獻。　二年正月乙卯，朝獻于衍慶宮。　五月，初薦新于太廟。　七月乙卯，朝獻于衍慶宮。　三年正月丁丑，朝獻

〔一〕「辰」，原作「底」，據光緒本、金史禮志六改。
〔二〕「廟」，原脱，據光緒本、金史禮志六補。

于衍慶宮。六年七月甲申，朝獻于衍慶宮。七年正月甲申，朝獻于衍慶宮。七月庚辰，朝獻于衍慶宮。八年正月壬申，朝獻于衍慶宮。七月乙巳，朝獻于衍慶宮。

宣宗本紀：貞祐二年正月，以邊事未息，有司奏請權止今年朝獻原廟，從之。三年九月癸酉，朝謁世祖、太祖御容於啓慶宮，行獻享禮，始用樂。甲戌，朝謁太宗、熙宗、睿宗御容，行獻享禮。

興定元年六月乙卯，顯宗忌日，謁奠於啓慶宮。八月，太祖忌日，謁奠於啓慶宮。二年七月，以旱災，享太廟。四年十二月庚辰，臘享于太廟。五年正月丁亥，世宗忌日，謁奠于啓慶宮。

哀宗本紀：正大三年四月辛卯，親享於太廟。

禮志：時享　有司行事。前期，太常寺舉申禮部，關學士院司天臺，擇日以其日報太常寺。前七日受誓戒於尚書省。其日質明，禮直官設版位於都堂之下，依已定誓戒圖，禮直官引三獻官，并應行事執事官等，各就位，立定，贊「揖」，在位官皆對揖，訖，禮直官以誓文奉初獻官，初獻官搢笏，讀誓文：「某月某日，孟春薦享太廟，各揚其職。不恭其事，國有常刑。」讀訖，執笏。七品以下官先退，餘官對拜訖乃退。散齋四日，治事如故，宿於正寢，惟不弔喪、問疾、作樂、判署刑殺文字決罰罪人及預穢惡。致齋三日於本司，惟享事得行，其餘悉禁，一日於享所。已齋而缺者，通攝行事。前三日，兵部量設兵衛，列於廟之四門。前一日，禁斷行人。儀鸞司設饌幔十一所於南神門外西，南向。又設七祀司命、户二位于横街之北道西，東向。又設群官齋宿次於廟門之東西舍。前二日，太樂局設登歌之樂於殿上。太廟令帥其屬，掃除廟殿門之内外，於室内鋪設神位於北牖下，當户，南向。設几于筵上。又設三獻官拜褥位二。一在室内，一在室外。學士院定撰祝文訖，計會通進司請御署，降付禮部，置于祝案。祠祭局濯滌祭器與尊彝訖，鋪設如儀。内太尊二、山罍二在室。犧尊五、象尊五、鳥彝一、雞彝一在室户外之左，爐炭稍前。著尊二、犧尊二在殿上，象尊二、壺尊六在下，俱北向，西上，加冪，皆設而不酌，并設獻官罍洗位。禮部設祝案于室户外之右。禮直官設版位并省牲位，如式。前一日，諸太祝與廩犧令以牲就東神門外。司尊彝與禮直官及執事皆入，升自西階以俟。禮直官引太常卿，贊者引御史，自西階升，徧視滌濯。執尊者舉冪告潔，訖，引降就省牲位。廩犧令稍前，曰「請省牲」，退復位。

太常卿省牲，廩犧令及太祝巡牲告備，皆如郊社儀。既畢，太祝與廩牲令以次牽牲詣厨，授太官令。贊者引光禄卿詣厨，請省鼎鑊，申視滌溉。贊者引御史詣厨，省饌具〔一〕，訖，與太常卿等各還齋所。太官令帥宰人以鸞刀割牲，祝史各取毛血，每室共實一豆，又取肝膋共實一豆，置饌所，遂烹牲。光禄卿帥其屬，入實祭器。良醖令入實尊彝。享日質明，百官各服其品服。禮直官、贊者先引御史、博士、太廟令、太官令、諸太祝、祝史、司尊彝與執罍篚官等，入自南門，當階間，北向，西上，立定。奉禮曰「再拜」，贊者承傳，皆再拜。訖，贊者引太祝與宫闈令，升自西階，詣始祖室，開祏室，太祝捧出帝主，宫闈令捧出后主，置于座。帝主在西，后主在東。贊者引太祝與宫闈令降自西階，俱復位。奉禮曰「再拜」，贊者承傳，在位官皆再拜，訖，俱各就執事位。大樂令帥工人入。禮直官、贊者分引三獻官與百官，俱自南東偏門入，至廟庭横街上，三獻官當中，北向，西上，應行事執事官并百官，依品重行立。奉禮曰「拜」，贊者承傳，應北向在位官皆再拜。其先拜者不拜。拜訖，贊者引三獻官詣廟殿東階下西向

〔一〕「具」，諸本作「俱」，據金史禮志三改。

立，其餘行事執事官與百官，俱各就位，訖。禮直官詣初獻官前稱請行事〔一〕。協律郎跪，俛伏，興，樂作。禮直官引初獻詣盥洗位，北向立定，樂止。搢笏，盥手，帨手，執笏。詣爵洗位，北向立，搢笏，洗瓚，拭瓚，以瓚授執事者，執笏，升殿，樂作。至始祖室尊彝所，西向立，樂止。執事者以瓚奉初獻官，初獻官搢笏〔二〕，執瓚。執尊者舉冪，太官令酌鬱鬯，訖，初獻以瓚授執事者，執笏，詣始祖室神位前，樂作，北向立，搢笏，跪。執事者以瓚授初獻官。初獻官執瓚，以鬯祼地，訖，以瓚授執事者，執笏，俛伏，興，出户外，北向，再拜，訖，樂止。每室行禮，並如上儀。禮直官引初獻降復位。初獻將升祼，祝史各奉毛血肝膋豆，及齋郎奉爐炭蕭蒿黍稷䈥，各於饌幔内以俟。初獻晨祼訖，以次入自正門，陞自太階。諸太祝皆迎毛血膋肝豆於階上，俱入奠于神座前。齋郎所奉爐炭蕭蒿䈥，皆置于室户外之左，與祝史俱降自西階以出。諸太祝取肝膋，洗于鬱鬯，燔於爐炭，訖，還尊所。享日，有司設羊鼎十一、豕鼎十一於神厨，各在鑊右。初獻既升祼，光

〔一〕「直」、「稱」二字，諸本脱，據金史禮志三補。
〔二〕「初」，諸本脱，據金史禮志三補。

禄卿帥齋郎詣厨，以匕升羊於鑊，實於一鼎，肩、臂、臑、肫、胳、正脊一、横脊一、長脅一、短脅一、代脅一，皆二骨以並。次升豕如羊，實于一鼎。每室羊豕各一鼎，皆設扃冪。齋郎對舉，入鑊，放饌幔前。齋郎抽扃，委于鼎右，除冪。光禄卿帥太官令，以匕陞羊，載于一俎，肩臂臑在上端，肫胳在下端，脊脅在中。次升豕如羊，各載于一俎。每室羊豕各一俎。齋郎即以扃舉鼎先退，置於神厨，訖，復還饌幔所。禮直官引司徒出詣饌幔前以俟。光禄卿帥其屬，實籩以粉餈，實豆以糝食，實簠以粱，實簋以稷。俟初獻祼畢，復位，祝史俱進徹毛血之豆，降自西階以出。禮直官引司徒，帥薦籩豆簠簋官、奉俎齋郎，各奉籩豆簠簋羊豕俎，每室以序而進，立于南神門之外以俟，羊俎在前，豕俎次之，籩豆簠簋又次之。入自正門，樂作，升自太階，諸太祝迎引於階上，樂止。各設于神位前，訖，禮直官引司徒以下，降自西階，樂作，復位，樂止。諸太祝各取蕭蒿黍稷擩於脂，燔於爐炭，還尊所。禮直官引初獻詣罍洗位，樂作，至位，北向立，樂止。搢笏，盥手，帨手，執笏。詣爵洗位，北向立，搢笏，洗爵，拭爵，以爵授執事者。執笏，升殿，樂作，詣始祖室酌尊所，西向立，樂止。執事者以爵授初獻。初獻搢笏，執爵，執事者舉冪，太官令酌犧尊之汎齊，訖，次詣第二室酌尊所，如上儀。詣始祖神位前，樂作，北向立，搢笏，跪，執事者以爵授初獻，初獻執爵，三祭酒于茅苴，奠爵，執笏，俛伏，興，出室户外，北向立，樂止。贊者引太祝詣室户外，東向，搢笏，跪讀祝文，讀訖，執笏，興。次詣第二室，次詣每室行禮，並如上儀。初獻降階，樂作，復位，樂止。禮直官引亞獻詣盥洗位，北向立，搢笏，盥手，帨手，執笏。詣爵洗位，北向立，搢笏，洗爵，拭爵，以授執事官。執笏，升殿，詣始祖酌尊所，西向立，執事者以爵授亞獻。亞獻搢笏，執爵，執尊者舉冪，太官令酌象尊之醴齊，訖。次詣第二室酌尊所，如上儀。詣始祖神位前，樂作，北向立，搢笏，跪，執事者以爵授亞獻。亞獻執爵，三祭酒於茅苴，奠爵，執笏，俛伏，興，出户外，北向再拜，訖，樂止。次詣每室行禮，並如上儀。降階，樂作，復位，樂止。禮直官次引終獻詣盥洗及升殿行禮，並如亞獻之儀，降，復位。次引太祝徹籩豆，少移故處。樂作，卒徹，樂止，俱復位。禮直官曰「賜胙」，贊者承傳曰「賜胙，再拜」，在位者皆再拜。禮直官引太祝、宫闈令奉神主，太祝搢笏，納帝主於匱，奉入祏室，執笏，退，復位。次引宫闈令納后主於匱，奉入祏室，並如上儀，退，復位〔二〕。禮直官、贊者引行

〔二〕「退復位」三字，諸本脱，據金史禮志三補。

事、執事官各就位，奉禮曰「再拜」，贊者承傳，應在位官皆再拜。禮直官、贊者引百官次出，大樂令帥工人次出，太官令帥其屬，徹禮饌，次引監祭御史詣殿監視，卒徹，訖，還齋所。太廟令闔户以降。太常藏祝版于櫝，光禄以胙奉進，監祭御史就位展視，光禄卿望闕再拜，乃退。其七祀，春户，夏竈、中霤，秋門、厲〔一〕，冬行〔二〕，鋪設祭器，入實酒饌，俟終獻將升獻，獻官行禮，并讀祝文，及每歲四孟月臘五享，並如上儀。

樂志：時享，攝事登歌樂章。

初獻盥洗，無射宫肅寧之曲　酌彼行潦，維挹其清。潔齊以祀，祀事昭明。顯允辟公，沃盥乃升。神之至止，歆于克誠。

初獻升殿，夾鍾宫嘉寧之曲餘同親祀，惟不用宫縣。　濟濟在庭，祇薦有序。雍容令儀，旋規折矩。爰徂于基，鳴佩接武。敬恭神明，來寧來處。

右金廟享

〔一〕「厲」，原脱，據光緒本、金史禮志三補。
〔二〕「行」，諸本作「井」，據金史禮志三改。

五禮通考卷九十五

吉禮九十五

宗廟時享

元廟享

元史世祖本紀：中統元年十二月乙巳，始制祭享太廟祭器、法服。

祭祀志：元祖宗祭享之禮，割牲、奠馬湩，以蒙古巫祝致辭，蓋國俗也。世祖元年秋七月丁丑，設神位于中書省，用登歌樂，遣筆且齊致祭焉。筆且齊，譯典書記者。十二月，初命制太廟祭器、法服。國俗舊禮：每歲，太廟四祭，用司禋監官一員，名蒙古巫祝。當省牲時，法服，同三獻官升殿，詣室戶告腯，還至牲所，以國語呼累朝帝后名諱而告之。明旦，三獻禮畢，獻官、御史、太常卿、博士復陞殿，分詣各室，蒙古博爾齊跪割牲，太僕卿以朱漆盂奉馬乳酌奠，巫祝以國語告神訖，太祝奉祝幣詣燎位，獻官以下復版位載拜，禮畢。

世祖本紀：中統三年十二月癸亥，享太廟。

祭祀志：即中書省備三獻官，大禮使司徒攝祀事。禮畢，神主復藏瑞像殿。四年三月癸卯，詔建太廟于燕京。十一月丙戌，仍寓祀事中書，以親王哈丹、塔察爾、王盤、張文謙攝事。

攝祀儀〔一〕，其目有九　一曰齋戒。享前三日，三獻官以下凡與祭員，皆公服受誓戒于中書省。是日質明，有司設金椅于省庭，一人執紅羅繖立于其左。奉禮郎率儀鸞局陳設版位，獻官諸執事位，俱藉以席，仍加紫綾褥。設初獻太尉位於省階少西，

〔一〕「祀」，原作「事」，據光緒本、元史祭祀志四改。

南向；大禮使位於其東〔一〕，少南，西向；監祭御史位二，于通道之西，東向；監禮博士位二於通道之東〔二〕，西向；俱北上。設司徒亞終獻位於其南，北向，西上。次助奠七祀獻官，次太常卿、光禄卿、光禄丞、書祝官、讀祝官、太官令、良醞令、廩犧令、司尊彝、舉祝官、太官丞、廩犧丞、奉爵官、奉瓚官、盥爵官二、巾篚官、蒙古太祝、巫祝、點視儀衛、清道官及與祭官，依品級陳設，皆異位重行。太廟令、太樂令、郊社令、太祝位于通道之西，北向，東上。太廟丞、太樂丞、郊社丞、奉禮郎、協律郎、司天生位于通道之東，北向，西上。齋郎位于其後。贊者引行事等官各就位，立定。次引初獻官立定，禮直官搢笏，讀誓文曰：「某年某月某日，享於太廟，各揚其職，其或不敬，國有常刑。」散齋二日宿於正寢，致齋一日宿於祠所。散齋日治事如故，不弔喪、問疾，不作樂，不判署刑殺文字，不決罰罪人，不與穢惡事。致齋日惟享事得行，餘悉禁。凡與享之官，已齋而闕者，通攝行事。七品以下官先退，餘官再拜。禮直官贊「鞠躬」，

〔一〕「位」，原作「立」，據光緒本、元史祭祀志四改。
〔二〕「位二」，原脱，據光緒本、元史祭祀志四補。

「拜」，「興」，「拜」，「興」，「平立」，「禮畢」。守廟兵衛與太樂工人，俱清齋一宿。赴祀所之日，官給酒饌。

○二曰陳設。享前二日，所司設兵衛于廟門，禁斷行人。儀鸞局設幄幔于饌殿，所司設三獻官以下行事執事官次于齋房之所。前一日，太樂令率其屬設宮縣之樂於庭中。東方西方磬簴起北，鐘簴次之；南方北方磬簴起西，鐘簴次之。設十二鎛鐘于編縣之間。各依辰位〔一〕，樹建鼓于四隅，置柷敔于北縣之内。柷一在道東，敔一在道西。路鼓一在柷之東南，晉鼓一在其後，又路鼓一在柷之西南。諸工人各于其後。東方西方，以北爲上；南方北方，以西爲上。文舞在北，武舞在南，立舞表于酇綴之間。又設登歌之樂于殿上前楹間。玉磬一簴在西，金鐘一簴在東，柷一在金鐘北稍西，敔一在玉磬北稍東。搏拊二，一在敔北，一在柷北，東西相向。歌工次之，餘工各位于縣後。其匏竹者立於階間，重行北向，相對爲首。享前一日，太廟令率其屬掃除廟庭之内外；樞密院軍官一員，率軍人剗除草穢，平治道路。又設七祀燎柴于廟門之

〔一〕「辰」，原作「神」，據光緒本、元史祭祀志四改。

外。又於室内鋪設神位於北牖下，當户南向。每位設黼扆一，紫綾厚褥一，薄褥一，莞席一，繅席一，虎皮次席二。時暄則用桃枝竹席，几在筵上。又設三獻官拜跪褥位二，一在室内，一在室外。學士院定撰祝册訖，書祝官於饌幕具公服書祝訖，請初獻官署御名訖，以授太廟令。又設祝案于室户外之右。又設三獻官位于殿下横街之南，稍西，東向；亞獻終獻位稍却，助奠七祀獻官又於其南；書祝官、讀祝官、舉祝官、太廟令、太官令、良醖令、廩犧令、太廟丞、太官丞位，又於其南；司尊彝、奉瓚官、奉爵官、盥洗巾篚、爵洗巾篚、蒙古太祝、蒙古巫祝、太祝、宫闈令及七祀司尊彝、盥洗巾篚，以次而南。又設齋郎位於其後。每等異位，重行，東向，北上。又設大禮使位於南神門東偏門稍北，北向。又設司徒、太常卿等位於横街之南，稍東，西向，與亞終獻相對，司徒位在北，太常卿稍却；太常同知、光禄卿、僉院、同僉、院判、光禄丞、拱衛使，以次而南。又設監祭御史位二、監禮博士位二於横街之北，西向，以北爲上。又設協律郎位在宫縣樂簴西北，東向，大樂丞在樂簴之間。又設大樂令、協律郎位于登歌樂簴之間。又設牲榜于東神門外，南向。設太常卿位於牲位，南向。監祭御史位在太常卿之左，太官令次之，光禄丞、太官丞又次之，廩犧令位在牲西南，廩犧丞稍却，俱北向，以右爲上。又設諸太祝位於牲東，西向，以北爲上。又設蒙古巫祝位于牲東南，北向。又設省饌位於省饌殿前，太常卿、光禄卿、光禄丞、太官令位于東，西向；監祭、監禮位于西，東向；皆北上。太廟令陳祝版於室右之祝案，又率祠祭局設籩豆簠簋。每室左十有二籩，右十有二豆，俱爲四行。登三在籩豆之間，鉶三次之，簠二簋二又次之，簠左簋右，俎七在簠簋之南，香案一次之，沙池又次之。又設每室尊罍於通廊，斝彝、黄彝各一，春夏用雞彝、鳥彝，犧尊二、象尊二，秋冬用著尊、壺尊、著尊二、山罍二，以次在本室南之左，皆加勺冪。爲酌尊所，北向，西上。彝有舟坫冪。又設壺尊二、太尊二、山罍四，在殿下階間，俱北向，望室户之左，皆有坫，加冪，設而不酌。凡祭器，皆藉以席。又設七祀位于横街之南道東，西向，以北爲上。席皆以莞。設神版位，各于座首。又設祭器，每位左二籩，右二豆，簠一、簋一在籩豆間，俎一在籩前，爵坫一次之，壺尊二在神位之西，東向，以北爲上，皆有坫勺冪。又設三獻盥洗、爵洗在通街之西横街之南，北向。罍在洗西加勺，篚在洗東，皆實以巾。爵洗仍實以瓚，爵加盤坫。執罍篚者各位於後。又設七祀獻官盥洗位於七祀神位前，稍北。罍在洗西，篚在洗東，實以巾。又實爵于坫。執罍篚者各位于後。

○三曰習儀。享前二日，三獻以下諸執事官員赴太廟習儀。次日早，各具公服乘馬赴東華門，迎接御香至廟省牲。四曰迎香。享前一日，有司告諭坊市，灑掃經行衢路，祗備香案。享前一日質明，三獻官以下及諸執事官，各具公服，六品以下官皆借紫服，詣崇天門下。太常禮儀院官一員奉御香，一員奉酒，二員奉馬湩，自内出；監祭、監禮、奉禮郎、太祝分兩班前導，控鶴五人，一人執繖，從者四人，執儀仗在前行。至大明門，由正門出，教坊大樂作。至崇天門外，奉香、酒、馬湩者安置腰輿，導引如前。行至外垣欞星門外，百官上馬，分兩班行於儀仗之外，清道官行於儀衛之先，兵馬司巡兵夾道次之，金鼓又次之，京尹儀從又次之，教坊大樂爲一隊次之。控鶴弩手各服其服，執儀仗左右成列次之，拱衛使居其中，儀鳳司細樂又次之。太常卿與博士、御史導於輿前，獻官、司徒、大禮使、助奠官從于輿後。至廟，入自南門。至神門外，百官及儀衛官皆止〔一〕。太常卿、博士、御史導輿，三獻官、司徒、大禮使、助奠官從入至殿下，獻官奉香、酒、馬湩升自泰階，入殿内通廊正位安置。禮直官引獻官

〔一〕「皆」，諸本脱，據元史祭祀志四補。

降自東階，由東神門北偏門出，釋服。　五曰省牲器，見親祀儀。

○六曰晨祼。祀日丑前五刻，太常卿、光禄卿、太廟令率其屬設燭於神位，遂同三獻官、司徒、大禮使等每室一人，分設御香酒醴，以金玉爵斝，酌馬湩、蒲萄尚醞酒奠於神案。又陳籩豆之實。籩四行，以右爲上。第一行，魚鱅在前，糗餌、粉餈次之。第二行，乾藔在前〔一〕，乾棗、形鹽次之。第三行，鹿脯在前，榛實、乾桃次之。第四行，菱在前，芡、栗次之。豆四行，以左爲上。第一行，芹菹在前，筍菹、葵菹次之。第二行，菁菹在前，韭菹、酏食次之。第三行，魚醢在前，兎醢、豚拍次之。第四行，鹿臡在前，醓醢、糝食次之。簠實以稻粱，簋實以黍稷，登實以太羹，鉶實以和羹，尊彝、斝彝實以明水，黄彝實以鬱鬯，犧尊實以泛齊，象尊實以醴齊，著尊實以盎齊，山罍實以三酒，壺尊實以醍齊，太尊實以沈齊。凡齊之上尊實以明水，酒之上尊實以玄酒，其酒齊皆以上醞代之。又實七祀之祭器，每位左二籩，栗在前，鹿脯次之；右二豆，菁菹在前，鹿臡次之。簠實以黍，簋實以稷，壺尊實以醍齊，其酒齊亦以上醞代之。陳設訖，

〔一〕「藔」，諸本作「橑」，據元史祭祀志四改。

獻官以下行事執事官，各服其服，會于齊班廳。禮直官引太常卿、監祭、監禮、太廟令、太祝、宫闈令、諸執事官、齋郎自南神門東偏門入就位，東西相向立定。候監祭、監禮案視殿之上下，徹去蓋冪，糾察不如儀者，退復位。禮直官引太常卿、監祭、監禮、太廟令、太祝、宫闈令陞自東階，詣太祖室。蒙古太祝起帝主神冪，宫闈令起后主神冪。次詣每室，並如常儀。畢，禮直官引太常卿以下諸執事官，當横街間，重行，以西爲上，北向，立定。奉禮郎贊曰「奉神主訖，再拜」。禮直官承傳，太常卿以下皆再拜訖，奉禮郎又贊曰「各就位」。禮直官引諸執事官各就位，次引太官令率齋郎由南神門東偏門以次出。贊者引三獻官、司徒、大禮使、七祀獻官、諸行事官，由南神門東偏門入，各就位，立定。禮直官進于初獻官之左，贊曰「有司謹具，請行事」，退復位。協律郎跪，俛伏，興，舉麾，興，工鼓柷，宫縣樂奏思成之曲，九成，文舞九變。奉禮郎贊「再拜」，在位者皆再拜。奉禮郎又贊「諸執事者，各就位」，禮直官引奉瓚、奉爵、盥爵、洗巾篚執事官各就位，立定。禮直官引初獻官詣盥洗位，宫縣樂作無射宫肅寧之曲，至位，北向立定；搢笏，盥手，帨手，執笏詣爵洗位，至位，北向立定；搢笏，執瓚，洗瓚，拭瓚，以瓚授執事者，執笏，樂止。登歌樂作，奏夾鍾宫肅寧之曲。升自東階，樂止。詣太祖酌尊所，西向立，搢笏，執事者以瓚授初獻官，執瓚。司尊彝跪舉冪，良醞令跪酌黄彝鬱鬯，初獻以瓚授執事者，執笏，詣太祖神位前，北向立，搢笏，跪，三上香。執事者以瓚授初獻，初獻執瓚以鬯灌於沙池，以瓚授執事者，執笏，俛伏，興，出室户外，北向立。再拜訖，詣每室祼鬯，如上儀。俱畢，禮直官引初獻降自東階，登歌樂作，奏夾鐘宫肅寧之曲。復位，樂止。七曰饋食。初獻既祼，如前進饌儀。

〇八曰酌獻。太祝立茅苴于盤。禮直官引初獻詣盥洗位，宫縣樂作，奏無射宫肅寧之曲，至位，北向立，搢笏，盥手，帨手，執笏，詣爵洗位；至位，搢笏，執爵，洗爵，拭爵，以爵授執事者，執笏，樂止。登歌樂作，奏夾鐘宫肅寧之曲。陞自東階，樂止。詣太祖酒尊所，西向立，搢笏，執爵。司尊彝搢笏，跪，舉冪。良醞令搢笏，跪，酌犧尊之泛齊，以爵授執事者，執笏。宫縣樂作，奏無射宫開成之曲。詣太祖神座前，北向立，稍前，搢笏，跪，三上香，執爵，三祭酒於茅苴，以爵授執事者，執笏，俛伏，興，平立。請出室户外，北向立，樂止。俟讀祝，舉祝官搢笏，跪，對舉祝版，讀祝官跪讀祝文。讀訖，舉祝官奠祝版於案，執笏興。讀祝官俛伏，興。禮直官贊「再拜」，訖，次詣每室，酌獻如上儀，各奏本室之樂。獻畢，宫縣樂止。降自東階，登歌樂作，奏夾鐘宫肅寧之曲。初獻復位，立定。文舞退，武舞進，宮縣樂作，奏無射宮肅寧之曲。舞者立定，樂止。禮直官引亞獻詣盥洗位，至位，北向立，搢笏，執爵，洗爵，拭爵，以爵授執事者。陞自東階，詣太祖酌尊所，西向立，搢笏，執爵。司尊彝搢笏，跪，舉冪。良醞令搢笏，跪，酌象尊之醴齊，以爵授執事者，執笏。宮縣樂作，奏無射宮肅寧之曲。詣太祖神座前，北向立，稍前，搢笏，跪，三上香，執爵，三祭酒於茅苴，以爵授執事者，執笏，俛伏，興，平立。請出室戶外，北向立。再拜訖，次詣每室，酌獻並如上儀。獻畢，樂止。降自東階，復位立定。禮直官引終獻，如亞獻之儀，唯酌著尊之盎齊。禮畢，降，復位。初，終獻將行，贊者引七祀獻官詣盥洗位，搢笏，盥手，帨手訖，執笏，詣酒尊所，搢笏，執爵，酌酒，以爵授執事者，執笏，詣首位神座前，東向立，稍前，搢笏，跪，執爵，三祭酒於沙池，奠爵于案，執笏，俛伏，興，少退，立，再拜訖，每位並如上儀。俱畢，七祀獻官俟終獻官降復位，立定。

〇九曰祭馬湩。終獻酌獻將畢，禮直官分引初獻亞獻官、司徒、大禮使、助奠官、七祀獻官、太常卿、監祭、監禮、太廟令丞、蒙古庖人、巫祝等升殿。每室獻官一員各立於戶外，太常卿、監祭、監禮以下立於其後。禮直官引獻官詣神座前，蒙古庖人割牲體以授獻官。獻官搢笏跪奠於帝主神位前，次奠於后主神位前訖，出笏退就拜位，搢笏跪。太廟令取案上先設金玉爵斝馬湩、蒲萄尚醖酒，以次授獻官，獻官皆祭於沙池。蒙古巫祝致祠訖，宮縣樂作，同進饌之曲。初獻出笏就拜興，請出室户外，北向立。俟衆獻官畢立，禮直官通贊曰「拜」，「興」，凡四拜。監祭、監禮以下從拜，皆作本朝跪禮。拜畢，退，登歌樂作，降階，樂止。太祝徹籩豆，登歌樂作，奏夾鐘宮豐寧之曲。奉禮贊「賜胙」，贊者承傳，衆官再拜興。送神樂作，奏黄鐘宮保成之曲，一成而止。太祝各奉每室祝版，降自太階望瘞位，禮直官引三獻、司徒、大禮使、助奠、七祀獻官、太常卿、光禄卿、監祭、監禮視燔祝版，至位坎北，南向跪，以祝版奠于柴，就拜興。俟半燎，禮直官贊「可瘞」。禮直官引三獻以下及諸執事者齋郎等由南神門東偏門出至揖位，圓揖。樂工二舞以次從出。三獻之出也，禮直官分引太常卿、太廟令、監祭、監禮、蒙古太祝、宮闈令及各室太祝，陞自東階，詣太祖神座前，陞納神主，每室如儀。俱畢，降自東階，至横街南，北向，西上，立定。奉禮贊曰「陞納神主訖，再拜」，贊者承傳「再拜」，訖，以次出。禮畢，三獻官、司徒、大禮使、太常禮儀院使、光禄卿等官，奉胙進于闕庭。駕幸上都，則以驛赴奉進。

攝行告謝儀　告前三日，三獻官以下諸執事官各具公服，赴中書省受誓戒。告前一日未正二刻，省牲器。至期質明，三獻官以下諸執事者各服法服，禮直官引太常卿、監祭御史、監禮博士、五令諸執事官先入就位。禮直官引監祭、監禮點視陳設畢，復位。禮直官引太常卿、監祭、監禮、太廟令、太祝、宮闈令奉遷各室神主訖，降自横街，北向立定。奉禮郎贊「再拜」，在位官皆再拜訖，奉禮郎贊「各就位」，訖，太官令、齋郎出。禮直官引三獻、司徒、光禄卿、捧瓚、爵盥、爵洗官入就位，立定。禮直官贊「有司謹具，請行事」，降神樂作，九成止。奉禮郎贊「再拜」，三獻以下再拜訖，奉禮郎贊「諸執事者各就位」，立定。禮直官引初獻詣盥洗位，盥手，詣爵洗位，洗瓚。詣第一室酒尊所，酌鬱鬯，詣神座前，北向跪，搢笏，三上香，奠幣，執瓚，以鬯灌於沙池，執笏，俛伏，興，出室户外，再拜。訖，次詣各室，並如上儀。俱畢，降復位。司徒率齋郎進饌，如常儀。奠畢，降復位。禮直官引初獻詣盥洗位，盥手，詣爵洗位，洗爵。詣第一室酒尊所，酌酒詣神座前，北向，搢笏，跪，三上香，執爵，三祭酒於茅苴，以爵授執事者，執笏，俛伏，興，出室户外，北向立。俟讀祝官讀祝文訖，再拜。詣每室，並如上儀。俱畢，降復位。禮直官引亞獻官盥手，洗爵，酌獻，並如初獻儀，惟不讀祝。俱畢，降復位。禮直官引終獻，並如亞獻儀。俱畢，復位。太祝徹籩豆，奉禮郎贊「賜胙」，衆官再拜」，在位官皆再拜訖，禮直官引三獻官、司徒、太常卿、監祭、監禮視焚祝版幣帛，禮直官贊「可瘞」。禮畢，太常卿、監祭、監禮升納神主訖，降自横階〔一〕。奉禮郎贊「再拜」，在位官皆再拜訖，退。

凡大祭祀，尤貴馬湩。將有事，敕太僕寺挏馬官〔二〕，奉尚飲者革囊盛送焉。其馬牲既與三牲同登於俎，而割奠之饌復與籩豆俱設〔三〕。將奠牲盤酹馬湩，則蒙古太祝升詣第一座，呼帝后神諱，以致祭年月日數、牲齋品物，致其祝語。以次詣列室，皆如之。禮畢，則以割奠之餘，撒於南欞星門外，名曰拋撒茶飯。蓋以國禮行事，尤其所重也。始至元初，金太祝魏友諒者仕於朝，詣中書言太常寺奉祀宗廟禮不備者數事。禮部移太常考前代典禮，以勘友諒所言，皆非是，由是禮官代有討論。割奠之禮，初惟太常卿設之。僧格爲初獻，乃有三獻等官同設之儀。博士議曰：「凡陳設祭品、實

〔一〕「階」，諸本作「街」，據元史祭祀志四改。
〔二〕「寺」，諸本作「司」，據元史祭祀志三改。
〔三〕「饌復」，原作「祭品」，據光緒本、元史祭祀志三改。

尊罍等事，獻官皆不與也，獨此親設之，然後再升殿，恐非誠慤專一之道。且大禮使等官，尤非其職。」大樂署長言：「割奠之禮，宜别撰樂章。」博士議曰：「三獻之禮，實依古制。若割肉奠蒲萄酒、馬湩，别撰樂章，是又成一獻也。」又議：「燔膋膟與今燒飯禮合，不可廢。形鹽、糗餌、粉餈、酏食、糝食非古。雷鼓、路鼓，與播鼓之制不同。攝祀大禮使終夕堅立，無其義。」知禮者皆有取於其言。

世祖本紀：至元二年九月戊戌，以將有事太廟，取大樂工於東平，預習儀禮。冬十月己卯，享於太廟。

祭祀志：二年九月，初命滌養犧牲。

禮樂志：世祖中統四年至至元三年，七室樂章：太常集禮藁云：「此係卷牘所載。」

太祖第一室　天垂靈顧，地獻中方。帝力所拓，神武莫當。陽谿昧谷，咸服要荒。昭孝明禋，神祖皇皇。

太宗第二室　和林聖域，天邑地宮。在庭感格，南北來同。典司分置，冑教肇崇。潤色祖業，德仰神宗。

睿宗第三室　珍符默授，疇昔自天。爰生聖武，寶祚開先。霓旌迴狩，龍駕遊僊。追遠如生，皇慕顒然。

皇伯考朮赤第四室　威武鷹揚，冢位允當。從龍遠拓，千萬里疆。誕總虎旅，駐壓西方。航海梯山，東西來王。

皇伯考察合帶第五室　雄武軍威，滋多歷年。深謀遠略，協贊惟專。流沙西域，餞日東邊。百國畏服，英聲赫然。

定宗第六室　三朝承休，恭己優游。欽繩祖武，其德聿修。帝憖錫壽，德澤期周。蠲饎惟薌，祈饗于幽。

憲宗第七室　龍躍潛居，風雲會通。知民病苦，軫念宸衷。夔門之旅，繼志圖功。俎豆敬祭，華儀孔隆。

世祖本紀：至元四年十一月乙酉，享于太廟。　六年十二月己丑，作佛事于太廟七晝夜。

祭祀志：命國師僧薦佛事，始造木質金表牌位十有六，設大榻金椅奉安祏室前，爲太廟薦佛事之始。　帝位于右，后位于左，題號其面，籠以銷金絳紗，其制如櫝。

世祖本紀：至元七年十月癸酉，敕宗廟祭祀祝文，書以國字。　乙酉，享於太廟。

己丑，敕來年太廟牲，勿用豢豕，以野豕代之，時果勿市，取之内園。

八年九月丙子，敕今歲享太廟毋用犧牛。十月丁酉，享于太廟。九年十月壬辰，享于太廟。十年九月己丑，敕自今秋獵鹿豕先薦太廟。十月乙卯，享于太廟。十二年十月戊戌朔，享于太廟。

十三年四月庚辰，修太廟。八月遣太常卿托果斯以銅爵一、豆二獻于太廟。九月己亥，享于太廟，常饌外，益野豕、鹿、羊、葡萄酒。

祭祀志：十三年九月丙申，薦佛事于太廟，命即佛事處便大祭。己亥，享于太廟，加薦羊、鹿、野豕。是歲，改作金主，太祖主題曰「青斯吉皇帝」，睿宗題曰「太上皇伊克諾延」，皇后皆題名諱。

世祖本紀：十四年正月己未，以白玉碧玉水晶爵六，獻於太廟。十月己未，享於太廟。十五年十月己未，享於太廟，常設牢醴外，益以羊、鹿、豕、葡萄酒。十六年八月丁酉，以江南所獲玉爵及坫凡四十九事，納于太廟。十月己卯〔一〕，享於太

〔一〕「己卯」，原作「乙卯」，據光緒本、元史世祖本紀改。

廟。十七年八月，納碧玉盞六、白玉盞十五於太廟。十二月甲午，大都重建太廟成，自舊廟奉神主於祏室，遂行大享之禮。

禮樂志：至元四年至十七年，八室樂章：太常集禮云：周馭所藏儀注所録舞節同。

迎神，奏來成之曲，九成，黄鐘宫三成〔一〕　齊明盛服，翼翼靈眷。禮備多儀，樂成九變。烝烝孝心，若聞且見。肸蠁端臨，來寧來燕。

大吕角二成詞同黄鐘。　太簇徵二成詞同黄鐘。　應鐘羽二成詞同黄鐘。

初獻盥洗，奏肅成之曲，再詣盥洗同。至大以後，名順成之曲，詞律同。無射宫　天德惟何，如水之清。維水内耀，配彼天明。以滌以濯，犧象光晶。孝思維則，式薦忱誠。

初獻升殿，登歌樂奏肅成之曲，降同。夾鐘宫　祀事有嚴，大宫有侐。陟降靡違，孔容翼翼。籩豆旅陳，鐘磬翕繹。於昭吉蠲，神保是格。

司徒捧俎，奏嘉成之曲，别本所録親祀樂章詞同。無射宫　色純體全，三犧五牲。

〔一〕「三成」，原作「二成」，據光緒本、元史禮樂志三改。

鑾刀屢奏，毛炰胾羹。神具厭飫，聽我磬聲。居歆有永，胡考之寧。

烈祖第一室，奏開成之曲，無射宮　於皇烈祖，積厚流長。大勳未集，燮伐用張。篤生聖嗣，奄有多方。錫我景福，萬世無疆。

太祖第二室，奏武成之曲，無射宮　天扶昌運，混一中華。爰有真人，奮起龍沙。際天開宇，亘海爲家。肇修禋祀，萬世無涯。

太宗第三室，奏文成之曲，無射宮　纂成前烈，底定丕圖。禮文簡省，禁網寬疏。還風太古，躋世華胥。三靈順協，四海無虞。

皇伯考珠齊第四室，奏弼成之曲，無射宮　神支挺秀，右壤疏封。創業艱難，相我祖宗。叙親伊邇，論功亦崇。春秋祭祀，萬世攸同。

皇伯考察哈岱第五室，奏協成之曲，無射宮　玉牒肯親，神支懿屬。論德疏封，展親分玉。相我祖宗，風櫛雨沐。昔同其勞，今共兹福。

睿宗第六室，奏明成之曲，無射宮　神祖創業，爰著戎衣。聖考撫軍，代行天威。河南底定，江北來歸。貽謀翼子，奕葉重輝。

定宗第七室，奏熙成之曲，無射宮　嗣承丕祚，累洽重熙。堂構既定，垂拱無爲。邊庭閑暇，田里安綏。歆兹禋祀，萬世攸宜。

憲宗第八室，奏威成之曲，無射宮　羲馭未出，螢爝騰光。大明麗天，群陰披攘。百神受職，四海寧康。愔愔靈韶，德音不忘。

文舞退，武舞進，奏和成之曲，別本所録親祀樂章詞同。無射宮　天生五材，孰能去兵。恢張鴻業，我祖天聲。干戈曲盤，濯濯厥靈。於赫七德，展也大成。

亞獻行禮，奏順成之曲，終獻詞律同。無射宮　幽通神明，所重精禋。清宮肅肅，百禮具陳。九韶克諧，八佾侁侁。靈光昭答，天休日申。

徹籩豆，登歌樂奏豐成之曲，夾鐘宮　籩豆苾芬，金石鏘鏗。禮終三獻，樂奏九成。有嚴執事，進徹無聲。神保聿歸，萬福來寧。

送神，奏來成之曲，或作保成。黄鐘宮　神主在室，神靈在天。禮成樂闋〔一〕，神返幽玄。降福冥冥，百順無愆。於皇孝思，于萬斯年。

世祖本紀：至元二十年十月乙未，享於太廟。二十一年十月丁未，享於太

〔一〕「闋」，諸本作「閡」，據元史禮樂志三改。

廟。　二十二年十月庚子，享於太廟。　二十三年十月丁酉，享於太廟。　二十四年十月甲子，享於太廟。　二十五年十月己未，享於太廟。

祭祀志：二十五年冬享，制送白馬一。

世祖本紀：三十年十月庚寅，享於太廟。

成宗本紀：元貞元年冬十月癸卯，有事於太廟。中書省臣言：「去歲世祖、皇后、裕宗祔廟，以綾代玉册。今玉册、玉寶成，請納諸各室。」帝曰：「親享之禮，祖宗未嘗行之。其奉册以來，朕躬祝之。」命獻官迎導入廟。

大德元年十月丁酉，有事于太廟。十一月戊辰，增太廟牲用馬。

祭祀志：大德二年正月，特祭太廟，用馬一、牛一、羊鹿野豕天鵝各七，餘品如舊，爲特祭之始。

成宗本紀：大德三年十月戊申朔，有事於太廟。　四年十月癸酉朔，有事於太廟。　六年六月辛未，享於太廟。　八年十月己卯〔一〕，有事於太廟。　九年十月辛

〔一〕「己卯」，原作「辛卯」，據光緒本、元史成宗本紀校勘記改。

巳，有事於太廟。　十年十月丁未，有事於太廟。

武宗本紀：至大二年正月辛卯，皇太子、諸王、百官上尊號。乙未，恭謝太廟。

祭祀志：爲親祀之始。

禮樂志：至大二年，親享太廟。皇帝入門奏順成之曲，盥洗、升殿用至元中初獻升降肅成之曲，亦曰順成之曲，出入小次奏昌寧之曲，迎神用至元中來成之曲，改曰思成，初獻、攝太尉盥洗、升殿奏肅寧之曲，酌獻太祖室仍用舊曲，改名開成，睿宗室仍用舊曲，改名武成，皇帝飲福、登歌奏釐成之曲，文舞退、武舞進仍用舊曲，改名肅寧，亞終獻、酌獻仍用舊曲，改名肅寧，徹豆曰豐寧之曲，送神曰保成之曲，皇帝出廟廷亦曰昌寧之曲。

祭祀志：至大四年，翰林院移署舊尚書省，有旨月祭。中書平章完澤等言：「祭祀非小事，太廟歲一祭，執事諸臣受戒誓三日乃行事，今此輕易非宜。舊制翰林院御容，春秋二祭，不必增益。」制若曰「可」。

武宗本紀：至大二年十二月己卯，親享太廟。

禮樂志：皇慶二年秋九月，用登歌樂祀太上皇於真定玉華宮，自是歲用之。

祭祀志：神御殿。命大司徒田忠良詣真定致祭，依歲例給御香酒并犧牲祭物錢中統鈔一百定。

仁宗本紀：延祐三年十月壬申，有事於太廟。　四年十月甲午朔，有事於太廟。

祭祀志：四年，始用登歌樂，行三獻禮。

仁宗本紀：延祐五年十月甲午，有事於太廟。

英宗本紀：七年三月庚寅〔一〕，帝即位。四月庚戌，有事於太廟，告即位。八月丙辰，祔仁宗聖文欽孝皇帝、莊懿慈聖皇后於太廟，特們德爾攝太尉，奉玉册行事。十月丁未，時享太廟。戊午，詔太常院臣曰：「朕將以四時躬祀太室，宜與群臣集議其禮。此追遠報本之道，毋以朕勞於對越而有所損。其悉遵典禮。」丙寅，定恭謝太廟儀式。己巳，罷玉華宫祀睿宗登歌樂。十一月丙子朔，帝御齋宫。丁丑，恭謝太廟，至仁宗太室，即流涕，左右感動。辛巳，以親祀太廟禮成，御大明殿受朝賀。甲辰，太常禮儀院擬進時享太廟儀式。

〔一〕「三月」，原作「二月」，據光緒本、元史英宗本紀改。

至治元年正月丙戌，帝服衮冕，享太廟，以左丞相拜珠亞獻，知樞密院事科綽巴終獻。詔群臣曰：「一歲惟四祀，使人代之，不能致如在之誠，實所未安。歲必親祀，以終朕身。」

祭祀志：英宗至治元年正月丙戌，始以四孟月時享，親祀太室。禮成，坐大次，謂群臣曰：「朕纘承祖宗丕緒，夙夜祗慄，無以報稱，歲惟四祀，使人代之，不能致如在之誠，實所未安。自今以始，歲必親祀，以終朕身。」

拜珠傳：至元十四年，始建太廟於大都。至是四十年，親饗之禮未暇講肄。拜珠奏曰：「古云禮樂百年而後興，郊廟祭享此其時矣。」帝悦曰：「朕能行之。」預敕有司，以親享太室儀注禮節，一遵典故，毋擅增損。冬十月，始有事於太廟。二年春正月，孟饗，始備法駕，設黄麾大仗，帝服通天冠、絳紗袍，出自崇天門。拜住攝太尉以從。帝見羽衛文物之美，顧拜住曰：「朕用卿言舉行大禮，亦卿所共喜也。」對曰：「陛下以帝王之道化成天下，非獨臣之幸，實四海蒼生所共慶也。」致齋大次，行酌獻禮，升降周旋，儼若素習，中外肅然。明日還宮，鼓吹交作，萬姓聳觀，百年廢典一旦復見，有感泣者。拜住率百僚稱賀于大明殿〔一〕，執事之臣賜金帛有差。

觀承案：以唐太宗之爲君，而馬周疏中尚惜其後世無皇帝入廟之文，其餘之可紀者幾何？元英宗可謂有仁人孝子之心，卓然不惑於流俗者矣。

親祀時享儀，其目有八：

一曰齋戒。祀前七日，皇帝散齋四日於别殿，治事如故，不作樂，停奏刑名事，不行刑罰。致齋三日，惟專心祀事，其二日於大明殿，一日於大次。致齋前一日，尚舍監設御幄於大明殿西序，東向。致齋之日質明，諸衛勒所部屯列。晝漏下一刻，通事舍人引侍享執事文武四品以上官，俱公服詣别殿奉迎。二刻，侍中版奏「請中嚴」，皇帝服通天冠、絳紗袍。三刻，侍中版奏「外辦」，皇帝結佩出别殿，乘輿，華蓋繖扇侍衛如常儀。奉引至大明殿御幄，東向坐，侍臣夾侍如常。一刻頃，侍中前跪奏言「請降就齋」，俛伏，興。皇帝降座入室，侍享執事官各還所司，宿衛者如常。凡應祀官受誓戒於中書省。散齋四日，致齋三日。光禄卿鑑取明水燧取火，火以供爨，水以實尊。

〔一〕「大明殿」，原作「大明宫」，據味經窩本、乾隆本、光緒本、元史拜住傳改。

○二曰陳設。祀前三日，尚舍監陳大次於西神門外道北，南向。設小次於西階西，東向。設版位於西神門内，横街南，東向。設飲福位於大室尊彝所，稍東，西向。設黄道裀褥於大次前，至西神門，至小次版位西階及殿門之外。設御洗位於御版位東，稍北，北向。設亞、終獻位於西神門内御版位稍南，東向，以北爲上，罍洗在其東北。設亞、終獻飲福位於御飲福位後，稍南，西向。陳設寶黄羅案於西階西，隨地之宜。設享官宫縣樂、省牲位、諸執事公卿御史位，並如常儀。殿上下及各室，設簠、簋、籩、豆、尊、罍、彝、斝等器，並如常儀。

○三曰車駕出宫。祀前一日，所司備法駕鹵簿於崇天門外。太僕卿率其屬備玉輅於大明門外。千牛將軍執刀於輅前，北向。其日質明，諸侍享執事官先詣太廟祀所，諸侍臣直衛及導駕官於致齋殿前，左右分班立。通事舍人引侍中跪奏「請中嚴」，俛伏興。皇帝服通天冠、絳紗袍。少頃，侍中版奏「外辦」，皇帝出齋室，即御座。群臣起居訖，尚輦進輿，侍中奏請皇帝升輿。皇帝升輿，華蓋繖扇侍衛如常儀。導駕官前導至大明門外，侍中進當輿前，跪奏請皇帝降輿升輅。皇帝升輅，太僕執御，導駕官分左右步導。門下侍郎進當輅前，跪奏請車駕進發。車駕動，稱「警蹕」。千牛將軍夾而趨至崇天門外，門下侍郎跪奏請車駕少駐，敕衆官上馬。侍中承旨退，稱曰「制可」。門下侍郎退，傳制稱衆官上馬。贊者承傳敕衆官上馬。上馬訖，門下侍郎奏請敕車右升，侍中前承制，退稱曰「制可」。千牛將軍升訖，門下侍郎奏請車駕進發，車駕動，稱「警蹕」。符寶郎奉八寶與殿中監部從在黄鉞内〔一〕，教坊樂前引，鼓吹振作。將至太廟，禮直官引諸侍享執事官於廟門外，左右立班，奉迎駕至廟門，回輅南向。將軍降立於輅，左侍中於輅前奏稱「侍中臣某請皇帝降輅，步入廟門」。皇帝降輅，導駕官前導，皇帝步入廟門稍西。侍中奏請皇帝升輿，尚贊奉輿，華蓋繖扇如常儀。皇帝乘輿至大次，侍中奏請皇帝降輿入就大次。皇帝入就次，簾降，宿衛如式。尚食進饍如儀。禮儀使以祝版奏御署訖，奉出，太廟令受之，各奠於坫，置各室祝案上。通事舍人承旨，敕衆官各還齋次。

〇四曰省牲器。祀前一日未後三刻，廩犧令丞、太官令丞、太祝以牲就位。禮直官引太常卿、光禄卿丞、監祭禮等官就位。禮直官請太常、監祭、監禮由東神門北偏

〔一〕「與」，諸本作「輿」，據元史祭祀志三改。

門入，升自東階。每位視滌祭器，司尊彝舉冪曰「潔」。俱畢，降自東階，由東神門北偏門出，復位，立定。禮直官稍前曰「請省牲」，引太常卿視牲，退復位。次引廩犧令出班，巡牲一匝，西向折身曰「充」。諸太祝巡牲一匝，上一員出班西向折身曰「腯」，畢，俱復位。蒙古巫祝致詞訖，禮直官稍前曰「請詣省饌位」，引太常卿、光禄卿、監祭、監禮、光禄丞、太官令丞詣省饌位，東西相向立定，以北爲上。禮直官引太常卿詣饌殿内省饌。視饌訖，禮直官引太常卿還齋所。次引廩犧令丞、諸太祝以次牽牲詣厨，授太官令。次引光禄卿丞、監祭、監禮詣厨省鼎鑊，視滌溉訖，各還齋所。太官令帥宰人以鸞刀割牲，祝史各取牲之毛血，每位共實一豆，以肝洗於鬱鬯及取膟膋，每位共實一豆，置於各位。饌室内，庖人烹牲。

○五曰晨祼。祀日丑前五刻，諸享陪位官各服其服。光禄卿、良醖令、太官令入，實籩、豆、簠、簋、尊、罍，各如常儀。太樂令率工人二舞以次入。奉禮郎贊者先入就位，禮直官引御史、博士及執事者以次各入就位，並如常儀。禮直官引司徒以下官升殿，分香設酒，如常儀。禮直官引太常官、御史、博士升殿，視陳設，就位。復與太廟令、太祝、宫闈令升殿。太祝出帝主，宫闈令出后主訖，御史及以上升殿官於當陛近西，北向立。奉禮於殿上贊奉神主訖，奉禮曰「再拜」，贊者承傳，諸官及執事者皆再拜，各就位。禮直官引亞終獻等官，由南神門東偏門入，就位，立定。禮直官贊有司謹具，請行事。協律郎俛伏興，舉麾，工鼓柷，宮縣樂作思成之曲，以黄鐘爲宫，大吕爲角，太簇爲徵，應鐘爲羽，作文舞九成止。樂奏既終，通事舍人引侍中版奏「請中嚴」。皇帝服衮冕，坐少頃，禮直官引博士，博士引禮儀使，對立於大次門外，當門北向。侍中奏「外辦」，禮儀使跪奏請皇帝行禮，俛伏興，簾捲，符寶郎奉寶陳於西陛之西黄羅案上。皇帝出大次，博士、禮儀使前導，華蓋繖扇如儀，大禮使後從。至西神門外，殿中監跪進鎮圭，皇帝執圭，華蓋繖扇停於門外，近侍從入門。協律郎跪俛伏興，舉麾，工鼓柷，宫縣順成之樂作。至版位東向，協律郎偃麾，工戛敔，樂止。引禮官分左右侍立，禮儀使前奏「請再拜」，皇帝再拜。奉禮曰「衆官再拜」，贊者承傳，凡在位者皆再拜。禮儀使奏請皇帝詣盥洗位，宫縣樂作，至洗位，樂止。内侍跪取匜，興，沃水。又内侍跪取盤，興，承水。禮儀使奏「請搢鎮圭」，皇帝搢圭，盥手訖，内侍跪取巾於篚，興，以進，帨手訖，皇帝詣爵洗位，奉瓚官以瓚跪進，皇帝受瓚，内侍奉匜沃水。又内侍跪，奉盤承水，洗瓚訖，内侍奉巾以進，皇帝拭瓚訖，内侍奠盤匜，又奠巾於篚，奉瓚官跪受瓚。禮儀使奏「請執圭」，前導皇帝升殿，宫縣樂作，至西階下，樂止。皇帝升自西階，登歌樂作，禮儀使前導皇帝詣太祖室尊彝所，東向立，樂止。奉瓚官以瓚莅鬯，司尊者舉冪，侍中跪酌鬱鬯訖，禮儀使前導，入詣太祖神座前，北向立。禮儀使奏「請搢鎮圭，跪」〔二〕，奉瓚官西向立，以瓚跪進。禮儀使奏「請執瓚，以鬯祼地」，皇帝執瓚以鬯祼地，以瓚授奉瓚官。禮儀使奏「請執鎮圭，俛伏興」，皇帝俛伏興。禮儀使前導出户外褥位。禮儀使奏「請再拜」，皇帝再拜。訖，禮儀使前導，詣第二室以下祼鬯，並如上儀。祼訖，禮儀使奏「請還版位」。登歌樂作，皇帝降自西階，樂止。宫縣樂作，至版位，東向立，樂止。禮儀使奏「請還小次」，前導皇帝行，宫縣樂作。將至小次，禮儀使奏「請釋鎮圭」，殿中監跪受，皇帝入小次，簾降，樂止。○六曰進饌。皇帝祼將畢，光禄卿詣饌殿視饌，復位。太官令率齋郎詣饌幕，以牲體設於盤，各對舉以行，自南神門入。司徒出迎饌，宫縣樂作，奏無射宫嘉成之曲。禮直官引司徒、齋郎奉饌升自泰階，由正門入。諸太祝迎於階上，各跪奠於神座前。

〔二〕「奏」，原作「奉」，據光緒本、元史祭祀志三改。

齋郎執笏，俛伏興，徧奠訖，樂止。禮直官引司徒、太官令率齋郎降自東階，各復位。饌之升殿也，太官丞率七祀齋郎奉饌，以序跪奠于七祀神座前，退從殿上齋郎以次復位。諸太官令率割牲官詣各室，進割牲體，置俎上，皆退。

○七曰酌獻。禮直官於殿上贊太祝立茅苴，禮儀使奏「請詣盥洗位」。簾捲，出次，宮縣樂作。殿中監跪進鎮圭，皇帝執鎮圭，至盥洗位，樂止，北向立。禮儀使奏「請搢鎮圭」，執事者跪取匜，興，沃水，又跪取盤，承水。禮儀使奏請皇帝盥手，執事者跪取巾於篚，興，進。帨手訖，禮儀使奏「請執鎮圭，請詣爵洗位」，北向立。禮儀使奏「請搢鎮圭」，奉爵官以爵跪進，皇帝受爵，執事者奉匜沃水，奉盤承水。皇帝洗爵訖，執事者奉巾跪進。皇帝拭爵，執事者奠盤匜，又奠巾於篚，奉爵官受爵。禮儀使奏「請執鎮圭，升殿」。宮縣樂作，至西階下，樂止。升自西階，登歌樂作，禮儀使前導，詣太祖室尊彝所，東向立，樂止。禮儀使奏「請搢鎮圭，執爵」，奉爵官以爵跪進，皇帝受爵，司尊者舉冪，良醞令跪酌犧尊之泛齊，以爵授執事者。禮儀使奏「請執鎮圭」，皇帝執圭，入詣太祖神位前，北向立。宮縣樂作，奏開成之曲。禮儀使跪奏「請搢鎮圭，跪」，又奏「請三上香」。三上香訖，奉爵官以爵授進酒官，進酒官東向以爵跪進。禮儀使奏「請執爵」，三祭酒於茅苴，以虛爵授進酒官，進酒官以授奉爵官，奉爵官退立尊彝所。進酒官進取神案前所奠玉爵馬湩，東向跪進，禮儀使奏「請執爵祭馬湩」。祭訖，以虛爵授進酒官，進奠神案上，退。禮儀使奏「請執圭」，俛伏興，司徒搢笏跪於俎前，奉牲西向以進。禮儀使奏「請搢鎮圭」，皇帝搢圭，俯受牲盤，北向跪奠神案上。蒙古祝史致辭訖，禮儀使奏「請執鎮圭，興」，前導，出户外褥位，北向立，樂止。舉祝官搢笏跪，對舉祝版，讀祝官北向跪，讀祝文訖，俛伏興。舉祝官奠祝版訖，先詣次室。禮儀使奏「請再拜」。拜訖，禮儀使前導詣各室，各奏本室之樂。其酌獻、進牲、祭馬湩，並如第一室之儀。既畢，禮儀使奏「請詣飲福位」。登歌樂作，至位，西向立，樂止。登歌釐成之樂作，禮直官引司徒立於飲福位側，太祝以爵酌上尊飲福酒，合置一爵以奉侍中，侍中受爵，奉以立。禮儀使奏請皇帝再拜。拜訖，奏「請搢鎮圭，跪」。侍中東向以爵跪進，禮儀使奏「請執爵，三祭酒」，又奏「請啐酒」，啐酒訖〔一〕，以爵授侍中。禮儀使奏「請受胙」，太祝以黍稷飯籩授司徒，司徒東向跪進。皇帝受，

〔一〕「啐酒」，諸本脱，據元史祭祀志三補。

以授左右。太祝又以胙肉俎跪授司徒，司徒跪進。皇帝受，以授左右。禮直官引司徒退立。侍中再以爵酒跪進，禮儀使請皇帝受爵飲福。飲福訖，侍中受虛爵，興，以授太祝〔一〕。禮儀使奏「請執鎮圭，俛伏興」，又奏「請再拜」。拜訖，樂止。禮儀使前導還版位，登歌樂作，降自西階，樂止。宮縣樂作，至位，樂止。禮儀使奏「請還小次」。宮縣樂作，將至小次，禮儀使奏「請釋鎮圭」，殿中監跪受。入小次，簾降，樂止。文舞退，武舞進。先是皇帝酌獻訖，將至小次，禮直官引亞獻官詣盥洗位。盥洗訖，升自阼階，酌獻，並如常儀。酌獻訖，禮直官引亞獻官詣東序，西向立。諸太祝各以罍酌福酒〔二〕，合置一爵，太祝捧爵進亞獻之左，北向立。亞獻再拜受爵，跪祭酒，遂啐飲。太祝進受爵，退，復于坫上。亞獻興，再拜。禮直官引亞獻官降復位。終獻如亞獻之儀。初，終獻既升，禮直官引七祀獻官各詣盥洗位，搢笏盥帨訖，執笏詣神位，搢笏跪執爵，三祭酒，奠爵執笏，俛伏興，再拜訖，詣次位，如上儀。終獻畢，贊

〔一〕「以」，諸本脱，據元史祭祀志三補。
〔二〕「罍酌」，原誤倒，據光緒本、元史祭祀志三乙正。

者唱「太祝徹籩豆」。諸太祝進徹籩豆，登歌豐成之樂作，卒徹，樂止。奉禮曰「賜胙」，贊者唱「衆官再拜」，在位者皆再拜。禮儀使奏「請詣版位」。簾捲，出次，殿中監跪進鎮圭。皇帝執圭行，宫縣樂作，至位，樂止。送神保成之樂作，一成止。禮儀使奏請皇帝再拜，贊者承傳，凡在位者皆再拜。禮儀使前奏「禮畢」，前導皇帝還大次。宫縣昌寧之樂作，出門，樂止。禮儀使奏「請釋鎮圭」，殿中監跪受，華蓋繖扇引導如常儀。入大次，簾降。禮直官引太常卿、御史、太廟令、太祝、宫闈令升殿納神主，降就拜位，奉禮贊升納神主訖，再拜，御史以下諸執事者皆再拜，以次出。禮直官各引享官以次出，太樂令率工人二舞以次出，太廟令闔户以降，乃退。祝册藏於匱。

○八曰車駕還宫。皇帝既還大次，侍中奏「請解嚴」。皇帝釋衮冕，停大次。五刻頃，尚食進饍。所司備法駕鹵簿，與侍祠官序立於太廟欞星門外，以北爲上。侍中版奏「請中嚴」，皇帝改服通天冠、絳紗袍。少頃，侍中版奏「皇帝出次升輿」，導駕官前導，華蓋繖扇如儀。至廟門外，太僕卿率其屬進金輅如式。侍中前奏請皇帝降輿升輅。升輅訖，太僕御〔一〕。門下侍郎奏「請車駕進發」，俛伏興，退。車駕動，稱「警蹕」。至欞星門外，門下侍郎奏「請車駕權停」，敕衆官上馬。侍中承旨退，稱曰「制可」。門下侍郎退，傳制，贊者承傳。衆官上馬畢，門下侍郎奏「請敕車右升」。侍中承旨退，稱「制可」。千牛將軍升訖，導駕官分左右前導，門下侍郎奏「請車駕進發」。車駕動，稱「警蹕」。符寶郎奉八寶與殿中監從〔二〕，教坊樂鼓吹振作。駕至崇天門外垣欞星門外，門下侍郎奏「請車駕權停」，敕衆官下馬。贊者承傳〔三〕，衆官下馬。車駕動，衆官前引入内石橋，與儀仗倒捲而北，駐立。駕入崇天門，至大明門外，降輅，升輿以入。駕既入，通事舍人承旨敕衆官皆退，宿衛官率衛士宿衛如式。

英宗本紀：至治元年四月庚戌，享太廟。十二月戊申，躬謝太廟。二年正月丁丑，親祀太廟。十月戊辰，享太廟。

〔一〕「御」，諸本作「卿」，據元史祭祀志三改。
〔二〕「與」，諸本作「輿」，據元史祭祀志三改。
〔三〕「者」，原脱，據光緒本、元史祭祀志三補。

祭祀志：至治二年正月丁丑，始陳鹵簿，親享太廟。三月二十三日以新作廟正殿〔一〕，夏秋二祭權止。秋八月丙辰，太皇太后崩，太常院官奏：「國哀以日易月，旬有二日外，乃舉祀事。有司以十月戊辰，有事於太廟，取聖裁。」制曰：「太廟禮不可廢，迎香去樂可也。」又言：「太廟興工未畢，有妨陳宮縣樂〔二〕，請止用登歌。」從之。

英宗本紀：至治三年正月乙未，享太廟。壬寅，命太僕寺增給牝馬百匹，供世祖、仁宗御容殿祭祀馬湩。

泰定帝本紀：至治三年十二月，太常院臣言：「世祖以來，太廟歲惟一享，先帝始復古制，一歲四祭，請裁擇之。」帝曰：「祭祀，大事也，朕何敢簡其禮？」命仍四祭。

二年十月丁亥，享太廟。

祭祀志：祖宗御容，至治三年遷置普慶寺，祀禮廢。泰定二年八月，中書省臣言當祭如故，乃命承旨斡齊齎香酒至大都，同省臣祭於寺。

〔一〕「三月」，原作「二月」，據光緒本、元史祭祀志三改。

〔二〕「樂」，諸本脱，據元史祭祀志三補。

泰定帝本紀：三年二月甲申，祭太祖、太宗、睿宗御容於翰林國史院。十月庚辰，享太廟。四年二月甲戌，祭太祖、太宗、睿宗御容於大承華普慶寺，以翰林院官執事。七月丙午，享太廟。

致和元年正月甲戌，享太廟。乙亥，御史鄒惟亨言：「時享太廟，三獻官舊皆勳戚大臣，而近以户部尚書爲亞獻，人既疏遠，禮難嚴肅。請仍舊制，以省、臺、樞密宿衛重臣爲之。」六月丙午，遣使祀世祖神御殿。明宗即位，遣中書平章政事哈八兒禿同翰林國史院官，致祭太祖、太宗、睿宗三朝御容。

文宗本紀：天曆元年，禮官言：「時享之禮，請改用仲月。」從之。十一月癸亥，帝宿齋宮。甲子，服衮冕，享於太廟。丁丑，以躬祀太廟，禮成，御大明殿，受諸王、文武百官朝賀。十二月丙申〔一〕，幸大崇恩福元寺，謁武宗神御殿。

二年正月甲子，時享於太廟。二月丙申，命中書省、翰林國史院官祀太祖、太宗、睿宗御容於普慶寺。四月己丑，時享於太廟。五月，幸大聖壽萬安寺，作佛事於

〔一〕「丙申」，原作「丙午」，據光緒本、元史文宗本紀校勘記改。

世祖神御殿，又於玉德殿及大天源延聖寺作佛事。十月甲申朔，帝服衮冕，享太廟。十一月，后八不沙請爲明宗資冥福，命帝師率群僧作佛事七日於大天源延聖寺，道士建醮於玉虚、天寶、太乙、萬壽四宫及武當、龍虎二山。十二月甲辰，以明年正月武宗忌辰，命高麗、漢僧三百四十人，預誦佛經二藏於大崇恩福元寺。

至順元年正月辛酉，時享太廟。二月戊申，命中書省及翰林國史院官祭太祖、太宗、睿宗三朝御容。四月甲申，時享太廟。十月己未，遣亞獻官中書右丞相雅克特穆爾、終獻官特穆爾布哈率諸事告廟，請以太祖皇帝配享南郊。二年正月乙酉，時享太廟。二月，祀太祖、太宗、睿宗御容。四月乙卯，時享太廟。五月甲辰，宣政院臣言：「舊制，列聖神御殿及諸寺所作佛事，每歲計二百十六，今汰其十六爲定式。」制可。十月己酉，時享於太廟。

至順三年正月己卯，時享太廟。八月丁未，有事於太廟。

禮樂志：武宗至大以後，親祀攝樂章：太常集禮云：「孔思逮本所録。」

皇帝入門，奏順成之曲別本，親祀禘祫樂章，詞律同。

皇帝盥洗，奏順成之曲至元四年，名肅寧之曲，辭律同。

皇帝升殿，登歌樂奏順成之曲別本，親祀樂章，詞律同。

皇帝出入小次，奏昌寧之曲，太常集禮云：「此金曲，思逮取之，詳見制樂始末。」無射宮

於皇神宮，象天清明。肅肅來止，相惟公卿。威儀孔彰，君子攸寧。神之休之，綏成思成。

迎神，奏思成之曲，至元四年，名來成之曲，詞律同。黃鐘宮三成　齋明盛服，翼翼靈眷。禮備多儀，樂成九變。烝烝孝心，若聞且見。肸蠁端臨，來寧來燕。

大吕角二成　太簇徵二成　應鐘羽二成詞並同上。

初獻盥洗，奏肅成之曲別本，親祀樂章名順成之曲，詞律同。

初獻升殿，降同。　登歌樂奏肅寧之曲至元四年名肅成之曲，詞律同。

司徒捧俎，奏嘉成之曲至元四年曲名，詞律同。

太祖第一室，奏開成之曲至元四年名武成之曲，詞同。

睿宗第二室，奏武成之曲至元四年名明成之曲，詞同。

世祖第三室，奏混成之曲，無射宮　於昭皇祖，體健乘乾。龍飛應運，盛德光前。神功耆定，澤被垓埏。詒厥孫謀，何千萬年。

裕宗第四室，奏昭成之曲，無射宫　天啓深仁，須世而昌。追惟顯考，敢後光揚。徽儀肇舉，禮備音鏘。皇靈監止，降釐無疆。

順宗第六室，奏慶成之曲，無射宫　龍潛於淵，德昭於天。承休基命，光被紘埏。洋洋如臨，籩豆牲牷。惟明惟馨，皇祚綿延。

成宗第七室，奏守成之曲，無射宫　天開神聖，繼世清寧。澤深仁溥，樂協韶英。宗枝嘉會，氣和惟馨。繁禧來格，永被皇靈。

武宗第八室，奏威成之曲，無射宫　紹天鴻業，繼世隆平。惠孚中國，威靖邊庭。厥功惟茂，清廟安靈。歆兹明祀，福禄來成。

仁宗第九室，奏歆成之曲，無射宫　紹隆前緒，運啓文明。深仁及物，至孝躬行。惟皇建極，盛德難名。居歆萬祀，福禄崇成。

英宗第十室，奏獻成之曲，無射宫　神聖繼作，式是憲章。誕興禮樂，躬事烝嘗。翼翼清廟，煒有耿光。于千萬年，世仰明良。

皇帝飲福，登歌奏釐成之曲，夾鐘宫　穆穆天子，禋祀太宫。禮成樂備，敬徹誠通。神胥樂止，錫之醇醲。天子萬世，福禄無窮。

文舞退、武舞進，奏肅成孔本作肅寧。之曲至元四年名和成之曲，詞律同。亞終獻行禮，宮縣奏肅成之曲至元四年名順成之曲，詞律同。徹籩豆，登歌樂奏豐寧之曲至元四年名豐成之曲，詞律同。送神，奏保成之曲至元四年名來成之曲，詞律同。皇帝出廟廷，奏昌寧之曲，無射宮　緝熙惟清，吉蠲致誠。上儀具舉，明德薦馨。已事而竣，歡通三靈。先祖是皇，來燕來寧。

文宗天曆三年，明宗祔廟酌獻，奏永成之曲，無射宮　猗那皇明，世纘神武。敬天弗違，時潛時旅。龍旂在塗，言受率土。不遐有臨，永錫多嘏。

順帝本紀：元統二年，罷夏季時享。七月辛卯，祭太祖、太宗、睿宗三朝御容。罷秋季時享。十月戊午，享於太廟。

至元元年七月丁亥，享於太廟。二年十月己卯，享於太廟。三年十二月己巳，享於太廟。四年十月辛卯，享於太廟。

至元六年四月己丑，享於太廟。五月丙子，車駕時巡上都。置月祭各影堂香于大明殿，遇行禮時，令省臣就殿迎香祭之。七月戊午，享於太廟。

祭祀志：至元六年六月，監察御史呈：「嘗聞五行傳曰，簡宗廟，廢祭祀，則水不潤下。近年雨澤愆期，四方多旱，而歲減祀事變更成憲，原其所致，恐有感召。古者宗廟四時之祭，皆天子親享，莫敢使有司攝也。蓋天子之職，莫大於禮，禮莫大於孝，孝莫大於祭。世祖皇帝自新都城首建太廟，可謂知所本矣。春秋之法，國君即位，逾年改元必行告廟之禮。伏自陛下即位以來，于今七年，未嘗躬詣太廟，似爲闕典。方今政化更新，並遵舊制，告廟之典，理宜親享。」時帝在上都，臺臣以聞，奉旨若曰：「俟到大都，親自祭也。」九月二十七日，中書省奏以十月初四日皇帝親祀太廟，制曰「可」。前期，告示以太師、右丞相滿濟勒台爲亞獻官，樞密知院阿嚕圖爲終獻官，知院普爾普、翰林承旨婁章爲助奠官，大司農阿雅噶齊爲七祀獻官，侍中二人，門下侍郎二人〔一〕，大禮使一人，執劈正斧一人，禮儀使四人，餘各如故事。有司具儀注云：享前一日質明，所司備法駕於崇天門外，侍儀官引擎執，同導駕官具公服，于致齋殿前，左右分班侍立。承奉舍人引門下侍郎、侍中入殿門下，侍郎相向立，侍中跪奏「臣某

〔一〕「二人」，原作「一人」，據光緒本、元史祭祀志六改。

等官請皇帝中嚴」，就拜興，退出。少頃，引侍中版奏「外辦」，就拜興，退。皇帝出齋室，侍中跪奏「請皇帝升輿」，巡輦路，由正門至大明殿西陛下。侍中跪奏「請皇帝降輿升殿」，就拜興，引皇帝即御座。執事官于午陛下起居訖，舍人引侍中、門下侍郎入殿，至御榻前，門下侍郎相向立。侍中跪奏「請皇帝降殿升輿」，就拜興，導至大明殿外。侍中跪奏「請皇帝升輿」，就拜興。至大明門外，太僕卿進御馬。侍中跪奏「請皇帝降輿乘馬」，訖，門下侍郎跪奏「請車駕進發」，就拜興，進發時稱警蹕。至崇天門外，門下侍郎跪奏「請車駕少駐」，敕衆官上馬，就拜興。侍中承旨退稱曰「制可」，贊者承傳，敕衆官上馬。少頃，門下侍郎跪奏「請車駕進發」，就拜興，進發時稱警蹕。導至太廟外紅門内，門下侍郎跪奏「請車駕權停」，敕衆官下馬，就拜興。贊者承傳，敕衆官下馬。門下侍郎跪奏「請車駕進發」，至石橋南，侍中跪奏「請皇帝下馬，步入神門」，就拜興。皇帝下馬，侍儀官同導駕官前導，皇帝步入神門稍西，侍中跪奏「請皇帝升輿」，就拜興。至大次殿門前，侍中跪奏「請皇帝降輿入就大次」，就拜興。簾降，宿衛如式。侍中入跪，奏敕衆官還齋次，承旨贊者承傳，敕衆官各還齋次。俟行禮時至丑時二刻頃，侍儀官備擎執，同導駕官于大次殿門前，舍人引侍中、門下侍郎入大次座前，侍中跪奏「請皇帝中嚴」，服衮冕，就拜興，退。少頃再引侍中跪奏「外辦」，就拜興，退。禮儀使跪奏「請皇帝行禮」，侍儀官同導駕官導引皇帝至西神門，擎執侍儀官同導駕官止。行禮畢，皇帝由西神門出，侍儀官備擎執，同導駕官引導皇帝還至大次。舍人引侍中入，跪奏「請皇帝解嚴」，釋冕服，尚食進膳如式畢，侍中跪版奏「外辦」，就拜興，退。導皇帝出大次，侍中跪奏「請皇帝升輿」，就拜興。侍儀官同導駕官前導，至神門外，太僕卿進御馬，侍中跪奏「請皇帝降輿，乘馬」，就拜興。乘馬訖，門下侍郎跪奏「請車駕進發」，就拜興，退，進發時稱警蹕。至櫺星門外，門下侍郎跪奏「請車駕少駐」，敕衆官上馬，就拜興。侍中承旨退稱曰「制可」，贊者承傳，敕衆官上馬。少頃，門下侍郎跪奏「請車駕進發」，就拜興，進發時稱警蹕。教坊樂振作。至麗正門裏石橋北，引門下侍郎跪奏「請車駕權停」，敕衆官下馬，就拜興。贊者承傳，敕衆官下馬。門下侍郎跪奏「請車駕進發」，侍儀官引擎執，同導駕官前導，執事官後從，皇帝由紅門裏輦路至大明門外。侍中跪「請皇帝降馬乘輿」，就拜興。侍儀官擎執，同導駕官導至大明殿，諸執事殿下相向立。俟皇帝入殿升座，侍中跪奏敕衆官皆退，贊者承傳，敕衆官皆退。

順帝本紀：至正元年正月丁巳，享於太廟。四月甲申，享於太廟。七月己卯，享於太廟。十月丁未，享於太廟。二年正月丁丑，享於太廟。四月乙巳，享於太廟。七月辛未，享於太廟。十月丁未，享於太廟。三年正月丁丑，享於太廟。四月乙巳，享於太廟。七月丁卯，享於太廟。十一月辛未，享於太廟。四年正月辛未，享於太廟。七月己丑，享於太廟。

李黼傳：黼遷禮部主事，拜監察御史。首言：「禴祀烝嘗，古今大祭，今太廟惟二祭，而日享佛祠、神御，非禮也，宜據經行之。」

王圻續通考：時方永貞請真定玉華宫罷遣太常禮樂，議曰：「原廟之制，隆古未聞。漢孝惠從叔孫通之請，始詔有司立原廟，遂有衣冠月出遊之名。其後郡國所在，因各立廟。至元帝永平四年，貢禹奏郡國祖宗廟不應古禮，天子是其議，罷之。謹案尚書「黷于祭祀，時謂弗欽」。春秋之義，父不祭於支庶，君不祭於臣僕之家。伏覩聖朝建立七廟，崇奉孝享，可謂至矣。而睿宗皇帝神御别在真定路玉華宫，竊惟有功德於天下者，莫如太祖皇帝、世祖皇帝。太祖皇帝不聞有原廟，世祖皇帝神御奉安大聖壽萬安寺，歲時差官以家人禮祭供不用太常禮樂。今玉華宫原廟列在郡國，又非龍興降誕之地。主者以臣僕之賤供奉御容，非禮之甚。伏望朝廷稽前漢故事，致隆太廟，玉華宫照依京師諸寺影堂例，止命有司以時祭供，罷遣太常禮樂。非獨聖朝得典禮之正，而在天之靈無褻瀆之煩，禮官免失禮之責矣。」

至正六年四月乙卯，享於太廟。七月己卯，享於太廟。七年正月己酉，享於太廟。十月辛未，享於太廟。八年正月丁未，享於太廟。九年正月丁酉，享於太廟。四月丁卯，享於太廟。十月辛卯，享於太廟。十一年正月乙卯，享於太廟。四月乙酉，享於太廟。十月己卯，享於太廟。十二年四月己酉，時享太廟。七月丁丑，時享太廟。十月丁未，時享太廟。十三年正月癸酉，享於太廟。四月乙巳，時享太廟。七月丁卯，時享太廟。九月丁酉，享於太廟。十四年正月辛未，享於太廟。十月甲午，享於太廟。十五年正月癸亥，享於太廟。三月甲午，命汪家奴攝太尉，持節授皇太子阿雅實爾達臘玉册，錫以冕服九旒，祇謁太廟。七月辛卯，享於太廟。九月辛卯，命秘書卿達蘭提調别吉太后影堂祭祀，知樞密院事額森特穆爾提調世祖影堂祭祀，宣政院使鑾子提調裕宗、英宗影堂祭祀。十月丙子，以郊祀，命皇太子阿雅實爾達臘祭告太廟。

十六年正月戊子，親享太廟。

元史紀事本末：張氏溥曰：「作史者曰：元之五禮，唯祭祀稍近古，而郊廟親享文嘗不備。至大德九年乃定親享太廟，則自至大二年始改號，幾十年而典祀方舉，則其荒于禮也久矣。」

蕙田案：元祀禮煩瀆，大率沿宋之弊，然未造時享，較宋加勤矣。

右元廟享

五禮通考卷九十六

吉禮九十六

宗廟時享

明廟享

明史太祖本紀：洪武元年二月壬寅，定宗廟禮，歲必親祀以爲常。

禮志：洪武元年，定宗廟之祭。每歲四孟及歲除，凡五享。學士陶安等言：「古者四時之祭，三祭皆合享於祖廟，惟春祭于各廟。自漢而下，廟皆同堂異室，則四時皆合祭。今宜倣近制，合祭於第一廟，庶適禮之中，無煩瀆也。」太祖命孟春特祭于各廟，三時及歲除則祫祭于德祖廟。

太祖本紀：洪武元年夏四月丁未，祫享太廟。

蕙田案：此時享祫也。

洪武二年春正月丁未，享太廟。

明會典：洪武二年，定時享之制，春以清明，夏以端午，秋以中元，冬以冬至，歲除如舊。

明史禮志：二年，詔太廟祝文止稱孝子皇帝，不稱臣。凡遣皇太子行禮，止稱命長子某，勿稱皇太子。後稱孝玄孫皇帝，又改稱孝曾孫嗣皇帝。初，太廟每室用幣一。二年從禮部議，用二白繒。又從尚書崔亮奏，作圭瓚。三年，禮部尚書崔亮言：「孟月者，四時之首。因時變，致孝思，故備三牲黍稷品物以祭。至仲季之月，不過薦新而已。既行郊祀，則廟享難舉，宜改從舊制。其清明等節，各備時物以薦。」從之。

春明夢餘録：洪武三年，禮臣崔亮奏：「周禮大宗伯以吉禮事邦國之鬼神，以肆獻祼享先王，灌以鬱鬯，謂始迎尸求神時也。禮記郊特牲曰『魂氣升於天，體魄歸於地，故祭有求諸陰陽之義，殷人先求諸陰聲」是也。祭統云：「祭之屬，莫重於灌。」凡大祭有三始，宗廟以樂爲致神始，以裸爲歆神始，以腥爲陳饌始。案說文：「裸，祭也。从示，果聲。」酌鬯以灌地。夏氏曰灌者，謂以圭瓚酌爵以獻尸，尸受酒而不飲，因灌於地，故謂之灌也。鬯，說文曰：「鬯，以秬釀鬱金草，芬芳攸服，以降神也。」徐氏曰：「秬，黑黍也。服，服事也。周人尚臭，裸用鬱金，鬯以秬黍擣鬱金草，取汁而用之和釀，其氣芬香，調鬯故謂之秬鬯。」陸佃云：「秬者，百穀之華。鬯者，百草之英。故先王煮以合鬯。」圭瓚，禮書云：「圭，柄也。瓚，杓也。」徐氏曰：「瓚亦圭也。圭狀剡上邪銳之，於其首爲杓形，謂之瓚。於其柄爲注水道，所以灌。瓚之言進也，以進於神。」今定擬宗廟之祭，奠帛之前宜舉用裸禮，所用圭瓚宜依周禮，以玉爲之瓚，口徑四寸，深至二寸。圭通長一尺二寸，博二寸五分，厚五分，鼻一寸，作龍形，流空五分。瓚盤用金爲之，口徑九寸，深五分，足徑七寸，高九分。其鬱鬯用糯米代黑黍爲酒，以鬱金汁和之。是年之冬享廟，行家人禮。次年，始行灌禮。」

明會典：洪武四年，罷廟庭幃設之次，改設黃布幃殿。於廟內併具兩廡，中居祖考神位，廡立親王及功臣。每奠獻祖考，則遣大臣各分獻，不讀祝。

明史禮志：九年，新建太廟。凡時享，正殿中設德祖帝后神座，南向。左懿祖，右熙祖，東西向。仁祖次懿祖。凡神座俱不奉神主，止設衣冠。禮畢，藏之。孟春擇上旬日，三孟用朔日，及歲除皆合享〔一〕。自是五享皆罷特祭，而行合配之禮。

二十一年定時享儀。更前制，迎神四拜，飲福四拜，禮畢四拜。

二十五年定時享。若國有喪事，樂備而不作。

明會典：時享。洪武二十六年，初定儀。一齋戒：前一日，太常司官宿於本司。次日，具本奏致齋三日。次日進銅人。一省牲：牛九、羊八、山羊十、豕十九、鹿一、兔四。正祭前二日，太常司官奏明日與光禄司官省牲。至次日，省牲畢，同復命。一陳設：皇高祖前，犢一，羊一，豕一，登二，鉶二，籩豆各十二，簠簋各二，帛二，白色，奉先制帛。皇曾祖陳設同，皇祖陳設同，皇考陳設同。共設酒罇三、金爵八、瓷爵十六、篚四於殿東，祝文案一於殿西。親王配享四壇，共二十一位。第一壇壽春王妃劉氏，犢一，羊一，豕一，登二，鉶二，籩豆各十，簠簋各二，爵六，帛二展，親制帛。第二壇霍丘

〔一〕「享」，原脱，據光緒本、明史禮志五補。

王妃翟氏、下蔡王、安豐王妃趙氏、南昌王，犢一，羊一，豕一，登六，鉶六，籩豆各十，簠簋各二，爵十八，帛六展，親制帛。第三壇蒙城王妃田氏、盱眙王妃唐氏、臨淮王妃劉氏，陳設與二壇同。第四壇寶應王、六安王、來安王、都梁王、英山王、山陽王、招信王，犢一，羊一，豕一，登七，鉶七，籩豆各十，簠簋各二，爵二十一，帛七展，親制帛。共設酒罇三、篚四於殿東，南北向。功臣配享十壇：中山武寧王徐達、開平忠武王常遇春、岐陽武靖王李文忠、寧河武順王鄧愈、東甌襄武王湯和、黔寧昭靖王沐英、虢國忠烈公俞通海、蔡國忠毅公張德勝、越國武莊公胡大海、梁國武桓公趙德勝、泗國武莊公耿再成、永義侯桑世傑、河間忠武王張玉。一正祭：典儀、唱樂、舞生就位，執事官各司其事。導引官導引皇帝至御拜位。內贊奏「就位」。典儀唱「迎神」，奏樂。樂止，內贊奏「四拜」，百官同。典儀唱「奠帛，行初獻禮」。奏樂，執事官各捧帛，金爵受酒，獻於神御前。讀祝官取祝，跪於神御右，內贊奏「跪」，典儀唱「讀祝」，讀訖，奉安於神御前。內贊奏「俛伏，興，平身」，百官同。樂止，典儀唱「行亞獻禮」，執事官各以瓷爵受酒，獻於神御前。樂止，典儀唱「行終獻禮」，儀同亞獻。樂止，太常司卿進立殿東，西向，唱「賜福胙」，光禄司官捧福酒胙自神御前中門左出，至皇帝前，內贊奏

「跪搢圭」，光禄司官以福酒跪進，内贊奏「飲福酒」，光禄司官以胙跪進，内贊奏「受胙」，出圭，俛伏，興，平身。内贊奏「四拜」，百官同。典儀唱「徹饌」。奏樂，執事官徹饌。樂止，太常卿詣神御前，跪奏「禮畢，請還宫」。奏樂，内贊奏「四拜」，百官同。樂止，典儀唱「讀祝官奉祝，進帛官捧帛，各詣燎位」。奏樂，内贊奏「禮畢」。

明史恭閔帝本紀：洪武二十五年閏五月，詔行三年喪，郊社宗廟如常儀。

樂志：洪武元年宗廟樂章：

迎神，太和之曲　慶源發祥，世德惟崇。致我眇躬，開基建功。京都之中，親廟在東。惟我子孫，永懷祖風。氣體則同，呼吸相通。來格來崇，皇靈顯融。

奉册寶，熙和之曲〔一〕時享不用。　維水有源，維木有根。先世積善，福垂後昆。册寶鏤玉，德顯名尊。祗奉禮文，仰答洪恩。

進俎，凝和之曲〔二〕時享不用。　明明祖考，妥神清廟。薦以牲牷，匪云盡孝。願

〔一〕「熙和之曲」四字，諸本脱，據明史樂志二補。
〔二〕「凝和之曲」四字，諸本脱，據明史樂志二補。

通神明，願成治效。此帝王之道，亦祖考之教。

初獻，壽和之曲　德祖廟，初獻云：思皇高祖，穆然深玄。其遠歷年，其神在天。尊臨太室，餘慶綿綿。歆于几筵，有永其傳。懿祖廟，初獻云：思皇曾祖，清勤純古。田里韜光，天篤其祜。佑我曾孫，弘開土宇。追遠竭虔，勉遵前矩。熙祖廟，初獻云：維我皇祖，淑後貽謀。盛德靈長，與泗同流。發于孫枝，明禋載修。嘉潤如海，恩何以酬。仁祖廟，初獻云：惟我皇考，既淳且仁。弗耀其身，克開嗣人。子有天下，尊歸于親。景運維新，則有其因。

亞獻，豫和之曲　對越至親，儼然如生。其氣昭明，感格在庭。如見其形，如聞其聲。愛而敬之，發乎中情。

終獻，熙和之曲　承先人之德，化家爲國。毋曰予小子，基命成績。欲報其德，昊天罔極。殷懃三獻，我心悦懌。

徹豆，雍和之曲　樂奏具肅，神其燕嬉。告于成祖，亦右皇妣。敬徹不遲，以終祀禮。祥光焕揚，錫以嘉祉。

送神，安和之曲　顯兮幽兮，神運無迹。鸞馭逍遥，安其所適。其靈在天，其主在室。子子孫孫，孝思無斁。

二十一年，更定其初獻合奏，餘並同。

思皇先祖，耀靈于天。源衍慶流，由高逮玄。玄孫受命，追遠其先。明禋世崇，億萬斯年。

永樂以後，改迎神章「致我眇躬」句爲「助我祖宗」。又改終獻章首四句爲「惟前人之功，肇膺天曆。延及予小子，爰受方國」。餘並同。

成祖本紀：永樂元年春正月乙酉，享太廟。

七年夏四月癸酉朔，皇太子攝享太廟。

仁宗本紀：洪熙元年春正月己卯，享太廟。

英宗前紀：正統元年夏四月丁酉朔，享太廟。

禮志：正統三年正月，享太廟。禮部言，故事，先三日太常寺奏祭祀，御正殿受奏。是日，宣宗皇帝忌辰，例不鳴鐘鼓，第視事西角門。帝以祭祀重事，仍宜升殿，餘悉遵永樂間例行之。

英宗後紀：天順二年正月乙丑，享太廟。

禮志〔二〕：六年，閣臣以皇太后喪，請改孟冬時享于除服後。從之。

憲宗本紀：成化元年春正月乙卯，享太廟。

禮志：成化四年，禮部以慈懿太后喪，請改孟秋享廟于初七日。不從。

孝宗本紀：弘治元年春正月乙亥，享太廟。

十六年春正月癸酉，遣官代享太廟。

武宗本紀：正德元年春正月乙酉，享太廟。

世宗本紀：嘉靖元年春正月癸丑，享太廟。

明會典：凡太廟和羹，嘉靖三年奏准依福胙脯醢豚胉例，另用一牛，不許牲上取辦，其牲體分爲六塊，一首一背四肢，不許零碎。

明史禮志：嘉靖九年春，世宗行特享禮。令于殿内設幃幄如九廟，列聖皆南向，各奠獻，讀祝三，餘如舊。

十年正月，帝詣太廟行特享禮。

〔二〕「禮志」，原脱，據光緒本補。

通鑑紀事：十年春正月乙未，特享太廟。正太祖南面位。初，太祖立四親廟，德、懿、熙、仁同宮異廟，各南向。孟春特享于群廟，三時合祭于德祖廟，序用昭穆。後改建太廟，同堂異室，亦各南向。四孟及歲除俱各祭于中室，仍序昭穆如初，罷特享禮。至英宗升祔，九室悉備。憲宗將祔，用禮官議祧懿祖，孝宗祔祧熙祖，武宗祔祧仁祖，獨德祖不祧。時享則太祖、太宗以下俱東西向。至是帝諭張孚敬曰：「朕欲自今春享，奉太祖居中，太宗而下各居一室，行特享禮。三時仍聚群廟于太祖之室，昭穆相向，行時祫禮。季冬中旬，並享太廟，親王功臣配食兩廡，以存太祖當代之制。歲暮節祭行于奉先殿，世廟止行四時之享，歲暮祭于崇先殿。庶祭義明而萬世可行也，邪論勿惑。即會李時議上，或咨夏言以助之。」孚敬唯唯如諭。議聞，帝從之。乃命祠官于廟中設帟如九廟狀，奉太祖南向，群宗遞遷就室，各南向，特享之。始退德祖于祧殿，不復預時享矣。

明史禮志：嘉靖十一年，大學士張孚敬等言：「太廟祭祀，但設衣冠。皇帝改行出主，誠合古禮。但徧詣群廟，躬自啓納，不免過勞。今請太祖神主，躬自安設。群廟帝后神主，則以命內外捧主諸臣。」帝從其請。

明會典：特饗儀：一前期二日，太常寺卿同光禄寺卿面奏省牲，如常儀。次日，復命太常寺陳設，如圖儀。一正祭日，上乘輿到廟街門，入至靈星門西，降輿，導引官導上由靈星左門入。上至戟門東，帷幕具祭服出。導引官導上由戟門左門入，至寢殿，同捧主官。帝主以大臣恭捧，后主以内臣恭捧。出主，陞太廟，至太祖室安主，次至太宗以下昭廟安主，次仁宗以下穆廟安主訖，典儀唱樂舞生就位，執事官各司其事，導引官導上至御拜位，内贊奏就位，典儀唱迎神，樂作，樂止，内贊奏四拜平身，傳贊百官同。典儀唱奠帛，行初獻禮。樂作，内贊導上至太祖前奏跪，奏搢圭，奏上香，司香官捧香跪於上左，上三上香。訖，執事官捧帛跪於上右，奏獻帛，上獻帛。執事者捧爵跪於上右，奏獻爵，上獻太祖前爵。奏出圭，上出圭。致恭訖，奏搢圭，捧爵者跪於上左，奏獻爵，上獻高后前爵。奏出圭，奏詣讀祝位，上至中室讀祝位。樂暫止，奏跪，傳贊衆官皆跪。内贊贊讀祝，讀祝官跪讀訖〔一〕，樂復作。奏俛伏興平身，傳贊百官同。内贊導上至太宗以下昭廟前，奏跪，奏搢圭，奏上香，奏獻帛獻爵，奏出圭。

〔一〕「祝」，原脱，據光緒本、明會典卷八六補。

内贊導上至仁宗以下穆廟前，奏跪，奏搢圭，奏上香、獻帛獻爵，奏出圭，奏詣讀祝位。内贊導上至太宗前讀祝位，奏跪，傳贊衆官皆跪。樂暫止，内贊贊讀祝七廟，讀祝官跪，齊讀訖，樂復作，俯伏興，平身，傳贊百官同。奏復位，内贊導上復位。樂止，典儀唱行亞獻禮。樂作，内贊導上至太祖前，奏搢圭，奏獻爵。上獻太祖、高后前爵訖，奏出圭，奏復位。太宗、仁宗以下捧主官獻爵訖，樂止，典儀唱行終獻禮。樂作，儀同亞獻。樂止，太常卿於殿左西向立，唱賜福胙。内贊奏跪，奏搢圭。光禄卿捧酒跪於上右，奏飲福酒。上飲訖，光禄官捧胙跪於上右，奏受胙。上受訖，奏出圭，俯伏興平身，奏四拜，傳贊百官同。典儀唱徹饌，樂作。樂止，太常卿至中室向上跪奏禮畢，請還宫，樂作。内贊奏四拜，樂止。典儀唱讀祝官捧祝，進帛官捧帛，各詣燎位。上轉立拜位之東。樂作，捧祝帛官出殿門，内贊奏禮畢。上納穆廟主，次納昭廟主，至太祖、高后前納主訖，率捧主官各捧至寢殿安訖，易服還宫。時祫儀：一前一日，太常寺陳設如圖儀。一正祭日，儀同前，惟祝文總一讀，各廟以下上香獻帛獻爵俱捧主官代行。

明史樂志：嘉靖十五年孟春九廟特享樂章：

太祖廟。迎神，太和之曲　於皇於皇兮，仰我聖祖，乃武乃文，攘夷正華，爲天下大君。比隆于古，越彼放勛。肇造王業，佑啓予子孫。功德超邁，大室攸尊。首稱春祀，誠敬用申。維神格思，萬世如存。

初獻，壽和之曲　薦帛于篚，潔牲于俎。嘉我黍稷，酌我清酤。愚孫毖祀，奠獻初舉。翼翼精誠，對越我皇祖。居然顧歆，永錫純祜。

亞獻，豫和之曲　籥舞既薦，八音洋洋，工歌喤喤。醇醴載羞，齋明其將之。永佑于子孫，歲事其承之。俾嗣續克承，百世其保之。

終獻，寧和之曲　三爵既崇，禮秩有終。盈溢孚顒，顯相肅雍。惟皇祖格哉，以繹以融，申錫無窮。暨于臣民，萬福攸同。

徹饌，豫和之曲　禮畢樂成，神悦人宜。籩豆靜嘉，敬徹不遲。穆穆有容，秩秩其儀。益祗以嚴，矧敢斁于斯。

還宮，安和之曲　於皇我祖，陟降在天。清廟翼翼，禋祀首虔。明神既留，寢祏靜淵。介福綏禄，錫胤綿綿〔一〕。以惠我家邦，於萬斯年。

〔一〕「胤」，諸本作「蔭」，據明史樂志二改。

成祖廟。迎神，太和之曲　於惟文皇，重光是宣。克戡内難〔一〕，轉坤旋乾。外讋百蠻，威行八埏。貽典則于子孫，不忘不愆。聖德神功，格于皇天。作廟奕奕，百世不遷。祀事孔明〔二〕，億萬斯年。　初獻、亞獻、終獻、徹饌、還宫俱與太祖廟同。

仁宗廟〔三〕。迎神，太和之曲　明明我祖，盛德天成。至治訏謨，遹駿有聲。專奠致享，惟古經是程。春祀有嚴，以迓聖靈。惟陟降在庭，以賚我思成。

初獻，壽和之曲　幣牲在陳，金石在縣。清酒方獻，百執事有虔。明神洋洋，降歆自天。俾我孝孫，德音孔宣。

亞獻，豫和之曲　中誠方殷，明神如存。醴齊孔醇，再舉罍尊。福禄穰穰，攸介攸臻。追遠報酬，罔極之恩。

終獻，寧和之曲　樂比聲歌，佾舞婆娑。稱彼玉爵，酒旨且多。獻享惟終，神

〔一〕「戡」，原作「勘」，據光緒本、明史樂志二改。
〔二〕「事」，諸本作「神」，據明史樂志改。
〔三〕「仁宗」，原作「仁祖」，據光緒本、明史樂志二改。

聽以和。孝孫在位，受福不那。

徹饌，雍和之曲　牷牲在俎，稷黍在簠。孝享多儀，格我皇祖。稱歌進徹，髦士膴膴。孝孫受福，以敷錫于下土。

還宮，安和之曲　犆享孔明，物備禮成。於昭在天，以莫不聽。神明即安，維華寢是憑。肇祀迄今，百世祇承。

宣廟、英廟、憲廟俱與仁廟同。

孝廟。迎神，太和之曲　列祖垂統，景運重熙。於惟孝皇，敬德允持。用光于大烈，化被烝黎〔一〕。專廟以享，經禮攸宜。俎豆式陳，庶幾來思。

初獻，壽和之曲　粢盛孔蠲，腯肥牲牷。考鼓蘬蘬，萬舞蹮蹮。清酤初酌，對越在天。明神居歆，式昭厥虔。

亞獻，豫和之曲　祀事孔勤，精意未分。樂感鳳儀，禮虔駿奔。醞齊挹清，載奠瑤尊。神其格思，福禄來臻。

〔一〕「被」，諸本作「彼」，據明史樂志二改。

終獻，寧和之曲　樂舞既成，獻享維終。明明對越，彌篤其恭。篤恭維何？明德是崇。神之聽之，萬福來同。

徹饌，雍和之曲　牲牢醴陳，我享我將。黍稷蘋藻，潔白馨香。徹以告成，降禧穰穰。神錫無疆，祐我萬方。

還宫，安和之曲　禮享既洽，神御聿興。廟寢煌煌，以憑以寧。維神匪遐，上下在庭。於寢孔安，永厎我烝民之生。

武廟。迎神，太和之曲〔一〕　列祖垂統，景運重熙。於惟武皇，昭德敕威。用翦除奸兇，大業弗隳。專廟以享，經禮攸宜。俎豆式陳，庶幾來思。初獻、亞獻、終獻及徹饌、還宫俱與孝廟同。

睿廟。迎神，太和之曲　於穆神皇，秉德凝道。仁厚積累，配于穹昊。流慶顯休，萃于眇躬。施于無窮，以似以續，以光紹我皇宗。惟兹氣始，俎豆是供。循厥

〔一〕「太和之曲」四字，諸本脱，據明史樂志二補。

典禮〔一〕，式敬式崇。神其至止，以鑒愚衷。

初獻，壽和之曲　制帛牲牢，庶羞芬膫。玉戚朱干，協于韶簫。清酤在筵，中情纏綿。神之格思，儀形僾然。

亞獻，豫和之曲　瑶爵再陳，侑以工歌。籥舞蹌蹌，八音諧和。孝思肫肫，感格聖靈。致愨則存，如聞其聲。

終獻，寧和之曲　儀式弗踰，奠爵維三。樂舞雍容，以雅以南。仰仁源德澤，嶽崇海淵。願啓我子孫，緝熙光明，維兩儀是參。

徹饌，雍和之曲　嘉饌甘只，亦既歆只。登歌迅徹，敬終惟始。維神孔昭，賚永成于孝矣。

還宫，安和之曲　幽顯莫測，神之無方。祀事既成，神返諸帝鄉。申發休祥，俾胤嗣蕃昌〔二〕。宜君兮宜王，歷世無疆。

〔一〕「典禮」，原作「舊典」，據光緒本、明史樂志二改。
〔二〕「俾」，諸本脱；「胤」，諸本作「蔭」，據明史樂志二補、改。

王圻續通考：嘉靖十五年秋，罷中元節内殿之祭，著爲令。先是上諭禮部尚書夏言曰：「春清明、秋霜降二節于陵前祭，甚合禮。今中元亦有陵祭内殿，其勿瀆可也。」言對曰：「中元係是俗節，事本不經。陵祀既有遣官，而内殿又有祭祀，事涉煩數。」上從之。

明史禮志：嘉靖十七年，定享祫禮。凡立春，特享親祭太祖。遣大臣八人，分獻諸帝。内臣八人，分獻諸后。立夏時祫，各出主于太廟，太祖南向，成祖西向，序七宗之上，仁、宣、英、憲、孝、睿、武宗東西相向。秋冬時祫如夏禮。

春明夢餘録：十七年九月，上尊皇考廟，睿宗祔饗太廟。睿宗于孝宗，弟也，躋武宗上，遂稱太宗爲成祖。于時定饗祫禮及其樂章。凡立春時饗，上親獻太廟，遣大臣獻列聖，各出主成廟，迎神樂别歌，三獻徹饌還宫，樂如太廟。仁、宣、英、憲四廟樂歌同孝、武二廟。迎神樂别歌，三獻徹饌還宫，歌同睿廟，樂異于諸廟。立夏時祫，各出主于太廟大殿行禮。立秋時祫如夏禮，樂歌異于夏。立冬時祫如秋禮，迎神徹饌還宫，樂歌異于秋。季冬中旬大祫出四祖、太祖、成祖七宗主于太廟，歌，大祫祭畢各歸主于其寢。是年皇后助獻，罷脱舄禮。

明史樂志：九廟時祫樂章：

孟夏。迎神，太和之曲　序届夏首兮風氣薰，禮嚴時祫兮戛擊鐘鼖。迎群主來合享交欣，於皇列聖正南面，以申崇報皇勳。

初獻，壽和之曲　瞻曙色方昕，仰列聖在上，奠金觥而捧幣紋。小孫執盈兮，敢不懼愨。

亞獻，豫和之曲　思皇祖，仰聖神。來列主，會太宸。時祫修，循古倫。惟聖鑒歆，愚孫忱恂。

終獻，寧和之曲　齊醴清兮麥熟新，籩豆潔兮孝念申。仰祖功兮宗德，願降祐兮後人。

徹饌，雍和之曲　樂終兮禮成，告玉振兮訖金聲。徹之弗遲，以肅精誠。

還宫，安和之曲　三獻就兮祖宗鑒享，一誠露兮念維長。思弗盡兮思弗忘，深荷德澤之啓祐，小孫惟賴以餘光。神返宫永安，保家國益昌。

孟秋。迎神　時兮孟秋火西流，感時毖祀兮爽氣回。喜金風兮飄來，仰祖宗兮永慕哉。秋祫是舉兮希鑒歆，小孫恭迓兮捧素裁。

初獻　皇祖降筵，列聖靈聯。執事恐蹎，樂舞蹁躚。小孫捧盈兮敢弗虔。
亞獻　再酌兮玉漿，潔淨兮馨香。祖宗垂享兮錫胤昌，萬歲兮此禮行。
終獻　進酒三觥，歌舞雍韺，鐘鼓轟錚。皇祖列聖，永享愚誠。
徹饌　秋嘗是舉，稌黍豐農。三獻既周，聖靈顯容。小孫時思恩德兮惟憹。
還宮　仰皇祖兮聖神功，祀典陳兮報莫窮。嘗祫告竣，鸞馭旋宮。皇靈在天主在室，萬祼陟降何有終。
孟冬。迎神　時兮孟冬凛以凄，感時毖祀氣潛回。遡朔風兮北來，仰祖宗兮永慕哉。冬祫是舉兮希鑒歆，小孫恭迓兮捧素裁。初、亞、終獻俱同孟秋。
徹饌　冬烝是舉，俎豆維豐。三獻既周，聖靈顯容。小孫時思恩德兮惟憹。
還宮同孟秋，惟改「嘗祫」爲「烝祫」。

王圻續通考：上以乾明門鷹隼田犬既經放縱，其奉先、奉慈、崇先祭品止依會典所載，鹿兔雉雁其鵕鸃等物不必復用。

春明夢餘録：新太廟成，睿宗帝后遂祔饗，然舊廟猶藏主，凡四孟歲除五饗，饗太廟日仍設祭于睿宗廟。

明會典：嘉靖二十四年，重建太廟成，奉睿宗升祔而罷睿宗廟祭。時饗于正殿，則太祖仍居中，南向。成祖而下以序，東西相向。孟春仍于上旬擇日，孟夏孟秋孟冬仍用朔日，俱合饗。祫祭仍以歲除日。凡儀節俱如舊。

明史禮志：二十四年，新廟成。復定享祫止設衣冠，不出主。

隆慶元年，孟夏時享，以世宗几筵未撤，遵正德元年例，先一日，帝常服祭告几筵，祇請諸廟享祀。其後，時享、祫祭在大祥内者，皆如之。

穆宗本紀：隆慶元年夏四月丙戌朔〔一〕，享太廟。

王圻續通考：隆慶元年，左給事中王治請正獻皇廟位，不報。夏四月朔，舉時饗太廟禮，是日陪祭官大學士李春芳、安鄉伯張鉉、吏部尚書楊博等不至，詔免問。時久廢親祀，人多懈怠，至是上新即位，行之陪祀。諸臣唯英國公張溶等二十七人先至，其餘有陸續陪拜者，有趨門外不及入班者，有全未到者，爲糾儀御史蔡應揚劾奏，有旨姑從寛，遂一無所問。

〔一〕「朔」，原作「朝」，據光緒本、明史穆宗本紀改。

神宗本紀：萬曆三年春正月丁未，享太廟。

明會典：嘉靖間稱六廟，皇祖考妣太皇帝后，皇伯考孝宗敬皇帝、皇伯妣孝康敬皇后，皇考睿宗獻皇帝、皇妣慈孝獻皇后，皇兄武宗毅皇帝、孝靜毅皇后。萬曆七年，以概稱幾廟祖妣未明，更定祝文，通列九廟帝后聖號。

續文獻通考：太常寺卿温純等請更定時饗疏稱：「太廟時饗原設九帝后冠服，今祝文内稱五廟皇祖考妣太皇帝后，照得憲廟而下既備列六帝后，乃又加以五廟則不止于九矣。今查五廟，内實止太祖、成祖、英宗三廟設祭，而祝文則多稱二廟，于座位未合，似應改正。其歲暮大祫，東壁下配饗。設壽春王以下共十五位神牌。案帝系圖，壽春王于太祖爲伯，霍丘以下七王爲兄，寶應以下七王爲姪。自英宗以來相沿稱壽春及霍丘以下七王俱爲皇高伯祖，寶應以下七王爲皇曾伯祖。倫序既紊，且世次已遠，不宜仍稱高曾伯祖。查親盡帝后，止稱徽號。今諸王似應改稱本爵，庶于名義爲協。」上命閣臣議，議：「得時饗之制止于九廟，太祖、成祖百世不遷，其餘則以親序而祧，廟不與焉。查得先廟祝文，弘治中，自憲宗而上稱六廟太皇帝后，嘉靖初自孝宗而上稱六廟皇祖考妣太皇帝后，至孝烈皇后升祔仁宗奉祧，始稱五廟，隆慶間因而不改，蓋其時世宗新升之主，即孝烈舊祔之位，世數猶未增也。至我皇上嗣統，則世次異矣。方乃時饗，祝文自高皇祖憲宗皇帝至皇考穆宗皇帝已備六廟之數，而太祖、成祖、英宗三廟猶仍五廟之稱，揆之世數，名義委屬未妥。臣等竊惟孝莫大于尊祖，禮莫嚴于假廟。當皇上躬親對越之頃，正祖宗神靈陟降之時，帝后尊稱不宜徑從簡略，廟位世次尤當序立分明。合無比照歲暮大祫禮，將時饗祝文通列九廟帝后聖號，以致如在之誠，不必更稱五廟。其大祫配饗壽春等王親屬已遠，稱謂未安，宜將諸王神牌止稱本爵，其皇高伯祖等稱盡行裁去，庶得情理之當合。候命下，容臣等另撰祝文進呈御覽，發下該寺，并壽春等王神牌一體遵照改正施行。」從之。

明史神宗本紀：萬曆十九年夏四月丙申，享太廟。是後，廟祀皆遣代。

熹宗本紀：天啓元年春正月庚辰，享太廟。

莊烈帝本紀：天啓七年八月，即皇帝位。冬十月甲午朔，享太廟。

崇禎十六年冬十月辛酉朔，享太廟。

禮志：奉先殿，洪武三年建。每日朝晡，帝及皇太子諸王二次朝享。皇后率嬪妃日進膳羞。諸節致祭，又録皇考妣忌日，歲時享祀以爲常。宣德元年，奉太宗祔廟畢，復遣鄭王瞻埈詣奉先殿，設酒果祭告，奉安神位。天順七年，奉孝恭皇后祔廟畢，帝還行奉安神位禮，略如祔廟儀。弘治十七年，吏部尚書馬文升言：「南京進鮮船，本爲奉先殿設。輓夫至千人，沿途悉索。今揚、徐荒旱，願倣古凶年殺禮之意，減省以甦民困。」命所司議行之。嘉靖十四年，定内殿之祭并禮儀。清明、中元、聖誕、冬至、正旦，有祝文，樂如宴樂。兩宫壽旦，皇后并妃嬪生日，皆有祭，無祝文、樂。立春、元宵、四月八日、端陽、中秋、重陽、十二月八日，皆有祭，用時食。舊無祝文，今增告詞。舊儀，但一室一拜，至中室跪祝畢，又四拜，焚祝帛。今就位四拜，獻帛爵，祝畢，后妃助亞獻，執事終獻，徹饌，又四拜。忌祭，舊具服作樂，今更淺色衣，去樂。凡祭方澤、朝日夕月，出告、回參，及册封告祭，朔望行禮，皆在焉。先是，册封告祭，以太常寺官執事，仍題請遣官。至萬曆元年，帝親行禮，而遣官之請廢。二年，太常寺以内殿在禁地，用内官供事便。帝俞其請。凡聖節、中元、冬至、歲暮，嘉靖初俱告祭于奉先殿。十五年罷中元祭。四十五年罷歲暮祭。隆慶元年罷聖節、冬至祭。其方澤、朝日、夕月，出告、回參，嘉靖中行于景神殿。隆慶元年仍行于奉先殿。諸帝后忌辰，嘉靖以前行于奉先殿。十八年改高皇帝、后忌辰于景神殿，文皇帝、后以下于永孝殿。二十四年仍行于奉先殿。凡内殿祭告，自萬曆二年後，親祭則祭品告文執事，皆出内監。遣官代祭，則皆出太常。唯品用脯醢者，即親祭亦皆出太常。萬曆十四年，禮臣言：「近年皇貴妃册封，祭告奉先殿，祝文執事出内庭，而祭品取之太常，事體不一。夫太常專主祀享，而光禄則主膳羞。内廷祭告，蓋取象于食時上食之義也。宜遵舊制，凡祭告内殿，無論親行遣官，其祭品光禄寺供；唯告文執事人親行則辦之内庭，遣官則暫用太常寺。」從之。

蕙田案：明代時享之禮，天子親行，盡革唐、宋以來賞賚陋例，可謂撥雲霧而覩青天矣。世宗建九廟，定特祭祫享之制，尤爲追慕古昔；而奉先殿日享月薦，孝思盎然，較之宋之齋薦神御殿，不更霄壤哉！

右明廟享

五禮通考卷九十七

吉禮九十七

禘祫

蕙田案：周禮大宗伯宗廟六享，首重肆獻祼、饋食，肆獻祼爲禘，饋食爲祫。司尊彝「四時之間祀，追享、朝享」，追享爲禘，朝享爲祫。禘則禘其祖之自出，以其祖配之，見於大傳。祫則毁廟與未毁廟之主皆合食於太祖，見於公羊傳，義本粲如。自春秋時，魯禮上僭，王章下替，聖人累書，用彰其失。漢儒不達，準魯推周，各據所聞，著爲傳記，紛淆始矣。鄭氏推衍注釋，罔有定見，先儒譏之。更歷後代，奉爲典章，諸儒發難，同異蠭起。至唐陸氏，據大傳以釋禘，據公羊以定祫，宋儒朱子一遵其説，然後康成之釁叢，攘剔無餘，而大宗伯之六祭，昭如日月矣。兹輯「禘祫」一門，先禮經正義，次傳記異同，凡諸儒辨論，以類附從，而歷代典禮，亦略該備。其祭祀儀節，已具時享，不重出焉。

經傳禘祫正義

周禮春官大宗伯：以肆獻祼享先王，以饋食享先王。注：宗廟之祭，肆獻祼、饋食，在四時之上，則是祫也，禘也。肆者，進所解牲體，謂薦孰食也。獻，獻醴，謂薦血腥也。祼之言灌，灌以鬱鬯，謂始獻尸求神時也。祭必先灌，乃後薦腥薦孰。於祫逆言之者，與下共文，明六享俱然。祫言肆獻祼，禘言饋食者，著有黍稷，互相備也。

趙氏匡采曰：肆獻祼、饋食在時享之上。禘以肆獻祼爲主，猶生之有饗也。祫以饋食爲主，猶生之有食也。

蕙田案：注以肆獻祼爲祫，饋食爲禘，趙氏以肆獻祼爲禘，饋食爲祫。夫禘取追遠之義，祭始祖所自出，自以祼獻爲重；祫取合食爲義，毁廟、未毁廟之主皆陳焉，尤以饋食爲重。趙氏之説〔一〕，先儒多從之，是也。

司尊彝：凡四時之間祀，追享、朝享，祼用虎彝、蜼彝，皆有舟；其朝踐用兩大尊，其再獻用兩山尊，皆有罍，諸臣之所昨也。注：鄭司農云：「追享、朝享，謂禘祫也。在四時之間，故曰間祀。」疏：釋曰：此六者皆據宗廟之祭，但春夏同陽，秋冬同陰，其追享、朝享，又是四時之間祀，以類附從，故可同尊也。

黄氏曰：先鄭曰「追享、朝享，謂禘祫也。在四時之間，故曰間祀」，其説是。禘，追祭其所自出，故爲追享。祫，群主皆朝於太祖而合食，故爲朝享。記曰：「喪之朝也，順死者之孝心也。」此朝之義。後鄭亦曰追享，追祭遷廟之主，而曰有所請禱非常禮也。又曰朝享，月朔朝廟，於義通。然月月行之，何以謂之間祀？

山堂考索：禘者，謂追其祖之所自出，故司尊彝又謂之「追享」。禘以祼享先王，其祼也，猶事生之有享也。享以陽爲主，故禘以夏。大宗伯「肆獻祼享先王」，指禘言之也。祫者，合也，所以合聚群主而食之，毁廟之主陳於太祖，未毁廟之主

〔一〕「趙氏」，原作「陸氏」，據光緒本改。

皆升合食於太祖，以其自三年之喪畢而朝於廟爲始，故司尊彝謂之「朝享」。祫以食享先王，其食也，猶事生之有食。食，陰也，故祫以冬。大宗伯「饋食之享」，指祫言之也。

蕙田案：以上禮經禘祫。

禮記大傳：禮，不王不禘。王者禘其祖之所自出，以其祖配之。諸侯及其太祖。大夫士有大事省于其君，干祫及其高祖。

陸氏淳曰：禘者，帝王立始祖之廟，猶謂未盡其追遠尊先之義，故又推尋始祖所出之帝而追祀之。以其祖配之者，謂於始祖廟祭之，而便以始祖配祭也。此祭不兼群廟之主，爲其疏遠，不敢褻狎故也。其年數，或每年一行，或三年一行，未可知也。

趙氏匡曰：不王不禘，明諸侯不得有也。所自出，謂所系之帝。諸侯存五廟，惟太廟百世不遷，及其太祖。言及者，遠祀之所及也。不言禘者，不王不禘，無所疑也。不言祫者，四時皆祭，故不言祫也。有省，謂有功往見省記者也。干者，逆上之意，言逆上及高祖也。據此，體勢相連，皆說宗廟之事，不得謂之祭天。祭法載虞、夏、殷、周禘禮，所謂禘其祖之所自出，蓋禘郊祖宗，並叙永世追祀而不廢絶者也。禘者，帝王立始祖之廟，猶謂未盡其追遠尊先之義，故又推尋始祖所出之帝而追祀之。以其祖配之者，謂於始祖廟祭之，便以始祖配祭也。此祭不兼群廟之主，爲其疏遠而不敢褻狎故也。其年數，或每年，或數年，未可知也。

張子曰：禮，不王不禘，則知諸侯歲缺一祭爲不禘，明矣。夏、殷以禘爲時祭，知追享之必在夏也。欲知禘之説，當如趙伯循斷然立義。禘也、祫也、郊也，必歲有之，豈容有三年五年之説？

喪服小記：王者禘其祖之所自出，以其祖配之。

儀禮喪服傳：都邑之士則知尊禰矣，大夫及學士則知尊祖矣。諸侯及其太祖，天子及其始祖之所自出。

楊氏復曰：大傳及子夏傳二章，皆言大夫祭祖，諸侯又上及其太祖，惟天子禘其祖之所自出，所謂禮不王不禘也。

方氏慤曰：禮，不王不禘，蓋德愈隆而孝愈廣，位愈尊而祭愈遠故也。此禘也，或謂之間祀，或謂之追享，或謂之大祭，或謂之肆獻祼，何也？以其非四時之常祀，故謂之間祀。以其及祖之所自出，故謂之追享。以其比常祭爲特大焉，故謂之大祭。以其猶是生之有享焉，故謂之肆獻祼。

禮記祭法：有虞氏禘黄帝，夏后氏亦禘黄帝。殷人禘嚳，周人禘嚳。

趙氏匡采曰：虞氏禘黄帝，蓋舜祖顓頊出於黄帝，則所謂禘其祖之所自出也。夏后氏禘黄帝，義同舜也。殷祖契出自嚳，故禘嚳，周禘嚳義與殷同。

馬氏端臨曰：先王四時之祭，則有常禮。以常禮爲未足，以極其追遠之意，而又爲禘以祭，則及其所出之祖。「禮，不王不禘，王者禘其祖之所自出。」以傳考之，虞、夏者，黄帝之所自出也，故虞、夏禘黄帝；商、周者，嚳之所自出，故商、周禘帝嚳。

國語魯語：有虞氏禘黄帝，夏后氏禘黄帝，商人禘舜，周人禘嚳。

陳氏禮書：國語言商人禘舜，異於祭法者，蓋宋禮歟？

周語：禘郊之事，則有全烝。注：烝，升也。全其牲體而升之也。

楚語：天子禘郊之事，必自射其牲。

禘郊不過繭栗。注：角如繭栗。

王氏肅聖證論曰：昭王問觀射父祀牲何及？對曰：「禘郊不過繭栗。」射父自謂天子之禘，特用繭栗之牲，不以禘爲配天也。

楊氏復曰：愚案王肅以禘用繭栗之牲而非祀天，此言是矣。但王肅又以禘爲殷祭，則與祫無異，而不知所謂禘者，禘其祖之所自出，亦未爲得也。愚謂祭天用騂犢，天子適諸侯，諸侯膳用犢，尊尊之義也。禘者，禘其所自出之帝也。尊而且遠，亦用繭栗，尊之如天也。祖考與天本一氣，祖考近而親，故以人道事之。所自出之帝，尊而且遠，故以天道事之也。

中庸：郊社之禮，所以事上帝也。宗廟之禮，所以祀乎其先也。明乎郊社之禮、禘嘗之義，治國其如示諸掌乎？

朱子集注：郊，祭天。社，祭地。不言后土者，省文也。禘，天子宗廟之大祭，追祭太祖之所自出于太廟，而以太祖配之也。嘗，秋祭也。四時皆祭，舉其一耳。禮必有義，對舉之，互文也。示，與視同。視諸掌，言易見也。此與論語文意〔一〕，大

〔一〕「意」，原脱，據光緒本、四書章句集注中庸章句補。

同小異，記有詳略耳。

朱子語録：禘只祭始祖及所自出之帝二者而已。

論語：或問禘之説。子曰：「不知也。知其説者之于天下也，其如示諸斯乎！」指其掌。

朱子集注：先王報本追遠之意，莫深于禘。非仁孝誠敬之至，不足以與此，非或人之所及也。而不王不禘之法，又魯之所當諱者，故以不知答之。示與視同。指其掌，弟子記夫子言此而自指其掌，言其明且易也。蓋知禘之説，則理無不明，誠無不格，而治天下不難矣。聖人於此，豈真有所不知也哉？

朱子語録：禘是祭之甚大甚遠者。若他祭與祫祭止於太祖，禘又祭祖之所自出，如祭后稷，又推稷上一代祭之，周人禘嚳是也。禘之意最深長，如祖考與己身未相遼絶，祭禮亦自易理會。至如郊天祀地，猶有天地之顯然者，不敢不盡其心。至祭其始祖，已自大段闊遠，難盡感格之道矣。今又推始祖所自出而祀之，苟非察理之精微，盡誠之極至，安能與於此？故知此則治天下不難也。此尚明得，何況其他？此尚感得，何況其他？　自祖宗以來，千數百年只是一氣相傳，德厚者流光，德薄者流卑，但法有止處，所以天子只是七廟。然聖人心猶不滿，故又推始祖所自出之帝以始祖配之，然已是無廟，只是附於始祖之廟。然又惟天子得如此，諸侯以下不與焉，故近者易感，遠者難格。若粗淺之人，他誠意如何得到那裏，不是大段見得道理分明，如何推得聖人報本反始之意，如此深遠，非是將這事去推那事，只是知得此說時，則其人見得道理極高，以之處他事自然沛然也。

爾雅：禘，大祭也。繹，又祭也。注：五年一大祭。疏：知非祭天之禘者，以此文下云：「繹，又祭也。」爲宗廟之祭，知此禘大祭，亦宗廟之祭也。

蕙田案：禘祭之義，傳記及陸氏、朱子諸儒論之審矣。而祭之名曰禘，其說則尚有未盡者。漢張純曰：「禘之爲言諦，諦諟昭穆尊卑之義。」杜預左氏傳注：「三年喪畢，致主於廟。廟之遠主，當遷入祧，因是大祭，以審昭穆，謂之諦。」二說大指略同，然昭穆尊卑，人所共見，何須審諦。方性夫曰：「禘之爲言遞也。月祭及其親廟，而不及祧廟；特祭及其祧廟，而不及毀廟；祫祭及其毀廟，而不及祖之所自出。至於禘，然後及焉，則所及可謂遞矣，此其所以謂之禘也。」然遞及之說，雖有親疏遠近之別，而無等級隆殺之分，猶未圓也。今案：禘字從示從帝，帝者，五帝也。禘者，享帝之祭也。何以言之？諸侯不得祖天子，大夫不得祖諸侯。大夫所祖者，公子也。公子有宗道，而别子爲祖，故大夫不得祖諸侯，則不得祭諸侯也。諸侯以始封之君爲太祖，始封者，諸侯也，以諸侯爲祖，而不得祖天子，則不得祭天子也。惟諸侯而有天下，則既爲天子矣。爲天子則可以祭天子而爲祖，故有虞氏舜，諸侯也，及爲天子，則禘黄帝，黄帝者，顓頊之所自出也。不以幕爲祖，而祖顓頊，則可以舉天子之祭，禘黄帝也。夏后氏禹〔一〕，諸侯也，及爲天子，乃亦祖顓頊而禘黄帝也。殷始封之祖契，諸侯也，殷以爲始祖，及爲天子，乃祖契而禘嚳。嚳，契之所自出之帝也。周始封之祖稷，諸侯也，周以爲始祖。及爲天子，乃祖稷而禘嚳，嚳，稷之所自出之帝也。故曰：「禘者，享帝之祭也。」此之謂「不王不禘」。不王不禘者，不爲天子，不得祖天子而行祭帝之禘禮也。明乎此，而大傳、小記、祭法之文一以貫之；明乎此，而夫子答或人以「不知」及「治國如指掌」之義，亦可想見，諸儒糾紛之説，不攻而自破。此蓋以禘之字

〔一〕「禹」，原脱，據光緒本補。

義，合諸經傳，求而得之，不自知其是與否也。

宗元案：禘字謬解甚多。以禘爲諦者，乃因喪畢吉禘而轉爲「諦視昭穆」之諦。夫昭穆自有常班，新主入廟，自可循次而升，何待諦視而始定，且於大禘無涉。其解禘爲遞者，則以爲由近而遞及於遠，故及於所自出，亦未免支離牽附也。惟以禘字爲从帝从示，則字義的確矣。而近又以帝爲天帝之帝，因指爲宗祀明堂以配上帝之禮，則與康成郊禘皆祭天之説何異哉？愚向者竊以爲商、周始祖皆諸侯，而所自出之帝則帝嚳也，即虞、夏二代之所禘亦黄帝也。故禘从帝，爲近取即是，何用他求？今得此論，而益復豁然，乃知理到確鑿處，即人有同心而别無二解也。

附辨鄭氏三禘之説：

鄭氏禮記祭法注：有虞氏禘黄帝，此禘，謂祭昊天於圜丘也。大傳「不王不禘」注：凡大祭曰禘。大祭其先祖所由生，謂郊祀天也。王者之先祖，皆感太微五帝之精，以生蒼則靈威仰也，赤則赤熛怒，黄則含樞紐，白則白招拒，黑則汁光紀，皆用正歲之正月郊祭之，蓋特祭焉。孝經曰「郊祀后稷以配天」，配靈威仰也。周禮大司樂注曰：此三者，皆禘大祭也。天神則主北辰，地祇則主崑崙，人鬼則主后稷。賈疏〔一〕：案爾雅云「禘，大祭」，不辨天神、人鬼、地祇，則皆有禘稱也。祭法曰「禘黄帝」之等，皆據祭天于圜丘。大傳云「王者禘其祖之所自出」，據夏正郊天。論語「禘自既灌」，據祭宗廟。是以鄭云三者，皆禘大祭也。

趙氏匡采曰：鄭玄注祭法云：「禘謂配祭昊天上帝於圜丘也。」蓋見祭法所説文在郊上，謂爲郊之最大者，故爲此説耳。祭法所論「禘郊祖宗」者，謂六廟之外永世不絶者，有四種耳，非關祭祀也。禘之所及最遠，故先言之耳，豈關圜丘哉？若實圜丘，五經之中，何得無一字説出？又云「祖之所自出，謂感生帝靈威仰也」，此何妖妄之甚？此文出自讖緯，始於漢哀、平間僞書也，故桓譚、賈逵、蔡邕、王肅之徒，疾之如仇，而鄭玄通之於五經，其爲誣蠹甚矣。

楊氏復曰：大傳所論，宗廟之祭隆殺遠近耳，于祀天乎何與？而孔氏引爲祭感生帝；大司樂「冬至圜丘」一章，與禘祭絶不相關，而注稱圜丘爲禘；祭法「禘祖宗」三條，分明説宗廟之祭，惟郊一條謂郊祀以祖配天耳，而注皆指爲祀天；同歸於誤，

〔一〕「賈」，原作「孔」，據光緒本改。

其病安在？蓋讀祭法不熟而失之也。夫祭法，歷叙四代禘郊祖宗之禮，禘文皆在郊上，蓋謂郊止於稷，而禘上及乎嚳，禘之所及者最遠，故先言之耳。鄭氏不察，謂禘又郊之大者，於是以祭法之禘爲祀天圜丘，以嚳配之；以大傳之禘爲正月祀感生帝于南郊，以稷配之。且祭法之禘，與大傳之禘，其義則一，皆言禘其祖之所自出也，鄭氏强析而爲配天兩意，遂分圜丘與郊爲兩處，昊天上帝與感生帝爲兩祀，嚳配天與稷配天爲兩事，隨意穿鑿，展轉支蔓，何其謬耶？幸而王肅諸儒力爭之於前，趙伯循與近代大儒辨正之於後，大義明白，炳如日星，而周公制作之意可以復見。不然，則終于晦蝕而不明矣，可勝歎哉！

又曰：禮經惟禘禮爲注疏汩壞最甚。夫禘，王者之大祭。王者既立始祖之廟，又推始祖所自出之帝，祀之於始祖之廟，而以始祖配之，見於大傳、小記、祭法及儀禮、子夏傳甚詳且明如此。鄭康成見祭法禘又皆在郊上，率爾立論，謂禘大於郊，而以禘爲祭天之名，既又以地示、宗廟亦是大祭，復指禘爲祭地示、祭宗廟之名，且於大司樂注中立爲三禘之説以實之，支離泛濫，不可收拾，諸儒已辨其謬矣。

馬氏端臨曰：鄭氏注禘其祖之所自出，以爲王者之先祖，皆感太微五帝之精以生，祖者后稷也，祖之所自出者，蒼帝靈威仰也。遂指禘以爲亦祭天之禮，混禘于郊，捨嚳而言靈威仰，其説妖妄，支離特甚，先儒多攻之。蓋祖者，后稷也。祖之所自出者，帝嚳也。郊祀只及稷，而禘則上及嚳，是宗廟之祀，莫大於禘，故祭法先禘於郊，以其所祀之祖最遠故耳，于祀天無預也。至楊氏引子夏傳以釋「祖之所自出」，其説尤爲明暢云。

附辨鄭氏禘兼群廟：

鄭氏司尊彝注：追享，禘也。謂追祭遷廟之主，以事有所請禱。

孔氏安國曰：禘祫之禮，爲序昭穆，故毁廟之主及群廟之主皆合食于太廟。

程子曰：禘其祖之所自出之帝，以所出之帝爲東向之尊，其餘合食于其前，是爲禘也。

陸氏淳曰：禘於始祖廟祭所出之帝，便以祖配，不兼群廟。

陳祥道曰：陸淳謂禘祭不兼群廟，爲其疏遠，不敢褻狎，殆未嘗考之于經也。詩頌長發大禘而歌「玄王桓撥」、「相土烈烈」，則不兼群廟之説，其足信哉！

趙氏匡曰：禘者，王之大祭也。王者既已立始祖之廟，又推始祖所自出之帝祀之於始祖之廟，而以始祖配之也。

朱子曰：以始祖配祭，而不及群廟之主，不敢褻也。程先生說禘是禘其祖之所自出，併群廟之主皆祭之。所謂禘之說，恐不然，故論語集注中止取趙伯循之説。

楊氏復曰：禘祭不兼群廟之主，此非趙伯循之臆説也。大傳云：「王者禘其祖之所自出，以其祖配之。」則不兼群廟之主明矣。曾子問曰：「祫祭其太廟，祝迎四廟之主。」又云：「非祫祭，則七廟、五廟無虚主。」公羊傳曰：「大事者何？大祫也。毁廟之主，陳於太祖。未毁廟之主，皆升合食于太祖。」此皆指祫祭而言，並無一言説禘爲殷祭，則禘不兼群廟之主，又明矣。是以朱子疑長發爲大祫之詩，疑雝爲武王祭文王而徹俎之詩，是蓋以理決之，而不爲詩序所惑也。且詩頌長發大禘但述玄王以下，而上不及於所自出之帝；雝禘太祖無一詞及其嚳、稷，而皆稱述文王、武王，則安得謂之禘詩乎？詩序之不足信，於此尤可見矣。

附辨鄭氏禘各于其廟：

鄭氏禘祫志：太王、王季以上，遷主祭于后稷之廟，其坐位與祫祭同。文、武以下遷主，若穆之遷主，祭于文王之廟，文王居室之奥，東面；文王孫成王居文王之東而北面。以下穆王直至親盡之祖，以次繼而東，皆北面，無昭主。若昭之遷主，祭于武王之廟，武王居室之奧，東面；其昭孫康王亦居武王之東而南面，亦以次繼而東，直至親盡之祖，無穆主也。

王氏肅曰：如鄭玄言各於其廟，則無以異四時常祀，不得謂之殷祭。

趙氏匡曰：儒者以禘、祫俱大祭，祫則於太祖列群廟之主，禘則於文、武廟各迎昭穆之主。夫太廟之有祫祭，象生有族食之義，列昭穆，齒尊卑。今乃分昭穆，各於一廟集之，有何理哉？又五經中何得無似是之説？若信有此理，五廟、七廟有虚主，曾子問篇中何得不該？蓋儒者無以分别禘祫之異，强生此義，又何怪哉？

附辨劉歆禘爲終王：

劉氏歆曰：春秋外傳曰「日祭月祀，時享歲貢終王」，大禘則終王。

王氏安石曰：大傳「不王不禘」，不王之王與王者之王，其義不同。不王之王，謂終王也。王者之王，謂天子也。國語曰「荒服終王」，韋昭曰「終謂世終」，劉歆曰「大禘則終王」，顔師古曰「每一王終，新王即位，乃來助祭」，此不王不禘之旨也。

吴氏仁傑曰：説禮不王不禘，王如來王之王。四夷之君，世見中國，一世王者立，則彼一番來朝，故王者行禘禮以接之；彼本國之君一世繼立，則亦一番來朝，故歸國則亦行禘禮。

蕙田案：大傳「不王不禘」，明諸侯不得通禘耳，與終王世見無涉。劉歆諸儒誤解於前，安石、斗南附會於後，並不可從。

觀承案：劉歆以外傳有「歲貢終王」之文，而以終王爲大禘，殊謬。或者以吉禘之禘當之，庶幾稍合。蓋新王入廟，而行吉禘之禮，則是一王終也，而介甫乃以「不王不禘之王」解終王，則尤牽合矣。不王之王，明指王者而言，可別解歟？

又案：以上禘。

春秋文公二年八月丁卯，大事于太廟。公羊傳：大事者何？大祫也。大祫者何？合祭也。其合祭奈何？毁廟之主，陳於太祖。未毁廟之主，皆升合食於太祖。注：以言大，與有事異。毁廟，謂親過高祖，毁其廟，藏其主於太祖廟中。太祖，周公之廟。陳者，就陳列太祖前，太祖東向，昭南向，穆北向，其餘孫從王父。父曰昭，子曰穆。敬自外來曰升。

穀梁傳范注：祫祭者，皆合祭諸廟已毁、未毁者之主於太祖廟中，以昭穆爲次序，父爲昭，子爲穆，昭南向，穆北向，孫從王父坐也。祭畢，則復還其廟。

楊氏復曰：此謂大合毁廟與未毁廟之主於太祖之廟而祭之也。

禮記曾子問：祫祭於祖，則祝迎四廟之主。主出廟入廟，必蹕。疏：當祫之年，則祝迎高、曾、祖、禰四廟，而于太祖廟祭之。天子祫祭，則迎六廟之主，四廟，舉諸侯言也。出廟者，謂出己廟而往太祖廟。入廟，謂從太祖廟而反還入己廟。

當七廟、五廟無虚主。虚主者，惟祫祭於祖，爲無主耳。

禮器：大饗，其王事與？注：謂祫祭先王。疏：孝經云：「四海之内，各以其時來助祭。」故云大享是祫祭也。以享中最大，故稱大享。三牲、魚、腊，四海、九州之美味也。籩、豆之薦，四時之和氣也。内金，示和也。束帛加璧，尊德也。龜爲前列，先知也。金次之，見情也。注：金照物。金有兩義，先入後設。丹、漆、絲、纊、竹、箭，與衆共財也。其餘無常貨，各以其國之所有，則致遠物也。其出也，肆夏而送之，蓋重禮也。注：出，謂諸侯之賓也。禮畢而出，作樂以節之。肆夏當爲陔夏。疏：大享諸侯，則諸侯出入奏肆夏。此經其助祭之後，禮畢，客醉而後出，宜奏陔夏，故燕禮、大射賓出奏陔夏，明不失禮也。

樂記：大饗之禮，尚玄酒而俎腥魚。大羹不和，有遺味者矣。注：大饗，祫祭先王，以腥魚爲俎實，不臑熟之。大羹，肉湆，謂不以鹽菜。

大戴禮：大饗尚玄尊，俎生魚，先大羹，貴飲食之本也。大饗尚玄尊而用酒，食先黍稷而飯稻粱，登嚌大羹而飽乎庶羞，貴本而親用也。

附辨張純祫止毁廟：

張氏純曰：舊制，三年一祫，毀廟主合食高廟，存廟主未嘗合祭。

蕙田案：公羊傳云：「毀廟之主，陳于太祖。未毀廟之主，皆升合食於太祖。」漢制，祫止毀廟，不及存廟，未審所據何經。

附辨王肅祫不及毀廟：

王氏肅曰：禘者，毀廟之主皆合於太祖。祫者，惟未毀之主合而已矣。

蕙田案：一祫祭也，割其半以爲禘，又割其半以爲祫，禘祫之禮于是胥失。

又案：以上祫。

附辨賈逵、王肅禘祫一祭二名：

賈逵、劉歆曰：禘祫，一祭二名，禮無差降。

王氏肅曰：曾子問惟祫于太祖，群主皆從，而不言禘。臣以爲禘祫殷祭，群主皆合舉，祫則禘可知也。論語孔子曰：「禘自既灌而往者，吾不欲觀之矣。」所以特禘者，以禘大祭，故欲觀其盛也。禘祫大祭，獨言禘，則祫亦可知矣。

孔穎達王制疏：左氏及杜氏則皆以禘爲三年一大祭，在太祖之廟，傳無祫文，然則祫即禘也，取其序昭穆謂之禘，取其合集群祖謂之祫。

後漢書章懷太子賢注：「禘祫俱是大祭，名可通也。」

陳氏禮書：漢時以禘祫爲一祭，故其禮始紊。山堂考索：大宗伯肆獻祼是禘祭也，饋食是祫祭也。司尊彝追享是禘祭，朝享是祫祭也。既有此别，而賈逵、劉歆以爲禘祫一祭二名，漢平帝祫祭于明堂，而張純以爲禘祭，章懷太子注云：「是大祭，名可通也。」周禮既曰肆獻祼，又曰饋食，既曰追享，又曰朝享，差别其禘祫也。祫則及毀廟之主，禘則及於祖之所自出也，安得一祭而二名哉？

附辨胡寅天子有禘無祫：

胡氏寅曰：禘祫皆合食也，故君子曰：禘其所自出之帝，爲東向之尊，其餘合食于前，此之謂禘。諸侯無所自出之帝，則于太祖廟合群廟之主而食，此之謂祫。天子禘，諸侯祫，上下之殺也。魯諸侯何以得禘，成王追念周公有大勳勞于天下，賜魯以天子禮樂，使用諸太廟，上祀周公，于是乎有禘，所以春秋言禘不言祫也。孔子曰：「魯之郊禘，非禮也。」則知諸侯無禘而當祫，天子無祫而有禘，豈不明白而易知乎？

馬氏端臨曰：以禘祫爲共一祭而異名，以禘爲合祭祖宗審諦昭穆之義，漢儒之説也。近代諸儒多不以爲然，獨致堂從之。然大傳：「禮，不王不禘，王者禘其祖之所自出，以其祖配之。」而即斷之曰：「諸侯及其太祖，大夫士有大事，省于其君，干祫及其高祖。」其文意亦似共只説一祭。天子則謂之禘，所謂不王不禘，而祭則及其祖之所自出。諸侯則不可以言禘，而所祭止太祖。大夫士又不可以言祫，必有功勞見之于君，許之祫則干祫可及高祖。蓋共是合祭祖宗而以君臣之故，所及有遠近，故異其名。所以魯之禘祭者，即祫也。若大傳文，諸侯之下更有一祫字，則其義尤明。

楊氏復曰：漢儒之論，混禘於祫，皆以爲合食於太祖，則禘祫無辨矣。而又欲勉强穿鑿，分别其所以不同，此所以紛紛多端而莫之一也。混禘于祫，而禘之禮遂亡；混祫于禘，而祫之禮亦紊，可不惜哉！

蕙田案：致堂謂天子無祫而有禘，正坐誤以禘祫皆合食之故。信齋所謂混禘於祫，而禘之禮遂亡；混祫於禘，而祫之禮亦紊，正中其弊。文獻通考既知鄭氏之爲臆説，又知混禘祫爲一之非，而於致堂之説，仍有取焉，可謂信道不篤者矣。近世萬斯同猶述之，異哉！

又案：天子宗廟之禘祫，當以周禮大宗伯、司尊彝二職之文爲定，而司尊彝之文尤明。其言曰：「春祠夏禴，秋嘗冬烝。四時之間祀，追享、朝享。」祠禴嘗烝，四時之正祭也。追享即禘祭，取追遠之義，故名追享。朝享即祫祭，群廟之主皆升，合食於太祖，有朝之義，故名朝享。以其間於四時正祭之中，故名四時之間祀。大宗伯之職曰：「以肆獻祼享先王，以饋食享先王。」肆，陳牲也。獻，獻酒醴也。祼，以鬱鬯之酒灌地降神也。饋食，薦黍稷也。肆獻祼以禘祭言，饋食以祫祭言，蓋追始祖所自出，尤以祼獻爲重。祫則陳毀廟之主而合食焉，尤以饋食爲重也。禘祭之禮，當以大傳之文爲定。曰：「禮，不王不禘，王者禘其祖之所自出，以其祖配之。」趙伯循謂：「禘，王者之大祭，王者既立始祖之廟，又推始祖所自出之帝，祀之於始祖之廟，而以始祖配之也。」朱子謂「禘，止祭始祖所自出之帝，及始祖二位，不及群廟之主」是也，故字從示從帝。禘者，天子享帝之祭也。諸侯不敢祖天子，惟王者可以追始祖所自出之帝而祭之，所祭者帝，故曰禘，乃天子之禮也。祫祭之禮，當以公羊傳之文爲定，曰：「大事者何？大祫也。」大祫，毀廟之祖陳於太祖，未毀廟之主皆升，合食於太祖。蓋毀廟之主藏於太廟之夾室，故出而陳之。未毀廟之主皆在各廟，故祝迎之，使升於太祖而合食焉。曾子問曰：「祫祭則祝迎四廟之主。」諸侯五廟，一爲太祖廟，毀廟之主皆藏焉，故惟迎四廟之主也。天子則迎六廟之主，故曰「周旅酬六尸」。七廟，七尸，始祖后稷發爵不受旅，故旅酬止六尸也。祫有時祫，有大祫。時祫，未毀廟之主合食於太祖。大祫，則合毁廟、未毁廟之主皆升合食，公羊所云，則大祫也。天子有禘、有祫，諸侯無禘而有祫。其禘祫之期，亦當以周禮司尊彝之文爲定。其文曰：「四時之間祀。」間祀者，間於四祭之中。四祭歲歲有之，則間祀亦歲歲有之也。橫渠張子曰：「禘也，祫也，郊也，必歲有之，豈容有三年、五年之説？夫天子每歲必郊，每歲必禘祫可知。」張子之説爲是。乃鄭康成從禮緯之説，云「三年一祫，五年一禘」。夫以三年、五年禘祫合計之，則第一祫在三年，第一禘在五年，第二祫在六年，第三祫在九年，第二禘在十年，第四祫在十二年，第五祫、第三禘俱在十五年，此唐太常議所謂或比年頻合，或同歲再序，或一禘之後并爲再祫，或五年之内驟有三殷，求於禮經，頗爲乖失。禘祫之紊，其由是也。若其祭時，禘以獻祼爲主，陽義也；祫以饋食爲主，陰義也。漢張純曰：「禘祭以夏四月，夏者，陽氣在上，陰氣在下，故正尊卑之義也。祫以冬十月，冬者，五穀成熟，物備禮成，故合序飲食也。」其義甚精明。集禮移在歲暮，於禮意同一揆也。又案大司馬職：「仲夏教茇舍，獻禽以享礿；仲冬教大閲，獻禽以享烝；仲春教振旅，獻禽以祭社；仲秋教治兵，致禽以祭祊。」舉方社而祠嘗可知。然則周禮，宗廟一歲蓋六祭，仲春而祠，孟夏而禘，仲夏而禴，仲秋而嘗，孟冬而祫，仲冬而烝，所謂四時之間祀，蓋不爽也。禘祫正義，其著於經傳而可據者如此。至其異同乖剌之故，詳見後方。

右經傳禘祫正義

傳記言禘祫不同

禮記王制：天子、諸侯宗廟之祭，春曰礿，夏曰禘，秋曰嘗，冬曰烝。注：此蓋夏、殷之祭名。周則改之，春曰祠，夏曰礿，以禘爲殷祭。詩小雅曰：「礿祠烝嘗，于公先王。」此周四時祭宗廟之名。疏：此一節論夏、殷天子諸侯大夫四時祭宗廟之事，祭名與周不同，故以爲夏、殷之祭。又無文，故稱「蓋」以疑之。此云春礿，而郊特牲云「春禘」者，鄭彼注云「禘當爲禴」〔一〕，從此爲正。祭義曰「春禘」，鄭注直云「夏、殷禮」，不破「禘」字者，已見郊特牲注，故略之也。知以禘爲殷祭者，公羊傳曰「五年而再殷祭」，又春秋僖八年「秋七月禘於太廟」，是禘爲殷祭。殷，大也，謂五年一大祭。引詩小雅，是文王天保之詩，謂文王受命，已改殷之祭名，以夏祭之禘，故名曰礿。而詩先礿後祠，從便文，嘗在烝下，以韻

〔一〕「當」，原作「宜」，據光緒本、禮記正義卷一二改。

句也。

郊特牲：饗、禘有樂，而食、嘗無樂，陰陽之義也。春禘而秋嘗。注：此「禘」當爲「禴」，字之誤也。王制曰：「春禴夏禘。」疏：依禮，三代無春禘之文，周則春曰祠，王制夏、殷之禮云「春曰禴」，今云「春曰禘」，故知「禘」當爲「禴」。此經所論，謂夏、殷禮也。舉春見夏，舉秋見冬。

祭義：君子合諸天道，春禘秋嘗。禘有樂而嘗無樂。注：春禘，夏、殷禮也。周以禘爲殷祭，更名春祭曰祠。疏：案王制云：「春礿夏禘。」周禮大宗伯：「春祠夏礿。」今云「春禘」，故鄭曰「夏、殷禮」。然王制春曰礿，此云春禘，禘當爲礿，于郊特牲已注，故此不言也。

祭統：凡祭有四時，春祭曰礿，夏祭曰禘，秋祭曰嘗，冬祭曰烝。礿、禘，陽義也。嘗、烝，陰義也。禘者，陽之盛也；嘗者，陰之盛也，故曰：「莫重於禘、嘗。」古者於禘也，發爵賜服，順陽義也。於嘗也，出田邑，發秋政，順陰義也。

王制：天子犆礿，祫禘，祫嘗，祫烝。諸侯礿則不禘，禘則不嘗，嘗則不烝，烝則不礿。諸侯礿犆，禘一犆一祫，嘗祫，烝祫。注：犆，猶一也。祫，合也。天子諸侯之喪畢，合先君之主於祖廟而祭之，謂之祫。後因以爲常。天子先祫而後時祭，諸侯先時祭而後祫。凡祫之歲，春一礿而已。不祫，以物無成者不殷祭。周改夏祭曰礿，以禘爲殷祭也。魯禮，三年喪畢而祫於太祖，明年春禘於群廟。自爾之後，五年而再殷祭，一祫一禘也。虞、夏之制，諸侯歲朝，故四時礿、禘、嘗、烝，必廢一祭。

礿禘，互明禘、礿文也。禘一禘一祫，下天子也。祫歲不禘。疏：此一節論夏、殷天子諸侯大祭及時祭之事。天子之祭，當祫之歲，以春物未成，不爲祫祭。惟禘爲時祭之礿，故云「禘礿」。夏秋冬之時，先爲祫祭，後爲時祭，故云「祫禘，祫嘗，祫烝」也。鄭注「先祫而後時祭」者，以經曰「祫禘，祫嘗，祫烝」，天子位尊，故先爲大禮也。「諸侯先時祭而後祫」者，以下云「嘗祫，烝祫」，諸侯位卑，取其漸備，故先小禮，後大禮，此等皆殷以前之制，但不知幾年一祫。禮緯云「三年一祫，五年一禘」，鄭云「百王通義」，則虞、夏、殷、周皆同三年一祫也。皇氏以爲虞、夏祫祭，每年皆爲。又云「三時祫」者，謂夏秋冬。或一時得祫則爲之，不三時俱祫。今鄭注云：「春一礿而已。不祫，以物無成，不殷祭。」又禘祫志云：「王制記先王之法，祫爲大祭，祫于秋于夏于冬。周公制禮，祭不欲數。」如鄭此言，則夏、殷三時俱殷祭，皇氏之說非也。鄭注謂「魯禮三年喪畢而祫于太祖」者，案文二年八月丁卯「大事于太廟」，公羊傳云：「大事者何？大祫也。」通僖公死之年爲三年也。注謂「明年春禘于群廟」者，案僖公八年「禘于太廟」，宣八年「有事于太廟」，有事，禘也。皆八年禘者，既五年一禘，則後禘去前禘五年也。前禘當三年，今二年而祫，故云「明年春禘于群廟」。案閔二年五月「吉禘于莊公」，昭十五年「禘于武宫」，昭二十五年「將禘于襄公」，禘皆各就廟爲之，故云群廟。注謂「自爾之後，五年而再殷祭」者，公羊傳文。「自爾」謂三年禘群廟之後，每五年之内，再爲殷祭，故鄭禘祫志云：「閔公之喪，僖三年禘，僖六年祫，僖八年禘。凡三年喪畢，二年爲祫，三年爲禘。」皆祫在禘前。其禘祫大小，鄭以公羊傳云「大事者何？大祫也」，「毁廟之主陳于太祖，未毁廟之主皆升，合食于太祖」，故爲大事。若王肅、張融、孔晁皆據逸禮以禘爲大，祫爲小，鄭不用逸禮。又曾子問云：

「七廟、五廟無虚主，虚主者，惟天子崩與祫祭，取群廟之主」，明禘祭不取群廟之主可知。爾雅云：「禘，大祭也。」謂比四時爲大也。若左氏及杜氏則皆以禘爲三年一大祭，在太祖之廟。傳無祫文，然則祫即禘也。取其序昭穆謂之禘，取其合集群祖謂之祫。注謂「虞、夏之制」者，雜明諸代，不專殷也。又「春礿」注云夏、殷，則知夏、殷春祭俱名礿也。虞、夏之制，諸侯歲朝，皆缺一時之祭。此從南方始。南方諸侯春礿祭竟，夏來朝，故缺夏禘，故云礿則不禘。西方諸侯行夏祭竟，而秋來朝，故不嘗也。北方諸侯行秋祭竟，而冬來朝，故廢烝。東方諸侯行冬祭竟，而春來朝，故廢礿。各廢一時耳，餘三時皆祭也。今不從東方始而從南方始者，欲舉春礿得祭者爲始故也。「礿犆」者，諸侯降于天子，故礿在犆上也。欲見先時祭，故礿在犆上。「禘一犆一祫」者，言諸侯當在夏祭一禘之時，不爲禘祭，惟犆一祫而已，缺時祭也。不云一禘而云禘一者，禘在一前，與礿在犆前，其義同，皆見先時祭也。「嘗祫烝祫」者，謂諸侯先作時祭烝嘗，然後爲大祭之祫也。

程子曰：諸侯亦祭祫，只是祠禴嘗烝之祭爲廟禮煩，故每年于四祭之中，三祭合食於祖廟，惟春則祭諸廟也。

張子曰：天子犆礿，祫禘，祫嘗，祫烝，知天子廟春犆礿於太祖，夏禘、秋嘗、冬烝並祫祭于太祖之廟。嘗、禘、祫則天子必親行祭事，故群廟之主皆在太祖之廟，故禮可得而周遍也。若時祭，則逐廟行禮，勢必十數日，仍不得各爲齋戒，以是容有司行事，乃可以同日而事畢。舊説一日徧祭七廟，勢不可及，雖於書有「文王騂牛一，武王騂牛一」，似一日而祭二廟，然恐二王在一廟，而祭之牲則各異也。又曰：天子七廟，一日而行，則力不給，故禮有一犆一祫之説。犆則祭一，祫則徧祭，如春祭高祖，夏祭群廟，秋祭曾，冬又祫。來春祭祖，夏又祫。秋祭禰，冬又祫。

楊氏復曰：程子之言，正解釋「天子犆礿，祫禘，祫嘗，祫烝」之義。其曰「祫合祭也，只是禴祠嘗烝之祭爲廟禮煩，故每年于四祭之中，三祭合食于祖廟，惟春則祭諸廟」，此説推明時祭之本意，最爲明白。張子謂禮有一犆一礿之説，正解釋「諸侯礿犆，禘一犆一祫，嘗祫，烝祫」一章，但本文言礿、嘗、烝三祭皆祫，惟禘一犆一祫禮文殘缺，指不分明，故張子不從其言，又別爲之説。曰「春祀高祖，夏禴群廟，秋祭曾，冬又祫，來春祭祖，夏又祫，秋祭禰，冬又祫」，雖一犆一祫之説若可通，但言犆只祭一廟，而遺其餘廟，恐于人情亦有所不安，不若前程子之言簡而意備也。又春祠夏禴秋嘗冬烝，周時祭名，詩所謂「禴祠烝嘗，于公先王」是也。此云礿禘嘗烝，乃記禮者之誤也。又曰祫祭有二，曾子問曰：「祫祭于祖，則祝迎四廟之主。」王制云：「天子祫嘗祫烝，諸侯嘗祫烝祫，此時祭之祫也。」公羊傳曰：「毁廟之主陳于太祖，未毁廟之主皆升，合食于太祖。」此大祫，毁廟、未毁廟之主而祭之也。祫祭惟有二條，此外無餘禮。漢儒之論，又混禘祫而并言之，何其紛紛多端也！

蕙田案：程子、張子、楊氏三條主時祫之説。

附辨傳記不同及注疏之説：

趙氏匡采曰：問者曰：「若禘非時祭之名，則禮記諸篇所説，其故何也？」答曰：「禮記諸篇，或孔門後之末流弟子所撰，或是漢初諸儒私撰之以求購金，漢初以金購遺書，故儒者私撰禮篇鬻之。皆約春秋爲之。見春秋禘於莊公，遂以爲時祭之名。若非末流弟子及漢初儒者所著，不應差互如此也。見春秋唯兩度書禘，一春一夏，閔二年五月吉禘于莊公，今之三月。僖公八年七月禘于太廟，今之五月也。所以或謂之春祭，或謂之夏祭，各自著書，不相扶會，理可見也。而鄭玄不達其意，故注郊特牲云『禘當爲礿』，祭義與郊特牲同，鄭遂不注，祭統及王制則云『此夏、殷時禮也』。且祭統篇末云『成王追念周公，賜之重祭，郊社嘗禘』是也，何得云『夏、殷禮哉』？遂都不注。」問者曰：「王制所云『礿則不禘，禘則不嘗，嘗則不烝，烝則不礿』，信如鄭説乎？」答曰：「撰此篇者，亦緣見春秋中唯有禘、烝、嘗三祭，謂魯唯行此三祭，遂云爾。若信如鄭注，諸侯每歲皆朝，即遠國來往，須歷數時，何獨廢一時而已。又須往來，當在道路，如何守國理民乎？」問者曰：「明堂位云：『季夏六月，以禘禮祀周公于太廟。』又云：『夏礿秋嘗冬烝。』此即以禘爲大祭，而時祭闕一時，義甚明著也。」答曰：「禮篇之中，夏礿秋嘗冬烝，庸淺鄙妄，此篇爲甚，故云『四代之官，魯兼用之』，又云『君臣未嘗相弑也，禮樂刑法未嘗相變也』。其鄙若此，何足徵乎？鄭玄不能尋本討原，但隨文求義，解此禘禮，輒有四種，其注祭法及小記則云禘是祭天；注詩頌則云禘是宗廟之祭，小於祫；注郊特牲則云禘當爲礿；注祭統、王制則云禘是夏、殷之時祭名。殊可怪也！」問曰：「禘若非圜丘，國語云『郊禘之牛角繭栗』，何也？」答曰：「凡禘皆及五帝，五帝太皞等是也，以其功高，歷代兆於四郊以祭之，比之次於天帝。且郊祀稷牛角猶繭栗，則太皞之牛不得不爾，何足疑哉？」

蕙田案：此條辨時祭夏、殷禮之非。

觀承案：虞、夏、商、周所禘者，各禘其一帝耳。趙氏此條，謂凡禘皆及五帝，兆於四郊以祭之，則又是祭天之説，而混禘於郊矣，其與康成何異而難之哉？此殊不可解。

朱子語録：王制「特礿，祫禘，祫嘗，祫烝」之説，此没理會，不知漢儒何處得此説來。禮家之説，大抵自相矛盾，如禘之義，恐只趙伯循之説爲是。

朱子曰：正義所解亦難曉。礿祭以春物未成，其禮稍輕，須著逐廟各祭。祫禘之類，又却合爲一處，則犆反詳，而祫反略矣。又據正義，禘禮是四處各序昭穆，而大傳謂「禮，不王不禘，王者禘其祖之所自出，以其祖配之」，若周人禘帝嚳，配以后稷是也。如此，則説禘又不可通矣。又云春秋書「禘於太廟，用致夫人」，又不知禘於太廟，其禮如何？太廟是周公之廟，先儒有謂魯亦立文王廟。左氏載鄭祖厲王。諸侯不敢祖天子，而當時越禮如此，故公廟設於私家，皆無理會處。又諸侯礿則不禘一段，是歲朝天子，廢一時祭，春秋朝會無節，豈止一歲廢一時祭而已哉？不然，則或有世子，或大臣居守，豈不可以攝事？

蕙田案：朱子此二條，辨祫禘序昭穆及歲朝廢祭之非。

胡氏寅曰：禮記大傳曰：「禮，不王不禘，王者禘其祖之所自出，以其祖配之。諸侯及其太祖。大夫士省于其君，干祫及其高祖。」是天子禘、諸侯大夫士祫之正文也。終大傳一篇，無舛駁於聖王之教者，此孔氏所傳也。王制乃漢儒刺經爲之，出於孝文之世，其言舛駁於聖王之教者多矣，固非孔氏所傳也。王制之文曰「春礿夏禘」，又曰「天子祫禘，祫嘗，祫烝」，又曰「諸侯禘一犆一祫」，又曰「諸侯礿則不禘，禘則不嘗」。其言紛錯淆亂，莫可案據。鄭氏不能辨正，又曲爲之説，春礿夏禘，乃夏、殷祭名，周則改之，以禘爲殷祭；且王制所載六官之事，皆周制也。此惑於漢儒而不通禘義之一也。又曰「天子諸侯之喪畢，合先君主於祖廟而祭之謂之祫」，此惑於漢儒不通禘義之二也。又曰「天子先祫而後時祭」，此惑於漢儒不通禘義之三也。又曰「魯禮三年喪畢而祫於太祖，明年春禘於群廟」，此惑於漢儒不通禘義之四也。又曰「禘，殷祭也，五年而再殷祭」，一祫一禘，又自叛其説，不曉禘義之五也。又曰「諸侯祫歲不禘，下天子」，此又不曉禘義之六也。其釋大傳禘祫曰「禘其所自出，謂郊天也」，此又斷以己意，不曉禘義之七也。後世惟王制之信憑鄭氏所釋，而不考祭法、大傳及孔子之言，唐遂至夏禘冬祫，始知其數而瀆也，不亦失之遠乎！

虙氏曰：周禮春祠、夏禴、秋嘗、冬烝，此四時之祭名也。考之王制，則春曰礿，夏曰禘；祭統亦曰「春祭曰礿，夏祭曰禘」，與周禮所言春夏之制相反矣。考之郊特牲，則曰「春禘而秋嘗」，祭義亦曰「君子合諸天道，春禘秋嘗」，又與王制、祭統所言春夏之祭相反矣。鄭康成之説，以春礿夏禘爲夏、殷之祭，周則改之，亦無明文可據，蓋康成以意揣之也。至於郊特牲言春禘，鄭康成釋之曰：「禘，當爲『礿』字之誤也。」意謂王制、祭統既言春礿，則此不當言春禘，故以爲「礿」字之誤。然則祭義又言春禘，豈有二篇之文皆誤哉？此不通之論也。

蕙田案：胡氏二條，統論禮記注疏之非。

文獻通考馬氏曰：禘之爲時祭，則王制天子祫禘、諸侯禘一犆一祫之説，左傳烝嘗禘于廟之説，所載晉人言寡君未禘祀之説，皆指時祭而言，無緣皆妄。蓋禘有二名：有大禘之禘，大傳所謂「禮，不王不禘者，禘其祖之所自出，而以祖配之」，禮運所謂「魯之郊禘，非禮也」是也。有時禘之禘，祭義所謂「春禘秋嘗」，王制所謂「天子祫禘，諸侯禘一犆一祫」是也。趙伯循必以禘爲非時祭之名，因不信鄭氏，而并詆禮記、左傳，其意蓋謂禘只是大禘，無所謂時禘。然禘之名義，它不經見，惟禮記詳言之耳。趙氏所言，亦是因不王不禘之説，魯郊禘非禮之説，見得禘爲天子之大祀，故不可以名時祭。然大傳、禮運，禮記也；王制、祭義，亦禮記也。今所本者大傳、禮運，所詆者王制、祭義，是據禮記以攻禮記也。至於烝嘗禘於廟一語，雖左氏所言，然其所載昭公十五年禘於武宫，二十五年禘於襄公，定公八年禘於僖公，襄公十六年晉人曰「寡君之未禘祀」，則皆當時之事，今趙氏皆以爲左氏見經中有禘於莊公一事，故於當時魯國及它國之祭祀，皆妄以爲禘，則其説尤不通矣。安有魯國原無此祭，晉人原無此言，而鑿空妄説乎？蓋魯伯禽嘗受郊禘之賜，則魯國後來所行之禘，其或爲大禘，或爲時禘，亦未可知也。

至於左氏所謂烝嘗禘於廟，晉人所謂寡君未禘祀，則時禘之通行于天子諸侯者，非止魯國行之而已，恐難儕之郊望而例以僭目之也。

蕙田案：宗廟一歲六祭，仲春而祠，孟夏而禘，仲夏而禴，仲秋而嘗，孟冬而祫，仲冬而烝。肆獻祼、饋食，著於大宗伯；四時間祀，詳於司尊彝，不易之説也。至王制、祭義、祭統皆作於漢儒，其言宗廟祭祀，多與周禮不合。如王制云「春曰礿，夏曰禘」，礿與禴通，則誤以夏祭之禴爲春祭，又誤以追享之禘爲時祭。又曰「天子犆礿，祫禘，祫嘗，祫烝。諸侯祫則不禘，禘則不嘗，嘗則不烝，烝則不礿。諸侯礿犆，禘一犆一祫，嘗祫，烝祫」。既誤以禘爲時祭，祫爲春祭，又誤以時祭爲祫祭。趙伯循及朱子、胡氏、處氏排之，可謂明且切矣。馬氏專據禮記、左傳爲時禘之説，據鄭氏以駁趙氏，非也。又譏趙氏據禮記以駁禮記，夫大傳、小記雖出戴氏，獨不思周禮大宗伯及司尊彝之文，豈亦出於戴氏乎？時祫之説，程子、張子亦曾言之，義可並存，至時禘則終未敢遽信也。

詩周頌雝序曰：禘太祖也。箋：禘，大祭也。大於四時，而小於祫。太祖謂文王。疏：雝者，禘太祖之樂歌也。謂周公、成王太平之時，禘祭太祖之廟。詩人以今之太平由此太祖，故因其祭，述其事，而爲此歌焉。

朱子詩序辨：周人禘嚳，又曰「天子七廟，三昭三穆及太祖之廟而七」。周之太祖，即后稷也。禘嚳於后稷之廟，而以后稷配之，所謂禘其祖之所自出，以其祖配之者也。祭法又云「周祖文王」，而春秋家説三年喪畢，致新死者之主於廟，亦謂之吉禘，是祖一號而二廟，禘一名而二祭也。今此序云禘太祖，則宜爲禘嚳於后稷之廟矣，而其詩之詞，無及於嚳、稷者，若以爲吉禘於文王，則與序已不協，而詩文亦無此意，恐序之誤也。此詩但爲武王祭文王而徹俎之詩，而後通用於他廟耳。

范氏處義曰：周以后稷爲太祖，祭法曰「周人禘嚳」，此曰「禘太祖」，何也？曰：禘其祖之所自出，則嚳也；以其祖配之，則后稷也。天子七廟，三昭三穆與太祖之廟而七，禘行於宗廟，嚳既無廟，故舉其配而言之。

商頌長發序曰：大禘也。箋：大禘，郊祭天也。禮記曰「王者禘其祖之所自出，以其祖配之」是謂也。

朱子集傳：序以爲此大禘之詩，蓋祭其祖之所自出，而以其祖配也。蘇氏曰：「大禘之祭，所及者遠，故其詩歷言商之先后，又及其卿士伊尹，蓋與祭於禘者也。

商書曰：『茲予大享于先王，爾祖其從與享之。』是禮也，豈其起於商之世歟？」今案大禘不及群廟之主，此宜爲祫祭之詩。然經無明文，不可考也。

馬氏復京曰：陸淳云：「禘於始祖廟，祭所出之帝，便以祖配，不兼群廟。」朱子蓋同陸說。

蕙田案：何氏休公羊注：「禘所以異於祫者，功臣皆祭也。」蓋即據此詩義而言。楊信齋謂何休祫祭不及功臣，禘則功臣皆祭，案祫烝則功臣皆祭，即司勳所謂「祭於大烝」是也，誰謂祫祭功臣不與享乎？今考禘祭不兼群廟，何緣功臣與享？何休之說非矣。楊氏引司勳「凡有功者祭於大烝」，爲祫祭功臣與享之證，然烝亦四時之祭。盤庚云：「茲予大享於先王，爾祖其從與享之。」孔安國曰：「配食于廟，大享烝嘗也。」此詩序以爲大禘，朱子、楊氏以爲大祫，據周禮及尚書疏，又俱不指禘祫，似孔安國之說爲長。

右傳記言禘祫不同

魯祫禘

春秋閔公二年：夏五月乙酉，吉禘於莊公。

左氏傳：速也。注：三年喪畢，致新死

者之主於廟，廟之遠主當遷入祧，因是大祭以審昭穆，謂之禘。莊公喪服未闋，時别立廟，廟成而吉祭，又不於太廟，故詳書以示譏。疏：僖三十三年傳曰：「凡君薨，卒哭而祔，祔而作主，特祀于主，烝、嘗、禘于廟。」禘祀爲吉祭，説喪事而言禘，知禘是喪終而吉祭也。襄十五年晉悼公卒，十六年傳稱晉人答穆叔云「以寡君之未禘祀」，知三年喪畢乃爲禘也。喪畢而爲禘祭，知致新死之主於廟也。新主入廟，則遠主當遷。知其遷入祧者，祭法云：「天子七廟，有二祧。」則祧是遠祖廟也。周禮守祧「守先王先公之廟祧，其遺衣服藏焉。」廟之遠主，其廟既遷，主無所處，固當遷入祧也。鄭玄以二祧爲文王、武王之廟，遷主入廟，當各從其班，穆入文祧，昭入武祧。禮，諸侯五廟，更無别祧，則當爲太祖之廟爲祧也。遠主初始入祧，新死之主又當與先君相接，故禮因是而爲大祭，以審序昭穆，故謂之禘。禘者，諦也，言使昭穆之次審諦而不亂也。莊公以其三十二年八月薨，至此年五月惟二十二月，故喪制未闋也。公羊傳曰：「其言于莊公何？未可以稱宫廟也。曷爲未可以稱宫廟？在三年之中矣。」三年之中，未得以禮遷廟，而特云「莊公」，知爲莊公别立廟，廟成而吉祭也。僖八年禘于太廟，文二年大事於太廟，宣八年有事於太廟，彼言「大事」「有事」，亦禘祭也。則禘禮必于太廟。今未可以吉祭，而爲吉祭，又不于太廟，故詳書以示譏也。既云「吉禘」，又云「于莊公」，是其詳也。

公羊傳：其言吉何？言吉者，未可以吉也。曷爲未可以吉？未三年也。三年矣，曷爲謂之未三年？三年之喪，實以二十五月。其言于莊公何？未可以稱宫廟。注：時閔公以莊公在三年之中，未可以入太廟，禘之于新宫，故不稱宫廟，明皆非也。穀梁傳：夏五月乙酉，吉禘于莊公。吉禘者，不吉者也。喪事未畢而舉吉祭，故非之也。疏：言「禘於莊公」，即是莊公立宫。而不稱宫者，莊公廟雖立訖，而公服未除，至此始二十二月，未滿三年，故不得稱宫也。此喪服未終，舉吉以非之。凡祭祀之禮，書者皆譏。

僖公八年：秋七月，禘于太廟，用致夫人。注：禘，三年大祭之名。太廟，周公廟。致者，致新死之主于廟，而列之昭穆。夫人淫而與殺，不薨于寢，于禮不應致，故僖疑其禮。歷三禘，今果行之，嫌異常，故書之。疏：此致，致哀姜也。哀姜薨已多年，非復新死，而于今始致者，傳發凡例「夫人不薨于寢則不致」，哀姜例不應致，故僖公疑其禮，喪畢之日，不作禘祭之禮以致之。既不爲哀姜作喪畢禘祭，其禘自從閔公數之，二年除閔喪爲禘，至五年復禘，今八年復禘，姜死以來已歷三禘，今因禘祭，果復行之。三年一禘，禘自是常，不爲夫人禘祭。因禘而致夫人，嫌其異于常禮，故史官書之。若其不致夫人，則此禘得常不書。爲「用致夫人」而書之耳。左氏傳：秋，禘而致哀姜焉，非禮也。凡夫人不薨於寢，不殯於廟，不赴于同，不祔于姑，則弗致也。公羊傳：用者何？不宜用也。致者何？不宜致也。禘用致夫人，非禮也。夫人何以不稱姜氏？貶。曷爲貶？譏以妾爲妻也。其言以妾爲妻奈何？蓋脅于齊媵女之先至者也。穀梁傳：秋七月，禘於太廟，用致夫人。用者，不宜用者也。致者，不宜致者也。注：禮記明堂位曰：

「季夏六月，以禘禮祀周公于太廟。」雜記下曰：「孟獻子曰：『七月日至，可以有事於祖。』七月而禘，獻子爲之。」案宣九年「仲孫蔑如京師」，于是獻子始見經，襄十九年卒，然則失禮非獻子所始明矣。雜記之云，甯所未詳。劉向曰：「夫人，成風也。致之於太廟，立之以爲夫人。」疏：范言此者，以禮記稱「七月而禘，獻子爲之」，此時未有獻子，亦七月而禘，故知失禮，非獻子爲始也。左氏以夫人爲哀姜，因禘祭而致之於廟。公羊以爲僖公本取楚女爲嫡，取齊女爲媵，齊女先至，遂脅公，使立之爲夫人，故因禘祭而見於廟。此傳及注意，則以夫人爲成風，致之者謂致之於太廟，立之以爲夫人。與二傳違者，若左氏以夫人爲哀姜，元年爲齊所殺，何爲今日乃致之？若公羊以爲齊之媵女，則僖公是作頌賢君，縱爲齊所脅，豈得以媵妾爲夫人乎？明知二傳非也。今傳云，一則以宗廟臨之而後貶焉，一則以外之弗夫人而見正焉。檢經、傳之文符同，故知是成風也。

禮記雜記：孟獻子曰：「正月日至，可以有事于上帝。七月日至，可以有事于祖。」七月而禘，獻子爲之也。注：記魯失禮所由也。獻子欲尊其祖，以郊天之月對月禘之，非也。魯之宗廟，猶以夏時之孟月耳。明堂位曰：「季夏六月，以禘禮祀周公于太廟。」疏：此一節明魯郊禘之事。七月，周七月，建午之月也。日至，夏至日也。有事，謂禘祭于祖廟。此言非也。魯之祭祀，猶用夏法。禘于孟月，孟月于夏家是四月，于周爲六月。獻子以二至相當，以天對祖，乖失禮意。「獻子爲之」，記其失所由也。案春秋宣九年，獻子始見經，案僖八年，于時未有獻子。而「七月禘」者，鄭云「以僖公八年正月，公會王人于洮」。六月應禘，以在會未還，故至七月乃禘〔一〕，理不合，譏爲致夫人，故書之。獻子既七月而禘，春秋不書於經，以示譏者，魯時暫行之。此又不云自獻子始，是不恒行也。

陸氏佃曰：此言冬日至可以有事于上帝，夏日至可以有事于祖。七月而禘，僖公蓋嘗用此，秋七月禘于太廟是也。

春秋文公二年：八月丁卯，大事于太廟，躋僖公。注：大事，禘也。躋，升也。僖公，閔公庶兄，繼閔而立，廟坐宜次閔下，今升在閔上，故書而譏之。時未應吉禘，而於太廟行之，其譏已明，徒以逆祀，故特大其事，異其文。疏：昭十五年「有事于武宫」，傳稱「禘于武宫」。有事是禘，則知大事亦是禘也。「躋，升也」，釋詁文〔二〕。公羊傳曰：「躋者何？升也。」禘祭之禮，審諦昭穆，諸廟已毁、未毁之主，皆于太祖廟中以昭穆爲次序。父爲昭，子爲穆。太祖東向，昭南向，穆北向，孫從王父，以次而下，祭畢則復其廟。其兄弟相代，則昭穆同班。近據春秋以來，惠公與莊公當同南面西上，隱、桓與閔、僖亦同北面西上。僖是閔公之庶兄，繼閔而立，昭穆雖同，位次閔下。今升在閔上，故書而譏之。僖公以其三十三年十一月薨，至此年十一月喪服始畢，今始八月，時未應吉禘，而於太廟行之，與閔公二年吉禘于莊公，其違禮同也。彼書「吉禘」，其譏已明，則此亦從譏可知，不復更譏其速也。徒猶空也。空以逆祀之故，亂

〔一〕「七月」，原作「十月」，據光緒本、禮記正義卷四三改。
〔二〕「文」，諸本作「云」，據春秋左傳正義卷一八改。

國大典，故特大其事，謂之「大事」，譏逆祀也。釋例曰：「文公二年，僖公之喪未終，未應行吉禘之禮，而於太廟行之，其譏已明，徒以躋僖而退閔，故特大其祀，異其文。」定八年亦特書「順祀」，皆所以起非常也。「有事于武宫」及「順祀」，傳皆稱「禘」，則知大事、有事于太廟，亦禘也。

左氏傳：秋八月丁卯，大事於太廟，躋僖公，逆祀也。于是夏父弗忌爲宗伯，尊僖公，且明見曰：「吾見新鬼大，故鬼小。先大後小，順也。躋聖賢，明也。明順，禮也。」君子以爲失禮。禮無不順。祀，國之大事也，而逆之，可謂禮乎？子雖齊聖，不先父食，久矣。故禹不先鯀，湯不先契，文、武不先不窋。宋祖帝乙，鄭祖厲王，猶上祖也。是以魯頌曰：「春秋匪解，享祀不忒，皇皇后帝，皇祖后稷。」君子曰禮，謂其后稷親而先帝也。詩曰：「問我諸姑，遂及伯姊。」君子曰禮，謂其姊親而先姑也。注：僖是閔兄，不得爲父子。嘗爲臣，位應在下，令居閔上，故曰「逆祀」。宗伯，掌宗廟昭穆之禮。新鬼，僖公，既爲兄，死時年又長。故鬼，閔公，死時年少。弗忌明言其所見，又以僖公爲聖賢。齊，肅也。臣繼君，猶子繼父。鯀，禹父。契，湯十三世祖。不窋，后稷子。帝乙，微子父。厲王，鄭桓公父。二國不以帝乙、厲王不肖而猶尊尚之。忒，差也。皇皇，美也。后帝，天也。詩頌僖公郊祭上天，配以后稷。先稱帝也。詩，邶風也。衛女思歸而不得，故願致問于姑姊。僖親文公父。夏父弗忌欲阿附君，先其所親，故傳以此三詩深責其意。

公羊傳：八月丁卯，大事於太廟。大事者何？大祫也。大祫者何？合祭也。其合祭奈何？毁廟之主陳於太祖；未毁廟之主皆升，合食於太祖，五年而再殷祭。注：殷，盛也。謂三年祫、五年禘。禘所以異於祫者，功臣皆祭也。祫猶合也。禘猶諦也，審諦無所遺失。禮，天子特禘特祫；諸侯禘則不礿，祫則不嘗；大夫有賜于君，然後祫其高祖。疏：欲言大祭，無禘祫之文；欲言時祭，而經書大，故執不知問。宣八年夏六月，「辛巳，有事于太廟」，彼是時祭，不言大，則知此言大者，是大祭明矣。躋者何？升也。何言乎升僖公？譏。何譏爾？逆祀也。其逆祀奈何？先禰而後祖也。注：升謂西上。禮，昭穆指父子，近取法春秋，惠公與莊公當同南面西上，隱、桓與閔、僖亦當同北面西上，繼閔者在下。文公緣僖公于閔公爲庶兄〔一〕，置僖公於閔上，失先後之義，故譏之。傳曰「後祖」者，僖公以臣繼閔公，猶子繼父，故閔公于文公，亦猶祖也。自先君言之，隱、桓及閔、僖各當爲兄弟，顧有貴賤耳。自繼代言之，有父子君臣之道，此恩義逆順各有所施也。不言吉祫者〔二〕，就十二年不復譏，略爲下張本。疏：閔二年「夏五月乙酉，吉禘於莊公」，傳曰：「其言吉何？言吉者，未可以吉也。曷爲未可以吉？未三年也。」然則吉禘於莊公在三年之内，今此大事亦在三年之内，是不須更言吉祫以譏之，但略言大事于太廟，爲下躋僖公張本而已。

穀梁傳：八月丁卯，大事於太廟，躋僖公。大事者

〔一〕「于」，原作「與」，據光緒本、春秋公羊傳注疏卷一三改。
〔二〕「祫」，原作「禘」，據味經窩本、乾隆本、光緒本、春秋公羊傳注疏卷一三改。

何？大是事也。著祫嘗。祫祭者，毁廟之主陳於太祖；未毁廟之主皆升，合祭於太祖。躋，升也，先親而後祖也，逆祀也。逆祀，則是無昭穆也。無昭穆，則是無祖也。無祖，則無天也。故曰文無天。無天者，是無天而行也。君子不以親親害尊尊，此春秋之義也。注：祖，人之始也。人之所仰，天也。尊卑有序，不可亂也。

襄公十六年左氏傳：晉人曰：「以寡君之未禘祀。」注：禘祀，三年喪畢之吉祭。疏：僖三十三年傳云：「凡君薨，卒哭而祔，祔而作主，特祀于主，烝、嘗、禘于廟。」如彼傳文，則既祔之後，可以爲烝、嘗也。閔二年五月，「吉禘于莊公」，以其時未可吉，書「吉」以譏之。此年正月，晉已烝于曲沃，仍云「未得禘祀」，知其禘祀是三年喪畢之吉祭也。

昭公十五年二月癸酉，有事於武宫。籥入，叔弓卒，去樂卒事。注：略書有事，爲叔弓卒起也。武宫，魯武公廟，成六年復立之。疏：釋例曰：「三年之禘，自國之常。常事不書，故惟書此數事。祭雖得常，亦記仲遂、叔弓之非常也。」是言叔弓之卒非常，故書之也。釋例亦云：「凡三年喪畢然後禘，于是遂以三年爲節。」當仍計除喪即吉之月，卜日而後行事，無復常月也。是以經書禘及大事，傳惟見莊公之速也，無非時之譏也。即如例言，三年一禘。若計襄公之薨，則禘當在二年、五年、八年、十一年、十四年，此年非禘年也。若計齊歸之薨，則禘當在十三、十六年，此年亦非禘年也。而云「祭雖得常」者，釋例曰：「禘於太廟，禮之常也，各于其宫，時之爲也。雖非三年大祭，而書禘，用禘禮也。昭二十五年傳曰：『將禘于襄公』，亦其義也。」是言「于武宮」者，時之所爲，實非禘年用禘禮。此實非常，但經之書惟譏莊公之速，其餘不復譏耳。既不以爲譏，即是得常，故云「祭雖得常」，叔弓爲非常也。

十五年春，將禘於武公，戒百官。梓慎曰：「禘之日，其有咎乎？吾見赤黑之祲，非祭祥也，喪氛也。其在莅事乎？」二月癸酉，禘，叔弓莅事，籥入而卒，去樂卒事，禮也。注：齊戒。祲，妖氛也。蓋見於宗廟，故以爲非祭祥也。氛，惡氣也。莅，臨也。大臣卒，故爲之去樂。

昭二十五年左氏傳：將禘於襄公，萬者二人，其衆萬于季氏。注：禘，祭也。萬，舞也。于禮，公當三十六人。疏：季氏私祭家廟，與禘同日，言將禘，是預部分也。樂人少，季氏先使自足，故于公萬者惟有二人，其衆萬于季氏，輕公重己，故大夫遂怨。臧孫曰：「此之謂不能庸先君之廟。」注：不能用禮也，蓋襄公別立廟。疏：杜以襄若以次第毀，則廟與先公同處，禘於襄公亦應兼祭餘廟。今特云「禘于襄公」，似與先公異處，故云蓋襄公別立廟。

定公八年，從祀先公。注：從，順也。先公，閔公、僖公也。將正二公之位次，所順非一。親盡，故通言先公。疏：傳言「順祀」，是「從」爲「順」也。文二年「大事於太廟，躋僖公」，升僖於閔上。閔先爲君，退在僖下，是逆也。今升閔在僖上，依其先後，是順也。左氏傳：冬十月，順祀先公而祈焉。辛卯，禘于僖公。注：將作大事，欲以順祀取媚。辛卯，十月二日。不於太廟者，順祀之義，當退僖公，懼于僖神，故于僖廟行順祀。

禮記明堂位：成王以周公有勳勞於天下，命魯公世世祀周公，以天子之禮樂。季夏六月，以禘禮祀周公於太廟，牲用白牡，尊用犧、象、山罍，鬱尊用黄目，灌用玉瓚大圭，薦用玉豆雕篹，爵用玉琖仍雕，加以璧散、璧角，俎用梡嶡。升歌清廟，下管象。朱干玉戚，冕而舞大武。皮弁素積，裼而舞大夏。昧，東夷之樂也。任，南蠻之樂也。納夷蠻之樂於太廟，言廣魯於天下也。君卷冕立於阼，夫人副褘立於房中。君肉袒迎牲於門，夫人薦豆籩。卿大夫贊君，命婦贊夫人，各揚其職。百官廢職，服大刑，而天下大服。疏：明祀周公之時，君與夫人卿大夫命婦行禮之儀。尸初入之時，君待之於阼，夫人立於東房中。魯之太廟，如天子明堂也。此文承上「禘祀周公」之下，知周公之德宜享此也。

祭統：昔者周公旦有勳勞於天下，周公既没，成王、康王追念周公之所以勳勞者，而欲尊魯，故賜之以重祭。外祭則郊、社是也，内祭則大嘗禘是也。夫大嘗禘，升歌清廟，下而管象，朱干玉戚以舞大武，八佾以舞大夏，此天子之樂也。康周公，故以賜魯也。子孫纂之，至於今不廢，所以明周公之德，而又以重其國也。

禮運：孔子曰：「嗚呼哀哉！我觀周道，幽、厲傷之，吾舍魯，何適矣！魯之郊、禘，非禮也，周公其衰矣！」

蕙田案：論魯僭禮，詳見「郊祀」門。

論語：子曰：「禘自既灌而往者，吾不欲觀之矣。」

朱子集注：趙伯循曰：「禘，王者之大祭也。王者既立始祖之廟，又推始祖所自出之帝，祀之於始祖之廟，而以始祖配之也。」成王以周公有大勳勞，賜魯重祭，故得禘於周公之廟，以文王爲所出之帝，而周公配之，然非禮矣。灌者，方祭之始，用鬱鬯之酒灌地以降神也。魯之君臣，當此之時，誠意未散，猶有可觀，自此以後，則浸以懈怠而無足觀矣。蓋魯祭非禮，孔子本不欲觀，至此而失禮之中又失禮焉，故發此歎也。

語録：以始祖配祭，而不及群廟之主，不敢褻也。　問：「禘之説，諸家多云魯躋僖公，昭穆不順，故聖人不欲觀，如何？」朱子曰：「禘是於始祖之廟，推所自出之帝，設虚位以祀之，而以始祖配，即不曾序昭穆。故周禘帝嚳，以后稷配之。王者有禘有祫，諸侯有祫而無禘，此魯所以爲失禮也。」　或問：「禮記大傳云：『禮，不王不禘，王者禘其祖之所自出，以其祖配之。』又喪服小記曰『王者禘其祖之所自出』，又下云『禮，不王不禘』，與大傳同，則諸侯不得禘禮明矣。然則春秋書魯之禘，何也？」曰：「成王追寵周公故也。祭統云：『成王追念周公，賜之重祭，郊、社、禘、嘗是也。』魯之用禘，蓋以周公廟而上及文王，即周公之所出故也。」

趙氏匡采曰：或問曰：「春秋書魯之禘，何也？」答曰：「成王追寵周公故也。故祭統云：『成王追念周公，賜之重祭，郊社禘嘗是也。』仲尼燕居云：『明郊社，其義也。』郊禘，天子之禮；社與嘗，諸侯所自有。撰禮者見春秋書嘗社，以爲郊與禘同，遂妄意言耳。魯之用禘，蓋於周公廟而上及文王，即周公之所出故也。此祭惟得於周公廟爲之。閔公時，遂僭於莊公廟行之。亦猶因周公廟有八佾，季氏遂用之於私庭也。以其不追配，故直言莊公而不言莊宮，明用其禮物耳，不追配文王也。本以夏之孟月爲之，至孟獻子乃以夏之仲月爲之。禮雜記云：孟獻子曰：「正月日至，可以有事于上帝。七月日至，可以有事于祖。」七月而禘，獻子爲之也。今備引諸經書之文，證之于左。閔二年五月吉禘于莊公。譏其不當吉，又不當禘于莊。僖八年秋七月禘于太廟，用致夫人。譏其非時之禘，又譏致于夫人也。左氏曰：『烝嘗禘于廟。』又云：『禘于武宮、僖宮、襄宮。』又『晉人以寡君之未禘祀』，時未終喪也。又云：『魯有禘樂，賓祭用之。』魯郊多失時，又於諸公用禘禮也。論語曰：『禘自既灌而往者，吾不欲觀之矣。』」問曰：「左傳云『烝嘗禘於廟』，何也？」答曰：「此謂見春秋經，前後祭祀，唯有此三種，以爲祭名盡於此，但據經文，不識經意，所以云爾。又見經中禘於莊公，以爲諸廟合行之，故妄云禘於武宮、僖宮、襄宮，皆妄引禘文而説祭爾。鄭又見吉禘於莊公。禘小於祫。見毛詩雝什注。儒者通之云：『三年喪畢，小禘於禰，五年大祫，自此便三年一禘，五年一祫。』若禘不迎群廟之主，何謂之大？若迎群廟之主，何得於禰廟迎之？又曾子問篇中何得不序？引文在下。乖謬之甚也！且春秋宣八年公羊云：『大事，祫也。毁廟之主，皆陳於太祖。陳者，明素皆藏於太祖廟，今但出而陳之也。未毁廟之主皆升，合食於太祖。』升者，明自爲本廟而來升也。禮記曾子問篇云：『祫祭于太廟，祝迎四廟之主。』明毁廟之主，皆素在太廟，故不迎也。又云：『非祫祭，則七廟、五廟無虚主。』義與公羊同。並無説禘爲殷祭處，則禘不爲殷祭明矣。殷，重大之義也。」問曰：「若禘非三年喪畢之殷祭，則晉人云『以寡君之未禘祀』，何也？」答曰：「此左氏之妄也。左氏見經文云『吉禘於莊公』，以爲喪畢當禘，而不知此本魯禮也，不合施於他國。左氏亦自云『魯有禘樂，賓祭用之』，即明諸國無禘，了可知矣。是左氏自相違背，亦可見矣。」

或曰：「禘非殷祭，則論語云『禘自既灌而往者，吾不欲觀之矣』，何也？」答曰：「此夫子爲大夫時，當禘祭而往助祭，歎其失禮，故云爾也。初酌酒灌地以降神之時，其禮易行；既灌之後，至於饋薦，則事繁而生懈慢，故夫子退而嫌之。或人因而問其故，夫子不欲指斥君之惡，便云不知也，言其禮難知也。若能知者，則於天下大事，莫不皆知可如掌中之物。言如此者，是禘禮至難知，以隱其前言，非斥之意耳。注家不達其意，遂妄云既灌之後，列尊卑，序昭穆，爲躋僖公，故惡之。且禘祭之時，固當先陳設座位，位定之後，乃灌以降神。郊特牲云：『既灌然後迎牲。』明牲至即殺之以獻，何得先祼然後設位乎？先儒不達經意，相沿致誤，皆此類也。」或難曰：「夫子所歎，若非爲逆祀，别致虧禮，則春秋何不書乎？」答曰：「春秋所紀祭祀，皆失時及非常變故乃云爾，至於懈慢虧失，史官如何書乎？若如此細故盡書，則春秋一年，經當數萬言，不當如此簡也。述祭統者，不達此意，遂云『明乎郊社之義、禘嘗之禮，治天下其如指諸掌乎』，此不達聖人掩君惡之意遂云爾。假令達於祭祀，亦儀表中一事爾。若别無理化之德，何能治天下乎？此並即文爲説，不能遠觀大指，致此弊耳。周禮大宗伯『以肆獻祼享先王，以饋食享先王』，司尊彝『凡四時之間祀，追享朝享』。夫肆獻祼饋食在時享之上，追享朝享間於時享之間，則追享禘也。禘以肆獻祼爲主，猶生之有饗也。朝享，祫也。祫以饋食爲主，猶生之有食也。古者喪除朝廟，合群祖而祭焉，故祫謂之朝享，以合群祖爲不足，明年又禘其祖之所自出，故禘謂之追享。鄭康成曰：『魯禮三年喪畢，禘于其廟，然後祫於太廟。明年春，禘於群廟。』其言喪畢之祫、明年之禘，固合春秋之義，其言禘於其廟，又禘於群廟，是不知魯之失禮而惑之也。左氏曰：「禘于僖宫、武宫、襄宫，此魯之失。」孔子曰：「魯之郊禘，非禮也。周公其衰矣。」禘之非禮，蓋此類歟？儀禮曰：『學士大夫知尊祖矣。』諸侯及其太祖，天子及其始祖之所自出，以其祖配之。諸侯及其太祖，大夫有事省於其君，干祫及其高祖，是學士大夫知尊祖而已，有時祭而無祫。諸侯及其太祖而已，有祫而無禘。大夫有事省於其君，然後有祫。則周公有大勳勞，省於成王，然後有禘，故禮記曰：『以禘禮祀周公於太廟。』則禘可施於群廟哉！春秋書吉禘於莊公，不特譏吉禘也，兼譏禘於莊公也。晉之有禘，蓋亦僭耳。」

右魯祫禘

附辨鄭氏喪畢有祫、祫前有禘：

鄭氏周禮鬯人注：廟用脩者，謂始禘時，自饋食始。孔疏：謂「始禘時」者，謂練祭後遷廟時。以其宗廟之祭，從自始死已來無祭，今爲遷廟，以新死者木主入廟〔一〕，特爲此祭，故云「始禘時」也。以三年喪畢，明年春禘爲終禘，故云「始」也。

許氏慎曰：春秋左氏傳曰「終禘」，終者，謂孝子三年喪終，則禘于太廟，以致新死者也。

鄭氏詩玄鳥箋：古者，君喪三年既畢，禘于其廟，而後祫祭于太祖。明年春，禘於群廟。自此之後，五年而再殷祭，一禘一祫。

楊氏復曰：鄭氏訓王制、春官大宗伯及詩殷頌，皆云魯禮三年喪畢而祫於太廟，明年春禘於群廟；及注鬯人廟用脩，又云始禘，自饋食始，信如是言，則喪畢而有祫，祫之前又有禘，自饋食始也。以喪禮考之，大祥、禫皆有此祭，猶是喪祭也。喪畢則有吉祭，未聞喪畢既有吉祭之祫，祫前又有吉祭之禘也。自鄭氏注有此説，魏、晉後，唐睿宗之喪皆禫後有禘，喪畢有祫，明年春有禘。國朝治平二年，同知太

〔一〕「以」，原作「則」，據光緒本、周禮注疏卷一九改。

常禮院吕夏卿亦建此議，謂之小禘。後之儒者意在尊信聖經，不知經無其文，乃鄭氏説也。若如疏家謂，鄭氏用穀梁練爲壞廟之説，爾時木主新入廟禘祭之，此尤非也。禘，吉祭也。練而遷廟之時，遽行吉祭，尤無是理。

附辨鄭氏禘祫皆殷祭：

鄭氏王制注：周改夏祭曰礿，以禘爲殷祭也。魯禮，三年喪畢而祫于太祖，明年春禘于群廟。自爾之後，五年而再殷祭，一祫一禘也。周禮大宗伯注同。

楊氏復曰：鄭氏以禘祫同爲殷祭，抑不知祫者，合毁廟、未毁廟之主於太祖之廟而祭之，方謂之殷祭。禘者，禘其祖之所自出于始祖之廟，而以始祖配之，此祭不兼群廟之主，爲其尊遠不敢褻也。今乃謂禘爲殷祭，可乎？惟其以禘祫皆爲魯禮，又以禘祫同爲殷祭，故後之言禘者，皆求之於一祫一禘之中，而不求於禘其祖之所自出，混禘於祫，而遂至於不知有禘，遂使二千年來國家大典禮爲所汩壞，是誰之過歟？然義理在人心，終不可埋没。唐大曆間，趙伯循作春秋纂例，獨得其説於大傳、小記、祭法之中，以破鄭氏諸儒注疏之謬，學士大夫皆是之。又曰：禘祫之禮不同，王者既立始祖之廟，又推始祖所自出之帝，而以始祖配之，所謂禘也。

合群廟之主於始祖之廟，而設殷祭，所謂祫也。先儒皆知祫爲殷祭矣，而又兼以禘爲殷祭，其説何從始乎？蓋自成王念周公有大勳勞，賜以郊禘重祭，聖人已歎其非禮，然魯之有禘，特祭於周公之廟，而上及於文王，以文王者，周公之所出也。其後閔公二年，僭用禘禮，行吉祭不於周公之廟，而行之於莊公之宮，而禘之禮始紊。自僖公八年用禘禮，合先祖，序昭穆，用致夫人于廟，而禘禮始與祫混淆而無別。春秋常事不書，特書閔公、僖公兩禘者，記失禮之始也。文公二年，大事於太廟，躋僖公，公羊傳曰：「大事者何？大祫也。」謂大合毁廟、未毁廟之主於太祖之廟而祭之也〔一〕。天子有祫，諸侯亦有祫，于文公乎何譏？譏其逆祀，躋僖公也。鄭康成乃謂禘祫皆爲魯禮，夫謂祫爲魯禮可也，魯之有禘行於周公之廟，已非禮矣，況僭而行之於莊公之宮，又禘於太廟，以致妾母，可以謂之禮乎？禘，宗廟之大祭也，故惟禘禮爲盛，觀明堂位之言可見。閔、僖竊禘之盛禮，以侈一時之美觀，猶周公廟有八佾，其後竊而用之于季氏之庭，此聖人之所深惡也。況三年喪畢而吉祭，此禘禮

〔一〕「未毁廟」三字，原脱，據光緒本補。

也。閔公喪未畢，竊禘之盛禮以行吉祭，合先祖，序昭穆，此祫禮也。僖公竊禘之盛禮，以致夫人，禘祫之混，自此始也。鄭氏不能推本尋源，以辨禘祫二禮之異正閔、僖僭禘之罪，以明春秋之意，反取春秋之所深譏者，以明先王禘祫之正禮；又妄稱禘祫皆爲殷祭，三年一祫，五年一禘，二禮常相因並行，且多爲説以文之。案鄭注王制及春官大宗伯、詩殷頌皆曰：「魯禮三年喪畢而祫於太祖，明年春禘於群廟，自爾以後，五年而再殷祭，一祫一禘。」愚始讀鄭氏三注，意其必有昭然可據之實，及考其所自來，則曰一禘一祫之説，出於春秋魯禮及緯書。夫溺於緯書之僞，而不悟其非，此鄭氏之蔽惑，不足責也。謂出於春秋魯禮者，並無事實可證，乃專取僖公之禘、文公之祫二事，穿鑿傅會，以文致其説而已。夫禘祫二事，其源各異，本不相因，僖公之禘，未嘗因乎祫，文公之祫，未嘗關乎禘也。今其説曰文公二年既有祫，則僖公二年亦必有祫，僖公八年既有禘，則文公八年亦必有禘。事之本無，既牽合影射以爲有，蓋欲明僖公之禘前有祫，文公之祫後有禘，以證一禘一祫之説而已，此其妄一也。夫既取僖公之禘、文公之祫爲證矣，又增宣公八年之禘以明之，謂僖、宣八年皆有禘。考於春秋，宣公八年有事於太廟，未嘗有禘文，乃鄭氏駕虚詞以多其證，此其妄二也。文二年公羊傳云：「五年而再殷祭。」所謂五年再殷祭者，謂三年一祫，五年再祫，猶天道三年一閏、五年再閏也。鄭氏乃引之以爲三年一祫、五年一禘之證，此其妄三也。二年至八年，相去凡七年，與五年再殷祭之數不合也。則爲之説曰：「魯禮三年喪畢而祫於太祖，明年春禘於群廟，自爾以後，五年而再殷祭。」夫謂三年喪畢而祫於太祖可也，明年春禘於群廟，何所據而爲是説乎？强添此事于五年再殷祭之前，直欲以掩五年七年不合之數耳。後之儒者知其不可，則爲之説曰：「喪畢之祫，祫之本，明年之禘，禘之本。」此其爲説亦巧矣，惜乎其似是而實非也，此其妄四也。且後世之所以信鄭氏者，以其所據者春秋也，而鄭氏所據者，乃是以無爲有，駕虚爲實，取閔、僖僭竊之禮，以明先王禘祫之正禮，既三注其説于經，又以此説推演爲禘祫志，注疏盈溢，文不勝繁，故觀者莫辨，諸儒靡然而從之，是皆求其説于鄭注之中，未嘗以經而考注之真僞也。王肅最爲不信鄭氏，亦以禘爲五年殷祭之名，不亦誤乎！自鄭氏之説立，混禘於祫，而禘之禮遂亡；混祫於禘，而祫之禮亦紊。夫禮，不王不禘，王者禘其祖之所自出，見於大傳，見於小記，見於喪服子夏傳，非不甚明；祭法首述虞、夏、殷、周四代已行之禮，又信而有證，固有國家者，所當講明而舉行也。自漢以來，世之儒者皆置之而不論，其故何哉？蓋後之言禘者，皆求其説於三年一祫、五年一禘之中，而不求之於禘其祖之所自出，皆由漢儒混禘於祫，而遂至於不知有禘，此禘禮之所由亡也，可不惜哉！

蕙田案：楊氏之辨，極爲明暢。

附辨三年一祫、五年一禘：

禮緯：三年一祫，五年一禘。鄭云：百王通義。

鄭氏大宗伯注：魯禮，三年喪畢而祫于太祖，明年春禘于群廟。自爾以後，率五年而再殷祭，一祫一禘。孔疏：周法，三年一祫，五年一禘。言魯禮者，指春秋而言也。春秋三年喪畢而祫於太祖，謂若文公二年秋八月，大事於太廟而躋僖公。僖三十三年薨，至文二年秋八月，于禮雖少四月，猶是三年喪畢而爲祫祭也。是魯禮三年喪畢而祫於太祖。太祖謂周公廟中而爲祫祭也。云「明年春禘于群廟」者，此明年春禘，雖無正文，約僖公、宣公得知矣。案僖公八年及宣公八年皆有禘文，則知僖公、宣公三年春有禘可知。何者？以文公二年祫，則知僖公、宣公二年亦有祫。僖公、宣公二年既爲祫，則明年是三年春禘，四年、五年、六年秋祫是三年祫，更加七年八年添前爲五年禘，故僖公、宣公八年皆有禘，是明年春禘明矣，故云「明年春禘于群廟」也。云「自爾以後，五年而再殷祭」者，公羊傳文。殷，大也。除明年春，從四年已後，四年、五年、六年、七年、八年之中，四年、五年、六年爲三年祫，七年、八年添前爲五年禘，是五年再殷祭也。云「一祫一禘」者，是禮讖文，謂五年之中爲一禘一祫也。

林氏之奇曰：禘祫之説，聚訟久矣。其始爲私見陋説，召諸儒之紛紛者，其鄭氏之説與？鄭氏之説曰：「魯禮三年喪畢而祫於太祖，明年春禘于群廟，而自爾以後，五年而再殷祭，一禘一祫。」周禮廢絶久矣，鄭氏何據而云？爲之説者曰：周禮盡在魯，鄭氏據春秋，魯禮則周禮可知矣。僖公薨，文公即位，二年秋八月，大事於太廟。大事，祫也，推此是喪畢祫於太祖也。明年春禘，雖無正文，約僖公、宣公八年，皆有禘文可知。蓋以文公二年祫，則知僖、宣二年亦皆有祫。僖、宣二年既有祫，則明年是三年春禘，四年、五年、六年秋祫是三年祫，更加七年、八年并前爲五年禘，故禘於群廟也。自後三年一祫，五年一禘。嗚呼！鄭氏不知春秋，固妄爲此説，後學又不察，故爲所惑也。當春秋時，諸侯僭亂，無復禮制，魯之祭祀，皆妄舉也。諸侯而郊上帝，禘始祖，罪也；大夫而旅泰山，舞八佾，罪也。春秋常事不書，其書者，皆悖禮亂常之事，故書郊者九，書禘者二，與夫大事一、有事二、烝二、嘗一之類，無非記其非禮，俾後世以見其非，奈何反以爲周禮而足法乎〔一〕？使魯之祭祀如周之禮，則春秋不書矣。據僖公以三十二年冬十二月薨，至文公二年秋八月，喪制未畢，未可以祫也，而乃有事焉，一惡也。躋僖公，二惡也。彼有二惡，春秋譏之。鄭氏乃謂三年喪畢而祫于太祖者，果禮耶？又曰明年春禘，經無三年禘祭之文，何自知之？徒約僖公、宣公八年皆有禘而云，愈謬也。魯之設祭，何常之有？聖人於其常又不書之，何得約他公之年以足文公而見三年之禘與五年而再殷祭乎？使文公二年不因躋僖公，則春秋不書大事，使僖公八年不因用致夫人，則春秋不書禘，不書又何準乎？況宣公八年，經書有事于太廟，則是常制也，而以爲禘，何耶？誠爲禘祭，經不得謂之有事。且閔公二年，春秋書吉禘于莊公，是魯常以二年即禘矣，何待三年與八年乎？閔有禘文而不之據，宣無禘文而妄據之，傅會可見也。取亂世之典，以爲治世之制，鄭氏豈知春秋哉？諸儒波蕩而從之，歷代祀典，咸所遵用，益可悲也。

馬氏端臨曰：案三年一祫、五年一禘之説，先儒林氏、楊氏皆以爲鄭康成因春

〔一〕「俾後世以見其非奈」八字，原脱，據光緒本補。

秋文公二年有祫，僖公、定公八年有禘，遂約略想像而立爲此説，蓋以魯僭亂之制，定爲周禮，以誤後人。然光武二十六年詔問張純禘祫之禮，而純奏禮三年一祫，五年一禘，然則其説久矣。蓋此語出於緯書，緯書起於元、成之間，而光武深信之。當時國家典禮、朝廷大事多取決焉，故此制遂遵而用之。康成蓋以漢禮爲周禮，非魯禮也。

附辨徐邈、高堂隆諸家禘祫年歲不同：

徐氏邈曰：禮，五年再殷，凡六十月分中，每三十月殷也。曹述初難曰：三年之喪，其實二十有五月，則五年何必六十月？

蕙田案：徐邈用鄭氏三年一祫、五年一禘之説而小變之，曹述初難之，亦仍用鄭氏喪畢而祭之説，其失與徐邈同。

陳氏舒曰：三年一閏，五年祭，八年又殷，兩頭如四，實不盈三。又十一年殷，十四年殷，凡間含二，則十年四殷與五年再殷，其義合矣。

蕙田案：陳舒以十年四殷發明鄭氏五年再殷之説，更支。

何氏休閔二年公羊注：禮，禘祫從先君數，朝聘從今君數，三年喪畢，遭禘則禘，遭祫則祫。

蕙田案：鄭氏注王制、大宗伯並云「喪畢有祫」，注閟人、詩玄鳥並云「喪畢有禘」，説本兩岐。何休「遭禘則禘，遭祫則祫」，較鄭爲近，其爲喪畢之説則同。

徐氏彦公羊疏：或以爲禘祫同三年，但禘在夏，祫在秋，直時異耳。

孔氏穎達周頌疏：三年一祫，五年一禘，每於五年之内，爲此二禮，據其年端數之，故言三年、五年耳。其實禘祫自相距各五年，非祫多而禘少也。

蕙田案：公羊徐疏云「禘祫同三年」，則五年之説贅矣。周頌孔疏云「禘祫相距各五年」，則三年之説又贅矣。

杜氏預僖八年春秋注：禘，三年大祭之名。孔疏：言每積三年而一爲此祭。

楊氏勛文二年穀梁疏：禘既三年，祫則五年也。

蕙田案：此與鄭氏説相反，然皆臆説。

高堂隆曰：喪以奇年畢，則祫亦常在奇年；偶年畢，則祫亦常在偶年。

通典：殷間歲奇偶，如虞、夏。周制，天子諸侯三年喪畢，禫祭之後，乃祫于太祖，來年春禘于群廟，爾後五年再殷祭，一禘一祫。所以喪畢有此禘祫者，爲後再殷之祭本也。喪畢之祫，祫之本；明年之禘，禘之本。故從此後各自數，每至三年則各爲之，故得五年再殷祭。因以法五歲再閏，天道大成也。

蕙田案：高堂隆及通典間歲奇偶之説，則是每隔一年行之，以爲此虞、夏、殷之禮，未審何據。喪畢之祫，祫之本；明年之禘，禘之本；此後各自數，每至三年，則各爲之，此所謂禘祫不相因也。但依此，則是三年而再殷祭，又與五年再殷祭之説不符。

山堂考索：禮緯曰：「三年一祫，五年一禘。」而鄭氏、徐邈又分爲二説。爲鄭氏之説則曰前三後二，謂禘後四十二月而祫，祫後十八月而禘。爲徐邈之説則曰前二後三，謂二祭相去各三十月。駁鄭氏者則曰三年而祫爲月有餘，二年而禘爲月不足。駁徐氏則曰禘在祫前，則是三年而禘；祫在禘後，則是五年而祫。以二説考之，惟鄭氏曰魯禮三年喪畢祫于太廟，明年禘于群廟，自是之後，五年而再盛祭，一祫一禘。由此言之，鄭氏依倣魯禮，推明王制，實爲有據。

林氏之奇曰：鄭康成、高堂隆謂先三而後二，徐邈謂先二而後三，矛盾相攻，卒無定論，皆可置而勿辨。

楊氏復曰：祫祭年月，經無其文，惟公羊文二年大事於太廟，傳云：「大事者何？大祫也。五年而再殷祭。」夫殷祭，乃大祫之祭也。謂五年而再殷祭，謂三年一祫，五年再祫，猶天道三歲一閏，五歲再閏也。于禘祭乎何與？漢儒乃援此以證禘祫相因之説，爲鄭康成之説則曰：「三年而祫，五年而禘。」爲徐邈之説則曰：「相去各三十月，三十月而祫，三十月而禘。」唐自睿宗以後，三年一祫，各自計年，不相通數，然至二十七年，凡五禘七祫，其年夏禘訖，冬又當祫，而禘祫同歲。太常議曰：「今太廟禘祫，各自數年，兩岐俱下，通計或比年頻合，或同歲再序，或一禘之後并爲再祫，或五年之内驟有三殷，求於禮經，頗爲乖失。國朝宗廟之祭，三年一祫以孟冬，五年一禘以孟夏。蓋用鄭康成之説。」其後有司又言：「三年喪畢，遇祫則祫，遇禘則禘，二説牴牾，不可稽考。」慶曆初，乃用徐邈之説，每三十月而一禘，後又以二祭各不相因，故熙寧八年既禘又祫，竟無一定之論。推原其所以，然皆由混禘於祫，而皆以爲合食於太祖也。夫既混禘於祫，皆以爲合食於太祖，則禘祫無辨矣。而又欲勉强穿鑿，分别其所以不同，此所以紛紛多端，而莫之一也。知禘者，禘其祖之所自出，不兼群廟之主，而惟以其祖配之，則禘與祫異，不容混矣。知大祫兼群廟之主，則自太祖而下毁廟、未毁廟之主皆合食於太祖矣。知禘祫之不同，則鄭康成、徐邈之説皆非矣。其間相因、不相因之説，皆無謂矣。又何同異得失之足論乎？

蕙田案：楊氏猶惑于五年殷祭之説，非也。祫固歲歲有之矣。

附辨諸家禘祫時月不同：

通典：禘以夏，祫以秋。詩閟宫傳云「諸侯夏禘則不礿〔一〕，秋祫則不嘗，惟天子兼之」是也。崔靈恩云：「禘以夏者，以審諦昭穆，序别尊卑。夏時陽在上，陰在下，尊卑有序，故大次第而祭之，故禘者諦也，第也。祫以秋者，以合聚群主，其禮最大，必秋時萬物成熟，大合而祭之，祫者，合也。」

鄭氏曰：禘以孟夏，祫以孟秋。

孔氏穎達周頌雝疏：此禘，毛以春，鄭以夏，不同。

徐氏乾曰：殷應用孟秋，進用孟冬時。

孔氏安國曰：自太和四年已後，殷祭皆用冬、夏。

周禮圖曰：禘以裸享先王。其裸也，猶事生之有享也。享以陽爲主，故禘以夏。祫，以食享先王。其食也，猶事生之有食。食，陰也，故祫以冬。

山堂考索：禘祭以爲夏四月，其説一也。而于祫祭，則或以爲秋，或以爲冬，如毛氏詩解閟宫傳曰：「諸侯夏禘則不礿，秋祫則不嘗，惟天子兼之。」是以祫爲秋祭也。崔靈恩亦云：「禘以夏者，以審

〔一〕「礿」，原作「祫」，據光緒本、通典卷四九改。

諦昭穆，序别尊卑。夏時陽在上，陰在下，尊卑有序，故因次第而祭之。祫以秋者，以合聚群主，其禮最大，必秋時萬物成熟，大合而祭之。」是亦祫爲秋祭也。若果爲秋祭，則三十九月爲前，二十一月爲後，不若張純之説，以祫爲冬祭。其説曰：冬十月，五穀成熟，物備禮成，故合聚飲食而祭之。然二説或以秋，或以冬，皆取萬物成熟之時。其時不同，其意則一。不如張純以冬十月爲得其正。

通典：案明堂位「夏六月以禘禮祀周公」，則今之四月。「七月日至，孟獻子禘其祖」，則今之五月。春秋文公二年「大事于太廟」，則今之六月。

林氏之奇曰：諸儒論禘祫之制既謬，至其言祭之時亦非矣。春秋書大事於秋八月，而彼以爲冬；書閔公之禘于夏四月，書僖公之禘于秋七月，而彼一以爲夏，既本魯禮以行祀典，而又不用其時，是自戾也。

附辨鄭氏祫大禘小：

山堂考索：馬融、王肅以爲禘大而祫小，鄭康成以爲祫大禘小。爲融、肅之説者曰，孔子言禘自既灌而往，禘祫大祭，而獨舉禘，則祫可知，故於是而以禘爲大。爲鄭康成之説者曰，公羊傳云：「大事于太廟，大事者，祫也，祫者，毁廟之主陳於太祖，未毁廟之主皆升，合食於太祖。」至於禘則云，禘於莊公，禘於僖公，既不於太祖，則小於祫矣，故于是而以祫爲大。

通典：賈逵、劉歆曰：「禘祫一祭二名，禮無差降。」數家之説，非無典據。至於弘通經訓，鄭義爲長。

林氏之奇曰：禘，天子之祭名。諸侯無禘禮，魯用之，僭也。若夫祫，則合食而已，非惟天子有祫，諸侯亦得祫也。詳二祭之名，則禘尊而祫卑，可謂明矣。先儒據鄭氏説，率以祫大於禘，是以諸侯之祭加天子之祭，可乎？

楊氏復曰：禘禮大略雖與祫禮同，然大祫則合毁廟、未毁廟之主而祭之，禘又上及其祖之所自出，則禘又大於祫矣。馬融、王肅皆云禘大祫小，此言是也。鄭玄注經乃云祫大禘小，賈逵、劉歆則云一祭二名，禮無差降。彼蓋不深考大傳、小記之文與四代禘郊祖宗之義，但以禘祫同爲殷祭，而不知禘爲祭其祖之所自出，所以徒爲此紛紛也。鄭氏禘祫志曰：「祫備五齊三酒，禘以四齊二酒；祫用六代之樂，禘用四代之樂。」賈公彦曰：「祫十有二獻，禘九獻。」此蓋注疏家溺于祫大禘小之説然也。爾雅曰：「禘，大祭也。」夫禴祠烝嘗時祫大祫〔一〕，皆宗廟祭也。爾雅特言禘爲大祭，則禘大於祫可知矣。明堂位言，魯以禘禮祀周公於太廟，牲用白牡，尊用

〔一〕「祠」，原作「祀」，據光緒本改。

犧尊、山罍，鬱尊用黄目，灌用玉瓚大圭，薦用玉豆雕簒，爵用玉琖仍雕，加以璧散、璧角，俎用梡嶡，其樂則升歌清廟，下管象，朱干玉戚，冕而舞大武，皮弁素積，裼而舞大夏。此蓋王禮也，用之於周公之廟，已爲非禮。其後他廟遂僭用之，如閔二年夏五月乙丑，吉禘於莊公；僖八年秋七月，禘於太廟用致夫人之類是也。荀偃、士匄曰：「魯有禘樂，賓祭用之。」則不惟僭用之於祭，亦僭用之於享賓矣。此何異魯有佾舞雍徹，而其後亦用之於季氏之庭、三家之堂？故春秋特書二禘，所以譏僭禮之始也，而注疏反引之，以爲先王之正禮，不亦誤乎！賈公彦曰：「大祫十有二獻。」禘大於祫，其禮尤隆，至於獻數，亦當同之。但禮文殘缺，莫得而見節文之詳耳。

附辨袁準、虞喜祫及壇墠，禘及郊宗石室：

袁氏準曰：祫及壇墠，禘及郊宗石室，此所及遠近之殺也。

虞氏喜左氏説：古者，先王日祭於祖考，月祀於高、曾，時享及二祧，歲祫及壇墠，終禘及郊宗石室，是爲郊宗之上，復有石室之祖。

楊氏復曰：知禘者，禘其祖之所自出，不兼群廟之主，而惟以其祖配之，則禘與祫異，不容混矣。知大祫兼群廟之主，則自太祖而下毁廟、未毁廟之主皆合食於太祖矣，又何壇墠與郊宗石室之分乎？　又曰：南北諸儒論遠祖則以郊宗石室爲言，人之易惑，豈不可歎？

蕙田案：諸儒辨禘祫三年、五年之説，可謂詳矣。傳曰：「仁人饗帝，孝子饗親。」夫惟天子之禮，合饗帝饗親而兼行之。饗帝則郊祀之禮舉，冬至圜丘，孟春祈穀，夏大雩，秋明堂，故曰「郊社之禮，所以事上帝」是也。饗親而宗廟之禮重，春祠，夏禴，秋嘗，冬烝，中庸曰「所以事乎其先」是也。天，尊也。祖，親也。皆一歲四祭。四祭者，不疏不數，尊尊而親親，仁之至，義之盡也。是故由天而推，則有五帝、日月、星辰、方丘、社稷、山川，或一歲再祭，或一歲一祭，是由尊而降，禮殺而祭疏也。由親廟而推，則有毁廟之主，有祖所自出之帝，毁廟一歲而祫舉以冬，所自出之帝亦一歲而禘舉以夏，是由親而推，亦禮殺而祭疏也。然祭疏而歲必有祭者，舊穀既没，新穀既升，天道一周，四時代序，情不自已，理亦宜然。故張子謂禘也，祫也，必每歲有之，豈容有三年、五年之事。此精微之極至、聖賢之篤論也。傳記氛如群言，淆亂非類，叙諸儒之説而詳審之，何由撥雲霧而揭日月也哉！

右諸儒論禘祫